儒学现代化史纲要

崔罡　黄玉顺　主编
郭萍　胡骄键　等　著

齊鲁書社

图书在版编目（CIP）数据

儒学现代化史纲要 / 崔罡, 黄玉顺主编 ; 郭萍等著
. -- 济南 : 齐鲁书社, 2022.4
ISBN 978-7-5333-4564-8

Ⅰ. ①儒… Ⅱ. ①崔… ②黄… ③郭… Ⅲ. ①儒学 - 思想史 - 中国 Ⅳ. ①B222.05

中国版本图书馆CIP数据核字(2022)第069570号

责任编辑　张敏敏
责任校对　赵自环　王其宝
装帧设计　刘羽珂

儒学现代化史纲要
RUXUE XIANDAIHUASHI GANGYAO
崔罡　黄玉顺　主编　郭萍　胡骄键 等　著

主管单位　山东出版传媒股份有限公司
出版发行　齊魯書社
社　　址　山东省济南市市中区舜耕路517号书苑广场第9层
邮　　编　250003
网　　址　www.qlss.com.cn
电子邮箱　qilupress@126.com
营销中心　（0531）82098521　82098519　82098517
印　　刷　山东临沂新华印刷物流集团有限责任公司
开　　本　720mm × 1020mm　1/16
印　　张　23
插　　页　4
字　　数　368千
版　　次　2022年4月第1版
印　　次　2022年4月第1次印刷
标准书号　ISBN 978-7-5333-4564-8
定　　价　68.00元

教育部人文社会科学重点研究基地
（山东大学易学与中国古代哲学研究中心）重大项目

山东大学人文社会科学重大研究项目

《儒学现代化史纲要》编委会

自序：论“重写儒学史”与“儒学现代化版本”问题*

黄玉顺

作为文化认同的“儒家”，其实没有什么“新”的；但作为学术形态的“儒学”总是“新”的，即总是在不断地推陈出新，建构新的思想理论和学术形态。这是由儒学的秉性决定的，所谓“日新其德”①、“苟日新，日日新、又日新”②。这是因为儒学是一种积极入世的学问，每个时代的儒学都是在回应那个时代的问题，从而在观念上具有那个时代的特征，成为那个时代的学术形态，例如孔孟荀儒学之于中国社会第一次大转型时代、汉代儒学之于皇权时代政权缔造时期、宋代儒学之于皇权时代政权由盛转衰时期、明清儒学之于皇权时代后期的中国“内生现代性”（inherent modernity）问题、现代新儒学之于中国社会第二次大转型时代等。然而，一方面，现有的儒学史的叙述（例如“宋明理学”研究）往往脱离了儒学的历史时代性质，成为一种纯粹的概念游戏，遮蔽了儒学的时代特征真相，有鉴于此，

* 此文曾以“论‘重写儒学史’与‘儒学现代化版本’问题”为题，载于《现代哲学》2015年第2期；《新华文摘》2015年第18期全文转载。

① 《周易正义·大畜彖传》，见阮元校刻《十三经注疏》，中华书局1980年版。

② 《礼记正义·大学》，见阮元校刻《十三经注疏》，中华书局1980年版。

我们提出“重写儒学史”问题；另一方面，当代儒学面临着中国的现代化、现代性的生活方式、全球化等问题，这就需要建构儒学的现代化学术形态，有鉴于此，我们提出“儒学现代化版本”问题。这是“续写儒学史”，即另一种意义上的“重写儒学史”。

一、儒学与中国哲学的时代性问题

儒学与整个中国哲学从来都不是一成不变的，而是历史地发展着的、“与时偕行”的，即具有鲜明的时代性。因此，这里有必要从儒学的角度谈一谈中国社会的历史形态及其转型问题。

社会时代	历史时期	儒学形态	观念时代
王权时代 （列国时代）	夏、商、西周	五经原典	前原创时代 （前轴心期）
中国社会 第一次大转型	春秋	孔子儒学	原创时代 （轴心时期）
	战国	孟荀儒学	
皇权时代	自秦汉至明清	汉唐儒学 宋明儒学 清代儒学	后原创时代 （后轴心期）
中国社会 第二次大转型	近代	洋务儒学 维新儒学	再创时代 （新轴心期）
	现代	现代新儒学	
	当代	大陆新儒学	

就有可靠文字记载的历史来看，中国社会可以分为三个基本的历史形态：王权时代（列国时代）、皇权时代、民权时代。其间，中国社会有两次大转型：第一次是春秋战国时代（其中的观念转型可追溯到西周时期的“绝地天通”[1]），儒学正是在这个历史时代里建立起来的；第二次是我们身处其中的

① 黄玉顺：《绝地天通——天地人神的原始本真关系的蜕变》，《哲学动态》2005年第5期。

近代、现代、当代（儒学转型尚未完成），出现了20世纪的现代新儒学[①]、21世纪的大陆新儒学这样的现代性儒学[②]。于是，从儒学的角度讲，中国社会形态可以分为五大历史时代，每个时代有其特定的儒学思想理论形态。

这里的“原创时代”“再创时代”是笔者提出的概念，对应于雅斯贝斯（又译作“雅斯贝尔斯”）提出的“轴心期”[③] 的概念，但含义截然不同。[④]“原创”指的是思想理论（包括哲学形而上学、作为形而下学的伦理学等）的创造，标志着人类理性觉醒，走出了诗与神的时代，如中国春秋战国时期的诸子百家之学和西方古希腊的哲学、伦理学及科学等。而“再创”说的是对原创时代那些基本观念的突破。原创时代的最根本特征是形而上学的建构，而再创时代则是对这套形而上学观念的解构，在解构的基础上重建形而上学、形而下学。

显然，在不同的历史时代，儒学有不同的思想理论、学术形态。在这个意义上，儒学总是“当代儒学”。然而奇怪的是，不论是赞同儒学的人，还是反对儒学的人，都往往将儒学与某个特殊的历史时代捆绑在一起，尤其是将儒学与“封建”“专制”捆绑在一起，与农业社会、皇权、家族主义等捆绑在一起。这是完全不符合儒学的历史事实的。这也是需要“重写儒学史”的理由之一。

“重写儒学史”不仅仅是叙述儒学的过去和现在，也包括创造儒学的未来，即创造儒学的历史。这就是“儒学现代化版本”问题。中国正在“现代化”，亦即正在走向“现代性”。这就意味着：尽管历史学意义上的近代

---

① 参见黄玉顺主编《现代新儒学的现代性哲学——现代新儒学的产生、发展与影响研究》，中央文献出版社2008年版。

② 参见崔罡等《新世纪大陆新儒家研究》，安徽人民出版社2012年版。

③ 卡尔·雅斯贝斯著，魏楚雄、俞新天译：《历史的起源与目标》，华夏出版社1989年版，第7~18页。

④ 黄玉顺：《生活儒学导论》，见《面向生活本身的儒学——黄玉顺“生活儒学”自选集》，四川大学出版社2006年版，第38~40页。

儒学、现代儒学、当代儒学已是如此丰富多彩，然而时代本质意义上的“现代儒学”还在生成之中。① 不仅如此，还应当意识到：在这个全球化时代，儒学不仅是中国的，也将是世界的。因此，笔者最近提出了“世界儒学”的概念。②

以上就是两种意义上的“重写儒学史”：重新认识儒学的过去，由此创造儒学的未来。

二、关于“重写儒学史”问题

一种意义的“重写儒学史”是说重写儒学过去的历史。之所以要重写儒学史，不仅是因为历史总是要不断地被重写的，更因为现有的儒学史的叙述存在着种种问题，而其中最严重的问题，就是将儒学的历史写成了一种脱离现实生活、无关历史时代、漠视社会痛痒的某种纯粹独立的理论逻辑过程。在现有的儒学史叙述中，我们看到的只是概念，看不到生活。

这方面最突出的表现就是儒学史、中国哲学史研究领域关于“宋明理学”的研究。“宋明理学”这个标签把宋代儒学（乃至上溯到唐代的韩愈等）到明代儒学（甚至明清之际乃至清代前期的儒学）标识为一个单一的纯粹的学术形态，掩盖或遮蔽了其中所存在的重大的时代转换问题。而事实是：在“宋明理学”中，有的儒学是具有现代性的，或者说是走向现代性的；而有的儒学则是前现代性的，或者说是反现代性的、“保守”的，甚至“反动”的。

这个问题涉及中国社会的第二次大转型、中国“内生现代性”问题。

---

① 这里严格区分两种不同意义的“现代”概念：一个是历史学意义上的“现代”，是与“近代”和“当代”相对的；另一个则是历史哲学意义上的“现代”，即“现代性”意义上的概念。

② 黄玉顺：《世界儒学——世界文化新秩序建构中的儒学自我变革》，《孔学堂》2015 年第 4 期。这是笔者于 2014 年 10 月向在美国夏威夷大学举行的“世界文化秩序转变中的儒家价值观”（Confucian Values in a Changing World Cultural Order）国际学术研讨会提交的论文。

这里存在着一个简单明了的逻辑：现代性生活方式的典型是基于城市化进程中工商经济发展的市民生活方式（civil lifestyle）①，市民生活方式必定产生现代性的观念；这种观念必定在当时的观念形态、思想理论中表现出来，包括在当时的哲学和儒学中表现出来。然而令人感到奇怪的是：一方面，中国的城市社会及其生活方式在宋、元、明、清都曾是非常发达的，并且在各种文学艺术作品中都有普遍反映，另一方面，我们在现有的儒学史叙述中，却看不到这种市民生活方式所导致的现代性观念的踪影，岂非咄咄怪事！

这只有两种可能性。一是当时的儒学实在麻木不仁，居然对现实生活及其观念表现完全无动于衷。但这种可能性是很值得怀疑的，因为儒学的秉性就是关怀现实。如果排除了这种可能性，那就只有另外一种可能性了：现有的关于当时儒学的叙述、“宋明理学”研究恐怕完全搞错了，遮蔽了事情的真相。儒学史、中国哲学史，尤其是“宋明理学”史，被叙述为某种无关乎现实、无关乎生活的自娱自乐的东西。我们倾向于后面这种可能性，所以才提出“重写儒学史”问题。

当然，有的研究也涉及了“生活”，甚至对这种“生活”津津乐道。然而那只是某个哲学家、某个儒者的私人琐屑的“生活”，而非真正的作为一种时代际遇的生活际遇；或者只是“廷争”“党争”那样的钩心斗角的“生活”，而非真正的作为一种历史时代社会生活的政治生活。这就是学术著作、学术论文中常见的“传略”“背景”之类的记叙。在这类“生活”记叙中，其实看不到生活——看不到一个时代的基本生活方式，更看不到生活方式的时代转换。这里没有历史——没有作为生活显现样式的生活方式

① 这里并不讨论“公民社会”（civil society）问题。中西历史表明，市民生活方式的出现并不取决于资本主义的社会制度和市民社会（或译公民社会），相反，早期市民生活方式都出现于前现代的封建制度（西方）或专制制度（中国）的社会。市民生活方式确实是公民社会的必要条件，但并非充分条件。

及其转换的历史。究其原因，这些儒学史、中国哲学史的叙述缺乏某种应有的、恰当的历史哲学视野，更谈不上关于历史性、时间性的生活本源视域。[①]

现以王阳明开创的“王学”为例。就思想理论的时代性质而论，“阳明后学”其实可以分为两大派：一派是倾向于现代性的，另一派则是反现代性的。举个例子，倾向于现代性的阳明后学，最典型的是王艮创立的泰州学派。王艮本人的思想就极具现代性。这首先体现为他的平民主体意识。他认为“百姓日用是道”[②]，“百姓日用条理处，即是圣人条理处”[③]，“圣人之道，无异于‘百姓日用’”[④]，“愚夫、愚妇与之能行，便是道”；由此而有平等意识，乃至认为“满街皆圣人”；其“淮南格物”说，诸如“身是本，天下国家是末”“吾身是个‘矩’，天下国家是个‘方’”[⑤]，其实是现代个体本位精神的一种表达；因此，其“明哲保身”说其实是个体生命至上观念的一种表现；其“复初”说，“知不善之动者，良知也。知不善之动而复之，乃所谓‘致良知’，以复其初也”[⑥]，其实是要复归上述本然状态。泰州学派的一系列代表人物及其传人，如徐樾、颜钧、罗汝芳、何心隐、李贽、汤显祖、袁宏道、徐光启等，都是极具现代精神的人物。泰州学派在当时的影响非常大，超过阳明后学的任何一派，这与晚明社会的市民生活及其观念密切相关。凡是视之为“异端”者，其实都是当时儒家内部反现代性的派别人物。

正因为如此，王阳明本人的思想也是需要重新认识的。作为皇权时代儒学的集大成者，阳明心学具有一种复杂的性质。简而言之，就其“形而

---

① 还有一种具有某种历史哲学视野的儒学史叙述，那就是依据马克思主义历史唯物主义的儒学史研究，本文不论。

② 王艮撰，陈祝生等校点：《王心斋全集》，江苏教育出版社 2001 年版，第 72 页。

③ 王艮撰，陈祝生等校点：《王心斋全集》，江苏教育出版社 2001 年版，第 71~72 页。

④ 王艮撰，陈祝生等校点：《王心斋全集》，江苏教育出版社 2001 年版，第 10 页。

⑤ 王艮撰，陈祝生等校点：《王心斋全集》，江苏教育出版社 2001 年版，第 34 页。

⑥ 王艮撰，陈祝生等校点：《王心斋全集》，江苏教育出版社 2001 年版，第 28 页。

下学”层面即其伦理学与政治哲学而论，它基本上是维护专制主义、反现代性的；然而就其“形而上学”层面而论，它敞开了走向现代性的可能性，唯其如此，才可能导出上述倾向于现代性的阳明后学。这种可能性之敞开，关键在于其“心学”的本体论与工夫论之间的某种紧张：一方面是“良知”作为宇宙本体的普遍性，而另一方面是良知作为“心性”体验的个体性。这就在本质上蕴涵着一种可能：个体之“心”的自我体验成为宇宙本体的终极根据，个体性成为普遍性的根基。个体性正是现代性的最基本特征。① 于是，当这种“形而上学”下贯于“形而下学”的时候，也就敞开了个体本位的伦理学与政治哲学的大门。鉴于阳明心学的上述双重意义，可以说，王阳明是皇权时代的最后一位伟大哲学家，也是中国现代性的首席哲学家。

关于这个结论，还可以进一步分析。有一种现象是值得注意的：被公认为西方“现代性之父”的马基雅维里却是一个君主专制主义者。其《君主论》开宗明义：“从古至今，统治人类的一切国家，一切政权，不是共和国就是君主国。”② 这句话里的“一切国家”“一切政权”适用于所有正在走向现代性的国家与政权；不过，更准确的表达应当是：正在走向现代性的国家都是某种威权主义（authoritarianism）的国家。例如，法国大革命中产生的法兰西第一共和国就是雅各宾专政的恐怖统治，接下来的法国革命史便是共和国与帝国的交替，都具有威权主义的性质。不仅法国，在世界范围内，各个民族国家现代化的第一个阶段，几乎都是某种形式的威权主义，诸如君主专制主义、军国主义、极权主义等“强人政治”。本文没有篇幅就此展开详尽讨论，仅仅指出这种值

① 关于现代性的本质特征，众说纷纭；而在笔者看来，那就是个体性。参见黄玉顺《重建第一实体——中西比较视野下的中国文化的历时解读》，《泉州师范学院学报（社会科学）》2003 年第 3 期。

② 尼科洛·马基雅维里著，潘汉典译：《君主论》，商务印书馆 1985 年版，第 3 页。

得研究的现象，并由此得出一个基本的结论：任何民族国家现代化的第一步都是威权主义，但这种威权主义也必定被现代化的第二步否定。后面这一点不仅已经为西方现代化的历史所证明，而且已经更进一步为最近几十年来的世界历史事实所证实：威权主义政权在经济“起飞”后纷纷解体，“政治强人”纷纷下台。这也有助于解释中国当前儒家的复杂构成，例如既有威权主义儒家甚至极权主义儒家，也有自由主义儒家、民主主义儒家。在这种意义上，阳明心学本身在整体上未尝不可以被理解为一种现代性的儒学形态。

三、关于“儒学现代化版本”问题

另一种意义的“重写儒学史”不仅涉及儒学的过去，而且涉及儒学的未来，即通过“续写”儒学史来创造历史——“书写”儒学史的新篇章。这种新的儒学即“儒学现代化版本”。“儒学现代化版本”即源于现代生活方式、回应现代社会问题的儒学思想理论形态。

上文谈到，真正的“现代儒学”尚未诞生。不过，我们也可以换一种思考方式：“现代儒学”其实是一个过程，在这个过程中，会出现若干种不同的“儒学现代化版本”。在这种意义上，儒学的现代化版本其实并不仅仅是一种可能，而已经是一种历史事实。

如上文所述，宋明儒学中必定已经存在着儒学的某种现代化版本，只不过被既有的“宋明理学”研究遮蔽了，需要我们将其揭示出来。继宋明儒学之后，明清之际的儒学、清代的儒学中也都存在着儒学的某种现代化版本，也需要我们将其揭示出来。至于再以后的儒学，例如20世纪的现代新儒学，那就更是标准的儒学现代化版本了，这一点应该是没有疑问的。这也说明儒学现代化版本的建构一直“在路上”——已经并且还在生成之中。

儒学的现代化大致可以分为三个阶段：皇权时代后期的儒学现代

化、民国时期的儒学现代化、当代的儒学现代化①。以下简述其实也是一种“重写儒学史”的尝试。

（一）皇权时代后期的儒学现代化

皇权时代的历史，从秦代到清代，可以分为前后两段：以唐宋之交为转折点，自秦至唐是皇权时代前期，自宋至清是皇权时代后期。从宋代开始，皇权时代后期的儒学中出现了现代化或走向现代性的趋向。这犹如西方的现代化趋向在中世纪中叶就已经出现了，文艺复兴运动早在 13 世纪末就开始了。这与当时手工业和商业的繁荣、城市的发展、市民社会的兴起（市民生活方式的兴起）有密切的关系。

1. 宋明时期的儒学现代化

皇权时代政权发展至唐代达到鼎盛，其观念形态在儒学中的体现即钦定《五经正义》；而宋代则可以说是皇权时代政权由盛转衰的历史转折时期，自此以后就是皇权时代后期，其观念形态在儒学经典系统中的转型体现为从“五经”体系向“四书”体系的转变。②

在这个转折时期出现的儒学，其实有两种不同的时代指向：一种是“守成”的儒学，所守之成就是皇权的伦理政治价值，最典型的是程朱理学（“五四”的矛头所指其实并非孔子，而是被戴震批判为“以理杀人”的程朱理学）③；另一种则是“开新”的儒学④，所开之新最突出的是事功主义思潮，最典型的是浙东学派中的永嘉学派（以叶适为代表）、永康学派（以

---

① 这里所说的“当代”，特指中国改革开放以来的历史时期。

② 也正因为如此，今天的儒学前沿研究基本上不再以“四书”作为核心经典体系。

③ 戴震：《与某书》，见何文光整理《孟子字义疏证》，中华书局 1982 年版，第 174 页。戴震原文说的是“以理杀人”，“五四”时期，吴虞等则改作“以礼杀人”，“理”指形而上的“天理”，“礼”指形而下的伦理，但这两者是一以贯之的。

④ 程朱理学当然也有“开新”的一面，但其所开之新并不是这里所谈的现代性价值。大致而论，程朱理学在形上层级极有新意，尤其是围绕“天理”与“性理”的形而上学；但这种形上的新意正是为其形下的伦理政治层级上的守旧服务的。

陈亮为代表）。叶适认为，“既无功利，则道义者乃无用之虚语尔”[①]，因此重视工商。而陈亮不仅主张农商并重，还认为“古今异宜，圣贤之事不可尽以为法”[②]，故“法令不必尽酌之古，要以必行”[③]，这是非常深刻的思想。[④] 此外，以胡宏为代表的五峰学派、以欧阳守道为代表的巽斋学派也是值得注意的。

开新的儒学在形而上学层级上的体现主要是陆九渊开创的心学。陆九渊提出的“心即理”的命题与阳明心学一样，是具有双重意义的。如上文所论，心学最根本的现代性意义是通过“吾心”的张扬，敞开了建构个体主体性的可能性（尽管陆九渊本人尚无鲜明的个体主体性意识）。此外，陆氏的弟子杨简开创的慈湖学派、以舒璘为代表的广平学派也都值得注意。

2. 明清之际的儒学现代化

明清之际的现代性儒学的社会生活渊源是晚明社会的市民生活方式。关于明清之际儒学的现代性，学界实际上已有许多研究成果。大致而论，作为儒学的一种现代化形态，明清之际的儒学在形而上学层级上还没有多少特别深刻的建树，但在伦理学与政治哲学层面上是极有创获的，如黄宗羲和唐甄对君主专制制度的反思与批判，黄宗羲认为“为天下之大害者，君而已矣”[⑤]，唐甄认为“自秦以来，凡为帝王者皆贼也”[⑥]；如李颙对自由讲学（某种程度上的言论自由）的倡导，认为

---

① 叶适：《习学记言》卷二三，上海古籍出版社 1992 年版，第 201 页。

② 转引自朱熹《答陈同甫书》，见郭齐、尹波点校《朱熹集》卷三六，四川教育出版社 1996 年版，第 1597 页。

③ 陈亮：《三国纪年》，见邓广铭点校《陈亮集》（增订本）卷一六，中华书局 1987 年版，第 178 页。

④ “古今异宜”的命题涉及儒家正义论的正义原则中的适宜性原则。参见黄玉顺《中国正义论纲要》，《四川大学学报（哲学社会科学版）》2009 年第 5 期；人大复印报刊资料《伦理学》2010 年第 1 期全文转载。

⑤ 黄宗羲：《明夷待访录·原君》，见《黄宗羲全集》第一册，浙江古籍出版社 1985 年版，第 3 页。

⑥ 唐甄撰，《潜书》注释组注：《潜书注·室语》，四川人民出版社 1984 年版，第 530 页。

“立人达人，全在讲学；移风易俗，全在讲学；拨乱返治，全在讲学；旋乾转坤，全在讲学”①；如顾炎武关于分权制的初步观念，主张“以天下之权寄之天下之人”②；等等。当时儒者的形下建树还不止于伦理政治，甚至涉及知识论与自然科学，如方以智的学术。当然，并不是说他们在形而上学层级上毫无建树，例如陈确认为“天理正从人欲中见，人欲恰好处，即天理也”③，对戴震的思想产生了重要影响。不过，笔者认为，在形而上学层级上，明清之际儒学最突出的成就是王夫之的人性论，它已超越了“性善”“性恶”之类的先天论或先验论的观念，认为“习与性成者，习成而性与成也”；“夫性者生理也，日生则日成也”。④ 这种思想已经带有生活本源观念的色彩。

3. 清代的儒学现代化

从清初到晚清，经历了历史学上所说的从“古代”到“近代”的时代转变。尽管李鸿章不懂得这种时代转型的本质意义，但他敏感地认识到了这是中国数千年未有之大变局。在笔者看来，中国社会的两次大转型就是两次“大变局”。

就儒学现代化而论，在属于古代范畴的清代儒学中，最典型的是“乾嘉学派”的朴学。这种儒学的现代性因素可以从两个层面加以认识：一是新方法，其核心是“实事求是”的方法。⑤ 二是由此导出的新义理，以戴震儒学为典型。

乾嘉学派“实事求是”的考据方法虽然号称“汉学”，但从实质上看，其与汉代学术颇为不同，而与近代实证科学方法可以相通，乃至梁启超说：

---

① 李颙：《匡时要务》，见陈俊民点校《二曲集》，中华书局1996年版，第105页。

② 顾炎武著，黄汝成集释，栾保群等校点：《日知录集释》（全校本），上海古籍出版社2013年版，第541页。

③ 陈确：《瞽言四·无欲作圣辨》，见《陈确集》，中华书局1979年版，第461页。

④ 王夫之：《尚书引义·太甲二》，见《船山全书》第二册，岳麓书社1996年版，第299页。

⑤ 梁启超：《清代学术概论》，天津古籍出版社2003年版。

“乾嘉间学者，实自成一种学风，和近世科学的研究法极相近，我们可以给他一个特别名称，叫做‘科学的古典学派’。”[①] 胡适也持类似看法，认为“这是一种实证主义的精神与方法。他的要点只是‘拿证据来’”[②]。不仅如此，这其实类似于欧洲中世纪后期的文艺复兴，后者也是学者们通过发现和诠释古希腊、古罗马的古代文献而导出的一种新的时代观念和时代精神。

这种新的时代观念和时代精神即现代性的思想观念，就是在上述“考据”基础上的儒学“义理”重建。清代儒学现代化在思想理论上达到了皇权时代后期儒学的最高峰，其体现就是戴震的《孟子字义疏证》。该书的最大意义在于解构了古代中国儒学特别是“宋明理学”的形而上学，尤其是人性论，重构了儒家人性论和形而上学。戴震指出，“理也者，情之不爽失也；未有情不得而理得者也”；“今以情之不爽失为理，是理者存乎欲者也”。[③] 戴震对人的情欲的肯定实质上是对人本身的肯定，也就是提倡“人的解放”。

接下来是“近代”范畴的儒学，包括洋务儒学、维新儒学。其实，洋务儒学与维新儒学是很难截然划分的。按照通常的一种划分，儒学的近代转向大致可以说经历了从“器物”到“制度”再到“精神文化”的层层深入过程（然后才经“五四”新文化运动而导出现代新儒家的新形而上学建构）。这方面的研究成果已经有很多了，此处不再赘述，但有一点是必须要指出的：现有的历史叙述往往给人一种印象，似乎儒学的现代化只是西方外来文化冲击的结果，仅仅是对“西学东渐”的一种被动反应；这其实是大谬不然的，无法解释为什么儒学早在“西学东渐”之前就已经开始了自己的现代化过程（上文已述）。

---

① 梁启超：《中国近三百年学术史》，见《饮冰室合集》第十册，中华书局1989年版，第22页。

② 胡适：《清代思想史》，见耿云志主编《胡适遗稿及秘藏书信》第七册，黄山书社1994年版，第49页。

③ 戴震著，何文光整理：《孟子字义疏证》，中华书局1982年版，第1页、第8页。

（二）民国时期的儒学现代化

民国时期最典型的儒学无疑是20世纪的现代新儒学。毫无疑问，现代新儒学已是某种意义的“儒学现代化版本”。这不仅因为其宗旨是“返本开新”——“内圣开出新外王”（民主与科学是“新外王”的明确诉求，这与“五四”新文化运动的宗旨是一致的），而且他们的形而上学建构其实已经不是旧的“内圣”之学，而是融通中西哲学的综合创造，例如梁漱溟、熊十力的儒学与西方生命哲学的关涉，冯友兰的儒学与英美哲学的关联，唐君毅、牟宗三的儒学与德国古典哲学的关系，等等。尽管他们建构的儒家哲学还存在着种种问题①，但无论如何，这是现代性的儒学，是“现代性诉求的民族性表达”②，是“儒学现代化版本”。

正是在这种意义上，在笔者看来，相比于20世纪的现代新儒学，目前的一些儒学反倒退步了，甚至出现了一股“逆流”。对于这个问题，下文还将有所讨论。

（三）当代的儒学现代化

众所周知，中华人民共和国成立后，直至“文革”结束，儒学不仅被边缘化，而且基本上是被批判的对象，也就谈不上什么“儒学现代化”了。这种状况的改变是改革开放以后的事情了，特别是进入21世纪以来，中国出现了笔者称之为“儒学复兴运动”的思想文化现象。③ 这是有某种必然性的，笔者称之为“现代性诉求的民族性表达”，也就是说，现代民族国家的建构过程必然伴随着民族文化的复兴，犹如西方的文艺复兴；这种复兴既

---

① 参见黄玉顺主编《现代新儒学的现代性哲学——现代新儒学的产生、发展与影响研究》，中央文献出版社2008年版。

② 黄玉顺：《儒学与生活：民族性与现代性问题——作为儒学复兴的一种探索的生活儒学》，《人文杂志》2007年第4期；人大复印报刊资料《中国哲学》2007年第10期全文转载。

③ 黄玉顺：《面向生活本身的儒学——黄玉顺“生活儒学”自选集》，四川大学出版社2006年版，第54页。崔发展在《论“儒学复兴运动”说》（见《当代儒学》第二辑，广西师范大学出版社2012年版，第205页）中说：“黄玉顺提出了‘儒学复兴运动’说，其意就是要对中国20世纪90年代以来，尤其是新世纪以来的思想趋向给出一种概括性的标志。”

有继承的一面（不能全盘反传统），也有现代转换的一面（不能陷入原教旨主义）。“五四”新文化运动的全盘反传统和全盘西化只是暂时的矫枉过正，所以接下来就是现代新儒家的兴起，直至最近的儒学复兴运动。

但是这里特别要指出的一点是：21 世纪以来的儒学复兴运动中的众多儒学主张、儒学理论、儒学派别，其时代性质、思想方法、价值立场可谓形形色色，“鱼龙混杂”，其中既有现代性的，也有前现代性的、后现代性的，甚至有公然反现代性的。最近有一些倾向，诸如原教旨主义的倾向、专制主义与集权主义的倾向、反民主与反科学的倾向，都是逆历史潮流而动的“逆流”，并且人数不少、能量不小，必须高度警惕。当然，除了个别“卖身求荣”者，这些儒者都是真诚的，他们的思想倾向也是可以理解的：正如上文已经指出的，现代化的第一步往往都是威权主义，这是某种历史必然性的结果。但这并不意味着威权主义就是儒学发展的正确方向，恰恰相反，儒学发展的大方向必须是“走向现代性”。唯有如此，儒学才有未来；否则，儒学终将为时代所唾弃。

总之，尽管存在着上述种种负面倾向，但我们仍然相信，建构“儒学现代化版本”的历史过程不会因此而终结，儒学仍将继续开拓自己健康的未来。

·目 录·

下编　社会转型时期

导论：现代性诉求的儒家式表达

——儒家哲学的现代转型问题

崔 罡

儒家哲学的现代转型既是现代儒学的历史使命，亦是其基本样态。

这个判断的准确性是无须赘言的，但与此同时，判断本身似乎潜藏着自相矛盾：一方面，倘若“现代转型”是现代儒学的历史使命，也就意味着它仍然处于未完成的状态；但另一方面，在新文化运动之后，特别是科玄论战之后，学界就开始广泛地、共识性地使用“现代”来概括儒学在此阶段的特征了。

命题本身的含混性由此凸显——“儒家哲学的现代转型”究竟是一个怎样的问题？

无论怎样含混，它都一定是一百多年来儒学研究中最热门的话题。“热门”意味着紧密地关切，而关切，无论是何种意义的关切，都实实在在地传递着某种情绪。“含混”则是关切的不满。不满当然不仅是学术的不满，就其根本而言，是生活情感的不满，前者不过是后者的某种显现样态而已。在一个激烈变动、充斥着故事性的时代，在一个玄幻而又躁动的时代，拿什么来安置你我不安的心灵？中国与世界，传统与未来，交织在中国人心头的问题既简单又复杂。在这个意义上，命题本身确乎直接观照着当下的生活，它最根本的必要性和紧迫性即由此而来。

当我们试图对“儒家哲学的现代转型”进行专题化研究时，命题本身的明晰化就成为一切相关工作的前提和基础。基于公共话语表达的基本需要，明晰命题首先应回到语词本身。

因此在“导论”部分，我们将首先致力于两个语词的澄清：其一，“儒家哲学”指的是什么？其二，“现代转型”又意味着什么？然后我们再来探讨问题本身。

考虑到话题本身的公共性，澄清工作先从使用更为广泛的“现代转型”开始。

第一节 新异性：现代性的基本内涵

所谓“现代转型”（modernization）即“现代化”，其字面的直接含义是“to make something modern”，意为“成为现代的”。[①] 与它密切相关的语词是现代性（modernity），指的是“being modern”，意即“成为现代”。[②] 需要注意的是，尽管词源学上的联系如此显而易见，但它们表达着刚好相反的意味：“modernity”指某种状况的完成状态，“modernization”则指同一状况的未达状态。

那么语词之间的这种自相矛盾是如何发生的呢？

“modernization”和“modernity”都是“modern”的变形，因而要寻求真正有效的区分，就必须溯源至“modern”一词。

“modern”的拉丁文词源是“modenus”，可追溯的最早词源为拉丁文“modo”，意思是“此刻”“当下”（contemporary）。[③] 根据卡林内斯库的考

① 罗荣渠：《现代化新论——世界与中国的现代化进程》，北京大学出版社1993年版，第3页。

② 马泰·卡林内斯库著，顾爱彬、李瑞华译：《现代性的五副面孔：现代主义、先锋派、颓废、媚俗艺术、后现代主义》，商务印书馆2002年版，第337页。

③ 雷蒙·威廉斯著，刘建基译：《关键词：文化与社会的词汇》，生活·读书·新知三联书店2016年版，第354页。

察，它大约在5世纪出现，天然带着两个内涵：其一，它取代了“neotericus”，表达某种与“classicus”（classical，古典）相对的含义，其基本内涵是新异性（newness）；其二，正如“classicus”这个词本身所显示的那样，它与罗马等级制度有关，它的恰当的反义词应是“vulgus”（vulgar，粗俗），而“neotericus”想要表达的是（在美学特别是文学上）与贵族作者（scriptor classicus）相对的非贵族作者（scriptor proletarius），于是“vulgus”的意味淡化，突出了“popularis”（popular，大众，流行）意味。因为它表达出某种生活方式的转变，“modenus”又可以成为一个与古代（anteanus，ancient 古代）相对的概念。①

因此，“modern”天然带有三个可能的内涵：新异性（newness），这是基本语义；某种特指的新异性；以特指的新异性为特征的时代概念。

从逻辑上来说，时代概念应该是最晚生成的。根据哈贝马斯的论述，现代性最早被作为时代概念使用源于黑格尔：“黑格尔起初把现代当作一个历史概念加以使用，即把现代概念作为一个时代概念。在黑格尔看来，‘新的时代’（neue Zeit）就是‘现代’（moderne Zeit）。……只有当‘新的时代’或‘现代’（‘新的世界’或‘现代世界’）这样的说法失去其单纯的编年意义，而具有一种突出时代之‘新’的反面意思时，上述划分才能成立。”②

众所周知，黑格尔哲学的一个重要特征是把人类历史视为绝对精神运动之产物，因而时代概念是他思想的结果而非前提。其判断的思想资源来自西方启蒙运动以来流行的“三世说”，而这种分期方式可溯源到文艺复兴（Renaissance）时代。被誉为人文主义之父的彼特拉克将其所处的时代称为“黑暗时代”，并引申出中世纪（medieval）的观念。“medieval”，如其字面

① 马泰·卡林内斯库著，顾爱彬、李瑞华译：《现代性的五副面孔：现代主义、先锋派、颓废、媚俗艺术、后现代主义》，商务印书馆2002年版，第19页。

② 于尔根·哈贝马斯著，曹卫东译：《现代的时代意识及其自我确证的要求》，见《现代性的哲学话语》，译林出版社2011年版，第5~6页。

所示，是“middle”和“age”的组合，即处于中间的时代。那么，何以将其确定为“middle”呢？是因为人类曾拥有一个光辉的时代（ancient）以及必将拥有一个充满光明的新时代（modern）。人类的历史就此被分为“上古”“中古”“现代”三个阶段。它首先不是一个历史学概念，而是美学概念。[①]“三世说”成为历史分期方式开始于维柯的《新科学》。他将人类历史分为“神的时代”“英雄的时代”“人的时代”三个阶段。[②] 此后也包括了休谟、赫尔德、黑格尔、孔德等学者的工作。

正如黑格尔一样，所有的现代性理论家都赋予了现代性特定的内涵。这也是现代性成为一个聚讼不已问题的缘由。基于不同的含义，学者把具有现代化开端的重大历史意义赋予不同的事件。大致来说，这些开端包括文艺复兴（14 世纪，人文主义的复苏）、大航海时代（15 世纪，世界史的来临）、宗教改革（16 世纪，天主教体系的瓦解）、英国革命（17 世纪，资产阶级民主革命）、工业革命（18 世纪，生产方式变革）、“一战”（20 世纪头十年，对工具理性主义的全面反思）、十月革命（20 世纪头十年，社会主义革命）、“二战”（20 世纪 40 年代，民族国家政治格局与全球化）、东欧剧变（20 世纪 90 年代，新的世界政治格局和历史终结论）等。这表明现代性诸问题的争论是在第二个含义层面展开的。

正因为如此，自然而然的追问是：现代性究竟是什么？或者说现代性的本质特征究竟是什么？“究竟”二字显示出思想者对问题本身的紧迫感。然而真正的问题永远都不会是理论问题。自 20 世纪以来，以斯宾格勒或胡塞尔或更早的尼采为代表的学者对现代性问题产生的根本性迷惘是很清楚的：我们已经无从判断现代性是否意味着“好”。严格地说，现代性诸问题之间的冲突应被分为两个层次。第一个层次是且仅是理论层面的冲突，也

---

① 马泰·卡林内斯库著，顾爱彬、李瑞华译：《现代性的五副面孔：现代主义、先锋派、颓废、媚俗艺术、后现代主义》，商务印书馆 2002 年版，第 19 页。

② 维柯著，朱光潜译：《新科学》，商务印书馆 1989 年版，第 489 页。

就是那些表现为关于现代性的赞同或批判、肯定或否定的观点及理论。这些争论是丰富多彩的20世纪哲学史的主体。但理论问题绝非根本的问题，甚至都不能被视为真正的问题。其原因在于，尽管理论家们对现代性表示了赞同或反对，但他们同样心知肚明，同一个概念的所指可能是不同的，甚至是相反的。因此第二个层面的问题才是真正的问题，这与对当下生活方式诸状况的反应和态度有关。举例来说，21世纪的学者们大都可以承认，当下的生活方式确实可以用“流动性”“碎片化”“全球化”等特征来描述，真正的分歧在于这种现代性状况究竟是由现代性导致的还是由现代性尚未完成导致的。

“modernity”和“modernization”的分疏由此而来。

于是就必须要回到“modern”的第一个内涵。无论如何，“modern”及其相关的概念都来自其基本语义——“新异性”。当我们在说“现代”一词时，几乎就是在说“现在这样”“与过去不同”的意味，这就是关于现代性的基本领会。在今天的口语中，它还保留着“时尚”（汉语口语会使用“摩登”）、“不同于以往”的含义。因此，“现代性”的内涵指的是，基于观察者的视角，首先辨识出了某种“新异”，进而将其定性，获取“新异性”，此后最终视其为“现代性”。从语词的用法本身也能看出这一点。在不涉及价值上的肯定或否定时，一切与“现代性”相对的状况视作“前现代性”（pre-modernity）。而涉及价值问题时，则会使用“反现代性”（anti-modernity）、“后现代性”（post-modernity），但很少会使用“非现代性”（non-modernity）。这意味着所有的讨论都是以“modernity”作为先行领会的。在保留了基本内涵的前提下，“modernity”其实是一个相对的概念，与古典性（classical）互为注脚。

这是我们在讨论的现阶段唯一能够确定下来的事情。

事实上，直到19世纪，现代性的这种用法依然是清晰的。举例来说，贡斯当著名的《古代人的自由与现代人的自由》的讲演就显而易见地突出了“新异”。在概念进入中国之后，19世纪的汉语界也基本尊重了语词的原初内涵，普遍地将“modern”译为“新异”。[①] 既然作为形容词在使用，那么只要观察者能够合理阐述自己的新发现，关于现代性的一切讨论就不会错[②]，现代性就此呈现出多重图景。新的总是瞩目的，也就是不难被识别的，但也总是不充分的。如前所述，林林总总的第二个内涵意义上的现代性引发了20世纪以来的现代性诸问题，这就逼迫理论家们寻求现代性的一般性特质，也就是要去尝试性地识别哪一种“新”才是一般性的。

虽然如此，根据前文的讨论，我们仍然可以做出一些推论。

首先，按照定义，我们可以很轻易地把全部的人类历史分为两段：现代和前现代。站在当下（这也是现代性的原初内涵之一），对历史的描述显然不需要或不应当过于烦琐，现代性指的不外乎就是当下的、此刻的状况。在这个意义上，西方近代以来的历史三期法实质上是二分法，具体而言，其中的古代就是古希腊，是虚悬的、被理想化了的时代。同样，有学者之所以会把现代化的开端划到东欧剧变（甚至更近的事件，例如9·11），显然是赋予了事件最重要的历史地位——无论如何，历史由此一分为二了。

其次，倘若确实存在现代性的一般性特质，那么它应当满足两个条件。

其一，它能够解释（而非被解释）多重现代性图景形成的原因。因为它是一般性的，那么它一定是不难被发现的，它必然反映在人类现代化全过程之始终。这当然意味着现代化也就是现代性的未达状况，不是某个种族（此时还不应当使用“民族”）的蜕变之路，而是人类整体的转向之旅。

这个条件的设定也在表达着研究的倾向。现代性问题当然是理论问题，但其一般性特质是具有充分解释性的。对此问题的关注，不仅仅是为了满足

① 在19世纪的各种英汉字典中，时人普遍尊重了“modern”的基本内涵，将其译为“新的”“今日的”“现在的”等。章可：《超越历史分期概念：汉语“现代”概念的创出》，《史学理论研究》2015年第3期。

② 相关描述可参见汪民安《现代性》，南京大学出版社2012年版。

思想者的好奇，也不是或不应当是任何意义的民族学、人类学或区域研究，而是探求人类历史的统一性或整体性的工作。这也意味着一种统合性的历史观。这种历史观或许会遭到质疑，特别会遭到后现代主义历史学的质疑，但未来的理论发现应当能够解释这种历史观之于非统合性历史观的优先性。①

其二，它应当能够包含（而非被包含）所有的现代性价值。既然被称为“价值”，那么这些观念在当下的生活方式中，必然是“好”的，或至少是“不坏”的。这些被称为现代价值的观念无非有两个来源，要么它是古已有之的，要么它是现代诞生的，但无论如何，它们都是“现代性”的。这也就意味着现代性是其参照系并且为其赋值。

这个条件也表达出另一种倾向：对现代性问题的关注不是或不应当是解构性的，而是建构性的；不是对某种状况的批判，更确切地说，主要的任务绝非对某种状况的批判，而是寻求共同生活、共同存在的坚强基石。如果可能的话，它应当展现为现代性价值体系或现代性价值表。既然是“体系”或“价值表”，自然应具备能够自洽的序列性。换言之，现代性诸价值能够由某一个或某一组现代性价值生成。②

虽然如此，现代性又不应当是某种启示性真理或统合性真理。条件二似乎与条件一相互冲突，其实并非如此。条件一所指的是现代性问题关注的应当是人类共同的问题，更严格地说，是人类共在的问题，共同的问题可能是

① 这里要特别提到雅斯贝尔斯的历史哲学。他旗帜鲜明地反对兰克史学，并倡导一体的文化观。他说：“人们在19世纪认为：世界史是在埃及和米索不达米亚经历了前阶段之后，在希腊和巴勒斯坦开始，并一直延续到我们现在——其余的属于民族学的领域，是处于真正的历史范围之外的。”他强调：“人类具有唯一的起源和目标。”因为“理解的根源是我们的当下性，亦即此时此地我们唯一的现实”。（卡尔·雅斯贝尔斯著，李雪涛译：《论历史的起源与目标》，华东师范大学出版社2018年版，第5~17页。）该书原版于1949年出版，这本著名著作所表达的显然不是单纯的学术观点，而是此时代我们应有的态度和立场。

② 这里需要特别补充罗尔斯的观点。正如他反复强调的，正义问题是以社会基本结构作为主题的，这就要求必须寻求一系列的正义原则，并且这些原则之间是有着序列性的。如同雅斯贝尔斯一般，关于罗尔斯思想的细节问题可以暂时放诸脑后，他首要地还是表达了我们应有的态度和立场。

理论问题，但共在的问题必定是安置生活的问题。条件二所指的是这种关于共在问题的探索不应当以传统形而上学的方式进行。即便不考虑形而上学在20世纪声名狼藉的现实处境，也应当尊重当下这个时代理性多元化的事实。

那么现代性会是什么呢？

其三，根据前两个推论，我们可以继续得出二级推论，这些推论是关于现代性价值的。

（1）一切古已有之的观念如果发生了现代转换，即被现代性重新赋值，可称其为现代性价值，但由于其“被赋值性”，所以也一定不能被视为现代性的根本特质。对此类价值做出判断的方式很简单：只要在思考中可被套用“古代人的某某与现代人的某某”句式的诸种价值，都为此类价值。事实上，绝大多数的现代性价值都有此种特点，例如自由、民主、科学等。

（2）一切古已有之的观念如果与现代性的特质相冲突，则不应进入现代性价值的序列之内，无论它在前现代生活中拥有怎样的地位。在当下的生活中，这类观念要么已然消失，例如关乎奴隶的“顺从”；要么就被视为某种恶，例如关乎女性的“贞操”。甄别这类观念是存在困难的，这与现代性特质依然模糊不清有关。例如，“忠诚”可否被视为现代性价值？忠于君主当然不是，但忠于职守似乎应当是。假如忠于职守与忠于个体权利之间发生了冲突（例如著名的士兵难题），又该如何呢？

（3）一切古已有之的观念如果可与现代性的特质兼容，且不需要现代性重新赋值，可被视为一般性价值。也就是说，我们仍然在认可它，却从不使用“古代人的某某与现代人的某某”这一句式来描述它，例如正义。一般性价值往往是纯形式的。我们会说“古代人的正义观（conception of justice）和现代人的正义观”，但也会说，无论哪种“正义观”，都应当是合乎“正义”的。

总体来说，在现代性诸问题的讨论中，通常所见的错误均与前述三个判断有关。（1）如果将已然发生了转型的现代性价值与其传统内涵混为一谈，就是古典主义的错误，例如施特劳斯主义或新亚里士多德主义（特别是麦金太尔的工作）就具有此种特征；（2）将应当抛弃的前现代价值视为现代性价值，即完全无视已然发生了的现代转型的历史事实，这是原教旨主义的错误；（3）将一般性价值视为现代性价值并为其赋值，这是最常见的隐含的错误。现代性理论家彼此攻讦的理论武器不出此三个判断，但与此同时，又会犯下其中的另一种错误。

既然如此，又当如何去获取现代性的一般性特质呢？

第二节　生活与历史：切入现代性问题的视角

归根结底，我们所做的工作无非是在澄清一个历史事实。只要现代性问题不是理论家的玄想，那么它就应当是对生活状况的诚实表达——现代化已然发生了，它是什么？

历史（history）就是被叙说的往事（past）。无论是汉语的“历史”，还是“history”，均有相同的内涵：询问（“history”的本义是询问）往事，并让它有条理地展现（“历”有历历在目、整齐有序的意思）。通常来说，历史学家总是认为他与他的研究对象之间已然拉开了足够的距离。研究现代性问题的困难在于，根据定义，它是当下的，它是你我都置身于其中的，它尚不属于历史学家能够合法接手的领域。但事实可能并非如此。因为无论如何，历史都是建构性的。美国历史学家卡尔·贝克尔曾追问：“什么是历史事实？”这到底有什么重要意义呢？……这可能是一个事实，但它对我们却是毫无意义的。”[①] 历史的意义就表现为其建构性[②]，也就是说，历史叙

① 卡尔·贝克尔：《什么是历史事实》，见张文杰编《历史的话语：现代西方历史哲学译文集》，广西师范大学出版社 2002 年版，第 282~292 页。

② 这里其实有一个重大的分歧。历史学家通常把自己理解为“侦探”（科林伍德语），也就是还原历史真相，他会认为自己所展现出来的建构性就是历史事实本身的结构。然而卡尔·贝克尔（他当然是严肃的历史学家）的问题是：我们为什么会对这些陈年往事感兴趣？这就意味着历史学的价值恰恰在于它提供了意义（meaning）。

述当然要基于发生了的因而是可经验的事实（可经验意味着它是公共话语），但是对事实的叙述依托于某种历史哲学式的分析框架。历史学家在说话，却审慎地隐忍着自己的意图。不过，无论如何，他在说话的时候，他总是处于当下。

因而研究现代性问题并不面临“只缘身在此山中”的困难，现代性是这样的事情，根据基本含义，它就是当下的事情，它也表达出当下所向往却未达的事情，于是它必然是某种一般性的视角。我们把这种视角称为生活方式。

一、生活方式

生活方式只不过是生活本身的显示样式：生活便是显示，而显示总是显示为显示样式；这种显示样式被我们存在者化地、对象化地、客观化地打量之际，它就被把握为所谓“生活方式”。①

这段话有两层内涵。

其一，对于身处其中者而言，这就是“生活”本身，是流俗的、平均的、日常的状态，即“百姓日用而不知”的共在方式。这里的“不知”不是对其无所察觉，恰恰相反，它意味着深切地情感性地“在其中”，也就是“自然”——情感倾向和价值选择都是自然而然的，以至于它就是或被认为是天经地义的。历史学家的选择同样具有情感倾向与价值倾向。例如，总会有学者对英雄的历史做专题性研究，却不会有学者对混蛋投入相当的热情。难道后者不具备历史学所谓的“创新性”吗？问题显然在于它不具有价值，它令人作呕。

其二，当对生活进行对象化打量的时候，也就是对其进行客观化、整体性把握的时候，“生活”（现在是“某种生活”）就成了“生活方式”

① 黄玉顺：《面向生活本身的儒学——“生活儒学”问答》，见《爱与思——生活儒学的观念》（增补本），四川人民出版社 2017 年版，第 317 页。

(某种生活方式)。这也就意味着，生活的诸要素（即被各种专门学科专题化把握的领域）基于其先行的整体性，就呈现出某种结构性样态。道理显而易见，倘若在第一个层面，也就是“生活”层面，身处其间之人总是能够“自然而然”地“生活”，生活本身必然是可以自洽的，那么只要理论是诚实的，理论所构建的诸要素就必然是结构性的——历史的建构性源于并反映着生活的结构性。

总体来说，在生活儒学[①]被提出之前，“生活”和“生活方式”从未真正成为重要的哲学概念。当然，生活儒学本身就是儒家哲学的现代形态之一。但“历史与生活”的视角是常见的理论分析方式。

如麦金太尔说：“史诗与传奇所刻画的是一个已经体现了史诗或传奇之形式的社会。其诗歌所阐明的是其在个人和社会生活中的形式。……当然，诗歌与传奇并不单纯是它们所要刻画的那个社会的翻版。因为很显然，诗人或传奇作者自称具有一种其所描写的角色所没有的理解力。”[②] 对于故事中的角色（person）来说，这就是“生活”；对于吟唱者来说，这就是“生活方式”。诗人之所以能够如此，在古希腊人看来，“吟游诗人向人群和诸神吟唱的是缪斯女神和记忆女神令他想起的故事。缪斯女神赐予他善和恶：她剥夺了他的视觉并赐予他动人的乐章”[③]。由于被剥离了世俗的感官，诗人获得了等同于神（theos）的视角，从而能够在生活之外观察生活。这当然是一般性视角。[④]

仅仅在思考方式的层次，英文中比较接近“生活”的语词是“conversa-

---

① “生活儒学”是黄玉顺先生于2004年正式提出的一种现代性哲学构想。他强调“生活”的本源意味，认为一切的形下学（知识学和伦理学）和形上学（狭义哲学）都是在生活中生成的，由此区分了“生活”和“生活方式”。

② 阿拉斯戴尔·麦金太尔著，宋继杰译：《追寻美德：道德理论研究》，译林出版社2011年版，第157~158页。

③ H. Arendt, *The life of the Mind*, A Harvest Book, Harcournt Inc., 1978, P132. 引文为引者自译。

④ 需要注意的是，古希腊的这种思考方式最终走向了柏拉图主义。参见卡尔·雅斯贝尔斯著，李雪涛主译《大哲学家》，社会科学文献出版社2005年版，第67页。

tion”，意为“general course of actions or habits，manner of conducting oneself in the world”（行动或习惯或自我安置的一般性过程），带有“日用而不知”的意味，但缺乏“本源”（the Root-Source）的意味①；而比较接近“生活方式”的语词是“constitution”，这个词的字面意思就是“在一起”，并且是结构性地“在一起”，这个词带有明显的结构性和一般性的意味。如果考察17世纪（也就是西方现代哲学的奠基时期），可知“constitution”是一种常见的、带有还原式的建构性分析视角，特别是在从霍布斯到洛克的文本中，表现得异常鲜明。②

需要补充强调的是，生活方式的结构性并不是社会学意义上的社会结构（the structure of society），特别是极具影响力的帕森斯的结构—功能主义使得这种理解传播甚广。然而帕森斯表达的是：“将动态问题置于它们与体系结构的关系中、以及过程与要将其维持下去所必需的功能性前提之间的关系中来加以研究，这就为判断一桩发现的一般意义、以及系统地弄清它与其他问题和事实之间的相互关联，提供了一个参照系。”③ 欧洲哲学讨论的社会（society）的首要含义是“在一起”，因为它的词源是“company”（伙伴）。在近代之后，“society”的首要含义是“行会”，是为了共同目的集结的共同体。从17世纪开始，它逐渐表示一大群人所属的机制（institutions）与关系（relationships）。④ 从这个意义上来说，社会学和人类学的讨

---

① 不过这个意味在现代英语中已经失落了，现在通常汉译为“会话”“交谈”。这个词的古法语形式是“conversacion”，意为“behavior”“life”“way of life”“monastic life”等。

② 无论是霍布斯的《利维坦》，还是洛克的《政府论》，都是带有明显的还原和重构意味的文本。似乎很少被注意到的是，他们都把“constitution”视为某种一般性的视角。特别是在洛克的文本中，“constitution”的用法展现出明显的转向意味，也就是从“生活方式”转为“社会的基础性法则”。反映在汉译本中，这个词的翻译就异常混乱。一方面，这是欧洲自由主义史发展的阶段性特征；另一方面，也是现代性观念在欧洲生活方式下逐渐落实为具体制度建构的过程。

③ T. 帕森斯著，张明德等译：《社会行动的结构》“第二版序言”，译林出版社2003年版，第9页。

④ 雷蒙·威廉斯著，刘建基译：《关键词：文化与社会的词汇》，生活·读书·新知三联书店2016年版，第492页。

论方式恰好是本末倒置。

而生活方式首先观照的不是各结构间的功能，而是生活主体（the subject of sheng-huo）。确切地说，当试图勾勒某种生活方式以及对某种生活进行对象化打量时，最先触目的，就是生活主，而生活主体即人（person）。

二、生活主体

当我们在讨论生活方式的结构性时，生活方式仅仅在最低限度上指群体生活的“共在”形式。必须强调，不是某种结构给出了某种生活，而是某种生活具有或生成了某种结构。生活主体指的正是在如此这般的群体生活中如此这般的活动者。宽泛地说，生活主体就是人（person），但必然是以某种方式存在的人。

“person”的原初含义是面具，因而它天然带有某种关于生活的领会——生活是一个大舞台，生活主体就是舞台上的角色。角色投入地演出，完全入戏，以至于遗忘了这是一场表演，认为这就是生活。但是对于观众来说，也就是对于生活方式的旁观者（theatai）来说，舞台剧就是角色与角色之间的爱恨情仇。不仅如此，不同类型的舞台剧必然意味着不同的舞台冲突。需要注意的是，不是观众事先知晓了这是一幕浪漫剧、喜剧、悲剧、讽刺剧[①]，恰恰相反，是舞台冲突被观众识别为某个剧种。

值得指出的是，“旁观者”的概念表达的恰恰也是“生活”与“生活方式”的思考方式。这是一个典型的柏拉图主义的概念。古希腊人认为生活是一个盛大的节日，而最高尚的人作为旁观者（theatai/spectator）参与其中。[②]“theatai”是“spectator”古希腊词源的拉丁文拼写方式。与其同源的词包括源于希腊文

① 海登·怀特在相反的意义上表达了此种意味。参见海登·怀特著，陈新译，彭刚校《元史学：十九世纪欧洲的历史想象》，译林出版社 2004 年版。

② G. S. Kirk & J. E. Raven, *The Presocratic Philosophers*, The Syndics of the Cambridge University Press, 1957, P278. 引文为引者自译。

的“theoros”（观众），即在“theatre”（剧院）中看戏的人。而“theoros”（观众）之所以是高尚的，是因为这是一种类“theos”（神）的生活，意即那些生活在城邦生活之外的奥林匹斯山上的高高在上的旁观者。而旁观者的言说即“theory”，也就是抽象的、非感官经验可直接把握的“理论”。①

与其说是剧情制造了角色间的冲突，倒不如说角色承载了冲突本身。因此，角色也就是生活主体，即对象化把握的生活方式中最为瞩目的对象。不同剧种中的冲突是不同的，剧种的转变首先仍然被识别为角色的转变。例如，在一幕有警察和小偷两个角色的演出中，观众期待的一定是悬疑剧而非情感剧。通常的理解是，理论家能够首先识别甚而准确把握某种生活方式，继而按照某种结构功能来分析生活主体。事情恰恰相反——生活方式的转变集中地显现为生活主体的转变。

柏拉图主义最需要质疑的地方就在“旁观者”的设定。它不可避免地为西方专制主义传统奠基，正是因为哲学王所谓的神性。哲学家“自幼不知道去市场、法庭、议事厅，或其他公共场所的路……对此类事，哲学家所知并不比对大海里有多少水知道得更多。……他们的思想好像插上了翅膀……到处寻求作为一个整体的事物的真正本质，从来不会屈尊思考身边的俗事”②。那么当观众成为编剧（这是洞穴寓言最核心的启示），它是否还处于生活舞台之外？

没有人在生活舞台之外。生活当然没有编剧。这意味着我们在讨论生活方式的时候，必须对两种常见的立场保持警惕：其一，生活方式的变迁不是任何目的论的结果；其二，生活方式的变迁也不是任何机械论的结果。这两种思考都带有一定的危险性。在后文的讨论中，我们将试图阐明，这

---

① 相关内容可参见雷蒙·威廉斯著，刘建基译《关键词：文化与社会的词汇》，生活·读书·新知三联书店2016年版，第532页。

② 柏拉图著，王晓朝译：《泰阿泰德篇》，见《柏拉图全集》第二卷，人民出版社2003年版，第696~697页。

种危险性既产生了现代性本身，又与现代性相冲突。

生活没有配角，只有在具体事务中才会有主次之分。事务只是生活的样态之一，绝非生活本身。事务与事务、不断连续的事务组成了生活中的七零八碎，生活方式由此呈现出生活方式诸要素以及诸要素之间的结构性关系。但是再次强调，生活主体才是生活方式最瞩目的对象，显现在诸要素的每个环节。

三、生活方式诸要素

现在进行最简单的分解，生活方式的基本要素可能有哪些？

首先所能想到的是人（human）与自然（nature）的关系问题。无论如何看待二者之间的关系，在生活方式的层面，它关切的是作为自然物的人或人类如何从自然中获取生存所需的物质资料并延续种族的问题。

其次能够想到的是人（person）与人之间的关系问题。在生活方式的层面，人总是不得不以各种身份共在，总是在扮演着各种不同的角色，那么身份或角色所呈现的是共在的方式、共在的规范、共在的规则，它关切的是伦理学或广义政治哲学的问题。

再次是精神生活的问题。在生活方式的层面，它是个体（individual）与他者的关系问题。他者显然包括了三种不同的对象：自我、他人、全部自然物。这里需要简单解释一下。由于个体以一种绝对的、孤独的方式站到了他者面前，所以个体不应当被视为某个角色，因为后者是变换、不定的。事实是，正如你我能够体验到的，存在着无数只能由个体独自承担的事情，那么无论他者是与个体共享一个躯体的存在者，还是与个体相似的存在者，还是个体躯体之外的全部存在者，都无法影响个体的独在状况。西方哲学称之为“灵魂”问题，中国哲学称之为“境界”问题。

在哲学史上，这是一般的、常见的思考结构，只不过是表述方式的差异而已。借用康德的话来说，即“上帝”、“自由”和“不朽”。[①] 其实，更为常见的分类方式是：

（1）经济的生活方式：指的是物质财富的增殖方式，因此包括生产、经营、积累、效率等内涵。经济生活方式是一切生活方式的最基础要素。这当然取决于人类最基本的生存需求，以及在满足温饱之后无止境的各类欲求。众所周知，不同的经济生活方式会有不同的经济生活主体。严格来说，通过识别不同的经济生活主体，我们可以分辨不同的经济生活方式，例如庄园、公司、家族、个人等。

（2）政治的生活方式：指的是人类群体的共在方式，因此包括权力的产生、运转乃至崩溃和重建等内容。狭义的政治，特别是在当前的语境中，特指与社会相对的公共权力的问题。不过，根据这个词的词源“politeia”（政治、城邦、市民、自由），它同样会涉及非公共领域的妇女、儿童、奴隶等问题。广义的政治即最宽泛的共在的问题。同理，广义的权力指的是“集体行动”的能力。[②] 政治生活方式是生活方式诸要素的核心。

（3）文化的生活方式：指的是个体的精神生活方式。通常来说，它被视为政治生活方式的衍生。因为无论是“文化”还是“culture”，都包含了规训情感（即培养正确的情感）的意味。一旦涉及“正确”，它就必然关乎标准，从而关乎权力。但是我们应当注意到，在经济生活之外，我们可能拥有闲暇；在政治生活之外，我们可能拥有消遣，闲暇或消遣同样也是文化。这是与前两者密切相关的，同时又是个体性的。事实上，即便是规训意义上的文化，最终也要落实在个体的情感或个体的精神生活上。

这里还需要做一些补充。

我们不应给出三者之间的关系，无论是平行关系还是任何意义的序列

---

① 康德著，邓晓芒译，杨祖陶校：《纯粹理性批判》，人民出版社 2004 年版，第 6 页。

② 相关讨论参见汉娜·阿伦特著，郑辟瑞译《论暴力》，见《共和的危机》，上海人民出版社 2013 年版。

关系。原因很简单，倘若试图指出三者中是谁给出了谁或者谁优先于谁，就必定会陷入某种样态的机械论之中。在一些时候，当经济生活难以为继的时候，政治生活就会崩坏，人类的共在方式解体，沦为无序或丛林的动物式存在；但我们也能看到，为了重建政治生活，人类可以忍受贫穷、饥饿甚至死亡。我们不能否认，政治生活方式在充裕的物质条件和贫瘠的物质条件下，必然是不同的；但是，也并不能得出某种程度的物质条件必然带来与之相应的权力结构。启蒙运动以来，人类的历史曾被解释为欲望和冲动的产物，然而现代生活表现出，欲望和冲动同样是可以被塑造的，这意味着它们反倒可能是政治生活的产物。文化的生活方式则总是处在一个奇特的位置：有不少理论家将其视为经济或政治的结果，也有几乎同等数量的理论家赋予其优先的地位。例如，他们会认为，中国人节俭、隐忍的生活方式是由中国文化塑造的。但进一步的追问是，中国文化何以可能？于是又不免陷入经济决定论、政治决定论。但无论如何，文化总是关乎精神生活的，而精神生活归根结底是个体体验的，那么它的独在特质又怎能被否定？

因而，所谓的三个问题或三组要素仅仅是观摩某种生活方式的视角而已。质言之，不同的生活方式之间的差异之所以能够被识别，是因为触目的标的物是生活主体，而生活主体又总是通过某种经济的生活方式、政治的生活方式和文化的生活方式被分辨、勾勒、摹写。

我们把这种观察视角称为生活与历史的视角。哲学家无论怎样天赋异禀，都不应该或者压根不能离开人间。再次强调，他不是生活的旁观者，他也是生活舞台上的演出者。理论家们犯下的错误或许在于，正如这个词的词源所示，以自我麻醉的方式自封为神，同时赋予理论以绝对正确的神性——这个词通常被当作“真理性”来使用。道理很简单，价值与价值的历史显现样态不能混为一谈。倘若前者总是意味着“好”，那么它就必然是某种诉求，且是情感性诉求；尽管情感性诉求必然要具象化，因而也必然与具体的生活方式有关，但它的本质始终是情感性的。而后者是现实性的，是由具体的生活方式给出的，且由此获得了历史性的正当性和时宜性。[①] 举例来说，自由是古今相通的情感诉求，但其历史显现样态大不相同。洛克的自由是不同于亚里士多德的，亦不同于奥古斯丁的，同样是不同于贡斯当的，不同于马克思的，不同于密尔的。再次强调，价值绝非根本性或基础性的概念，它不过是生活方式的显现样态而已。

第三节　个体性：现代性的特质

在获得了切入现代性问题的视角后，我们可以重新探问现代性的特质了。

先将结论抛出。

基于对“生活主体”的观察，我们很容易看到，现代性生活方式不同于前现代生活方式的显著差异，是最显著的生活方式层面的“新异性”，即个体性（individuality）。确切地说，现代性生活意味着这样的事情：个体仅仅代表自己出现在公共领域，并且以自身的诉求为最高的或全部的诉求。个体就是现代性生活方式的生活主体。这也就意味着，我们能够观察到，无论经济的、政治的还是文化的生活方式，个体才是这个舞台上的主角，才是诸种冲突的承担者和演绎者。而现代化作为现代性的未完状态，就是现代性的现实化。现代化的开端显然是个体能够（仅仅是能够）代表自身出现在公共领域。

现在对这个判断进行必要的说明。

个体（individual）观念大约出现在6世纪，其基本含义是“不可分割”（indivisible or inseparable），特别指代亚里士多德意义上的第一实体以及早期基督教的三位一体。但是，它用作指代与众不同的单一个人（single，

① 笼统地说，关于情感性的问题，西方与中国的看法截然不同。更严格地说，在几乎相似的历史阶段，西方从柏拉图开始，特别是从亚里士多德到托马斯·阿奎那，中国从《老子》开始，特别是从孟子到王阳明，对情感的地位之判断颇为相似，都认为情感是需要被规训的事情。

separate，of but one person or thing），也就是个体性（individuality），则是在17世纪才出现的。个体主义（individualism）的出现则是19世纪的事情。[①] 这表明个体观念古已有之，但个体性生活方式出现得很晚，而将其视为一种立场或主义（ism）则更晚。

在前现代生活方式中，个体被理解为一种去人格化（depersonalization），也就是非人化，因为在彼时，个体总意味着“出世”。在现有的对各种文明形态的历史观察中，这一点是完全一致的。出世的方式要么是超脱，即古希腊人所说的“哲学家只有肉体生活在人间”；要么是超越，这特别体现在早期基督教、印度教、佛教等宗教形态中。但这两种方式都意味着“死亡”。中国人会隐晦地把“死亡”称作“去世”，古希腊也是如此：“‘活着’和‘在人们中间’（inter homines esse）是同义词，‘死去’和‘不再在人们中间’（inter homines esse desinere）是同义词。”[②] 无论如何，如果活着意味着在世，而个体总是要出世，那么就意味着个体死去。经济生活方式的主体是家族或庄园，囿于低下的生产力，失去了族群的个体是无法生活下去的。与之相应，在政治生活方式特别是伦理层面，一切的道德总是与角色（person）即社会身份有关。[③] 前现代生活方式作为显而易见的事实，学界对其已有极为丰富的论述。

无论从哪个意义上看，欧洲的现代化都是对“个体化即死亡”的生活方式的逆转。众所周知，启蒙运动以个体情感（sentiment）的唤醒为主要特征；作为启蒙运动一体两面的宗教改革，马丁·路德斩断了教会与称义之间的联系，使个人直接站到了上帝面前。

此外，只要简单梳理一下那些被公认的现代性价值，就很容易从中发现个体为其赋值的线索。新文化运动以来，人们就将“民主和科学”视为

① 路易·迪蒙著，桂裕芳译：《论个体主义：人类学视野中的现代意识形态》，译林出版社2014年版，第22~23页。

② 汉娜·阿伦特著，王寅丽译：《人的境况》，上海人民出版社2009年版，第2页。

③ 相关的讨论可参见阿拉斯戴尔·麦金太尔著，宋继杰译《追寻美德：道德理论研究》，译林出版社2011年版。作为社群主义与美德伦理学的典型代表，他尤其强调了德性的社会属性。

现代性的两大核心价值。这两个价值都发生了现代转换。例如，“民主”（democratic）是“多数人掌握权力的政制（politeia）”，最早见于《希罗多德历史》第三卷的相关论述。① 以霍布斯和洛克为代表的契约论传统试图表明，社会的秩序不是来自任何意义上的既定之物，而是来自个体自身自然权利（nature right）的让渡。17 世纪的英国革命以及作为其延续的 18 世纪的美国独立战争塑造了此种价值的深远影响。在古希腊用法中，科学（science）指的是“对于永恒的事物的知识”，是亚里士多德在《尼各马可伦理学》中强调的五种理智美德之一。② 而现代的实证主义科学试图强调的是个体经验无可置疑的确凿性。伽利略在比萨斜塔的著名实验既简单又深刻。它其实是对一种世界观的逆转：对公共世界的认识不是来自经典，而是来自个体的感官（sense）。因而，在民主与科学的背后，显而易见的是由个体直接赋值的更为根本的价值。自由也是如此。古希腊的“自由”指的是“免于……”的自由。在现代早期，它就几乎等同于个体。③

欧洲的现代化在 18 世纪之后逐渐发展出两条不同的向度：民主化与工业化。工业化是技术对科学的取而代之。④ 作为诚实的理论家与现代性批判的先驱，马克思正是在此意义上把工业革命视为现代的开端。拿破仑战争强化了民族国家（nation）的生活方式，在推动民族国家统一的同时，逐渐造就了民族国家内部高度技术化的统治方式，此即韦伯意义的现代性。自由的观念发生了转变，指的是公民的权利。⑤ 发生在积极乐观的科学主义

---

① 希罗多德著，王以铸译：《希罗多德历史：希腊波斯战争史》，商务印书馆 1997 年版。

② 亚里士多德著，廖申白译注：《尼各马可伦理学》，商务印书馆 2003 年版，第 165~169 页。

③ 在现代早期的欧洲思想中，自由与个体是完全等同的概念。这既与前现代不同，也与 17 世纪之后特别是 19 世纪的自由观念不同。可参见哈罗德·J. 拉斯基《欧洲自由主义的兴起》（林冈、郑忠义译，中国人民大学出版社 2012 年版）的相关讨论。

④ 这是科技史的基本定论。对其最为深刻的揭示当属埃德蒙德·胡塞尔的《欧洲科学危机和超验现象学》（张庆熊译，上海译文出版社 2005 年版）。

⑤ 这个重要的区分特别体现于贡斯当与洛克的差异。贡斯当的观点见于《古代人的自由与现代人的自由》（阎克文、刘满贵译，上海人民出版社 2005 年版）。

（严格来说是工具理性主义）与不合时宜的人本主义之间的争论，持续了整个 19 世纪。[①] 个体主义（individualism）概念的出现表明，个体不再是生活的某种基本价值，而成为诸价值之一。

20 世纪至今的现代性争论仍然是 19 世纪基本问题的延续。在先发国家特别是欧美思想界，他们关注的焦点正是“个体性”与“社会性”孰为优先。与此同时，在后发国家特别是东亚，广泛认可的现代性观念是现代社会即工业社会。“现代化是指近代资本主义兴起后的特定国际关系格局下，经济上落后国家通过大搞技术革命，在经济和技术上赶上世界先进水平的历史过程。”[②] 基于民族国家的正当诉求（这是当下现实的世界秩序），“内源现代性”（endogenous modernity）就获得了正当性。但不应该忘记的是，民族国家之所以被认为拥有自决的权利，是因为在国际关系中，它被视为个体，对其最充分的论证依然是洛克的对外权（federative power）。[③]

综上所述，个体性是现代性的一般性特征。一方面，对个体观念的考察足以勾勒出现代欧洲哲学史的基本脉络。文艺复兴和宗教改革时期，个体性得到重新重视和阐述，至 17 世纪在以霍布斯著作和洛克著作为代表的文本中成为核心观念，在洛克主义的影响下，至美国《独立宣言》达到顶峰，而又以法国《人权宣言》开始，个体性搅入与社会性的纠缠，由此产生了个体主义的观念。二者之间的争论此起彼伏并延续至今。但总体来说，在个体主义和群体主义争论的背后，个体性是始终潜藏的内涵。另一方面，个体性是对现代生活方式的一般性勾勒。正如哈贝马斯所言，现代化是一项未竟的事业。绝对意义上的个体化生活方式远未到来（也可能永远不会

① 我们可以从两本著作来发现二者的差异。一是约翰·西奥多·梅尔茨的《十九世纪欧洲思想史》（周昌忠译，商务印书馆 2016 年版），一是克罗齐的《十九世纪欧洲史》（田时纲译，商务印书馆 2017 年版）。

② 罗荣渠：《现代化新论——世界与中国的现代化进程》，北京大学出版社 1993 年版，第 9 页。

③ 洛克著，叶启芳、瞿菊农译：《政府论》下篇，商务印书馆 1964 年版。

到来），但如克罗齐所说，历史就是“自由的斗争”。个体性才是驱动欧洲现代化的原初动力，这一点从未改变。诸现代性价值的背后总是由个体性为其赋值。①

这里还要做一点补充。

20世纪中期之后，在伦理学领域，特别是在政治哲学中，对“个体是否存在”产生的怀疑构成了自由主义与社群主义之间的大争论，并持续至今。代表性学者包括麦金太尔、桑德尔、查尔斯·泰勒、路易·迪蒙，等等。例如，麦金太尔的批评是：如果一切的伦理道德都是由个体决定的，但一切的伦理道德又都是非个体的，这何以可能？正面的论述是：“这个自我概念的统一性存在于一种将出生、生活与死亡作为叙事的开端、中间与结尾连接起来之叙事的统一性中……我们不能脱离意图来描述行为，而且我们也不能脱离背景来描述意图，因为正是背景使得那些意图无论对于行为者本人还是他人都可以理解。”② 据此，他把当前的一切道德问题冲突归结为自由个体主义与亚里士多德主义之间的冲突。路易·迪蒙就把“个体性”看作“现代性的意识形态”。但社群主义者似乎忽略了一个重要的问题。伦理的生活当然是群体性的，任何对个体生活的理解（这种行为本身就是群体性的）也必然是群体性的，但某种“好”的伦理生活又是如何可能呢？是否存在一劳永逸的安置生活的方式呢？显然并不存在。倘若需要重置我们的生活，其动力来自何处呢？答案无非两个，要么来自共同体中的个体，要么来自公共的权威。近代以来，显然不会有人还认为公共的权威来自神性或者父权。在这个意义上，是个体组成了共同体，而非权威塑造了共同体。

---

① 赋值的方式不外乎两种。其一，个体性观念直接赋值的价值，如人权；其二，个体性观念间接赋值的价值，如基于人权的主权。

② 阿拉斯戴尔·麦金太尔著，宋继杰译：《追寻美德：道德理论研究》，译林出版社2011年版，第260~261页。

讨论至此，我们大致可以得出关于现代性的一般性特质。那么“儒家哲学”这个概念指的又是什么呢？

第四节 “儒家”与“哲学”：错出的话语和歧进的路向

经过前文的梳理，我们现在回到“儒家哲学”概念本身。然而，只要略加推敲，就会发现这个本来非常熟悉的语词竟然如此陌生：“儒家”与“哲学”是怎样实现兼容的？

众所周知，司马谈的《论六家要旨》[①] 最早用“儒家”这个概念来严格区分“儒家”“道家”“墨家”等。《论六家要旨》的用法是：在统一的问题视域下（“此务为治者也”），根据其立场和观点的不同（“直所从言之异路”），将天下学术分为六家，而儒家是其中之一。这是典型的皇权时代前期的话语方式。这种话语方式是在第一次社会大转型完成之后、在重建生活秩序的需求下建立起来的。此后，它被保留并整合为著名的“诸子出于王官论”。随着从“汉志”系统到“隋志”系统的更新换代，被视为“天经地义”的“经史子集”四部分类法形成，“儒家”这一语词是漫长的皇权时代意识形态的典型话语方式。需要强调两点，第一，在皇权时代之前，并没有我们熟知的儒家概念，或至少没有这种整齐划一的用法；第二，在皇权时代，“儒家”首先对应的是“艺”（即“经”）、“文”（即“子”）之分[②]，而后在子学中又与道家、

---

① 白寿彝：《说“成一家之言”》，见刘乃和主编《司马迁和史记》，北京出版社 1987 年版，第 31~40 页。白寿彝的意思是，先秦时代早已有“儒家”“墨家”之称，但被整齐划一地区分使用，确实开始于《论六家要旨》。

② 众所周知，在四部分类法中，儒家属于子部而非经部。这当然意味着“六经”或“十三经”是公共的经典而非儒家的经典，严格来说，对“十三经”的研究属于经学而非儒学。在四部分类法解体之后，经部不复存在，“十三经”被人们理所当然地视为儒家的经典。

墨家等对应。因而，“儒家”概念的背后是且只是一整套皇权时代的生活方式、世界观和价值系统。

在19世纪与20世纪之交，“哲学”概念经由日本进入中国，随即出现了大量的对西方哲学的译介活动。差不多同一时期，关于中国哲学起源的探讨也零星出现了。与此同时，已经有学者开始讨论某位中国古代学者的哲学。例如，王国维在1904年即讨论戴震与阮元的哲学。[①] 程树德称荀子为“哲学大家”。[②] 更早的例子是1898年日本学者大桥铁太郎译介周敦颐、张载哲学。[③]“哲学”概念在20世纪的第一个十年开始在中国的公共话语中被大量使用，且其使用量呈爆发式增长趋势。从一开始，它就与“现代化”联系在一起。因而，它在进入中国之初，固然被理解为西方学术分科系统之下的一门学科，同时更被视为一整套近代以来西方世界观和价值系统的象征。从“四部之学”到“七科之学”的转变，不仅是教育系统的转变、知识系统的转变，更意味着生活方式的巨大变动、世界秩序的崩溃和重建。而这个转变通常被视为晚清现代化的重要表现。[④]

不难看出，“儒家”和“哲学”是两个基于两套完全不同话语体系的概念，前者是前现代的，后者是现代的，因而也就意味着两套逆向的路径：现代化就要启蒙，启蒙就要反传统，反传统就是反儒家（经学也被视为儒学）。这才是合乎逻辑的。时至今日，对儒家的这种判断依然极为常见。[⑤] 我们也很容易从学界观察到，大量的严肃的专业从事西方哲学的研究者可

---

① 王国维：《国朝汉学派戴阮二家之哲学说》，《教育世界》1904年第76期。

② 程树德：《哲学大家荀子之政治论》，《福建法政杂志》1908年第1卷第4期。

③ 大桥铁太郎译：《周濂溪张横渠二子哲学论》，《东亚报》1898年第5期。

④ 相关论述参见左玉河《从四部之学到七科之学——学术分科与近代中国知识系统之创建》“导论”，上海书店出版社2004年版。

⑤ 可参见邓晓芒《儒家伦理新批判》，重庆大学出版社2010年版。这应该是一个严肃讨论的典范。邓晓芒反复强调自己深受儒家生活方式的影响，并以此种方式来生活；但与此同时，作为现代人，他又强调对自己的生活方式深恶痛绝。这不仅仅是陈述的技巧，更是某种实情。他的立场很清楚，如果现代性需要启蒙，儒家就是反启蒙。他很克制地就自己的专业领域表达了对现代新儒家的不满，特别是牟宗三对康德的误读。

以在平时对儒家形同陌路，但一旦在某个具体问题上遭遇，就会迅速爆发激烈的争论。最近的例子即关于“父子互隐”的大争鸣。[①] 在这个意义上，“儒家哲学”这个概念本身就是自相矛盾的。

但是，“儒家哲学”这个概念的出现及其成为热门的学术语词，又是不争的事实。这显然意味着，我们必须对其内涵进行推敲。由于我们不能否认“哲学”概念本身具有的现代意味，所以“儒家哲学”概念本身就表明了某种“现代转型”，而且显然只能是“哲学”消解了“儒家”。

“儒家哲学”最早被使用的例子，应该是胡适在《中国哲学史大纲》中所说的“即如《礼记》中许多儒书，只有几篇可以代表战国时代的儒家哲学”[②]。不过全书也仅此一例。这个概念被正式用作著作题目，是1922年梁启超的《儒家哲学及其政治思想》。[③] 几年之后，梁启超在题为“儒家哲学”的讲座中则表示，我们仍然用“儒家哲学”四字，因为大家都用惯了。[④] 由此可见，“儒家哲学”已成为学术讨论中的常用词。众所周知，新文化运动之后的十年是中国思想界发生剧烈蜕变和分化的时期，也奠定了百年来整个中国学术的基本格局。

进一步的问题是，这里的“现代”指的是什么呢？“儒家”又如何“哲学”呢？

当然，我们更关心的是“儒家哲学”在什么意义上被使用。大致说来，分为三个方向：一是“儒学中的哲学”，一是“儒化的哲学”，一是“儒家的哲学”。

---

① 郭齐勇主编：《儒家伦理争鸣集——以“亲亲互隐”为中心》，湖北教育出版社2004年版。

② 胡适：《中国哲学史大纲》，崇文书局2015年版，第161页。此著作正式出版是1919年，但作为讲义发布是1917年。

③ 梁启超：《儒家哲学及其政治思想》，《晨报附刊》1922年12月12日至12月20日。

④ 梁启超：《儒家哲学》，见《梁启超论儒家哲学》，商务印书馆2012年版，第7页。不过，据笔者对民国期刊库的检索结果，1922年到1949年，以“儒家哲学”为题名的文章共44篇，其中主要是梁启超的系列讲座（17篇，有重复）和冯友兰的连载论文。尽管数据本身有遗漏，但总体来看，使用“儒家哲学”这个概念的用例确实不算多。

“儒学中的哲学”，即按照西方哲学的分类体系，将儒学中符合或类似的内容单列出来，纳入哲学学科的研究对象之中。其下又可以分为两类。第一类是以胡适为代表的“以西律中”。第二类是以郭沫若、张岱年、蔡尚思等为代表的“以马律中”，也就是把马克思主义史学的基本研究范式运用到思想史、哲学史和儒家哲学领域。后者算是前者的特殊样态。从数量上来讲，“以西律中”几乎成为此后各种儒家哲学研究的典型范式，其价值或如蔡元培评价《中国哲学史大纲》时所说：“把我们三千年来一半断烂、一半庞杂的哲学界，理出一个头绪来。”①

“儒化的哲学”，即运用儒学的思想资料，积极建构儒家的哲学体系，但参照的仍然是西方哲学的标准。这个观点见于贺麟：“如果中华民族不能以儒家思想或民族精神为主体去儒化或华化西洋文化，则中国将失掉文化上的自主权，而陷于文化上的殖民地。让五花八门的思想，不同国别、不同民族的文化，漫无标准地输入到中国，各自寻找其倾销场，各自施展其征服力，而我们却不归本于儒家思想而对各种外来思想加以陶熔统贯，我们又如何能对治这些纷歧庞杂的思想，而达到殊途同归、共同合作以担负建设新国家新文化的责任呢?”② 可以这样来说，这是用儒家话语重新表述西方哲学。

“儒家的哲学”，即持有儒家的立场，建构儒家的哲学体系，但对哲学另立名目。其下又可以分为两类。一类是将儒学直接视为哲学，儒学即“儒家哲学”的简称。梁启超即认为“儒家哲学的范围，比西方哲学的范围，阔大得多。……所以要全部了解儒家哲学的意思，不能单以现代哲学解释之。……我们所谓哲，即圣哲之哲，表示人格极其高尚，不是欧洲所谓 Philosophy 范围那样窄”③。因而，他主张用“儒家道术”取代“儒家哲

① 蔡元培：《序》，见胡适《中国哲学史大纲》，崇文书局 2015 年版，第 2 页。
② 贺麟：《儒家思想的新开展》，见《文化与人生》，商务印书馆 1988 年版，第 6~7 页。
③ 梁启超：《儒家哲学》，见《梁启超论儒家哲学》，商务印书馆 2012 年版，第 4~7 页。

学”，但也以为使用后者勉强可以接受。另一类是将儒家哲学或欧洲哲学都视为哲学的某种样态。代表观点见于梁漱溟《东西文化及其哲学》：“所谓哲学就是有系统的思想，首尾衔贯成一家言的。”① 哲学是思想，思想又是文化。“你且看文化是什么东西呢？不过是那一民族生活的样法罢了。生活又是什么呢？生活就是没尽的意欲（Will）……和那不断的满足与不满足罢了。”② 梁漱溟的观点影响极大。

根据陈来先生的观点，20世纪儒学的“学术研究”包含两种基本意义：“一是指对传统儒学的学术研究，即把握儒学历史发展演化的脉络，梳理儒学理论体系的内部结构，清理儒学概念的意义及演变，研究儒学在不同时代与社会、制度的联系，澄清儒学的思想特质和价值方向等等；一是指儒家思想的理论建构与发展，即20世纪面对时代、社会的变化、调整和挑战，发展出符合时代处境的儒家思想的新的开展，开展出新的吸收了西方文化的儒家哲学、新的发扬民族精神的儒家哲学，以及从儒家立场对世界和人类境况的普遍性问题给出指引的哲学。”③ 简言之，20世纪的儒学在学术研究中有两种形态。一是知识化了的儒学，即将儒家仅仅视为思想史上的事实，用现代学术分类体系的标准对其进行分解和重组，继而讨论诸如宇宙论、本体论、认识论、方法论等问题。这是当前儒学研究中的常态。一是哲学化了的儒学，即运用儒学的思想资料，积极建构儒家的哲学体系，但参照的同样是西方哲学的形态。

但是前述两种分别意义下的“儒家哲学”都是“以西律中”的产物。这里的“西”，在相当大的程度上，就是一百多年来学者心目中的“现代性”。时至今日，被冠以“现代儒学”之名的许多儒学形态依然表现为以超乎寻常的热情参与新潮的、时尚的且通常是西方学者率先发起的话题。于是，儒家哲学始终以某种奇异的方式存在：它似乎无处不在，却又无处安身。

---

① 梁漱溟：《东西文化及其哲学》，商务印书馆1999年版，第75页。
② 梁漱溟：《东西文化及其哲学》，商务印书馆1999年版，第32页。
③ 陈来：《20世纪儒学的学术研究及其意义》，《文史哲》2011年第1期。

就哲学领域而言，不夸张地说，凡是有一种西方的哲学流派，几乎就会有一种与其对应的儒家哲学，如康德式的儒家、黑格尔式的儒家、现象学式的儒家、诠释学式的儒家，等等。扩而言之，现代思想界但凡有一种主义，就会有该种主义的儒家。真正吊诡的是，各种主义之间的界限本来是分明的，如新自由主义与新古典自由主义、社群主义与自由个体主义、古典精英主义与自由主义。主义的背后是各种尖锐对立的政治立场，这些对立是实然的，甚至在一些国家和地区引发了流血冲突。那么儒家又是如何做到无处不在的呢？于是不得不质疑，儒家究竟是什么主义？倘若存在儒家主义，那么它是什么？它又如何区分自身与其他种种立场？倘若不存在儒家主义，那么儒家是否就消融在各种主义之内，它就仅仅是思想资料和话语工具，它又凭什么获得自身的独立性？

但是同样无法否认的是，儒家又确实以独立的方式存在。现代学术体系在不断地规训儒家，而儒家又在不断地冲破现代学术体系。儒家的知识化在不断进行，以大学为代表的种种现代学术机构或组织看似分门别类地把儒学安置得井井有条。儒家学者也多数以学术专家的身份出现，他们接受了严格的不同背景的现代学术训练，进行着严肃的学术研究和思想表达。这是不争的事实。但儒家学者的学术身份又异常复杂。他们是哲学家、历史学家、社会学家、法学家、科学家等，不仅这些学科之间有看得到的差异，而且也潜藏着无法兼容的学科设定。不仅如此，当放大到整个社会，各路儒家人物都有不同的现代身份：学院派或非学院派、学理派或实践派，他们是学者、商人、官员、律师、公共知识分子或者其他社会身份，但他们都被冠以儒家之名或自称儒家。他们之间应当是彼此无法理解的。但事实是，他们能够以儒家立场为对话和合作的基础，并且进行着自然且有效的沟通。这显然不能简单地用“情怀”、“信仰”或“价值认同”来解释。如此一来，只要不否认这种独立性，就意味着儒家始终或仍然是一个独立的标签或符号；并且此独立性或许恰恰是儒家之于这个时代的独特品格。但这又指的是什么呢？

因此，就其概念本身而言，“儒家哲学”表明了如此的状态：它是两种错出的话语，进而导致了歧出的路向。但歧出的背后又潜藏着一致性。在最低限度上，“儒家哲学的现代转型”必然是某种在保留了儒家自身独特品格基础上的且具有现代性向度的思想史事实。那么我们又该如何对其进行更为透彻的阐明呢？

第五节 情感主义：现代性诉求的儒家式表达

正是因为前述状况，当前学界乃至整个国际理论界对儒家哲学现代转型的基本判断不外乎两类。一类将其视为某种内生现代性（endogenous modernity）理论，一类将其视为全盘西化论。

但这两类判断都是误读。事实上，这两类判断是同质的。因为所谓“内生现代性”也是全盘西化论的某种样态。“endogenous”是一个生物学概念，本义是生物的某种现象的产生是它的内部因素（如疾病、基因等）导致的。运用到现代性理论中，则指某种现代性是由其内部社会因素进化发展而成的。内生现代性理论在20世纪后半叶成为某种发展主义（developmentalism）的形态，并与第三世界国家崛起的正当性联系起来。1974年，联合国《关于建立国际经济新秩序的宣言》明确了“内源发展”的理念。1975年，瑞典的一个财团在一份关于“世界的未来”的报告中，正式提出：“如果发展作为个人解放和人类的全面发展来理解，那么事实上这个发展只能从一个社会的内部来推动。”大约在20世纪90年代之后，内生现代性理论得到中国学者的高度赞扬。其基本的判断是，现代化即工业化，且是民族国家的工业化。

但是人类短短数百年的历史不过是现代化的开端而已。也就是说，欧洲的现代化史以及其阶段性特征是且只是现代化的某种形态而已。尽管它一直被视为现代化的先驱和典范，但这并不意味着它所展现的就是现代化的全部可能。因此，对欧洲现代化史的批判绝不等同于对现代化本身的批判，20世纪以来的反现代性思考可能犯下了一个重大的错误；同时还存在着一种遮蔽，即其他文明也出现了本质上完全相同的现代化进程，只是因其表现样态不同于欧洲而被忽视或误判了。于是，囿于话语表达方式，特别是在哲学的研究中，“个体性”总是被视为欧洲哲学的问题。

事实上，人类历史中的各大主要文明（包括中华文明、古印度文明等）在发展过程中都遭遇了类似于欧洲宗教改革的变局。尽管其此后的历史进程各有不同，但在经济生活方式、政治生活方式和文化生活方式等方面都有极大的相似性，例如商业契约、私有财产、职业官僚等。这种讨论在历史学的研究中逐渐被发掘并得到更多的认可。[①] 除去历史事件本身的特殊性，问题本身的结构性及其所表达的基本诉求并无任何差异。在这些变局背后，或多或少均有“个体性”诉求的驱动。这表明欧洲文明的巨大影响并不意味着欧洲式现代性具有唯一性和优越性。

现代化绝非向着任何一种现成模板的转型。模板意味着目标，也就意味着某种目的论的设定，也就必然潜藏了（正如历史上所有的目的论形态一样）威权主义和专制主义的危险。这与现代性的基本取向截然相反。这还意味着现代性即当下生活方式的一般性特征，不应存在任何意义的特殊现代性或特色现代性或亚现代性。[②]

儒家哲学的现代转型亦是如此。其实只要仔细分辨，便不难发现当下使用的“儒家”与传统的所指大不相同。作为偏正语词，根据构词法的基

① 可以特别参见S. N. 艾森斯塔得著，阎步克译《帝国的政治体系》，贵州人民出版社1992年版。尽管此书是围绕政治生活方式的讨论展开的，但同时涉及经济生活方式与文化生活方式的变化。

② “亚现代性”理论特别集中地出现在“二战”后东欧思想者的讨论中。他们强调以苏联为代表的现代性模板和以美国为代表的现代性模板都不过是现代性的亚形态。这实质上是某种特色现代性理论。

本规则，一定有与“儒家”之名相对的、同等的别家。孟子时代的儒家要“拒杨墨”，宋明时代的儒家要“辟佛老”，这些显然都不再是今天儒学的问题。例如，现代新儒家第一代重要人物——梁漱溟先生和熊十力先生在研究工作中，就运用了大量的佛学资源。在早已打破皇权时代话语方式的今天，“儒家”只可能在两个意义上使用。

其一，它作为不同于欧洲文明的中华文明的象征，也就是用中华文明中的主干来直接指代其本身。从这个意义上来说，区分诸子百家已然毫无意义，儒家哲学就是中国哲学。如此一来，与其形成比对的是，要么是主权国家意义上的外国哲学及其子学科，如日本哲学、德国哲学等；要么是文化意义上的各种哲学，如欧陆哲学、英美哲学等。但是，无论在哪种意义上使用，都将不可避免地再次卷入“内生现代性”的问题。如前所述，此问题本身就是一种民族国家的话语方式，是欧洲现代化以来的产物。倘若如此，会有两个自然而然的结论：第一，由于民族国家自决原则本身即现代性生活方式的主要样态，其独特性是不言自明的，那么它本身就是现代形态；第二，如果强调它与欧洲哲学的不同以及趋同（也就是以西律中），那么它就很难避免雅斯贝尔斯批评的将欧洲之外的历史视为民族学的尴尬，当然，这种判断本身也是现代形态的。在这个意义上看，今天的一些学者提出的儒学应该“拒西学”无疑是非常荒谬的。其根本的逻辑错误是：只要把儒学作为一种民族话语，它本身就是某种意义的西学形态了，又如何拒之?[①] 显而易见的结论是，只要这样来使用儒家哲学，无论从现实性还是理论性上来说，儒家哲学的现代转型问题都是伪问题。

其二，作为思考现代性诉求的不同进路，“儒家哲学”是一种与漫长的欧洲理性主义传统不同的思维方式。这就意味着若把儒家哲学视为一种思维方式，与之相对的则是欧洲理性主义的思维方式。

---

① 相关问题可参见葛兆光的一篇批评性综述文章《异想天开：近年来大陆新儒学的政治诉求》（台湾《思想》2017 年第 33 期）。

何为思维方式？现代儒家情感主义的代表性学者蒙培元先生说：

我所理解的思维方式，主要是从认识意义上说的，也就是从哲学认识论的层次上说的。但这是一种广义的认知，不仅包括主客体的对象性认识，而且包括本体论的存在认知和评价认知，既包括自觉的理性认识，也包括非自觉的非理性认识。思维就其本来意义而言，是一种认识过程或心理活动，但是任何认识过程或活动，都必须从一定的既成的思维模式出发，按照一定的思维程序或定势才能进行，不管是个体的还是社会群体的。这种“共时性”的思维方式在“历时性”的发展中，保持自身不变并深入到人们的心里，由自觉的思维活动变成不自觉的习惯性思维，由自觉的意识变成不自觉的无意识或潜意识，就是所谓深层的心理结构。①

蒙培元先生有效地区分了西方的“对象性思维”和中国的“主体性思维”。关于后者，他说：

中国哲学主体思维，以主体的情感意向为基本定势……它从主体内在的情感需要、评价和态度出发，通过主体意识的意向活动（包括直觉、体验），获得人生和世界的意义。②

而这种思维方式关注的核心就是“情感”：

情感是重要的，但是将情感作为真正的哲学问题来对待，作为人的存在问题来对待，提出和讨论情感的各个方面……成为解决人与世界关系问题的主要话题，则是儒家哲学所特有的。这里所说的“哲学问题”，不是指哲学中的某一个问题，或哲学中的一个分支（比如美学或伦理学），而是指哲学的核心问题，或整个的哲学问题。在西方哲学中，也有将情感作为哲学问题来处理的，但在西方“分析思维”的传

① 蒙培元：《中国哲学主体思维》，东方出版社 1993 年版，第 183 页。
② 蒙培元：《中国哲学主体思维》，东方出版社 1993 年版，第 2 页。

统之下，情感只是作为哲学中的一个部分或一个分支来处理的。[①]

情感总是个体的情感，这是毋庸置疑的，但是其显现样态大不相同。这就意味着当我们讨论生活方式并关注生活主体的时候，其实关注的不外乎个体的情感显现样态。对某个时代的生活方式的理解，所着眼的仍不外乎彼时的情感样态，不外乎彼时的“安”与“不安”：它如何竟安之若素，它为何竟如此不安？我们将这种思维方式称为儒家情感主义的思维方式。

既然如此，就不得不回应两个问题：其一，它与理性主义有何不同？其二，是否存在非儒家的情感主义？如果存在，又有何不同？

说到“理性主义”，会很自然地想起亚里士多德的著名格言：“人是理性的动物。”这句格言的最初表述是“zoon logon ekhon”，在拉丁文中则被表述为“animal rationale”。严格来说，亚里士多德的表达应被译为“人是逻各斯的动物”。逻各斯最初的含义是说话、言语、演说、谈论等。“古代希腊语的使用，具有言语和理性的双重意义，因此，表达这种保证对话能力与思维能力的统一性的用词“logos”，变成了“ratio”。从政治的观点来看，两者是不同的。后者先是在理性的个体内存在，与个人有关系，以后，成为个人向他者表达自己的想法所使用的言语。但是，前者根本上与他者有着联系，因此其本性是政治的。”[②] 根据亚里士多德在《政治学》中的表述，有学者认为“在城邦生活中人们是通过只有人类才能够具备的言语来交流或沟通的。人类的言语，不仅可以表达生活的悲欢离合，而且更重要

---

① 蒙培元：《情感与理性》，中国人民大学出版社 2009 年版，第 7~8 页。

② 汉娜·阿伦特著，孙传钊译：《马克思与西方政治思想传统》，江苏人民出版社 2007 年版，第 31~32 页。阿伦特的这个观点来自马丁·海德格尔，见陈嘉映、王庆节合译《存在与时间》（修订译本），生活·读书·新知三联书店 2006 年版，第 38~40 页。马丁·海德格尔认为：“Λoγoζ 作为话语，毋宁说恰恰等于 δηγoυν：把言谈之时‘话题’所及的东西公开出来。……λoγoζ 是让人看某种东西……让人看话语所谈及的东西，而这个看是对言谈者（中间人）来说的，也是对相互交谈的人们来说的。”

的是人类通过言语还能够判断生活中的正义与非正义，说明其善与恶。所以，在城邦中，人们是以道理而不是通过暴力来维持人们之间的关系的”[①]。阿伦特指出：“这一点首先不仅意味着真正的政治行动（就其处于暴力领域之外而言），要以言说来进行，而且更为根本的是，除了言说传达或交流的信息外，在恰当的时刻找到恰当的言辞本身就是行动。”[②] 用汉语的表达习惯来讲，“logos”既指“说道”，也就是人类运用自身的某种能力（连贯的思想和表达能力）对存在者的言说；还表示“道说”，也就是存在者如其所是的自我显现。随着“ration”对“logos”的无意识取代，前项意味失落，后项意味愈发凸显，理性遂成为绝对的权威。这就是欧洲理性主义传统的“以理驭情”。

从实质上看，“以理驭情”的思路即强调理性优先于情感并应驾驭情感。它潜藏的判断是公共秩序的优先性与权威性。在前现代，特别是轴心期之后的几乎任何一种形态的社会，相关判断都是极为相似的。例如，亚里士多德以主动性与被动性或者形式与质料两组范畴来区分理性与情感。“在亚里士多德主义者看来，质料与形式之间的基本对立匹配着被动性与主动性之间的基本对立。正因为物是由形式和质料共同组成的，所以物才能被描述为主动；而且，一个物的主动性被识别为既是该物所表现的特有行为模式，也是该物的目的。”[③] 如果注意到奥古斯丁对自由意志的论述以及托马斯·阿奎那的相关工作，就会发现亚里士多德主义的深远影响与中世纪经院哲学所需要的神学诉求是高度一致的。中国的皇权时代同样如此。特别是在儒学的“性—情”架构中，情感被视为某种更为本质性的、先行

---

① 李蜀人：《从私人领域到公共领域——西方政治的启示》，《四川大学学报（哲学社会科学版）》2012年第1期。

② 汉娜·阿伦特著，王寅丽译：《人的境况》，上海人民出版社2009年版，第16页。相关论述也可以参看亚里士多德的《政治学》和《尼各马可伦理学》。

③ 苏珊·詹姆斯著，管可秾译：《激情与行动：十七世纪哲学中的情感》，商务印书馆2017年版，第97页。

性的存在显现样态，因而才有“已发—未发”的区分，进而才有“发而皆中节”的伦理要求。

即便如此，理性（无论是合目的性还是合规律性）与情感（它被认为是盲目的和随意的）之间的纠缠却始终贯穿于思想史之中。因为这种纠缠真正关注的是“权威何以可能”的重大焦虑。

欧洲的现代化史却表现出一种反复。这里的反复指的是大约在17世纪，以苏格兰启蒙运动为代表的一大批哲学家对亚里士多德主义提出了反思和批评。但不幸的是，这种反思又被淹没在工业革命的巨大成就和工具理性主义的狂热信仰之中。于是，在现代性的批评者们看来，现代性是这样一种生活方式：“同一种主要的人类关切支配着人的所有活动，因为如果没有一个囊括一切的原则的话，秩序就无法建立。”① 而此原则正是“作为自然或历史发展的法则的近代形式的普遍法，成为运作的原理，不断保证人为的实定法的规则和规范体系的有效性”②。这意味着“自然本身被归入历史，自然生命被当作历史来考虑了……根据马克思的说法，劳动不是一种历史力量，而是一种生物自然力量——通过人的‘自然新陈代谢’而释放出来，人依靠‘自然新陈代谢’而保存他的个人生命，复制物种”③。由此，现代社会的真正统治者不是任何个人、少数人或多数人（这三种权力分配方式已经代表了人类历史上的全部统治形态），现代社会的运转依靠的是公共管理或者行政管理，依靠的是“冷冰冰的推理”（希特勒语）、“辩证法的无情规律”、“不可抗拒的逻辑力量”（斯大林语）。其极端形态即“极权主义”（totalitarianism）。

对现代性的反思与现代性的发生是一体两面，对情感本身的唤起是

---

① 汉娜·阿伦特著，王寅丽译：《人的境况》，上海人民出版社2009年版，第8~9页。

② 汉娜·阿伦特著，孙传钊译：《马克思与西方政治思想传统》，江苏人民出版社2007年版，第136页。

③ 汉娜·阿伦特著，林骧华译：《极权主义的起源》，生活·读书·新知三联书店2008年版，第578页。相关论点在《人的境况》的第三章和第四章有更加清楚和详细的表述。

题中之义。事实上，近代欧洲的情感主义经历了“三起三落”。第一次兴起是以休谟为代表的17世纪情感主义，第二次兴起是德国的唯意志论哲学，第三次兴起是以乔治·摩尔为代表20世纪英国情感主义。这三次兴起都被当时的思想主流消解了。现以最近的一次起落来浅析欧洲的情感主义问题。

乔治·摩尔于1903年出版的《伦理学原理》被视为20世纪情感主义的开山之作。尽管摩尔一再声称此著作旨在探讨一般的、普遍性的“善”（good），事实上，其真正的意图是表达一种态度（attitude）：“个人情感和审美享受包括了到目前为止我们能够想象到的所有最伟大的善，这是真理。”[①] 这种态度是19世纪人文主义思潮的延续。

此处发生的转向是将善的标准从客观性或权威性改变为态度。情感主义的另一位代表人物斯蒂文森表现得尤为鲜明。其讨论的一切前提是生活中的分歧分为两种，一种是信念的分歧（disagreement in belief），一种是态度的分歧（disagreement in attitude）。前者意味着两个判断不可能同时为真，而后者意味着两个判断不可能同时满意。他认为态度分歧才是伦理争论的显著特征，是伦理问题区别于科学问题的根本标志。[②] 而道德哲学要做的就是改变行动者的情感与态度。因为道德判断不仅具有表达判断者感情的功能，而且具有引起、改变接受判断者情感、态度的功能。其实，这种思维方式早在休谟那里就已经形成了。休谟以“因为道德不可能是理性的，因此它就必然是情感的”方式来论证“道德是情感性的”。[③] 这是显而易见的不充分论证，并且是基于情感与理性之间的二分。我们当然要质疑，这般的“非此即彼”是如何可能的？

---

① G. E. 摩尔著，陈德中译：《伦理学原理》，商务印书馆2017年版，第208页。

② 查尔斯·L. 斯蒂文森著，姚新中、秦志华等译：《伦理学与语言》，中国社会科学出版社1991年版，第6~12页。

③ 详细论证可参见休谟著，关文运译《人性论》，商务印书馆2016年版，第491~512页。

正因为如此，被视为近四十年来最重要伦理学家的麦金太尔即以为："情感主义的核心观点是，任何宣称客观的、非个人的道德标准存在的主张都没有也不可能有任何有效的辩护，因此，根本不存在诸如此类的标准。""无论过去还是现在，为一种客观道德提供合理辩护的所有企图事实上都已失败。"① 这种批评与柏拉图对意见（doxa / opinion）的指责完全一致。② 这种指责是合理的，因为是合乎理性的。麦金太尔意识到现代道德哲学的现状是各种道德之间的无休止争论。其原因是，伴随着启蒙运动，能够为理性训诫提供最终保障的权威性（神）失落了③，"每一个道德行为者现在都不受神法、自然目的论或等级权威等各种外在性的约束而畅所欲言"④。

但是西方的理性主义传统始终是西方情感主义传统无法逾越的巨大身影。一方面，作为一种公共性话语，其表达应当"言之成理、持之有据"，这是合乎理性的。但更重要的是，他们似乎也没有真正意识到自己的敌人究竟是谁。此处的理性已然与最初的意味大不相同。如前所述，最初所要寻求的是普遍性和一致性，我们可以准确地将其表述为"共识"或者"共同感"（common sense）。而此时的追求却是客观性（objective）与合理性（rational）。共识并不重要，重要的是超乎任何感官（sense）的法则（law）。

因此，欧洲现代情感主义的最终路径是经验主义式的，其亲密战友是"神经科学""心理学""语言分析"，等等。⑤ 所以，从元伦理学向德性伦

---

① 阿拉斯戴尔·麦金太尔著，宋继杰译：《追寻美德：道德理论研究》，译林出版社 2011 年版，第 23~24 页。

② 柏拉图的相关讨论见王晓朝译《柏拉图全集》第二卷，人民出版社 2003 年版。

③ 阿拉斯戴尔·麦金太尔著，宋继杰译：《追寻美德：道德理论研究》，译林出版社 2011 年版，第 76 页。

④ 阿拉斯戴尔·麦金太尔著，宋继杰译：《追寻美德：道德理论研究》，译林出版社 2011 年版，第 86 页。

⑤ 迈克尔·L. 弗雷泽著，胡靖译：《同情的启蒙：18 世纪与当代的正义和道德情感》，译林出版社 2016 年版，第 205~216 页。

理学转变的代表人物安斯康姆即认为“从事道德哲学在目前来看对我们而言是不合算的；除非我们拥有一种令人满意的心理哲学——而这正是我们明显欠缺的东西”[①]。欧洲情感主义图式仍然是柏拉图主义的，是其悠久的理性主义传统的变种。

由神之权威保障的生活当然是安宁的。从整合社会的角度来看，从平息争论的角度来看，这当然是最有效率的。但问题是，在道德生活中，我们为什么需要效率？换句话说，我们为什么需要权威？我们又如何能够合理地规避与权威必然相伴的专制？在现代社会中，最应当警惕的不正是专制主义打着各种旗号的借尸还魂吗？在这个意义上，西方情感主义的选择毋庸置疑是正确的。这确实无关乎合理性论证，而是态度和立场问题。因此，现代哲学亟须要做的是如何去重新论证一个坚如磐石的、不可通约的、完满独立的个体何以可能。它必然只能是情感，情感问题必然应当处于全部问题的核心。这是儒家情感主义的基本立场。

早在孔子那里，就提出了一种“情—理—情”的结构。孔子说：

> 兴于诗，立于礼，成于乐。(《论语·泰伯》)[②]

这是一个框架性结构：“《诗》以道志……《礼》以道行，《乐》以道和……”(《庄子·天下》)[③]“志”即情感的意向性，而“和”则是情感的满足，是愉悦或满意的状态。这就是说，问题的发生是从情感开始的，而其最终的归宿也是情感。所谓“志得意满”即“和”。而问题的发生与其归宿之间则是“理”的环节，是诉诸公共性、连贯性的能力。落实来讲，可以是礼乐制度、礼乐文化。[④] 抽象地说，是一般性的理性原则。因而儒家情

---

① 安斯康姆著，谭安奎译：《现代道德哲学》，见《当代哲学经典·伦理学卷》，北京师范大学出版社2014年版，第128页。

② 本章所引《论语》均据阮元校刻《十三经注疏》本，中华书局1980年版。

③ 本章所引《庄子》均据郭庆藩撰，王孝鱼点校《庄子集释》，中华书局1961年版。

④ 也正是在这种意义上，有学者把孔子的思想理解为一种类似于亚里士多德的古典社群主义。这其实是严重的误读。

感主义的判断恰好与欧洲相反：不是理性驾驭了情感，而是情感生成了理性。换言之，只要理性还能够保留其基础的含义，那么理性是且只是情感的工具。正如墨子所说，“利”就是那些“得之则喜”的东西，而“害”是那些“失之则喜”的东西。

情感一定是个体的情感，这是无可替代的，情感的显现即其人格化（personification）形态。

这里需要做一些有益的补充。

第一，情感是可以被同情的，但又是无法被替代的，无论感触、情绪还是感情，都是由个体承受的，它必定是个体的。我们称之为“爱”的情感显现为这样的状况：因为你开心，所以我也开心。那么前者的人格形态是因为某种状况的开心之人，后者才显现为爱人。当然，最美好的状况是双方都因为感受到“爱”而开心。

现代文化心理学会强调群体性情感，并将其作为对实验心理学的批评。群体性情感的代表性形态之一是士兵。训练有素的士兵和乌合之众的区别显然在于能否“同仇敌忾”，因此一队士兵中的每一个士兵都对敌人抱有共同的仇恨。从经验的角度说，这队士兵选择了共同的行为：向共同的敌人射出愤怒的子弹。但是即便如此，所谓“群体性情感”仍然是虚构的。因为一队士兵中每一个士兵本身的情感是不同的。假如可以深入了解每一名士兵的“动机”，便不难发现，他们之所以成为士兵，有的是因为保家卫国，有的是因为保护亲人，有的是因为高额报酬，有的是因为荣誉，有的仅仅是因为惧怕执法队。因此，他们首先不是士兵，而是爱国者、捍卫亲人的人、雇佣兵、荣誉的追求者、求生者等。而后，在经过了种种可能复杂也可能简单的事件之后，他们在此刻被观察为士兵这种角色。

第二，任何关于“情感何以可能”的问题都是危险的。理性是情感的工具，这是儒家情感主义的基本限度。从这个意义上看，现代生物学、临床心理学或神经科学所试图探讨的内容可能是与伦理或道德生活无关的事情。我们能够识别个体的“动机”，但前提是个体情感显现。动机是对某种情感状态的归因，当谈及“某种情感”时，所指的已然是情感的显现样态，那么它就是可被经验的。例如，我们看到一位父亲处于痛苦之中，之所以如此，是因为他的孩子处于病痛状态。于是，这一个体显现为父亲的人格化形态。请注意，假如同一个体（特别是在社群主义意义上的同一性）处于痛苦之中，却是因为他的股票一路绿灯，而非他的孩子处于病痛状态，那么他显然不是一位父亲，而是一名失败的炒股者。“心不在焉”指的就是这种状况，一对正在约会的情侣，尽管他们正在相处，但其中一方惦记的是偶像剧的剧情，另一方惦记的是足球比赛的进展，那么此时他们不是情侣，只是两个个体而已。情感可以被讨论，只是在显现的意义上才有可能。因为它显现为某种角色，也就意味着它进入了公共舞台，于是可被经验到。

第三，个人情感的显现即其人格化存在无数种可能，但是这些可能性之间存在着等级性。我们在认知或评价个体时，总是对其人格化的等级性进行评价。例如，一个总是选择游戏而非自己女友的个体，在他的人格化等级中，游戏者的角色优先于男友的角色。我们可以把它视为审美倾向或者利益倾向。例如，某一个体总是公而忘私，另一个体总是损公肥私。同理，倘若试图对一个时代即某种生活方式进行观察或评价，我们是在做什么呢？我们要做的事情是，对彼时个体的人格化倾向进行统计学式的观察。举例来说，一个生活在11世纪的女性不会因为无法获得公共服务的机会而焦虑，但21世纪的女性必然为此而不安。一个生活在20世纪初期的中国女性如果能够获得读书的机会，她会对自己“开明”的父母心存感激，但21世纪的女性显然不会如此。如果在某个时代，无论妇女还是老人，无论教师还是学生，无论商人还是农夫，都选择将个人的情感人格化为士兵，显然意味着这个时代、这个族群遭遇了生存的危机。这种“百姓日用而不知”的共在状态，借用人类学的一个例子表述，就是“禁忌就是禁忌”。根据麦金太尔的转述，19 世纪初期，太平洋某岛国波利尼西亚人有这样一种风俗：他们将男女之间的性关系视为随意的和散漫的，并安之若素，但他们将男女一起吃饭视为禁忌。不仅人类学家无法解释，他们自身也无法解释。“不知”不是无法选择，而是从未或不会对其进行对象化打量。

前文所述“生活与历史”的视角不外乎就是个人情感之人格化倾向的视角，也就是说，彼时的诸个人总是（或基本倾向于）做出如此这般的行为选择。这是一种能够被经验到的共同感（common sense）。

讨论至此，我们似乎已经把问题差不多说清楚了。质言之，儒家哲学的现代转型是基于儒家情感主义的立场，对现代性的认知、反思和批评。它所应对的以欧洲现代化为主要形态的人类现代化样态，更严格地说，是对欧洲理性主义传统下现代性状况的回应。结合前文对现代性的基本判断，儒家哲学的现代转型是现代性诉求的儒家式表达，更确切地说，它应当是个体性生活方式诉求的儒家式表达。结合前文对现代性的讨论，现代化指的是这样的事情：它是一个过程，是个体的情感在人格化等级序列中不断上升的过程。请注意，假如个体的情感在人格化等级序列中处于最高等级，这就标志着现代性的真正实现。但是当前的思想状况表明这个时代远未到来——现代性仍然是一项未竟的事业。这是人类共同的处境。

第六节　儒家哲学现代转型的阶段性特征

根据前文所述，儒家哲学的现代转型应包括三个方面的内容。其一，儒家情感主义对个体性生活方式做出了怎样的回应？其二，作为个体性诉求的理论形态，儒家哲学产生了哪些理论成果？其三，儒家哲学的现代转型具有怎样的阶段性特征？

或许儒家情感主义并不具有相对于欧洲理性主义的优先性，但在最低限度上，它至少具有独特性。换言之，尽管现代转型是人类共同的历史趋向，但考虑到儒家哲学自身的独立性（或相当长时期的封闭性），儒家哲学是目前人类所有思想资源中被欧化程度相对最低的，那么这一历史事实本身就足以使我们重视现代性诉求的儒家式表达。同理，还是基于此历史事实，迄今为止的儒家哲学现代转型还主要是对中国生活方式变迁的理论表达，那么从生活与历史的视角看，我们的考察就应当密切结合中国历史来展开。

今天的中国当然是现代民族国家，这是不争的事实，但今天的中国仍未实现现代化，这也是毋庸讳言的。如前文所论，这就是“现代性”和“现代化”之间的歧义，这不是矛盾，是一种状况。

于是中国历史可以一分为二：作为现代性民族国家的中国以及前现代的中国。既然现代性民族国家的标志是主权，那么标志性事件就是辛亥革命。但思想史的标志性事件与政治史的标志性事件会有不同，尽管两者几乎总是差不多同步的。众所周知，具有显著现代意味的儒家哲学就是现代新儒家哲学，不过考虑到思想的酝酿、传播和转型的基本特点，稍早一些的晚清儒学也应被纳入这个阶段中来。这样，我们就大致清理出了从晚清到当下这个阶段的儒家哲学就是国族时代的儒家哲学形态。

根据定义，晚清之前的儒家哲学就是其前现代形态了。但这里会有一个问题。国族时代是人类现代化的一个历史阶段，它既不是全部阶段，更不是最后的阶段。就好像欧洲的现代化一样，我们固然不能否认启蒙运动或宗教改革的标志性地位，但这种巨变的种子早已或应在更早的生活方式的胚胎中孕育了。我们可以把话说得更清楚一些，人类实现了的现代化形态与人类所诉求的现代性一定是存在偏差的，历史发展的偶然性或惯性会塑造出现实形态。但是，第一，现实形态一定不是理想形态；第二，理想形态未必不会在未来实现。那么作为哲学的考察，特别是作为对现代性反思性的考察，我们应当展示其理想形态。这就意味着我们的工作还应前溯到前现代，还应追溯到现代转型发端的时代。这样一来，我们又可以把中国的前现代一分为二。那么这个标志性事件会是什么呢？

如前文所述，如果个体性就是现代性的特质，现代化的开端显然是：个体能够（仅仅是能够）代表自身出现在公共领域。这意味着这样的事情，在个体情感的人格化等级序列中，个体成为一种可能。倘若如此，我们会几乎瞬间想到二程的名言："天理二字却是自家体贴出来。"[①] 这是宋明理学工夫论的标志性话语。按照通常的解释，这里的"自家"二字是在说二程对理学一脉传承、开天辟地式的贡献。但只要熟悉工夫论的基本特点，就应当能够理解，这句话说的是通达天理这样的工夫只能由"自家"即个体来承担。在这个意义上，我们有理由相信，中国社会从北宋开始，就发生了现代转型。

于是我们可以把儒家哲学的现代转型分为两个大的阶段，第一个阶段是中国皇权时代后期，也就是唐宋鼎革以后发生的儒家哲学对个体性的彰显与诉求；第二个阶段是晚清至今，也就是中国逐渐转型为现代性国族国家时代发生的儒家哲学对现代性的思考与讨论。

现分而述之。

一、个体入世化：由个体性驱动的皇权时代后期的现代转型

随着大唐盛世的完结，繁华落尽，从9世纪初开始，皇权时代政权面临的就是两个方面的问题。一方面，崩坏的现实秩序必须要重建；另一方面，由于受到佛教和道教的深刻影响，个体性精神生活早已成为重要的（或基本的）审美趣向（尽管此趣向是出世的），同时是必须要应对的难题。如此一来，其必然的选择只能是个体的入世化。更确切地说，要找寻到能够安置个体性诉求的且又是世俗的生活方式。这与欧洲的诉求是完全一样的。

① 程颢、程颐著，王孝鱼点校：《二程集》，中华书局1981年版，第424页。

从政治生活方式的角度来看，皇权时代政权至北宋为一大变。在此之前，政治权力斗争的焦点是贵族内部的斗争（皇族是特殊的贵族），在此之后，焦点转变为“君相之争”，也就是以皇帝为代表的皇族与以宰相为代表的官僚群体之间的斗争。[①] 官僚系统产生于科举。科举改变了政治生活方式的游戏规则。整个六朝时期，非士族出身的官吏占全部官吏的大约14%，唐代上升到21%。这表明唐代仍然带有鲜明的贵族制特征。但是在唐初士族子孙拜相者中，带进士出身的仅有12.1%，到晚唐达到了82.6%。[②] 这又表明，新的政治游戏规则已经形成。到了北宋，科举才第一次撇开了血缘、门第、出身、家世等先赋性因素，既有“朝为田舍郎，暮登天子堂”的鲤鱼跃龙门事件，也有因失去官位而导致的家族一落千丈事件。[③] 如此一来，首先在理论上，任何人都有可能（首先是有资格）进入权力系统。相对于皇权时代前期而言，这是一种新的、诉诸“公共理性”的社会规则。

皇权时代后期，特别以宋代和明代为典型，政治生活方式显现出明显的个体化倾向。例如，第一，官员仅仅代表自己进入权力系统，他的政治身份是单一的，他不再作为家族的代表参与博弈。他在官僚体系中的一切奋斗都是为自己而奋斗的。官员的家族当然能够因此获益，但是流官制度的普遍执行使得官员的任职地与家族实际上是分离的，而且荫官总体的政治地位很低，缺乏足够的（可能压根没有）政治前途。第二，因为士人或

---

① 在中国皇权时代的政治系统中，相权出于皇权，这当然是事实。但另一方面，君相之争同样存在，并特别体现在皇帝不断遏制相权的斗争中。一个独立的官僚系统的形成是所有古代帝国王朝转向的共同特征。可参见S. N. 艾森斯塔得著，阎步克译《帝国的政治体系》，贵州人民出版社1992年版。更为集中的讨论可参见黄宗羲的《明夷待访录》。

② 相关引用数据均见于王伟《唐代科举与社会阶层流动之关系及其意义——以士族为考察中心》，《中华文化论坛》2010年第4期。不仅如此，科举对唐代士族的一个重要影响在于士族逐渐由“经学世家”转为“文学世家”。诗圣杜甫就是典型，杜家家传左传学，其祖上为杜预。这是从汉学到宋学转变的条件之一。

③ 何忠礼：《贫富无定势：宋代科举制度下的社会流动》，《学术月刊》2012年第1期。

儒生特别受到程朱一脉“工夫论”的影响，所以出仕被理解为儒家修身的必要组成部分。修身归根结底是个体的修身，那么当出仕不再被认为是修身的必要之途时，特别是在晚明社会，受阳明学影响，拒绝出仕甚至拒绝科举也屡见不鲜。①

在经济生活方式上，个体性的特征显现得更为明显。总体来说，唐代之前的主要生产方式是庄园农奴制，各庄园几乎都是自给自足的经济体。所有的生产人员被认为隶属于庄园主。唐代的主要税制即租庸调制是建立在土地国有基础上的。但在唐中期之后，土地国有制事实上崩溃了，于是租佃制度开始出现。所以也有学者（以侯外庐先生为代表）把两税法的出现视为皇权时代后期的开始。宋代之后，特别是宋明两代的经济主体是私有制，主从之间基本的关系是雇佣制。② 农业的繁荣推动了农产品的商品化，生产力的提高又使得更多的闲散劳动力进入城市，这必然会刺激手工业和商业的发展。

如此一来，具有现代化重要特征之一的城市特别是单纯的经济中心型城市就大量出现了。唐代的城市实行坊市制度，到 11 世纪早期就彻底崩溃了。宋代的城市，城内有市衢（即商业街），城外有草市（即自发聚集产生的集市，政府对此听之任之），还有镇市（类似于今天的镇）、墟市（村落）等。在皇权时代前期，大型城市主要是政治中心，如汉代的两都（长安、洛阳），唐代的长安、洛阳等。从北宋开始，城市功能开始分化，东京汴梁是全世界最大的城市，人口超过百万。南宋的临安也是当时最大的城市。但在北宋时期，人口超过 10 万户的大型城市就有 40 多个，而这些城市大多

① 李红霞：《晚明士人弃科举原因及生活方式分化探析》，《大庆师范学院学报》2011 年第 1 期。同时可参见刘晓东《科举危机与晚明士人社会的分化》[《山东大学学报（人文社会科学版）》2002 年第 2 期]、郑丽霞《论晚明生员的弃巾之风》[《漳州师范学院学报（哲学社会科学版）》2006 年第 4 期]、朱子彦《论复社与晚明科举》（《社会科学》2009 年第 3 期）等论文的讨论。

② 可参见宫崎市定著，张学锋与马云超译《从部曲到佃户——唐宋间社会变革的一个侧面》，上海古籍出版社 2018 年版。更详细的讨论可参见宋史名家漆侠的《宋代经济史》。

数是商业城市。南宋时的泉州即典型的商业城市，其上缴的税赋达到了南宋政府全部收入的二十分之一。大型城市的卫星城即镇市，完全是商业性的。元代的商业城市比宋代还要发达。元大都和杭州是两个超大型城市，其商业活动的范围可以说是全球性的，是名副其实的世界级大都市。①

随着商业的发达，出现了“宋人好讼”的现象。这是经济生活方式变迁在政治生活方式中的反映。所谓“讼”指的是“争财”，也就是以经济问题为主的民事纠纷。宋代形成了中国历史上最早的“讼师”群体。尽管在刑事案件上仍然是“同罪异刑”，没有法律面前人人平等的原则，但在民事问题上，开始出现“依法办事”的趋向。“争财”的前提是财产意识，而财产意识背后是权利意识。商人在皇权时代后期的社会地位总体上呈现上升趋势。元代商人的地位甚至高于士人（特别是高于汉人和南人中的士人）。从明代开始，形成了具有较大影响力的十大或八大商帮，如徽商、晋商等，都对政治生活或一些政治事件产生了巨大影响。

在文化生活方式上，皇权时代后期在两个方面具有鲜明的个体化倾向。此时出现了以宋明理学为代表的新儒学，其代表性文本是《四书》，突出的特征是“工夫论”，核心的诉求是“成圣贤”。即便是被意识形态化了的理学，也必须承认个体修身成圣是至高诉求。与此同时，俗文化或市井文化的繁荣构成了另一种面向。官员在工作时的恪尽职守和在非工作时间的骄奢淫逸都被认为是理所当然的。官员的职业生活与私生活被认为是分开的，不是在彼时的道德观念上，而是绝大多数人都如此。

总体来说，古代中国在唐宋之际开始了现代转型。社会冲突集中体现为自上而下的皇权（通常是依靠暴力主要是军事暴力和意识形态暴力来维系的）与自下而上的士绅（知识、财产以及与二者相关的个体意识）之间的冲突。在儒家话语中，则反映为“道统”和“政统”的争论，透露出这

---

① 相关论述可参见何一民《中国城市史》，武汉大学出版社 2012 年版。

样的意味来：在正当性问题上，究竟是个体性（天理）优先还是社会性（权力）优先。就其现实性而言，道统当然从未真正压制政统，但也不能否认儒家的这一诉求是一以贯之的。正如在欧洲现代化进程中，个体性也从未真正取代社会性，但其驱动力是显而易见的。当然，我们很难对此进行价值判断。宋明两朝都有冠绝天下的财富，却不得不一而再再而三地忍受北方其他民族的凌辱。极其低下的官僚运作系统和极其孱弱的国家动员能力是这两个时代最终灭亡的重要原因。当然不能否认士大夫们有保国安邦的意愿，不过他们似乎更关注永无休止的党争，更关心自己的圣贤之路。

质言之，皇权时代后期的儒者们一直在寻找道统与政统的正确关系，一直在寻找知识与权力的制衡，也就是一直在寻找个体与国家的平衡。一旦天平的后一端开始偏沉（这恰恰是皇权时代后期的常态），他们就会表现出高度的警觉。显而易见，这是某种带有个体自由主义特征的生活方式，对它的赞美和批判与欧洲现代化史中的争论几乎完全一致。这种斗争使得皇权时代后期的现代转型表现为赓续与中断的状况，不断发生着反复。大致来说，皇权时代后期的现代转型发端于北宋，至元代第一次中断，至明代第一次赓续，至晚明几乎达到顶峰，至清代第二次中断。不言自明，赓续中潜藏着危机，中断时又酝酿着新生，这种危机与新生的交替是这一阶段儒家哲学现代转型最大的特点。

对五个时期的分别讨论构成了本书的前五章，也总体性地构成了本书的上编。

二、变异现代化：由主权问题驱动的中国社会现代转型

19 世纪晚期，中国社会面临着亘古未有之大变局。如果说此前的中国社会现代转型是自生的，是由个体性直接驱动的，那么鸦片战争之后的现代转型则是外源的，是由主权问题驱动的。

这里要做一点补充。主权（sovereignty）是现代性的重要价值之一。欧

洲民族国家的观念在17世纪初形成，而1648年的《威斯特伐利亚和约》奠定了今天的欧洲秩序，即在原则上确定了主权国家平等。在拿破仑战争之后，主权成为欧洲现代秩序的核心原则之一。在两次世界大战之后，主权成为当今世界的基本生活方式和重要价值。

但是主权不应被视为现代性的根本特质，这是因为它是由人权（human right）赋值而非由个体性直接赋值。关于主权最重要的理论渊源之一是洛克的共同体（community）观念以及对外权（federative power）。洛克提出的共同体有两个意味，即共同体内部的政治社会和共同体外部的自然状态，也就是内部的理性法则和外部的丛林法则。而主权又天然与民族国家（nation）联系在一起。其实，基于自然法（nature law）的共同体和nation本质上是同语反复。根据《政府论》的定义："任何人放弃其自然自由并受制于公民社会的种种限制的唯一的方法，是同其他人协议联合组成为一个共同体，以谋他们彼此间的舒适、安全和和平的生活，以便安稳地享受他们的财产并且有更大的保障来防止共同体以外任何人的侵犯。"① 国家（common wealth）起源于个体的授权，其目的也在于保卫个体。② 所以主权不应被列入现代性诸价值中的最高等级序列。

19世纪后半叶的中国社会现代转型是在主权问题的驱动下展开的，也就是通常所说的"中国被迫卷入了全球化浪潮"之中。在这个意义上讲，它是一种变异现代化。变异现代化总是会显现为以民族国家为主体的现代化，这是我们这个时代的基本生活方式。

学界很少会把晚清时期的儒家视为现代形态。但正如列文森所说，近代中国思想史的大部分时期，是一个使"天下"成为"国家"的过程。③

---

① 洛克著，叶启芳、瞿菊农译：《政府论》下篇，商务印书馆1964年版，第59页。

② 在洛克那里，是保卫个体财产权。这涉及洛克的自然主义个体性观念，这里不便展开讨论，但洛克把个体性视为全部价值的基石是很清楚的。

③ 列文森著，郑大华、任菁译：《儒教中国及其现代命运》，中国社会科学出版社2000年版，第87页。

转变的过程即国人世界观的崩溃与重建。列强的坚船利炮迫使儒学不得不回应现实的状况：这个世界怎么了？这个世界是什么？我们该何去何从？那么，我们至少可以从三个方面来肯定其现代意味：此后一百余年的基本问题被提出了，中国哲学现代转型的基本框架形成了，国人关于现代化的基本图景被塑造了。

基本问题即“救亡图存”，这是鸦片战争之后国人最后的觉醒①，也是各派最基本的共识。而“救亡图存”就是对民族国家主权的捍卫。时至今日，现代民族主义的情感、立场和诉求仍然是中国思想家最大的情怀，此后中国思想的基本特点或如李泽厚的著名论断所言——“救亡压倒启蒙”。

众所周知，经过五十多年的探索，救亡三阶段的整体思路逐渐形成，即从“器物”（学术）到“制度”（政治）到“文化”（伦理、义理、思想）。其定论特别来自陈独秀：“自西洋文明输入吾国，最初促吾人之觉悟者为学术，相形见绌（原作‘拙’，疑误，据文义改），举国所知矣；其次为政治，年来政象所证明，已有不克守缺抱残之势。继今以往，国人所怀疑莫决者，当为伦理问题。此而不能觉悟，则前之所谓觉悟者，非彻底之觉悟，盖犹在惝恍迷离之境。吾敢断言曰：伦理的觉悟，为吾人最后觉悟之最后觉悟。”② 三阶段论其实代表了三种现代化图式：器物现代化、制度现代化、文化现代化。在此后的思想发展中，三阶段论出现了各种纠结，特别是基于不同的立场，不同的思想派别会特别赋予某种图式以优先性。例如，自由主义西化派就坚信中国应全盘照搬美式或欧式的民主制度。无论哪种图式，都来自对手，来自西方列强。其思考的进路是将西方的某个

---

① “救亡图存”的说法最早见于天僇生的《论小说与改良社会之关系》（《月月小说》1907年第9期）。此时，经过梁启超等人的宣传，中国的知识分子开始形成了民族国家的理念，也就是把列强入侵理解为“亡国灭种”之厄。这是一个真正具有现代性意味的重大转变。中国现代民族主义观念的兴起可参见卡尔·瑞贝卡著，高瑾等译《世界大舞台：十九、二十世纪之交中国的民族主义》，生活·读书·新知三联书店2008年版。

② 陈独秀：《吾人最后之觉悟》，见《独秀文存》第一卷，上海书店出版社1989年版，第55~56页。

特征视为现代性，然后试图通过某种方式实现这种现代化，最终的诉求是打败西方、复兴民族。直到科玄论战结束，现代中国哲学三足鼎立之格局形成，各派理论家都未在此架构之外思考问题。

现代新儒家群体同样在此种思想环境中酝酿。这个群体的形成标志着儒家哲学现代转型进入新的阶段。总体来说，现代新儒家关注的是两个基本问题：第一个自然是救亡图存的中国问题，即“中国向何处去”；第二个则是“一战”之后哲学界整体的反思现代性问题，即“人类向何处去”。因而，他们几乎都展现为双重的精神类型——作为中国人的民族情感和作为哲学家的普世关怀。

其区别在于，现代新儒家已经置换了新文化运动以来的基本问题。他们固然仍在使用“民主”和“科学”的概念，但与其他群体的用法大不相同。他们不会否认科学的价值，但基本不会认可唯科学主义或科学至上论，总体倾向是“民主”优先于“科学”，是伦理为科学划出地盘。但他们也不会把“民主”简单化为民主制度或某种现成具体的制度，他们更关注使民主成为可能的前提观念，也就是“自由”。在这两个意义上，都接续了欧洲19世纪以来的人文主义传统。其区别在于，现代新儒家讨论的“自由”又不同于西方同时代学者特别是自由主义者们理解的“权利”，他们会特别关注“境界”“信仰”“超越”“情感”等意味。事实上，他们一方面与欧洲理性主义形成了对话，另一方面又自觉或不自觉地继承了宋明理学中的“个体性”表达。需要特别注意的是，20世纪欧洲的反思现代性思潮最有力的思想武器依然是个体性观念，人类两大主要的思想资源在现代性最核心的问题上真正发生了碰撞。无论怎样，不管是在问题意识、学术脉络上，还是在思想资源上，现代新儒家都进入了整个哲学史的叙事序列。这是公认的、毋庸置疑的现代哲学。

新中国的成立正式宣告“救亡图存”的历史使命胜利完成，中国进入了“民族复兴”的历史时期。现代新儒家关注的两个基本问题引导了两个不同的儒家群体。其中一支是境外新儒家群体。众所周知，刘述先、成中英、杜维明等学者立足本位、扩大自己、放眼世界，与其他传统相互颉颃、调和共存、交流互济。[①] 他们参与了大量的普世问题的讨论，而应对各种现实问题的儒学形态由此产生。而另外一支则是大陆新儒家群体，特别以蒋庆、康晓光、陈明等学者为代表。他们放弃了以宋明理学为核心思想资源的方法，区分了“心性儒学”与“政治儒学”，更多地使用先秦或汉代资源，更加频繁地与西方哲学互动。更值得关注的是，他们基本放弃了“接着讲”的思路，倾向于更具有个体特色和原创特色的表达，因而在思考上，构建了极具多样性的儒学理论。

对以上四个时期或板块的讨论构成了本书的后三章，也构成了本书的下编。

总体来说，儒家哲学的现代转型发展到今天，其理论形态不可谓不丰富，学者的思想资源也更加驳杂。一方面，当下已经很难看到单纯依靠传统儒家资源进行言说的学者了；另一方面，除了情怀，除了“儒家”和“现代”这两个标签，也很难把当前的儒家学者视为一个整体，学者在立场方面存在着分歧。

在儒家学者身上，我们往往能够看到他的多重诉求，如饱含民族情感、希望民族复兴、致力于民主化进程等。但是当多重诉求之间发生冲突时，他必然会把自身的最终立场展示出来。在这个意义上，他又是立场鲜明的。因而总体来说，当前的儒家哲学基本延续了“五四”之后的特征，从诉求的角度看，当前的儒者可被分为三大类。第一类是以主权为最高诉求。当然，随着中国的独立和综合国力的提升，保卫主权早已不是问题，重点在于宣示主权。儒家乃至任何思想都是其实现诉求的工具。第二类是以自由为最高诉求。这种自由不完全是政治自由，而是个体自由。基于对西方哲学

① 刘述先著，郑宗义编：《儒家哲学的三个大时代》，中华书局 2017 年版，第 188 页。

的思考与批判，他们致力于寻求儒家式的自由思考。第三类介于前两类之间，以民主为最高诉求。此外，还有一类儒者，他们单纯地出于对儒家的热爱，而积极从事文献整理、思想研究、价值传播等工作，却未必会专门思考或表达自身的现代性图景和现代性诉求。不过其工作的倾向必然潜藏着某种立场，也不出乎前述三类之外。

·上编·

皇权时代后期

第一章　宋代：儒家哲学现代转型的发生

郭　萍

正如“导论”所述，个体性是现代性的一般特质。基于“生活与历史”的视角，当个体能够（仅仅是能够）代表自身出现在公共领域时，就意味着现代转型的发端。需要强调的是，“发端”绝不意味着完成，而是某种潜藏的可能性。站在当下的立场，对儒学现代转型之发端的溯源，绝不是对某种历史判断的申诉，而是探析其同与不同，并尝试性地寻求现代化的共同之路。

反观儒学史，不难发现，不论从称谓（“启蒙”“维新”“现代”）上看，还是从问题意识、价值立场上看，明清启蒙儒学、维新儒学、现代新儒学等儒学形态已经不同程度地表达出对个体价值的肯定以及对专制伦理（政治、道德）的批判，体现出了个体主体观念的特质。而这些儒学理论或与宋明儒学有着直接关系，例如明清启蒙儒家黄宗羲就继承发扬了心学，而王夫之则继承发扬了北宋张载的气论；或与宋明儒学有着理论进路上的遥契，最典型的就是20世纪的现代新儒学主张通过“返本”宋明儒学开出现代性的民主科学。正如牟宗三所说：“近代化国家建立之基石存于个体性之自觉与普遍性之透彻。无个体性之自觉，下而不能言权利（诸自由）与义务，上而不能言真实的普遍性。”①

① 牟宗三：《历史哲学》，广西师范大学出版社2007年版，第367页。

凡此无不提醒我们，宋明儒学不仅是一座传统儒学的理论高峰，而且是一座儒家哲学现代转型的“桥头堡”。

事实上，皇权时代的儒学之所以发展到两宋时期会出现新的理论形态，最根本的原因不在于佛老的挑战，而在于对汉唐儒学的不满。从最本源的层面看，这种不满正是唐宋之际生活方式的转变使然。

一方面，在皇权时代的前半期，汉唐王朝虽然建构起以“三纲”为基本内容的礼法制度，使家族的主体地位和皇权统治稳固地确立起来，但是汉唐儒学为此所提供的理论解释在几百年的兴衰治乱中逐步失去了说服力：先是魏晋时期，人们不再信服汉儒构建的意志之天，玄学盛行；而后是在中唐战乱中，着意章句训释的汉唐经学对遭到破坏的纲常伦理和社会秩序无能为力。所以，在此局面下建立起来的宋王朝面临的社会问题不再是汉唐时期如何创建纲纪的问题，而是如何重振纲纪的问题。不过，要想从根本上解决这一问题并不能仅靠加强中央集权、完善礼法制度，而是需要加强人们内心对纲常伦理的价值认同，使人们恢复对纲常礼法制度的信服，重拾对家族所主导的社会生活秩序的信心。为此，两宋时期就需要新的儒学形态为帝制纲纪提供理论支撑。

另一方面，自两宋以来，帝制统治的成熟促进了经济的繁荣和商业的发展。随着交易往来的频繁、人口流动的增强，集市店铺日渐增多，城市规模明显扩大，原本的政治、军事型城镇开始向近世型经济城市转型，一批生产型城市也厕身其间。对此，有西方学者指出，宋朝时期，发生了一场对整个欧亚大陆有重大意义的商业革命。中国首次出现了主要以商业而不是以行政管理为中心的大城市。[①] 同时，通过考古、民俗学、史学等研究成果以及宋代文学话本的内容，我们也能发现一幅幅活色生香的宋代市民生活画卷。据此，20 世纪三四十年代，以内藤湖南为代表的日本学者就认

---

① 斯塔夫里阿诺斯著，董书慧等译：《全球通史：从史前史到 21 世纪》（第 7 版）上册，北京大学出版社 2005 年版，第 260 页。

为唐宋之际是中国近代（又常常称之为“近世”）的开端。[1] 这种以商业为主的坊间市井生活潜移默化地塑造着一种市民生活观念，与传统的纲常伦理貌合神离，甚至悄然瓦解着皇权统治的权威。

两宋时期生活转向呈现出的两面性不仅在两宋儒家哲学义理中有深刻而抽象的反映，在其现实展开的政治、伦理领域中也有直接而具体的体现。两宋儒学的两面性作为传统儒学发展中的一个重要转向，从实质上奠定了皇权时代后半期儒学基本的发展走向和格局。

第一节　本体系于工夫：两宋儒学萌生现代转向的逻辑可能

两宋时期的生活风貌促使传统儒学发展至庆历始一大变也，是时“视汉儒之学若土梗”（《困学纪闻》），也本然地塑造了一种兼具守成与开新二重性的新儒学——两宋儒学。

两宋儒学形成的“本体—工夫”架构明显反映出生活风貌的两面性。一方面，虽然两宋儒学内部学派林立、互有分歧，但从本体论上看，各派在根本上都是以传统的纲常伦理为最高的价值理想和根本的价值依据。他们通过构建新的理论体系，最终使帝制纲纪在失去两汉意志之天的庇护之后，获得了以“天理”为核心的理论支撑，所谓“凡生于天地之间者，又各得之以为性。其张之为三纲，其纪之为五常，盖皆此理之流行，无所适而不在”[2]。在这种意义上，两宋儒学体现出重振纲纪的理论自觉，具有明显的守成性。另一方面，由于两宋儒家不是以灾异谴告或暴力强制作为重

---

① 参见宫崎市定著，焦堃、瞿柘如译《宫崎市定中国史》，浙江人民出版社 2015 年版。

② 朱熹撰，朱杰人等主编：《朱子全书》（修订本）第二十三册，上海古籍出版社、安徽教育出版社 2002 年版，第 3376 页。

振纲纪的进路，而是通过加强每个人内心对纲常伦理的价值认同来实现维护帝制统治的目的，因此，他们特别构建了一套“工夫论”作为体认把握“天理”的方法途径，其实质内容要么是通过个人内在的直觉体验天理，要么是通过个人的经验认知把握天理，其目的虽然是使个人通过道德自律，自主自觉地践行帝制纲常伦理，但客观上使个人的自主性得到了空前认可和高扬，由此实际有效地推动了个体主体的觉醒，也使得儒学与帝制纲常的伴生关系逐步瓦解，呈现出一种开新性。

从儒家哲学现代转型的意义上看，两宋儒学在自北宋道学发轫到南宋理学、心学精致系统化的发展过程中，其“本体”观念的守成性与“工夫”进路的开新性的张力日趋增大，而正是在这种紧张冲突、迂回往来之间，两宋儒学或隐或显地开启了一种通往现代性的可能趋向。

一、“立人极”：以人道彰显天道

北宋初期周敦颐提出的“立人极”集中体现了北宋道学的致思目标。这本身虽然是为接续“道统”和“重振纲纪”这一守成的旨趣，但由此使人作为天道价值担当的存在者而凸显放大地挺立起来，积极启发了个人的自主自觉性。这是儒学现代转型的第一个重要理论铺垫。

我们知道，“立极”本来是房屋营造的一个术语，如《说文解字》：“栋，极也。”“极，栋也。”段玉裁注：“极，谓屋至高之处。”在中国哲学中，“立极”作为一种隐喻而具有明确的哲学意义。最初是《尚书·洪范》以“建用皇极”代表政治哲学意义上的最高价值。而自《周易》之后，“立极”具有宇宙本体的意义，其中最为人们所熟悉的就是下面这段话：

> 是故易有太极，是生两仪，两仪生四象，四象生八卦，八卦定吉凶，吉凶生大业。(《周易·系辞传上》)

这是以营造房屋的隐喻描述宇宙的生化过程及其逻辑结构，其中“极”或者“太极”象征着外在于人的、客观至上的自然天道，实际是一个宇宙本体观念。因此，直至汉唐，一般哲学意义上的“立极”就是指宇宙本体的确立。

周敦颐却通过对“太极”本体的重新阐发，从宇宙生成的维度论证了人的至上价值，即所谓“立人极”。他说：

> 无极而太极。太极动而生阳，动极而静，静而生阴。静极复动。一动一静，互为其根；分阴分阳，两仪立焉。阳变阴合，而生水、火、木、金、土。五气顺布，四时行焉。五行，一阴阳也；阴阳，一太极也；太极，本无极也。五行之生也，各一其性。无极之真，二五之精，妙合而凝。“乾道成男，坤道成女”，二气交感，化生万物。万物生生，而变化无穷焉。惟人也，得其秀而最灵。形既生矣，神发知矣，五性感动，而善恶分，万事出矣。圣人定之以中正仁义，而主静，立人极焉。故“圣人与天地合其德，日月合其明，四时合其序，鬼神合其吉凶”。君子修之吉，小人悖之凶。故曰：“立天之道，曰阴与阳；立地之道，曰柔与刚；立人之道，曰仁与义。”又曰：“原始反终，故知死生之说。”大哉《易》也，斯其至矣！①

这段话有两方面的意思：其一，易道太极，立三才之道即立三极；其中，圣人立人之道，就是立人极；圣人之立人极，就是“代天立极”（或如朱子曰“继天立极”）。而人极就是中正仁义，那么彰显中正仁义就是体现天道之阴阳、地道之柔刚，所谓“继之者善也，成之者性也”（《周易·系辞传上》），由此论证了“立人极”具有必要性。其二，人先天具有彰显天道的能力，所谓“惟人也得其秀而最灵”，据此说明“立人极”具有现实可能性。基于这两点，他将宇宙本体的“太极”转为心性本体的“人极”，完成了儒学从宇宙本体论到心性本体论的转变，从实质上把人自身确立为最高价值。

当然，从根本上看，“立人极”不是现代意义上的对个体独立价值的哲

---

① 周敦颐：《太极图说》，见陈克明点校《周敦颐集》，中华书局1990年版，第3页。

学确证，只是在“类”存在的意义上凸显人的价值，而且其目的是凸显高于自身存在的“道统”和“纲纪”，因此恒常不变的天道才是人极挺立的根本准绳，奉行纲纪才是人极挺立的现实体现。继周敦颐之后，道学家们以《周易》为核心文本，或借助象数（如邵雍），或构建气论（如张载）等，阐发天道即仁义中正之道，并试图与传统的伦理纲纪对接。直至二程提出“天理”，才真正实现这一理论目标。二程根据《礼记》所说的“礼者，理也”“礼也者，理之不可易者也”，提出“天下只有一个理”①，“万物皆只是一个天理”②，“至于君臣父子间皆是理”③。二程据此强调“父子君臣，天下之定理，无所逃于天地之间”④，已经明确以“纲纪”为“天理”本体。而“天理”实质上就是“纲纪”的抽象表达。自此，“天理”就成为“立人极”的前提和标准，而后南宋朱熹又进一步将“立人极”明确为“继天立极”（《中庸章句序》）。

由此可以看出“立人极”隐藏着两种相反的价值立场。一方面，“继天”即遵照天理，奉行纲纪是“立极”（人极挺立）的标准和意义，就是将人存在的意义确定为自觉地穷尽天理和主动地践行纲常伦理（天理），最终达到个体自主与帝制纲常伦理的统一，这是为个人自觉“克己复礼”提供的哲学依据。在这个意义上，道学家依然是为了维护家族伦理秩序，并没有启发个体主体价值的觉醒。同时，道学家强调道统是历代圣王之间的传承，因而“立人极”还只是圣贤精英阶层的特权，并没有真正走出汉儒“以人随君，以君随天……屈民而伸君，屈君而伸天”⑤ 的“天—君—民”的等级伦理。这无疑是一种保守的价值立场。另一方面，道学家认为人道

---

① 程颢、程颐著，王孝鱼点校：《二程集》，中华书局 1981 年版，第 196 页。
② 程颢、程颐著，王孝鱼点校：《二程集》，中华书局 1981 年版，第 30 页。
③ 程颢、程颐著，王孝鱼点校：《二程集》，中华书局 1981 年版，第 247 页。
④ 程颢、程颐著，王孝鱼点校：《二程集》，中华书局 1981 年版，第 77 页。
⑤ 苏舆撰，钟哲点校：《春秋繁露义证》，中华书局 1992 年版，第 31~32 页。

与天道贯通，所谓“在天为命，在义为理，在人为性”①，认为把握天道、天理的关键在于每个人的内心认同和自觉践行。自周敦颐就提出以个人自觉的“主静”工夫把握天道，而后张载也认为“大其心则能体天下之物”②，才能至于天道，之后二程又以“涵养须用敬，进学则在致知”③作为体认天理的途径。这都意味着个人并不是执行天意的被动性存在，而是具有承当价值的自主性存在。其实，“立”字（甲骨文写作）的字形本身就示意着一个人挺立于大地上，但在宋儒之前，特别是在汉儒那里，“立极”主要是突出宇宙天道的至上性，人只能匍匐其下，并没有自身价值，更无个人自主性可言。而“立人极”思想的提出则从本体论的层面复显了蕴涵在原始儒学中的个人自主精神，并为此提供了一套学理的论证，这就使个人自主性首次获得了一种儒家哲学的表达。

从此后的儒学发展看，“立人极”的思想产生了极为深远的影响。如明儒罗汝芳说：“夫所谓立身者，立天下之大本也：首柱天焉，足镇地焉，以立人极于宇宙之间。”④又如明清之际大儒王船山说，“存人道以配天地，保天心以立人极”⑤，“圣人之所以依人而建极也”⑥，等等。同时，在“立人极”思想的启发下，宋明儒家越来越注重通过自觉提升个人的心性修养来彰显最高价值，并由此发展出系统的工夫论，为个人自主性提供了全面的理论论证和具体的践行方法（如格物穷理、致良知等）。在这个意义上，周敦颐提出的“立人极”思想实际上已经为个体主体观念的发展做了最初的理论铺垫。

---

① 程颢、程颐著，王孝鱼点校：《二程集》，中华书局1981年版，第204页。
② 张载：《正蒙·大心》，见章锡琛点校《张载集》，中华书局1978年版，第24页。
③ 程颢、程颐著，王孝鱼点校：《二程集》，中华书局1981年版，第188页。
④ 罗汝芳：《孝经宗旨》，宝颜堂秘笈本。
⑤ 王夫之：《船山全书》第一册，岳麓书社2011年版，第883页。
⑥ 王夫之：《船山全书》第一册，岳麓书社2011年版，第850页。

二、"格物穷理"：以个人认知证成天理

北宋二程构建了以"天理"为最高范畴的理学体系，经南宋朱熹的继承发展而达至高峰。朱子对"天理"客观实体性的强调虽然加重了对个人自主性的压制，但也使其特别重视"格物穷理"的工夫，又在无意间高扬了个人的认知能力。

朱子认为，由于万事万物皆是符合天理的存在者，都是"理"的分殊，因此天理可以在万物万事中得到经验的实证。按此逻辑，唯有提供一套经验的、实证的方法才能在现实中证成天理。朱熹强调："万理虽只是一理，学者且要去万理中千头万绪都理会，四面凑合来，自见得是一理。不去理会那万理，只管去理会那一理……只是空想象。""万物之理，须你逐一去看，理会过方可。"① 所以"格物穷理"极为重要。虽然这一方法肇始于程颐，但直到朱子才将"格物穷理"凸显出来。为此，朱子还特意作"格物补传"，进行了深入阐发：

> 所谓致知在格物者，言欲致吾之知，在即物而穷其理也。盖人心之灵莫不有知，而天下之物莫不有理，惟于理有未穷，故其知有不尽也。是以《大学》始教，必使学者即凡天下之物，莫不因其已知之理而益穷之，以求至乎其极。至于用力之久，而一旦豁然贯通焉，则众物之表里精粗无不到，而吾心之全体大用无不明矣。此谓物格，此谓知之至也。②

这段解释无非是要说明个人必须通过经验认知万事万物（格物），乃至"一草一木，一昆虫之微"都要"逐一件与他理会过"，如此才能穷尽万物之理（穷理）③，最终达到对先验天理的认知、体悟（致知）。朱子甚至认

---

① 黎靖德：《朱子语类》卷一一七、卷六二，中华书局1986年版，第2820页、第1489页。

② 朱熹：《四书章句集注》，中华书局1983年版，第6~7页。

③ 理学派"格物穷理"的细琐工夫与西方经院哲学颇有相通之处。参见杨国荣《王学通论——从王阳明到熊十力》，华东师范大学出版社2003年版，第18页。

为经验认知是体认天理最重要乃至唯一的方法。这种对经验认知能力的重视可以说是继承发展了荀子开启的儒家理智主义传统。我们知道，荀子不仅提出“心有征知”，而且特别注重发挥人的认知能力：

> 凡以知，人之性也；可以知，物之理也。（《荀子·解蔽》）①
>
> 今使涂之人者以其可以知之质，可以能之具，本夫仁义之可知之理，可能之具，然则其可以为禹明矣。②（《荀子·性恶》）

正如韦政通所说，荀子是“以‘知’规定人之‘性’，即无异以‘知’规定人之‘心’。此性乃智性之性，与性恶之性有异。由智性而见之心，即认知心，此属能知；有能知，必有所知，盖认知心的表现”③。而这种认知心被程朱理学继承过来，就成了证成天理纲常的有效方法。

此举一如西方经院哲学的集大成者托马斯·阿奎纳通过借鉴亚里士多德经验主义的理性方法来证明上帝的存在。④ 不过，阿奎纳的“五路”证明⑤在让经院哲学达到空前繁盛的同时，也就此埋下了瓦解神学的“特洛伊木马”，要知道理性的论证恰恰削弱了上帝存在的神圣性和宗教性，并在无意间张扬了个体理性的价值，反而起到去魅启蒙的作用。正如有学者所指出的：

---

① 王先谦撰，沈啸寰、王星贤点校：《荀子集解》，中华书局1988年版，第406页。

② 王先谦撰，沈啸寰、王星贤点校：《荀子集解》，中华书局1988年版，第443页。

③ 韦政通：《荀子与古代哲学》，台湾商务印书馆1992年版，第140~141页。

④ 虽然朱子理学与阿奎纳的神学在问题意识、理论形态以及表达方式等方面都大不相同，但二者的理论旨趣和论证方式存在着很大程度的对应性：朱子的“天理”与阿奎纳的“上帝”是其各自理论的最高范畴和根本旨趣，代表着绝对至上的价值，且都是外在的客观实体。朱子通过个体理智的“格物穷理”来体认天理，阿奎纳则运用经验主义的理性方法来证明上帝存在。参见刘光顺《宇宙生成论的中西比较——以朱熹和托马斯·阿奎那为例》，《世界宗教研究》2011年第1期；刘京虹《浅析程朱理学与经院哲学之异同——以朱熹和托马斯·阿奎那为例》，《常州大学学报（社会科学版）》2012年第4期。

⑤ 阿奎纳依据亚里士多德经验主义的理性方法，提出了关于上帝存在的五个证明（简称“五路”）：1. 依据事物运动倒推出第一推动力是上帝。2. 没有事物是自己的动力因，由此倒推出终极动力因是上帝。3. 由可能性推导出必然性，进而提出终极必然性存在（自因）是上帝。4. 依据事物完善性的等级追溯到一个最完善的存在物是上帝。5. 依据事物存在的目的性推导出必然有一个存在者指导着事物朝向一个目的，这个存在者就是上帝。

> 托马斯所代表的理性主义使经院哲学达到了空前的繁荣，但是这种繁荣对于经院哲学来说却无异于饮鸩止渴。威尔·杜兰曾把亚里士多德哲学比做希腊人留给基督教的“特洛伊木马”，就此而论，正是托马斯把这匹木马拖进了经院哲学。①

事实上，西方近现代哲学的发展正是以理性不断消解上帝的过程，直到康德将上帝作为理性的三大公设之一，彻底将神学消解到理性哲学之中，而这正是神学自身孕育出的一种思想趋向。

反观理学家以“格物穷理”证成天理，实际上也发挥着类似的作用。当他们将“天理”作为一个依靠个人经验认知来把握的客观实体时，他们实际上已经充分肯定了个人的认知能力具有重要价值；而他们对“格物穷理”的重视，更促使个人在不断的“格物”实践中越来越充分地认识并发展自身的这一能力。在这个意义上，“格物穷理”不但不会使人更加信服天理，反而会客观地激发个人对纲常天理的理性反思，这实际上有助于祛除天理之昧、启发个体理性的觉醒。例如明清时期，方以智就在继承“格物穷理”的基础上，提出了“质测即藏通几”② 的科学理性。

三、“易简工夫”：以一己之心融摄天理

南宋时期，因采取不同的思想倾向，理学内部兴起的心学派、湖湘学派、事功学派等与朱子理学产生分歧论争，其中尤以陆九渊开创的心学派与朱子理学的争辩最为典型。他们通过对天理客观化的消融，释放了个人的自主性空间，促使两宋儒学的现代性面向逐步凸显出来。

上文曾论及，程朱理学家由于强调“天理”是外在实体性存在，故而特别推崇“格物穷理”的工夫，但由此将“理”与“心”、“性”与“情”、“道心”与“人心”、“天理”与“人欲”置于“主—客”认知架构中对立

---

① 张志伟：《西方哲学十五讲》，北京大学出版社 2004 年版，第 162~163 页。

② 方以智：《物理小识·自序》，商务印书馆 1937 年版。

起来。心学派讥之为“支离之学”，并针对性地强调“天理”原本就内在于个体心中，并不具有外在性，进而将支离的“理”与“心”、“道心”与“人心”、“性”与“情”等皆统合于心。① 陆九渊说：

天之所以与我者，即此心也。人皆有是心，心皆具是理，心即理也……②

心之体甚大，若能尽我之心，便与天同。③

宇宙便是吾心，吾心即是宇宙。④

这一思想虽然是针对朱子理学的，但并不来自理学之外，而是来自开心学之端倪的程颢。众所周知，程颢说：“仁者，以天地万物为一体，莫非己也。认得为己，何所不至？若不有诸己，自不与己相干。如手足不仁，气已不贯，皆不属己。”⑤ 这可以说是“万物皆备于我”的宋代版本，字里行间大有以一己之心消融外在天理的意味。而南宋心学派恰恰继承和发展了程颢的思想。

虽然心学派承认“天理”是最高的价值理想且具有普遍一般性，但在通达与体认天理方面，他们不主张向外“格物”，而是基于“心即理”的观点，主张“先立乎其大”发明本心，“不专论事论末，专就心上说”⑥，就此形成了一套“收拾精神，自作主宰”⑦ 的“易简工夫”。这种工夫论上的分歧既是一个学理逻辑的问题，也是一个现实价值导向的问题。从逻辑上讲，心学派的“易简工夫”意味着依靠个人内心的直觉体验就可以把握天理，这就把朱子理学强调的外在天理收摄于一己之心中，实际上就否认了“天理”的至上权威性。从现实层面讲，既然“天理”不是独立于心之外的

① “祖望谨案：象山之学，先立乎其大者，本乎孟子，足以砭末俗口耳支离之学。”（《宋元学案·象山学案》）

② 陆九渊著，钟哲点校：《陆九渊集》卷一一，中华书局1980年版，第149页。

③ 陆九渊著，钟哲点校：《陆九渊集》卷三五，中华书局1980年版，第444页。

④ 陆九渊著，钟哲点校：《陆九渊集》卷三六，中华书局1980年版，第483页。

⑤ 程颢、程颐著，王孝鱼点校：《二程集》，中华书局1981年版，第15页。

⑥ 陆九渊著，钟哲点校：《陆九渊集》卷三五，中华书局1980年版，第469页。

⑦ 陆九渊著，钟哲点校：《陆九渊集》卷三五，中华书局1980年版，第455页。

客观实体，那就意味着“天理”实质上只是个体心中的一个观念，因此对“天理”的理解也是因人而异的，并不存在什么权威的解读，由此释放出个人解读“天理”的自主空间，陆九渊直言“六经皆我注脚”① 便是一种示范。这无疑使“天理”在现实中的权威效用大打折扣。

事实上，以心融理的思想倾向亦非心学派所独有，慈湖学派的杨简也提出过类似的观点：

> 天地，我之天地；变化，我之变化，非他物也。……清明者，吾之清明；博厚者，吾之博厚，而人不自知也。……夫所以为我者，毋曰血气形貌而已也，吾性澄然清明而非物，吾性洞然无际而非量，天者，吾性中之象，地者，吾性中之形，故曰“在天成象，在地成形”，皆我之所为也，混融无内外，贯通无异殊……②

可以说，南宋儒学体现出的对“吾心”的张扬虽然不是一种自觉意识，但在客观上为个体主体性的挺立提供了可能性。

对比中西历史不难发现，南宋理学内部对朱子理学的争辩与西方经院哲学内部唯名论者与唯实论者对共相殊相的争辩颇为类似。以阿奎纳为代表的唯实论者认为上帝作为共相比个别具体事物的殊相更实在。而唯名论者认为上帝作为共相只是观念性的存在，它存在于每个个体心中，例如唯名论者威廉·奥卡姆就通过批判阿奎纳的观点指出，世界上唯一真实存在的只有个体殊相，共相只是存在于灵魂中的一种“被设想”之物，是概念、符号，在现实中没有对应的实在对象。从历史上看，唯实论与唯名论分别导出了两种不同的价值趋向：唯实论趋向保守，唯名论则启发了新教理论，指向现代启蒙。例如马丁·路德③的神学理论，特别是其圣餐论，就受到了

---

① 陆氏的弟子杨简开创的慈湖学派以及以舒璘为代表的广平学派也都值得注意。

② 黄宗羲原著，全祖望补修，陈金生等点校：《宋元学案》卷七四，中华书局 1982 年版，第 2467~2468 页。

③ 马丁·路德（Martin Luther，1483. 11—1546. 2），16 世纪欧洲宗教改革的倡导者，基督教新教路德宗的创始人。

唯名论的启发，马丁·路德甚至自认为是奥卡姆派的学者。理学与心学也有类似的价值导向和思想效应：朱子理学由于更多地强调外在天理的权威，而更多地表现出保守的面向；陆九渊的心学则更侧重强调以个人内心的直觉体验来把握天理，因而渐渐产生个体融摄天理的倾向，更多地表现出开新的面向。

当然，在南宋时期，“心即理”还是一种比较单薄的思想观念，此后经过元儒吴澄、明儒陈献章①等人的推展，直到明代中叶“阳明心学”的确立，才形成一种系统的理论表达，而后又经过阳明后学对个人自主性的理论发挥和实际贯彻推广，才真正接通了儒学现代转型的逻辑通道。

第二节　政治与道德的异动：宋代儒学萌生现代转向的现实反映

宋代儒学构建的以个人修身工夫上达天理本体的路向，不仅在义理上与天理本体统摄个人言行的理论初衷存在着矛盾，而且就其在形下层面的展开来看，个人实际的工夫践履也引发了两宋时期政治、道德领域有悖纲常伦理的思想异动，所以严复曾特别指出：“若研究人心政俗之变，则赵宋一代历史，最宜究心。”② 统而观之，这其中最为突出的是政治哲学中人极与皇极的博弈以及道德哲学中关于理欲义利的争辩。

一、人极与皇极的政治博弈

在两宋政治中，宋儒在政治价值立场上始终尊奉着自春秋时代就确立起来的“皇极”观念。这一观念最初见于“洪范九畴”的第五“建用皇极”：

---

① 陈献章提出“自得之学”，“君子一心，万理完具。事物虽多，莫非在我”。参陈献章《论前辈言铢视轩冕尘视金玉》，见孙通海点校《陈献章集》，中华书局1987年版，第55页。

② 严复：《与熊纯如书》，见王栻主编《严复集》第三册，中华书局1986年版，第668页。

皇建其有极，敛时五福，用敷锡厥庶民。惟时厥庶民于汝极，锡汝保极。……惟皇作极。凡厥庶民……不协于极，不罹于咎，皇则受之。……时人斯其惟皇之极。……会其有极，归其有极。曰皇极之敷言，是彝是训，于帝其训。凡厥庶民，极之敷言，是训是行，以近天子之光。①

建“极”者是“皇”，就是“皇建其有极”“惟皇作极”，而“时人斯其惟皇之极”。此“皇”在宗法时代是天子，在专制时代则是皇帝。朱熹的弟子蔡沈解释“极”说，“极，犹北极之极，至极之义，标准之名，中立而四方之所取正焉者也”；“皇极者，君之所以建极也”；“皇极曰建，所以立极也”。其中“中立而四方之所取正焉”也是以房屋建造为隐喻。蔡沈说：“言人君当尽人伦之至：语父子，则极其亲，而天下之为父子者于此取则焉；语夫妇，则极其别，而天下之为夫妇者于此取则焉；语兄弟，则极其爱，而天下之为兄弟者于此取则焉；以至一事一物之接，一言一动之发，无不极其义理之当然，而无一毫过不及之差，则极建矣。”这表明“皇极”是最高准则的意思，不是本体论意义上的，而是伦理学意义上的，最主要是政治意义上的。“皇极”之所以具有合理性，是因为自周公“绝地天通”斩断了普通人与天的联系之后，现实中只有“皇”是最高价值的代表。汉唐时期，叔孙通也引“建用皇极”为乾纲独断、君主独揽大权作辩护，只不过到两宋时期，皇权的神圣性更多地来自哲学化的“天理”而非神学化的“天意”，但不变的是，皇帝仍然是天的唯一代言人。

不过，两宋儒家提出的“立人极”思想从本体论层面改变了最高价值的代言人。道学家们认为天道的体现者是道德自律的“圣”，而非位高权重的“皇”，伏羲、神农、黄帝、尧、舜之所以具有继天立极的资格，从根本上说，不在于他们是政治权威，不在于他们位居伦理等级制度的制高点，

---

① 《尚书正义》，见阮元校刻《十三经注疏》，中华书局1980年版。

而是因为他们自身道德的完美和高度的道德自律。他们强调孔孟为圣而非王，“虽不得其位”，但是因其“继往圣、开来学”，故贤于君王。这实质上就将最高价值的代言人从唯一的政治权威——皇帝，转为群体性的道德权威——儒士。如朱熹说：

> 自是以来，圣圣相承：若成汤、文、武之为君，皋陶、伊、傅、周、召之为臣，既皆以此而接夫道统之传，若吾夫子，则虽不得其位，而所以继往圣、开来学，其功反有贤于尧舜者。(《中庸章句序》)

正是因为如此，宋明儒者往往以道德权威自居，据此表明自身把持着道统，具有高于政统的正当性。这虽然让宋儒成为传统纲常伦理的卫道士，但同时开示了一种制衡分化皇权乃至否定“皇极”的可能。

事实上，两宋时期的士大夫群体确实形成了一股独立于皇权的政治力量，儒士在根本上坚信自身贵为“人极”，而治平天下乃“人极”挺立的必要环节，因此在现实中认为自身有资格且有能力格君心之非，辅佐并矫正君主。不论是中央政治活动中的“共定国是”，还是地方政治中的乡约自治、民间议政，都在某种程度上起到了制衡、分化皇权的作用，而这些具体言行背后都有“立人极”的观念做支撑。

（一）“共定国是”与得君行道

“共定国是”指君主与士大夫集团共同制定基本国策。前文所论的“建用皇极”已经赋予皇帝独断“国是”的合理性，但“共定”表明儒士实际上与皇帝分享治权。其实，早在先秦时期，楚庄王就有“愿相国与诸侯士大夫共定国是”的说法，宋代的“共定国是”正是秉承了这一传统。所以，南宋初宰相李纲就说：“古语有之曰：‘愿与诸君共定国是。’夫国是定，然后设施注措，以次推行，上有素定之谋，下无趋向之惑，天下之事，不难举也。”[①]“国是”一旦定下来，对皇帝和廷臣都有约束力，皇帝想单独更改

① 李纲著，王瑞明点校：《李纲全集》卷五八，岳麓书社2004年版，第637页。

“国是”并不是一件容易的事情。

当然，这一切还是在维护“皇极”的前提下才具有合理性，而且最终的落实和执行也要依靠皇帝的授权，此所谓“得君行道”。程颐曾通过解释《周易·乾卦》阐明这一观点。他说：“以圣人言之，舜之田渔时也。利见大德之君，以行其道。君亦利见大德之臣，以共成其功。”现实中最典型的例子就是北宋时期的“熙宁变法”，而王安石也因此成为后世儒者羡慕的幸运儿。可以说，这在传统社会的语境中具有相当的必然性和合理性，然而在当时民权时代的语境中，“得君行道”暴露着帝制儒学的软弱性和保守性，这一立场实际上是对儒士作为政治主体的否定。另外，两宋时期的“共定国是”还仅是儒士阶层的一种政治自觉，并不是广大民众的一种普遍意识，而且知识分子阶层始终将百姓排除在外，如文彦博就认为皇帝“为与士大夫治天下，非与百姓治天下也”。这都表明“共定国是”还远不能与现代性的民权、民主同日而语。

尽管如此，两宋儒士参与国家治理的程度还是远远超过之前的任何时代，这也是当时的社会生活境遇决定的。一来，科举的普及使当时社会受教育的人数大幅增多，越来越多的寒门子弟进入社会精英阶层。[①] 二来，当时的“中国”已经失去了天下共主的地位，“四夷”崛起之后的边境危机使人们不再神化国家的存在。三来，国家体制的成熟和兵权的集中让儒士对皇权没有实质的威胁，而宋代赵家皇朝军政羸弱，需要从文官集团中得到更多的援助。凡此种种都造就了宋代政治特殊的小气候，使儒士们在国家治理中享有了更多话语权。

当时“权归人主，政出中书，天下未有不治”[②] 已成为儒士们共同达成的治国理念。其中，程颐就明确对皇帝说：“天下重任，唯宰相与经筵：天

---

① 王瑞来提出“宰辅专政”的说法，参见王瑞来《宰相故事：士大夫政治下的权力场》，中华书局 2010 年版。

② 脱脱等：《宋史·洪咨夔传》，中华书局 1977 年版，第 12265 页。

下治乱系宰相，君德成就责经筵。”[①] 他还以《周易》为哲学依据做了进一步强调：“夫以海宇之广，亿兆之众，一人不可以独治，必赖辅弼之贤，然后能成天下之务。自古圣王，未有不以求任辅相为先者也。”[②] 在具体解释《周易·乾卦》九二、九五爻辞时，他又指出：“圣人既得天位，则利见在下大德之人，与共成天下之事。天下固利见夫大德之君也。”[③] 这都反映出两宋儒士参政议政意识的发展，而且潜在地影响了后世社会政治的发展，尤其是对明末东林党的崛起和清末政治性学社的发展起到了先导作用；其中的虚君思想对明末王船山提出“虚君立宪”[④] 也不无影响。

（二）乡约自治与保甲连坐

在地方治理中，两宋儒士的主体意识也以特殊的方式体现出来。两宋时期，国家行政管理的设置只到县一级，县以下不设治，而是实行户等制、乡役制、保甲制等乡村制度化管理。此外，两宋时期还出现了各种“私”系统，即社会和民众自我发展、调适的运行程式，也就是乡民自我管理模式，如以书院为代表的私学、以社仓为代表的民间救济、以义约为代表的民间慈善、以义役为代表的经济合作组织、以弓箭社为代表的民间自卫武装，以及宗族、家族等乡规民约的管理模式等。这些自治模式大都是由久居乡间的儒士发起和主导的，因为从两宋开始渐渐形成“读书人人有分”[⑤] 的趋势。官学和书院培养了大批的读书人，读书人的相对数量比前代有了明显增长，但出仕为官的毕竟占少数，大多落第的读书人在基层社会中教书、做吏，从事农耕，甚至成为僧道，中举者也难免长时期处于待阙或丁

---

① 程颢、程颐著，王孝鱼点校：《二程集》，中华书局 1981 年版，第 540 页。

② 程颢、程颐著，王孝鱼点校：《二程集》，中华书局 1981 年版，第 522 页。

③ 程颢、程颐著，王孝鱼点校：《二程集》，中华书局 1981 年版，第 696 页。

④ 王夫之指出“豫定奕世之规，置天子于有无之外，以虚静而统天下，则不恃贵戚旧臣以夹辅”，认为“以法相裁，以义相制……自天子始而天下咸受裁焉”。参王夫之《读通鉴论》，见《船山全书》第十册，岳麓书社 2011 年版，第 474 页、第 1116 页。

⑤ 施彦执编：《北窗炙輠录》卷上，《丛书集成初编》本，中华书局 1985 年版。

忧、退休状态。所以，他们自觉与不自觉的社会主体意识和治平天下的现实抱负更多是在民间、乡里和宗族中展现的，其中最具代表性的就是儒士主导的乡约自治制度。

乡约是一种以“约”为单位的非政府性民间自治组织，最初是由北宋关学代表人物吕大钧创建的。作为张载思想的推广者和践行者，吕大钧与其兄等制定了《吕氏乡约》。其中规定：“凡同约者，德业相劝，过失相规，礼俗相交，患难相恤，有善则书于籍，有过若违约者亦书之，三犯而行罚，不悛者绝之。”① 明代王阳明也效仿此法并推行于南赣，进一步发展了民众的自觉性，逐渐与保甲、社仓、社学一道构成了明代的乡治体系。这种自治模式是依靠舆论监督、劝诫相告等熟人社会的道德伦理的软性约束来实现民户相互监督、牵制。如果村民触犯道德礼法，就会受到道德谴责，同时通过保甲、连坐等进行处罚，由此维护乡村人伦的有序性。乡约兼具“管、教、养、卫”四大基本功能。现代新儒家张君劢将之比附于英国的自治，认为“乡约和中国地方自治的关系相当于卢骚的社约（Social Contract）与西方民主政治的关系”②，“吕大钧和王阳明的乡约变成了一种劝人如何成为优良公民的方法”③。

事实上，并不能将这种由宋儒主导的乡约自治简单等同于现代性的公民自治。散落乡间的儒士既是国家政治权力在乡村中的代表，又是民间社会力量的代表，是州县政府和乡村大众衔接的中介。④ 作为国家权力的代表和家族伦理的维护者，他们自觉到“有王法所不能及者，有心人关怀风教为之立规定制以济王法之穷，固都人士之责”⑤。这种自觉担当的主体意识

① 脱脱等：《宋史·吕大防传》，中华书局1977年版，第10844页。

② 吕希晨、陈莹选编：《精神自由与民族文化：张君劢新儒学论著辑要》，中国广播电视出版社1995年版，第188页。

③ 吕希晨、陈莹选编：《精神自由与民族文化：张君劢新儒学论著辑要》，中国广播电视出版社1995年版，第190页。

④ 刁培俊、张国勇：《宋代国家权力渗透乡村的努力》，《江苏社会科学》2005年第4期。

⑤ 《吕氏乡约》，见余治辑《得一录》卷一四，同治八年刻本。

不过是“本体—工夫”之间价值悖谬的一种具体体现，也就是说，是儒士自觉维护王法，认为自身有为王法查缺补漏的责任，因此乡约实际上是国家权威向乡间渗透的手段，是纲常教化观念传布与渗入的另一种渠道，家族道德伦理配合着户等制、保甲制等制度，将每个人编织在一起，不仅使个体无法独立成为政治主体，而且实际上更加深了中央集权的控制力，使传统家族观念的禁锢越发严重。因此，两宋时期出现的乡约等自治模式并不是造就现代性“优良公民”的良方。

但另一方面，儒士主导的乡约往往会成为削弱国家权力、制衡皇权的民间力量。从这个意义上看，乡约确乎与现代自治有类似之处，而且乡约等自治模式的有效推广是基于一个起码的前提，即愚夫愚妇同样具有明德达理的能力，同样具有主体自觉的能力，同样有资格参与公共事务的管理。其实，北宋初期胡瑗就指出：“民之于礼也，如兽之于囿也，禽之于绁也，鱼之于沼也，岂其所乐哉？勉强而制尔。民之于侈纵奔放也，如兽之于山薮也，禽之于飞翔也，鱼之于江湖也，岂有所使哉？”① 这既是对中央刚性统一制度束缚的不满，也是对普通民众主体价值的尊重和认可，与汉儒所言的“民者，瞑也”② 的传统“牧民”思想截然不同，从而在客观上有效地促进了普通民众主体意识的觉醒。

就历史实情看，不论在中央，还是在地方，两宋儒士的政治立场根本上还是为了维护皇权，而且在政治实践中，往往以“皇极”压倒“人极”告终，这无疑使两宋儒学在政治层面的现代转向薄弱无力。不过，我们不能否认，这其中萌动着政治世俗化的趋势（包括对工商业的重视和对事功主义的倡导）和个体政治意识的觉醒（包括民间议政的兴盛等），客观地刺激着个体政治意识的觉醒和一种现代政治走向的出现。

---

① 四川大学古籍整理研究所编，曾枣庄、刘琳主编：《全宋文》第二十一册，巴蜀书社 1992 年版，第 337 页。

② 苏舆撰，钟哲点校：《春秋繁露义证》，中华书局 1992 年版，第 286 页。

二、关于理欲、义利的道德分歧

（一）“以欲为理”与“存理灭欲”

心与理的义理纠缠在伦理道德践行方面体现为“以欲为理”与“存理灭欲”两种相悖而并立的伦理趋向。

一方面，由于天理具有至上性、前提性的地位，所以道德践履表现为个体对现实纲常伦理的认同和自觉履行，人人都要时时省察，从内心自觉认同家族伦理价值观念才是通达天理的工夫，即自觉“存理灭欲”。这不仅为理学派所强调，也为心学派所认同，如王阳明强调要“破心中贼”，甚至认为：“减得一分人欲，便是复得一分天理；何等轻快脱洒！何等简易！”① 这种道德个体自觉显然并不具有现代道德的意义，而是如有学者所指出的：“事实上，当阳明说道天理的实际内容时，比朱熹更坚定地主张纲常伦理、存理灭欲。”② 对此，蒙培元先生说：“理学心性论，从本质上说是道德形上论，它以普遍、绝对、超越的道德法则为人性的根本标志，赋予社会伦理以本体论的意义，将其说成是人的最高存在。人的地位和价值被空前地提高了，但正因为它把人性仅仅归结为道德本性，因而从更全面的观点看，人的地位却又被降低了。”③

另一方面，由于宋儒设计的修身工夫主要并不是依仗外在礼法的惩戒或律令的震慑，而是个体内心的认同和自觉的践行，所以在现实中呈现出“以欲融理”的趋向。综观两宋儒学，除了程朱理学在发展成熟后将人欲直接与天理截然对立，其他各派不仅没有将二者截然对立，而且不乏从人欲出发理解天理的意图，并提出人欲与天理本然一致的伦理主张，这在客观

---

① 王阳明撰，吴光等编校：《王阳明全集》，上海古籍出版社 1992 年版，第 28 页。

② 宋大琦：《明儒礼法学的心性论基础及其现代启示》，安徽人民出版社 2014 年版，第 84~85 页。

③ 蒙培元：《理学范畴系统》，人民出版社 1989 年版，第 178 页。

上为个体自主选择开辟了空间。例如，湖湘学派对个体欲求和利益的正当合理性给出更明确的认同，而且不将天理与人欲截然对立，认为："夫妇之道，人丑之者，以淫欲为事也；圣人安之者，以保合为义也。接而知有礼焉，交而知有道焉，惟敬者为能守而勿失也。《语》曰'乐而不淫'，则得性命之正矣。谓之淫欲者，非陋庸人而何？"[①]

这种对个体欲求合理性的肯定引发了明清启蒙儒家对理学"以理杀人"的批判以及对个体欲求的进一步肯定和张扬。例如李贽直言，"夫私者人之心也，人必有私而后其心乃见，若无私则无心矣"[②]；"趋利避害，人人同心。是谓天成"[③]。王夫之认为："饮食男女之欲，人之大共也。"[④] 戴震强调："今以情之不爽失为理，是理者存乎欲者也。"[⑤] 可以说，两宋儒家对人欲的正视和辩护正是儒家自身在伦理生活中解构纲常伦理的开端。

（二）事功与道义之争

北宋初期，李觏就有"人非利不生"的观点，认为"今日之宜，亦莫如一切通商"[⑥]，极力主张发展商业。熙宁年间，司马光也认为工商业与农业并无实质的本末之分。而王安石在变法期间提出的新法多半是"开源"之策，尤其是积极鼓励发展商贸。这都源于他重视现实功利价值的思想倾向，与当时占据主流的传统义利观不免有所背离。例如王安石将《周易》所言的"利者，义之和也"重新解释为"义固所为利也"[⑦]，而坚持传统义利观的程颐则解释为"利者和合于义也"，其侧重点有明显不同。不过，相较于汉唐儒家，随着商贸经济的发展，北宋儒家对现实功利价值的肯定、认同和重视已经有了很大提高。

---

① 胡宏著，吴仁华点校：《胡宏集》，中华书局1987年版，第7页。
② 李贽著，张建业主编：《李贽文集》第三卷，社会科学文献出版社2000年版，第626页。
③ 李贽著，张建业主编：《李贽文集》第一卷，社会科学文献出版社2000年版，第38页。
④ 王夫之：《诗广传》卷二，见《船山全书》第三册，岳麓书社2011年版，第375页。
⑤ 戴震著，何文光整理：《孟子字义疏证》卷上，中华书局1961年版，第8页。
⑥ 李觏著，王国轩校点：《李觏集》，中华书局1981年版，第149页。
⑦ 李焘：《续资治通鉴长编》卷二一七，中华书局1995年版，第5321页。

在这方面，南宋儒家有进一步推进，如胡宏说："轲见子思，问牧民之道何先。子思曰：'利之。'孟子曰：'君子教民，亦仁义而已矣。'子思曰：'是所以利之也。上不仁则下不得其所，上不义则下乐为诈，不利大矣。'"① 虽然他强调义是出发点，但义与不义是从其效果即是否有利、利大利小来做出评价，利才是义的真实内容。不过，最能体现对功利价值认可的，还是南宋的事功学派，主要是浙东学派中的永嘉学派（以叶适为代表）和永康学派（以陈亮为代表）。叶适、陈亮通过与朱子展开道义与功利的伦理争辩，而在当时掀起一股"事功主义"的风潮。这就与朱子所执守的"正其谊不谋其利，明其道不计其功"的传统义利观截然不同。

其中，叶适认为："'仁人正谊不谋利，明道不计功'，此语初看极好，细看全疏阔。古人以利与人而不自居其功，故道义光明。后世儒者行仲舒之论，既无功利，则道义者乃无用之虚语尔。"② 与此类似，陈亮强调"古今异宜，圣贤之事不可尽以为法"，故"法令不必尽酌之古，要以必行"。义要体现在利上，故利就是义，义利双行，缺一不可，所以他认为："功到成处，便是有德；事到济处，便是有理。"③ 当然，他所说的"利"不是无节制的一己私利，而是泛指"生民之利"。这个利和功一样。陈亮首先提出不能离开事而空言义利、理欲，主张在事中察其"真心"。他给片面强调道义的朱熹复信说，应当"大其眼以观之，平其心以参酌之""眼目既高，于驳杂中有以得其真心故也。波流犇迸，利欲万端，宛转于其中而能察其真心之所在者"。④ 这是非常深刻的思想。

就具体主张来看，南宋的事功主义与近代的功利主义伦理存在着不少相似之处，但从根本价值立场上看，二者还是有着本质区别。事功学派认

① 胡宏：《皇王大纪》卷七一，文渊阁《四库全书》本。
② 叶适：《习学记言序目》，中华书局 1977 年版，第 324 页。
③ 陈傅良撰，曹叔远编：《止斋集》卷三六《答陈同父三》，文渊阁《四库全书》本。
④ 陈亮著，邓广铭点校：《陈亮集》（增订本），中华书局 1987 年版，第 349 页。

为个体欲求和功利具有正当性，但未否定天理的至上价值，还是基于皇权的发用来判断个体利益、欲求是否合理。例如，陈亮在声明个体利欲具有正当性的同时，也强调为防止自肆其欲，还是需要以“君长”为权柄进行节制，他认为如果君主任凭自己的喜怒进行赏罚，就是亡国之举，但如果为天下公利进行赏罚，就是王道善举，这实质上还是以霸王之术“执赏罚以驱天下”[①]，没有体现出对皇权专制统治的批判。此外，他们推崇发展工商业，增加经济利益，但并不批判封建经济。所以，事功学派没有超越传统的义利观，从根本上看，其主张还是在前现代价值立场上的一种功利主义。

尽管如此，事功学派的思想主张依然与传统道德价值观念产生了明显背离，这实质上也正体现出两宋儒学中本体与工夫的悖谬所蕴涵的价值紧张。从儒学现代转向的意义上看，事功主义对世俗功利价值的肯定及其务实的思想主张迎合了南宋时期民间社会价值观念世俗化、务实化的发展趋势，而且从实际思想效用看，事功主义思想通过与朱子理学的交锋，逐步渗透到社会生活的各种领域，尤其是为浙东地区工商业的发展和繁荣提供了思想基础。在明清之际经世致用的思潮中，经世学者也都特别推重事功学派的功利思想，从王夫之的富民强国思想、颜元的义利统一观中都可以看到陈亮和叶适的事功主义思想的影子。

第三节　两宋儒学对后世儒学现代转向格局的奠定

两宋儒学在自觉维护以天理纲常为核心的价值理想的同时，高扬了个体自主性的价值，并现实地释放了个体自主空间，由是实际指引着守成与开新两种截然相反的价值趋向。两宋之后，随着帝制统治和中央集权的进一步加强，以及自发的市民生活日益普及深入，这两种相反的价值趋向在

---

① 陈亮著，邓广铭点校：《陈亮集》（增订本），中华书局1987年版，第42页。

儒学发展中非但没有弥合，反而渐行渐远，传统纲纪与个体自主性之间的张力越来越大，呈现为一个巨大的“剪刀叉”格局。

我们看到，明清时期，一方面君主专制政治将程朱理学进一步意识形态化，借助“天理”权威加强了思想钳制，使儒家哲学日趋保守，甚至最终成为“吃人的礼教”；即便清代儒学以崇汉反宋为旗帜，实际上还是“程朱中毒”，所以梁启超指出，清儒个个都是“从小读熟的《集注》、《或问》，早已蟠踞住他们的下意识，长大之后，浑身扑在乱书堆中，对于这些问题都不复理会，自然是由着下意识支配了。所以那时，许多鼎鼎大名的学者——他们虽然口头上鄙夷宋学——我敢说一句放肆的话：‘一个个都是稀稀薄薄，朦朦胧胧的程、朱游魂，披上一件许、郑的外套。’”①

另一方面，随着市民生活的日益普及深入，明清儒学继承了两宋儒学开启的现代性面向，发展出了具有现代启蒙色彩的思想，特别是阳明心学及其后学在平民化的发展中，使个体自主性越来越凸显，逐步淡化了天理的权威，敞开了通往现代性的可能，形成了明清以来具有现代启蒙色彩的“开新”儒学，发展出一条富有现代色彩的儒学支脉。例如泰州学派王艮认为“造命却由我”②，王栋强调“意为心之主宰”③，都不再以“天理”作为自身的主宰。通过张扬个体意欲，否定了宋明儒学所强调的道德自律，实际上已经是对帝制纲常的自觉瓦解了。更进一步的发展是，李贽通过“童心说”，直接剔除了阳明“良知”中的“天理”成分，强调：“夫天生一人，自有一人之用，不待取给于孔子而后足也。”④“夫私者人之心也，人必

① 梁启超：《戴东原哲学》，见汪学群编《清代学问的门径》，中华书局 2009 年版，第 356~357 页。

② 王艮：《再与徐子直》，见陈祝生主编《王心斋全集》，江苏教育出版社 2001 年版，第 53 页。

③ 原文为：“盖自身之主宰而言，谓之心。自心之主宰而言，谓之意。心则虚灵而善应，意有定向而中涵。非谓心无主宰，赖意主之。自心虚灵之中，确然有主者，而名之曰意耳。”（参见陈祝生主编《王心斋全集》，江苏教育出版社 2001 年版，第 148~149 页。）

④ 李贽著，张建业主编：《李贽文集》第一卷，社会科学文献出版社 2000 年版，第 15 页。

有私而后其心乃见，若无私则无心矣。”[①]“趋利避害，人人同心。是谓天成……”[②] 这就为个体私心的正当性提供了一种理论解释。从现代性发展的意义上看，李贽的“童心”可以说是阳明“良知”的成年。[③] 接下来就是明清之际黄宗羲、王夫之等对专制政治的批判，戴震对“以理杀人”的抨击。

不仅近现代儒学发展中存在维新儒学、现代新儒学与抱残守缺的国粹派之间针锋相对的持续论争，甚至当代儒学中也存在着倡导现代民主法治、自由平等的现代性儒学与原教旨主义的复古儒学之间的激烈对抗。可以说，后世儒学发展所呈现的这种格局，即日益滞固僵化的前现代面向与日趋开新的现代性面向长期交织并存且冲突不断，都是两宋儒学内在的保守与开新的两面性的展开和深化。

不过应当看到，这种源自传统儒学内部的分裂、撕扯、拉锯，是现代儒学的母体——传统儒学在孕育新生过程中的不适与阵痛。也正是在这一过程中，儒学的现代面向渐渐明朗起来。事实上，西方在由传统向现代过渡的16—17世纪，占据思想主流的神学理论同样呈现出保守与开新的两面性：一方面是进一步巩固了教会一统的文化理念，另一方面是一种新的革命性的思想样式打破了教会式文化和社会的统一体，为西方现代性奠定了最重要的观念（即个体主体观念）。[④] 因此，当下仅从传统儒学发展成熟的意义上去认识和评判两宋儒学并不是更重要的，更重要的是从儒学现代转型的意义上重新认识两宋儒学的时代性。

---

① 李贽著，张建业主编：《李贽文集》第三卷，社会科学文献出版社2000年版，第626页。

② 李贽著，张建业主编：《李贽文集》第一卷，社会科学文献出版社2000年版，第38页。

③ 参见岛田虔次著，蒋国保译《朱子学与阳明学》，陕西师范大学出版社1986年版，第115页。

④ 参见E. Trueltsch《新教对现代世界出现的意义》，转引自刘小枫《现代性社会理论绪论》，上海三联书店1998年版。

第二章　元代：儒家哲学现代转型的中断与赓续

胡骄键

在宋、元、明、清四代的儒学研究中，元代儒学常常不为学者所重视。在很多通史性的哲学史、思想史、理学史中，元代儒学所占篇幅一般都很少，甚至是没有。而有关元代儒学的专题研究著作数量也远不及有关宋、明、清三朝的多。为何会出现这种对元代儒学相对忽视的情形？或者说，既有的关于宋以后儒学的研究范式存在什么样的问题，以致对元代儒学造成如此的忽视？实际上，既有的宋明理学研究范式大都聚焦于宋以后对理学概念内涵的丰富与发展，从这个角度来看，元代理学的确乏善可陈。但我们若是转变一下视角，从儒学现代转型的角度来看待宋以后的理学发展，元代理学就显示出十分重要的意义。

宋代理学是儒学由汉唐古典形态转进到拥有一定程度现代性的“新儒学”形态。在宋以后的历史进程中，理学所内蕴的现代性因素不但未能得到逐步发展与提升，反而因两次少数民族入主中原而呈现出中断的情形。其中，第一次中断就发生在元代。这是当今追求儒学现代转型应予以高度重视的历史经验。与此同时，这种中断背后还存在着一些隐秘的赓续。中断是当前儒学复兴运动中值得反思和警惕的历史现象，而赓续正是儒学命脉得以延续的重要原因。

第一节　宋代儒学蕴含的现代性因素

众所周知，唐宋之际是门阀贵族社会向平民社会转变的历史大转轨时期。宋代呈现出了一副完全不同于汉唐的社会面貌。政治、经济、社会结构、生活方式等方面均出现了十分明显的现代性因素。相对于 19 世纪中西方深度交通所带来的外缘现代性刺激，黄玉顺先生将这种完全在中国社会内部萌生的现代性因素称为“内生现代性”（inherent modernity）因素，只是既有的历史研究模式遮蔽了这一活生生的生活实情而已。[①] 与此相应，儒学在宋代也必呈现出一定的现代性因素。

分析宋代儒学蕴含的现代性因素，自然需要先对现代性的内涵有一个基本判定。关于现代性，中外学者有一个基本的共识：现代社会最大的特征就在于个体从传统社会的种种束缚中解放出来，成为一个独立自由自主的主体性存在。此个体生活的意义又是一个自由选择的过程，个体不是为了某一神圣而伟大的形上目标而存在，生活的意义就在生活之中，世俗生活的满足是一切社会生活得以展开的基础。人选择自己生活的意义以及筹划舒适的世俗生活都需要发挥人的理性能力，特别是要运用认知理性和工具理性。在政治层面则是政教分离，国家仅仅是维护个体权利的工具，处于价值中立的地位而不能在价值上有所偏好，所有的价值判断都交还给个体自身。当然，过度重视个体自由自主而陷入一种极端主观主义、相对主义立场，或过度运用工具理性等，其实都会反过来危害个体的自由。后现代已对这种异化的现代性进行了批驳。但对儒学来说，首要的并不是挖掘

① 黄玉顺：《论“重写儒学史”与“儒学现代化版本”问题》，《现代哲学》2015 年第 2 期。

儒学内蕴的后现代因素来对治现代性弊端，而是如何进一步推动儒学的现代转型。从这个意义上看，如何从儒学中导引出个体主体性、人的理性能力以及对世俗生活的肯定、政教分离等现代性特征，是考察宋及其以后儒学变迁的重要视角。因此，考察理学思想体系对个体主体性的凸显、对人的理性能力的高扬和“道统”“治统”的分合状况，就可以从宏观上看到宋代儒学蕴含的现代性因素。

一、宋代儒学对个体主体性的凸显

汉唐时代，作为一切存在者之形上根据的“天”是一个绝对的主宰者，随时监临着人间的一切行为，根据人间行为赏善罚恶。人只能匍匐在天的权威下，唯一能做的就是尽量去探知天意，以求远罚。在这种思想框架里，人显然是一种被动性存在。

理学的兴起是对这种“天人结构”的一大突破。在宋代，尽管“天理”所具有的外在客观形上特质还十分明显，但此“天理”并不是完全与人外在的纯粹客观监临者，“天理”下贯于人而为人之性，在物则为物之理。程颐就说：“天之付与之谓命，禀之在我之谓性，见于事业之谓理。”① 朱熹说：“性即理也。在心唤做性，在事唤做理。”② 由于人内具此“天理”（“天地之性”），故人与“天理”本来合一，“天人本无二，不必言合”。③ 汉唐儒学同样讲究“天人合一”，只是汉唐时代的“天人合一”讲的是人应接受圣人、君王的教化，使人合于天。在这种“天人合一”的结构里，看不到人的主体性地位。理学家讲“天人本无二”，意在强调人自身内蕴着“天理”（“天地之性”），人生的意义就在于通过自身的道德修养，祛除个体身上的气禀之杂，复归纯然“天地之性”。因此，理学家都十分看重个体

---

① 程颢、程颐著，王孝鱼点校：《二程集》，中华书局 1981 年版，第 91 页。
② 黎靖德编，王星贤点校：《朱子语类》卷五，中华书局 1986 年版，第 82 页。
③ 程颢、程颐著，王孝鱼点校：《二程集》，中华书局 1981 年版，第 81 页。

自身的道德修养。作为理学修身教科书的《传习录》就说："故圣人立教，俾人自易其恶，自至其中而止矣。"[①] 理学看重的是"自易""自至"，而不是等待圣人施教。理学对个体主体性的注重显然远远超过了汉唐儒学，理学对人的注重在一定程度上超过了对"天""天理"的注重。所以我们说理学的兴起在一定程度上体现了宋代儒学蕴含的现代性因素——对个体主体性的强调。

郭萍曾对理学内部各个阶段对个体主体性的强调做过细致考察。在她看来，从早期周敦颐的"立人极"，经程朱通过个体的"格物致知"来证成天理，到后期王阳明的"心即理"，实际上就是使个人的主体性得到空前肯定、认可和高扬的过程，整个理学的发展过程几乎可以视作一个促动个体主体性不断觉醒的过程。[②] 但是这个过程中两次大的中断恰恰是郭萍未曾详述的。

此外，理学所强调的主体性是一种德性主体，大不同于现代意义上的权利主体。这就为理学被权力利用敞开了空间，从而使具有一定现代性因素的理学在宋以后的历史进程中很多时候沦为权力的附庸，沦为禁锢个性的意识形态工具。

二、宋代儒学中的理性因素

理学当然没有像现代西方哲学那样提出系统的认识论框架，因为对客观事物的认识并不是理学家关注的焦点。从根本上来说，理学始终是一种道德实践哲学。但是理学道德实践确实也涉及人与自然、客观与主观这样一些一般的认识论思想。对此，蒙培元先生指出，理学家提出"格物""穷理"之学，就包含着较多的认识论思想，不承认这一点，是不符合事实

① 陈荣捷：《近思录详注集评》，华东师范大学出版社 2007 年版，第 273 页。
② 郭萍：《儒学现代转型的"引桥"——宋明儒学的时代性再认识》，《哲学研究》2018 年第 7 期。

的。[1] 但是也不能过分夸大理学道德实践里的认识论思想，因为理学道德修养工夫所包含的认识论思想毕竟是服务于人的道德自觉的，理学中的认识论被含融在成德的目标之下，这是一种“纳知入德”的路径。

理学的道德修养工夫存在“格物”与“致知”两个层次。“格物”是于事事物物上去寻求事物之所以为此事物之理。不过，此理并非事物的自然之理，而是事物的当然之理。通过对事物当然之理的累积，以求豁然贯通人、物共秉之天理，以实现天人合一、内外合一。“致知”强调的是直接反省体察内在的天地之性，激发个体道德自觉意识。所以“格物”是“致知”的手段与途径。在理学内部，北宋理学家大多不重视格物求理，而更看重不假闻见的“致知”。程颐就说：“知者吾之所固有，然不致则不能得之。”[2]“闻见之知，非德性之知。物交物则知之，非内也，今之所谓博物多能者是也。德性之知，不假闻见。”[3]“致知”就是推明内在已有的先验性理。然而程颐还是承认“有物必有则，一物须有一理”[4]，通过格事事物物之理，“积习既多，然后脱然自有贯通处”[5]。也就是说，程颐只是不看重格物工夫与闻见之知，并未彻底废弃格物工夫与闻见之知。

相比而言，朱熹更强调以外在的格物为手段，循序渐进地推致内心先验的德性之知。他说：“若知有未至，则反之而不诚者多矣，安得直谓但能反求诸身，则不待求之于外，而万物之理，皆备于我，而无不诚哉？况格物之功，正在即事即物而各求其理，今乃反欲离去事物而专务求之于身，尤非《大学》之本意矣。”[6] 朱熹显然反对越过格物工夫完全进行发明本心

---

① 蒙培元：《理学范畴系统》，人民出版社1989年版。
② 程颢、程颐著，王孝鱼点校：《二程集》，中华书局1981年版，第316页。
③ 程颢、程颐著，王孝鱼点校：《二程集》，中华书局1981年版，第317页。
④ 程颢、程颐著，王孝鱼点校：《二程集》，中华书局1981年版，第193页。
⑤ 程颢、程颐著，王孝鱼点校：《二程集》，中华书局1981年版，第188页。
⑥ 朱熹：《中庸或问》，见朱杰人等编《朱子全书》（修订本）第六册，上海古籍出版社、安徽教育出版社2010年版，第591页。

式的致知工夫。尽管朱熹的格物工夫也不是去寻求纯然客观的物理知识，而是和程颐一样，寄希望于通过累积对事物之理的领悟，然后贯通内外、上下的天人一体境界，“于见闻上做工夫到，然后脱然贯通”①，但他十分看重于事事物物上去求理，认为格物工夫是一个不可跨越的求理阶段，这就打开了理学所蕴含的认识论思想的可能空间。

实质上，理学家是以“纳知入德”的方式将伦理学、人性论跟认识论结合了起来，从而将认识论置于一个从属地位，使其成为伦理学、人性论的途径、工具，消解了认识论的独立地位。若反过来看，朱熹明显是以认识论的手段去探究先验的道德天理。借用康德的话语来说，就是运用认识事物现象的纯粹理性去认识纯粹理性所不能认知的物自身，这是纯粹理性的僭越，并且使纯粹理性失去了独立地位。然而，无论怎么说，理学家格物工夫里潜藏着纯粹理性的思想因素是不可被否认的，尽管这种因素并不那么显眼。

三、宋代儒学中“道统”与“治统”的分离

随着唐宋之际整体生活方式的巨变，在宋代社会里，差不多每个人都可以通过自身的努力改变自身的生存生活状况。这促进了个体意识的觉醒。通过科举跻身仕途的儒者在宋代“与士大夫共治天下”的相对宽松的政治环境里，其个体责任担当意识得到了激发，具体表现就是宋儒特有的那种“以天下为己任”的情怀。对于宋代儒者来说，他们除了通过科举参与政治，还要用自身领悟、体贴出来的新天道——“天理”训导、规范政治，即期望用“道统”训导“治统”。张载曾说：“朝廷以道学政术为二事，此正自古之可忧者。”② 张载的忧虑显然源于企图解决在君与儒者共治的结构中，究竟应该由谁来主导国家政治文化的问题。于是，宋儒构建了一个

① 黎靖德编，王星贤点校：《朱子语类》卷九八，中华书局1986年版，第2519页。
② 张载撰，章锡琛点校：《张载集》，中华书局1978年版，第349页。

“道统”与“治统”分合的历史谱系（周公之前是“政道合一”的理想治世，周公以后的一千多年则是“政”缺乏“道”指引的浊世）。朱熹说：“千五百年之间，正坐如此，所以只是架漏牵补，过了时日。其间虽或不无小康，而尧、舜、三王、周公、孔子所传之道，未尝一日得行于天地之间也。”① 宋代儒者以此为在宋代实现“道统”训导“治统”提供历史与思想依据。

宋儒期盼的“道治合一”自然不是让专制君主成为“道”的化身，而是以自身为“道统”的代言人，并以此去驯化君主，得君行道。所以程颐说：“天下治乱系宰相，君德成就责经筵。”② 宋儒不是要做皇帝的臣子，而是要做皇帝的老师，要以道化君。因此，虽然宋儒明面上说要将“道统”与“治统”合一，其实是将“道统”置于“治统”之上，这也就意味着“治统”的掌握者君主并未掌握着“道统”，“道统”与“治统”是分离的。正是基于这种“政教分离”的情形，宋儒明言君子应该有党，因为君子之党以义相合，而不像小人党那样以利相合。欧阳修为此作《朋党论》为君子之党做辩护。朱熹进而说，“惟恐其党之不众而无与共图天下之事也”，要“引其君以为党而不惮也”。③ 尽管由“道统”“治统”分离牵引出来的朋党论中的朋党在本质上不同于现代政治活动中的政党，但多少还是蕴含着一些现代政党因素。后来这种思想进一步发展，宋末元初的刘黻就说出了“天下事当与天下共之，非人主所可得私也”④ 的惊人之语。尽管“非人主所可得私”并不意味着就是人人都享有主权的现代精神，但已使中国传统政治往现代性的方向迈进了一大步。

我们也知道宋代同时是一个世俗生活乐趣得到极大发展的时代，但这

---

① 朱熹撰，郭齐、尹波点校：《朱熹集》卷三六，四川教育出版社 1996 年版，第 1592 页。
② 程颢、程颐著，王孝鱼点校：《二程集》，中华书局 1981 年版，第 540 页。
③ 朱熹撰，郭齐、尹波点校：《朱熹集》卷二八，四川教育出版社 1996 年版，第 1208 页。
④ 脱脱等：《宋史·刘黻传》，中华书局 1977 年版，第 12248 页。

一点并未体现在宋代儒学中。宋儒始终强调要以理来节情、节欲，对世俗生活情趣总体还是处于一种抑制状态。之所以会如此，是因为宋代“新儒学”从根本上来说仍然是一种基于德性立场的儒学，其终极目的在于提升个体的道德修养水平以达至与“天理”相合或者说让内在的“天地之性”朗现的境界，建立一个人人皆是圣贤的道德理想社会。结果，尽管宋代儒学孕育出了一定的现代性因素，但其所拥有的现代性并不彻底。正如黄玉顺所评价的那样：以程朱为主导的两宋理学既有“开新”的一面，同时也有“守成”的一面。[1] 遗憾的是，在宋以后的儒学发展历程中，“守成”的一面不断得到提升，而“开新”的一面几经挫折和中断。本章要讨论的正是宋代儒学孕育出的现代性因素在元代是如何中断的。

第二节　元代儒学所遭遇的生活世界

自中唐至五代末北宋初的战乱将汉魏以来形成的门阀贵族扫荡殆尽。一般论史者皆认为宋代实质上出现了一些现代性的生活方式。宋代商品经济的发达和租佃关系的松散促进了人员的横向流动。各种分散的交易市场如草市、墟市等渐次出现，带有契约性质的经济活动远超之前所有的朝代；科举制度大兴，朝廷取士规模扩大，推动了社会阶层之间的纵向流动，所谓“朝为田舍郎，暮登天子堂”指的就是不再有过去那种严格的个人身份等级划分。中唐以前盘踞于社会上层的世家贵族不复再见；与此同时，唐及其以前的集中居住形式——厢坊制也被打破，散户独居的情况开始出现，生活空间也呈现出个体化、私人化的特征；而赵氏王朝尊奉的“与士大夫共治天下”的祖宗之法也在一定程度上放松了对个人的思想控制，以致两宋士人具有很强的弘道意识。总之，在两宋时期，上述诸方面总体都表现

---

① 黄玉顺：《时代与思想——儒学与哲学诸问题》，山东人民出版社2017年版，第85页。

出一种很强的个体化意识。但两宋时期呈现出来的个体化因素在元代几乎都被遏制而消亡。

一、元代的族群专政政治体制

元代政治是一种权力高度向上集中的专制体制。宋代陆九渊曾说："人主高拱于上，不参以己意，不间以小人，不维制之以区区之绳约，使其臣无掣肘之患……既已任之，则不苟察其所为，但责其成耳。"① 这种由宰相统领的、略带"虚君"色彩的士人负责型政府不复再见。代之而起的是通过进一步拆分丞相之权，推行行省制度，取消台谏批评封驳之权，从而使皇帝牢牢掌握国家的行政权力。在官吏任免、拣选方面，省、台、院高级长官大多出身于作为皇帝侍卫的"怯薛"。这些高级官员即使身任台、院官职，但仍要在怯薛轮值。虽然元代推行了科举制度，但通过科举入仕者并不多。元代选拔官员主要还是由皇帝从怯薛里选拔，称"别里哥选"。高级官员大多由蒙古人、色目人担任，南人、汉人只能担任中下级官员，而南人更遭排斥。在军事系统中，实行将领世袭制。枢密院的高级职位从来都是蒙古人、色目人的禁脔。《新元史·百官志一》云："上自中书省，下逮郡县亲民之吏，必以蒙古人为之长，汉人、南人贰之。终元之世，奸臣恣睢于上，贪吏掊克于下。痡民蠹国，卒为召乱之阶甚矣。"② 由此可见，元代时期，国家的权力结构实际上是一种十分落后的族群专政体制。

这种族群专政体制视国家为家族、族群的私产，其行政权力运作完全无开放性与流动性。国家的私产化导致君臣关系主奴化，这一点对后来明清两朝的影响极其深远。北宋王禹偁说："夫天下者，非一人之天下，乃天下（人）之天下也。"③ 这一观念在元及其以后的明清两朝是难以想象的。

---

① 陆九渊著，钟哲点校：《陆九渊集》卷一一，中华书局1980年版，第146页。
② 柯劭忞：《新元史·百官志一》，开明书店1935年版，第137页。
③ 王禹偁：《小畜外集》卷一一，《四部丛刊》本。

既然国家是一家一姓之私产，其兴亡与天下人何干？所以，在元代几乎看不到宋代士人具有的“先天下之忧而忧，后天下之乐而乐”的主体意识。故而萧公权义愤地说：“中国受虐政之荼毒及异族之蹂躏，至元朝而达于极点。”①

二、元代的身份等级制度

两宋之世，社会阶层之间的流动性很大。汉魏至唐末那些为部曲、奴隶者到宋代可以说已完全不存在。但入元后，身份制度再兴，社会阶层固化，阶层之间几无流动性可言。元代大体依族类不同将人划分为四等，即蒙古人、色目人、汉人、南人四大类。前两者属于特权阶层，尤其体现在对政治权力的垄断上，属于统治阶级。汉人指原金国统治下的汉族、女真族、高丽人等。南人则是灭南宋以后的汉族。在四等级中，南人的地位最低。

元代实行“户计”制度，按职业之不同划分不同种类，将全国户口列入登记，以便控制。据梁庚尧的分析，元代“户计”可做如下区分②：

教育	儒户
农业	民户、屯田户、绵户、姜户……
工业	匠户、盐户、矿户……
商业	畏吾儿户、商贾户、舶商户……
交通	站户、驾船户、急递铺户……
渔业	采珠户、沙鱼皮户……
宗教	也里可温户、僧户、道户……
其他	医户、军户……

① 萧公权：《中国政治思想史》，新星出版社2010年版，第343页。
② 梁庚尧：《中国社会史》，东方出版中心2016年版，第301~302页。

诸色户计在确定之后，不得私自变更。即使一个家庭人口繁衍分家之后，新分出的家庭亦只能从事父辈的职业。这实质上是将全国人民捆绑进元代国家机器所需要的各种物资供给体系之中，充分发挥每一个人的工具性职能，以便服务于国家对外战争的需要，实现一种全民的奴役化。比如，军户就得世代为军，若军户有女无子，则入赘女婿继为军户。若军人战死，妻室犹在，则“官为配对成户，与国出力。所生儿男，继世为军”①。户计制度实乃元代社会的一种身份固化和全民奴役化制度。

在两宋已然绝迹的奴隶制度也在元代死灰复燃了。陶宗仪《南村辍耕录》卷一七“奴婢”条说：“今蒙古色目人之臧获，男曰奴，女曰婢，总曰驱口。盖国初平定诸国日，以俘到男女匹配为夫妻，而所生子孙永为奴婢。又有曰红契买到者，则其元主转卖于人，立券投税者是也。”② 元律规定奴隶不得与良民通婚，只能在奴隶间婚配，所生子女世世为奴，且奴隶可以买卖。

虽然元代实行科举制度，但通过科举入仕者并不多，科场正途出身者的官位也不高。叶子奇《草木子·克谨篇》云：“台省要官皆北人为之，汉人、南人万中无一二，其得为者不过州县卑秩，盖亦仅有而绝无者也。”③《草木子·杂俎篇》云：“至于科目取士，止是万分之一耳。”④ 而且元代实行科举制度是在元仁宗延祐二年（1315），距元朝建立已 50 多年，离其灭亡也仅有 50 多年。

回望宋代，由于原有世家大族尽皆瓦解，有宋一代没有长期盘踞于官僚队伍上层的特权阶层，科举的大兴加速了社会阶层之间的流动。《宋史》列传人物 1194 人，其中仅有 10 姓 32 人属于世家大族出身，且这些家族在五代时就已式微。布衣通过科举出仕者在宋初占 34. 47%，在北宋中期占

---

① 洪金富校定：《元典章》，台湾“中研院”历史语言研究所，2016 年，第 1058 页。

② 陶宗仪：《南村辍耕录》，中华书局 1997 年版，第 208 页。

③ 叶子奇：《草木子》，中华书局 1959 年版，第 49 页。

④ 叶子奇：《草木子》，中华书局 1959 年版，第 82 页。

76.19%，到北宋晚期已占81.78%。[①] 相比而论，宋代呈现出的社会阶层的纵向流动在元代已大大减弱。如果算上高级官员中汉人、南人缺席的情况，可以说元代纵向的社会阶层流动已几近停止。

三、元代的干预统制经济

元代社会经济的一个典型特征就是农业、商业、工业的高度畸形繁荣。

（一）元代的农社制度

由于户计制度的推行，宋代较为自由的土地租佃关系不复存在，全体农户皆是捆绑在土地上的依附于特权阶层和权贵的农奴。为提高农户的生产积极性，使其创造出更多的农业财富，元代立“农社”以促进生产。所谓“农社”实质上是将基层官员里正的“劝课农桑”职责划出来，由农社社长（通晓农事者）承担，令其专门组织、督促、监督农民进行农业生产。《元典章》云：“诸县所属村疃，凡五十家立为一社。不以是何诸色人等，并行入社。令社众推举年高、通晓农事、有兼丁者，立为社长。”[②] 依托于农社，元代农业生产呈现出一幅在社长监督下的集体生产画面。“今后仰社长教谕，各随风土所宜，须管趁时农作……仰社长时时往来点观，奖谨诫惰。”[③] 元代的农社管理极为严格。社长“于地头道边各立牌橛，书写某社某人地段，仰社长时时往来点觑，奖劝诫谕”[④]。若社长不能尽督查之责，“有失觉察，致有人户违犯者，验轻重将社长责罚”[⑤]。据此完全可以看到社长督促下的元代农业生产状况。我们进而才能理解元代朝廷颁布《农桑辑要》一书的目的。颁布这一农业

---

① 梁庚尧：《中国社会史》，东方出版中心2016年版，第187页。
② 洪金富校定：《元典章》，台湾“中研院”历史语言研究所，2016年，第871页。
③ 洪金富校定：《元典章》，台湾“中研院”历史语言研究所，2016年，第871页。
④ 方龄贵校注：《通制条格校注》卷一六，中华书局2001年版，第458页。
⑤ 方龄贵校注：《通制条格校注》卷一六，中华书局2001年版，第456页。

“科普”书籍并非为了惠农，而是为了进一步提高农业能效。虽然这多少会使农民在一定程度上得益，但农社的管制性劳动带来的劳动生产率的提高显然不是为了农民本身。这种监督生产的方式不但宋代历史上没有，甚至在秦汉以后的历史中也较少见。

农社这种强制性生产组织使农民的生产劳动一直处于官府、贵族和地主的监督之下。再加上不许农户随便移动迁徙的规定，农社实质上就是把农户捆绑在土地上，使之成为国家财富的生产工具。农民的农业生产不再具有宋代那种土地可以自由租佃的自由经济特征，而是一种有组织的集体性生产。至于农社兼有的所谓“化民成俗”之职责，不过是教人安分守己、忍受剥削，做专制统治下的良民罢了。

（二）元代的工商官营体制

元代大军在征服之路上，掠夺了大量人口，从中挑选出各类工匠，并组织了规模宏大的手工工场，而工匠们过着类似奴隶的生活。他们没有自由，工匠身份世袭不变，这与前述户计制度相匹配。而未编入官府手工工场的“民匠户”也要听从官府有关手工业产品的生产调配要求。这就形成了一个强大的由官方主导的手工业生产模式。这些手工业产品大部分不是走向市场，而是成为蒙古贵族们的奢侈生活消费品。所以元代手工业虽然发达，但是产生的利润没有回流到生产领域，没能成为扩大再生产的资本，而是被消耗掉。从这个意义上说，这些大型手工业工场并不具有任何现代性的特征。

盐、茶、醋和酒在元代也实行官营。延祐年间（1314—1320），朝廷实施“计口食盐法”，即根据每家每户的人口数进行食盐配给。一方面，官府垄断了盐的经营；另一方面，不论民户是否有需求，一律按定额配给食盐，收取费用。此法后来引发巨大震荡，不得已于至正三年至至正四年（1343—1344）改行“行盐法”，但此时距元朝灭亡已为时不远了。不管是“计口食盐法”，还是“行盐法”，官方垄断经营的做法并无改变。茶也是元政府收入的大宗来源。据学者统计，茶课在至元十三年（1276）仅征1200锭，到延祐七年（1320）增至289211锭，与至元十三年相比，增加了240余倍。[①] 酒、醋亦如此。元初，允许酒户和富家酿酒。至元二十一年（1284），复行专卖制，随即大幅提升酒课，由原来每石一两增为每石十两，陡增10倍。[②]

从商贸活动看，元代商品经济属于典型的权贵贸易形态。元代不禁官僚经商，只禁漏税。无论是蒙古贵族还是官僚，皆纷纷从事商业活动。官阶越高，生意越大。蒙古贵族经商主要任用色目人做代理人。蒙古贵族大多将资产转交给色目人，委托他们进行商业贸易。实质上，这些特权官商主导的经济活动并不是为了资本增值，而是为蒙古贵族维持奢侈生活进行的采买活动。元代商贸的繁荣并未带来整个社会的自由流动。《元史·刑法志》规定，一般汉人、南人经商外出“必从有司会同邻保，出给文引，违者究治”[③]，行旅住店必须严查“文引”。江南夜间宵禁以后、晓钟之前，不许商户出入买卖，甚至规定不准“百姓起集买卖”，而“有势之家占据行市，豪夺民利，以致商贾不敢往来，物价因而涌贵”[④]。

米尔顿·弗里德曼说：“凡达到过繁荣和自由的社会，其主要组织形式都必然是自愿交易。……自愿交易并不是达到繁荣和自由的充足条件。……但自愿交易却是繁荣和自由的必要条件。”[⑤] 我们在元代繁荣的贸易往来中显然看不到完整意义上的自愿交易。因此，元代商贸和手工业的繁荣是一种统制类经济下的畸形繁荣，它不但不能促进宋代源起的现代性经济因素的发展，反而会对其发展起到阻碍作用。

---

① 黄天华：《中国税收制度史》（修订版），中国财政经济出版社2009年版，第316页。

② 黄天华：《中国税收制度史》（修订版），中国财政经济出版社2009年版，第317页。

③ 宋濂：《元史》卷一〇五，中华书局1975年版，第2687页。

④ 方龄贵校注：《通制条格校注》，中华书局2001年版，第524~525页。

⑤ 米尔顿·弗里德曼：《市场的力量》，见秋风编《市场二十讲》，天津人民出版社2008年版，第214页。

第三节 儒学现代转型在元代的中断

生活世界的改变一定会影响观念世界的建构。处于一定生活世界中的人在形上追求的驱动下，总要为自身构建一个可以安身立命的、为形而下的生活世界奠基的观念的形上世界。这就意味着元代生活世界对个体性的吞没是生活实情，这也一定会在儒学观念体系里有所反映。这就表现为孕育于宋代且在“守成”与“开新”之间挣扎的理学完全倒向了“守成”的一边，甚至比程朱之“守成”更为严厉、后退。相对于程朱之学来说，以许衡之学为代表的元代官方儒学主要存在着这样三个逆转：一是打破了程朱之学中“所以然”与“所当然”合一的因素，惟以“所当然”为理；二是矮化了个体成德的理想，凸显个体的“不自尊”；三是将理学以“道统”训导“治统”的情怀翻转为“道统”“治统”合一论。元代儒学的这三个逆转可以说是掐住了儒学现代转型的脖子。

一、元代儒学的官学化

有学者认为宋代大兴的书院是现代市民社会的一种雏形。① 元初，民间也出现了一个以宋遗民主导的书院兴建高潮。② 元代统治者自然不会允许书院成为非官方思想传播的基地，以动摇其统治的思想基础，于是通过书院官学化把书院纳入国家教育体系之中。书院官学化主要通过两个方面的措施来完成。

第一个方面的措施是采用繁复而漫长的审批程序来限制书院的兴办。元代中后期，兴办书院须经县、州、府、廉访司、都使者、路、行省、宣

① 李弘祺：《学以为己：传统中国的教育》，华东师范大学出版社 2017 年版。
② 邓洪波：《中国书院史》（增订版），武汉大学出版社 2012 年版，第 215 页。

慰使、中书省、吏部、礼部、集贤院、国子监等若干机构的审查。至顺三年（1332），五十四代衍圣公孔思晦欲修复尼山书院，前后层层报批，耗时五年才获得批准。

第二个方面的措施是把既有书院之“山长”纳入学官体系。《元史·选举志一·学校》云：

> 凡师儒之命于朝廷者，曰教授，路府上中州置之。命于礼部及行省及宣慰司者，曰学正、山长、学录、教谕，路州县及书院置之。路设教授、学正、学录各一员，散府上中州设教授一员，下州设学正一员，县设教谕一员，书院设山长一员。中原州县学正、山长、学录、教谕，并受礼部付身。各省所属州县学正、山长、学录、教谕，并受行省及宣慰司札付。凡路府州书院，设直学以掌钱谷，从郡守及宪府官试补。①

将书院山长纳入整个学官队伍的编制里，以实现山长身份的体制化，如此山长就不再拥有体制外的自由身份，而是朝廷官僚队伍中的一员。此外，朝廷还向书院拨置学田，直接提供经费资助，并在书院内另设“直学”掌管书院经费，这就削弱了私人资金对书院的影响，并控制了山长对书院经费的支配权。元代还在书院里推行“训导”制度，明令书院的教学活动由“训导”来组织实施。此举实质上削夺了山长对书院的教学掌控权，以此保证学校教学内容的意识形态安全。故元人注重“训导”的遴选，“官设山长固不问，若训导之师则慎严其选，必经明行修可以成就人才者”②。

学校的官僚化势必会造成社会精英的缺失，使人陷入一种群体性的庸俗状态。吴澄曾指责说：“今日所在书院，鳞比栉密，然教之之师，官实置之，而未尝甚精于选择……是以学于其间者，往往有名无实，其成功之藐

① 宋濂等：《元史》卷八一，中华书局1976年版，第2032~2033页。
② 陈谷嘉、邓洪波主编：《中国书院史资料》上册，浙江教育出版社1998年版，第446页。

也固宜……要其效之所成，高者仅可应举侥利达，卑者不过识字记姓名而已。”[①]

此外，元代将学校教学与科举相结合。科举只存进士一科，其他科目全部废止。学校教学只重经义，偏重人伦纲常之教育，具体内容以程朱之学为主。《庙学典礼》载：“诸生所讲读书，合用朱文公《小学》书为先，次及《孝经》、《论语》。早晨合先讲《小学》书，午后随长幼敏钝分授他书。《孝经》，合用文公刊误本，《语》、《孟》，用文公集注，《诗》、《书》，用文公集传订定传本讲说。”[②] 程朱学派之思想由此成为与元代国家权力相结合的官方意识形态。

《庙学典礼》还记载，元成宗时下诏要每一个农社设立学校，“择通晓经书者为学师，于农隙时月，各令子弟入学……务要各知孝弟忠信，敦本抑末”[③]。对汉人、南人农户施加教育，要其“知孝弟忠信”，这无外就是从内心消除农民追求其他生活方式的想法，让农民成为一个只知耕田和只想耕田的忠顺臣民罢了。元代统治者利用“孝弟忠信”等光鲜无比的道德教训话语，不过是想让百姓接受一套元代国家既有的社会生活秩序所赋予的角色而已。

二、元代儒学个体性因素的失落

对程朱来说，个体为学之目的在于体证天理，使个体复归本然之性而成就一种圣贤人格，从而赞天地之化育。《近思录》卷二《为学大要》说，“学以至圣人之道也”[④]，“有求为圣人之志，然后可与共学”[⑤]。这种个体成圣的理想在元代儒学里是看不到的。

---

① 陈谷嘉、邓洪波主编：《中国书院史资料》上册，浙江教育出版社1998年版，第301页。

② 《行台坐下宪司讲究学校便宜》，见《庙学典礼》卷五，浙江古籍出版社1992年版，第101页。

③ 陈谷嘉、邓洪波主编：《中国书院史资料》上册，浙江教育出版社1998年版，第276页。

④ 陈荣捷：《近思录详注集评》，华东师范大学出版社2007年版，第41页。

⑤ 陈荣捷：《近思录详注集评》，华东师范大学出版社2007年版，第77页。

在元代，社会秩序赋予每一个人的角色都是天理气命所致，都是固定的。“天地间为人为物，皆有分限，分限之外，不可过求，亦不得过用。”①“分限”之内，所有贫贱、富贵、死生、修短、祸福只能顺受之，这是“命”，是人之所当为，也是人之义。许衡说：

天命之性，性分中之所固有。君臣、父子、夫妇、长幼、朋友，所行之道也。率性之道，职分之所当为。②

或夭或寿，一听天之所为，不敢有二心，此则尽心知性之功。③

天地间人各有职分，性分之所固有者，不可自泯也，职分之所当为者，不可荒慢也。④

人处贫富贵贱，如天之春夏秋冬。……天有命，人有义。虽处贫贱富贵，各行乎当为之事，即义也。……又曰：“……贫富、贵贱、死生、修短、祸福禀于气，是气禀之命，一定而不可易者也，分殊是也。”⑤

在这种义命观中，看不到宋儒那种强调个体修身成圣的工夫。基于此，许衡导出了一个“不可自尊”的观念。

在上必尊之，然后事可得而理。为君长敬天地、祖宗、鬼神，为百执事敬事君长，此不易之理也。舍此便逆，便不顺。今有人曰：“无天地鬼神，无君长父兄，尊在我而已。”虽极力自尊，终必败亡。……自尊便败亡。⑥

“自尊便败亡”即不可自尊，就是“不可独用己意”⑦。于是，元代儒学彻底消解了两宋儒学伸展出来的个体性因素，在观念层面重新将个体闭

① 许衡著，毛瑞方等校点：《许衡集》，吉林文史出版社2010年版，第13页。
② 许衡著，毛瑞方等校点：《许衡集》，吉林文史出版社2010年版，第3页。
③ 许衡著，毛瑞方等校点：《许衡集》，吉林文史出版社2010年版，第17页。
④ 许衡著，毛瑞方等校点：《许衡集》，吉林文史出版社2010年版，第9页。
⑤ 许衡著，毛瑞方等校点：《许衡集》，吉林文史出版社2010年版，第18页。
⑥ 许衡著，毛瑞方等校点：《许衡集》，吉林文史出版社2010年版，第27页。
⑦ 许衡著，毛瑞方等校点：《许衡集》，吉林文史出版社2010年版，第12页。

锁进政治伦理纲常中。如果说宋儒特别强调的个体成德的工夫就是要突破个体因气禀造成的“分限”，那么元代儒学则是教人接受这种既有的“分限”。显然，个体观念在元代儒学里是完全隐而不显的。与宋儒强调个体独立成德的工夫相反，元代儒学强调的是一种“依附”观念。

两物相依附，必立一个做桩主。①

万物皆本于阴阳，要去一件去不得。天依地，地附天，如君臣、父子、夫妇皆然。②

天下皆以阳者为天、为君、为夫，阴者为地、为臣、为妇。阳尊而先，下求于阴，天先乎地，君先乎臣，夫先乎妇者，合乎理也。③

元代儒学消解个体性的一面不仅仅是对儒学现代转型的反转，甚至可以说是背离了孔孟开创的“学以为己”④ 精神传统。唯其如此，元代的儒学才能成为专制国家的官方意识形态。结合元代的社会生活实情来看，现代性的核心因素——个体在现实生活秩序中、在思想观念体系里，都是处于依附性的地位，而没有任何独立与自由。没有个体的自由挺立，就不会有对整个社会结构的批判。这就导致宋代儒者那种以“道统”自任并企图以“道统”规训“政统”的经世精神遭到挫遏。

三、元代儒学理性因素的退隐

在“天理”合“气”而下贯为人、物之生成，且各得其性的思路上，元代儒学与程朱之学并无区别。许衡说，“天生人物，既与之气以成形，必赋之理以为性”⑤，“凡物之生，必得此理而后有是形，无理则无形”⑥。

① 许衡著，毛瑞方等校点：《许衡集》，吉林文史出版社 2010 年版，第 30 页。
② 许衡著，毛瑞方等校点：《许衡集》，吉林文史出版社 2010 年版，第 1 页。
③ 许衡著，毛瑞方等校点：《许衡集》，吉林文史出版社 2010 年版，第 17 页。
④ 参朱熹《四书章句集注》，中华书局 1983 年版，第 155 页。
⑤ 许衡著，毛瑞方等校点：《许衡集》，吉林文史出版社 2010 年版，第 67 页。
⑥ 许衡著，毛瑞方等校点：《许衡集》，吉林文史出版社 2010 年版，第 2 页。

不过在朱熹那里，“理”不仅是物之“所当然之则”，还是物之“所以然之故”。朱熹说：“至于天下之物，则必各有所以然之故，与其所当然之则，所谓理也。”① 但是在许衡那里，“理”作为物之“所以然之故”的一面消隐不见，“理”仅仅是物之“所当然之则”。许衡说：

人之赋命于天，莫不各有当然之则，如父子之有亲，君臣之有义，夫妇之有别，长幼之有序，朋友之有信，乃所谓天伦也。②

凡天伦如父子、兄弟、夫妇、长幼，礼应如法，不可妄意增损。……礼者，人事之仪则，天理之节文。圣人之于仪则、节文，乃所以当然者，不可易也。③

如父子之亲，君臣之义，夫妇之别，长幼之序，朋友之信，天下之人，谁能不由这道理行？从古至今，谁能变易得？④

许衡之“理”就是消除了宇宙实然因素后，所剩下的一个彻底的伦理纲常的理世界。许衡此举实质上是将现实的元代政治伦理纲常上升为“理”，即“天伦”，且此“天伦”是不可变易的。这样一个理世界就为元代的现实等级秩序提供了形而上的支撑，“盖天有是理，先王使顺其理；天有是道，先王使行其道，因天命之自然，为人事之当然”⑤。与其说是宇宙之实然为人事之当然奠定了基础，毋宁说是为了宇宙之实然而上扬人事之当然。因此，许衡又构筑了一个“天理”下贯为人、物之性的宇宙生化过程。他说：

明德虚灵明觉，天下古今，无不一般。只为受生之初，所禀之气，有清者，有浊者，有美者，有恶者。得其清者则为智，得其浊者则为

① 朱熹：《大学或问》，见朱杰人等编《朱子全书》（修订本）第六册，上海古籍出版社、安徽教育出版社 2010 年版，第 512 页。
② 许衡著，毛瑞方等校点：《许衡集》，吉林文史出版社 2010 年版，第 34 页。
③ 许衡著，毛瑞方等校点：《许衡集》，吉林文史出版社 2010 年版，第 11~12 页。
④ 许衡著，毛瑞方等校点：《许衡集》，吉林文史出版社 2010 年版，第 66 页。
⑤ 许衡著，毛瑞方等校点：《许衡集》，吉林文史出版社 2010 年版，第 34 页。

愚，得其美者则为贤，得其恶者则为不肖。若得全清全美，则为大智大贤，其明德全不昧也，身虽与常人一般，其心中明德，与天地同体，其所为便与天地相合，此大圣人也。若全浊全恶，则为大愚大不肖，其明德全昧，虽有人之形貌，其心中暗塞，与禽兽一般，其所为颠倒错乱，无一是处，此大恶人也。若清而不美，则为人有智而不肖；若美而不清，则为人好善而不明。……见天下之人，皆有自己一般的明德，只为生来的气禀拘之，又为生以后耳目口鼻身体的爱欲蔽之，故明德暗塞，与禽兽不远。①

作为天理下贯而形成的人、物内在之性，“古今无不一般”，但此“古今无不一般”的性又因气禀之杂而有了贤、愚、智、不肖的区别，这就是现实社会等级差异的形上根据。“清者宜在上，浊者宜在下。岂不见水清在上，水浊在下，虽挠之不分清浊，不多时必又清者在上，浊者在下。更有易见者，天清在上，地浊在下。”②

许衡的这一观点还是从朱熹那里继承来的。他不过是把朱熹的思想做了一种庸俗的政治化处理。朱熹说：“天地初间只是阴阳之气。这一个气运行，磨来磨去，磨得急了，便挼许多渣滓；里面无处出，便结成个地在中央。气之清者便为天，为日月，为星辰，只在外，常周环运转。地便只在中央不动，不是在下。”又说：“清刚者为天，重浊者为地。……地者，气之渣滓也，所以道‘轻清者为天，重浊者为地’。”③ 朱熹所说显然还很有自然、实然的宇宙生成论色彩，但经许衡发挥之后的这一生成过程全然是政治伦常应然性的，缺乏朱子之“理”所具有的能够对现实政治伦理纲常展开一定批判的独立性和超越性维度。之所以会有这种不同，是因为朱熹最后看重的是个体可以依据内在心性修身而成圣，但许衡最后所要证明的是

① 许衡著，毛瑞方等校点：《许衡集》，吉林文史出版社 2010 年版，第 39~40 页。
② 许衡著，毛瑞方等校点：《许衡集》，吉林文史出版社 2010 年版，第 18 页。
③ 黎靖德编，王星贤点校：《朱子语类》卷一，中华书局 1986 年版，第 6 页。

现实等级的差异是天理之自然，不是要个体通过修身改变自己所处的等级地位，而是要人安于既有的社会等级和角色。

四、元代儒学的“道统”“治统”合一论

理学家在政治层面具有的现代性因素明显表现为构建了一个“道统”的谱系，并以此作为批评君权（即“治统”）的观念依据。关于“道统”“治统”的区分，王夫之的定义是简洁准确的。王夫之说：“天子之位也，是谓治统；圣人之教也，是谓道统。”① 按照理学家的划分，三代时期是“道统”“治统”合一的时代，而周公之后，则开始了“道统”“治统”的分离。韩愈认为，周公之后，“道统”已掌握在儒家士人手里。《原道》云：“由周公而上，上而为君，故其事行；由周公而下，下而为臣，故其说长。”儒家士人的使命就是“以道自任”，使“治统”符合“道统”的要求，实现理想的三代之治。宋儒这种“以道自任”的情怀为“治统”重新构筑了以“道统”为根据的合法性基础，在现实政治层面则表现为“以天下为己任”的主体担当意识。所以说，宋儒“治统”“道统”分离的观点在一定程度上表现了现代政治“政教分离”的精神。

宋儒标举的“道统”的内容就是“天理”。以“道统”训导“治统”就是以“理”训“政”。但是在许衡这里，“天理”的内容不再是超越性的“理”，而是对元代现实政治伦理纲常的抬升。作为圣人立教以垂训后世并彰显“道统”的“道学”不是别的，就是许衡阐释过的“理学”。其“理”的内涵就是：

> 凡在上者清，在下者浊。……人在万物之上，故灵明，鸟兽便污浊。非圣人妄意欲如此整肃，天道人事当如此。……《春秋》大一统，在天下尊王，在国尊君，在家尊父。这三件起来便治，这三处失位便乱。②

---

① 王夫之：《读通鉴论》，见《船山全书》第十册，岳麓书社 1991 年版，第 479 页。

② 许衡著，毛瑞方等校点：《许衡集》，吉林文史出版社 2010 年版，第 33 页。

因此，许衡一定会导出一种新的“道统”“治统”合一论，即一种典型的前现代政教合一的情形。许衡说：“天有是道，先王使行其道，因天命之自然，为人事之当然，乃所谓教也。”① 元代杨维桢更是吹嘘许衡之学真正接续了朱熹以来的“道统”，而且这个“道统”不在“治统”之外。

> 道统者，治统之所在也。尧以是传之舜，舜以是传之禹、汤，禹、汤传之文、武、周公、孔子。孔子没，几不得其传百有余年，而孟子传焉。孟子没，又几不得其传千有余年，而濂、洛、周、程诸子传焉。及乎中立杨氏，而吾道南矣……杨氏之传，为豫章罗氏、延平李氏，及于新安朱子。朱子没，而其传及于我朝许文正公。此历代道统之源委也。……君子可以观治统之所在矣。②

这样，元代儒学实际上就取消了“道统”对“治统”训导之权，使“道统”匍匐到“治统”的脚下，成为美化“治统”的工具。而且此影响延及明清，康熙就直接以“道统”自任。李光地奉承康熙说：“应王者之期，躬圣贤之学，天其殆将复启尧舜之运，而道与治之统复合乎！”③ 康熙以后的清代皇帝不仅是“治统”的掌握者，而且是“道统”的担当者。清代无疑也是中国历史专制程度达到顶峰的时代，而清代专制皇权彻底压倒“道统”的源头就在元代。有元一代不仅是源起于宋代的现代性生活方式遭到逆转的开始，也是儒学现代转型遭到中断的开始。

宋儒以“道统”自任，儒者以“师”自任，教化人君，通过“引君当道”④ 和“格君心之非”⑤ 来驯服皇权。这是宋儒由“内圣”而“外王”的

---

① 许衡著，毛瑞方等校点：《许衡集》，吉林文史出版社 2010 年版，第 34 页。
② 陶宗仪：《南村辍耕录》，中华书局 1997 年版，第 37 页。
③ 李光地：《榕村集》卷一〇，文渊阁《四库全书》本。
④ 程颢、程颐著，王孝鱼点校：《二程集》，中华书局 1981 年版，第 1218 页。
⑤ 黎靖德编，王星贤点校：《朱子语类》卷五六，中华书局 1986 年版，第 1331 页。

思路。“天下之事千变万化，其端无穷，而无一不本于人主之心者，此自然之理也。故人主之心正则天下之事无一不出于正，人主之心不正则天下之事无一得由于正。”①“天下事有大根本……正君心是大本。”② 可是在元代，以“理”所格的心不再是君之心，而是众庶黎民之心。许衡说：“革人之非，不可革其事，要常先革其心，其心既革，其事有不言而自革者也。”③而君主是表正万邦的君师合一位格。“民生有欲，无主乃乱。上天眷命，作之君师，必予之聪明刚断之资，重厚包容之量，使首出庶物，表正万邦。”④由此可见，元代君主已隐隐然有后来清代专制君主以“道统”自任的色彩。宋代儒者凭借“道统”对“治统”本有的规训、批判，到元代几近成了“治统”的宣传工具。

因此，元代官方儒学十分看重教化。教化是格众庶不臣、不恭、不礼之心。让众庶从心里接受的“天理”其实就是现实的专制等级秩序。故“上所以教人，人所以为学，皆本于天理民彝，无他教也，无异学也。学则三代共之，皆所以明人伦也。……凡不本于人伦，皆非所以为教。树之君以立政，谨此教也；作之师以立教，教以此也”⑤，“‘教’之一字，为人伦生”⑥。从这个意义上来说，元代儒学主要呈现为一种教化形态的儒学，而此教化并非宋儒那种教个体以成圣，而是教以成“顺”。许衡心中的理想状态就是“在上位不陵下，在下位不援上”⑦，如此则天下太平。据此，李弘祺评价许衡在著作里“虽然使用了大量的道学词汇，但他的基本关注却是招募具备适切品德的儒家学者为元朝服务”⑧，是确实之论。

---

① 朱熹撰，郭齐、尹波点校：《朱熹集》卷一一，四川教育出版社1996年版，第462页。
② 黎靖德编，王星贤点校：《朱子语类》卷一〇八，中华书局1986年版，第2678页。
③ 许衡著，毛瑞方等校点：《许衡集》，吉林文史出版社2010年版，第11页。
④ 许衡著，毛瑞方等校点：《许衡集》，吉林文史出版社2010年版，第10页。
⑤ 许衡著，毛瑞方等校点：《许衡集》，吉林文史出版社2010年版，第12页。
⑥ 许衡著，毛瑞方等校点：《许衡集》，吉林文史出版社2010年版，第31页。
⑦ 许衡著，毛瑞方等校点：《许衡集》，吉林文史出版社2010年版，第76页。
⑧ 李弘祺：《学以为己：传统中国的教育》，华东师范大学出版社2017年版，第272页。

事实上，在先秦儒家的思想体系里，教育的理想目的之一是培养伦理道德，而历代读书人中也不乏反对政府操纵教育者。但揆诸历史，这项目标往往未能达成，在元及其以后的社会里，官府对教育的控制远比之前的朝代严厉得多。当官学教育沦为科举考试的附庸，而所谓的“私学”也常常“官学化”，终而被政府控管。实行科举制度的目的在于网罗受过教育的士人进入政府服务。因此，古代中国教育也就一直被两股力量拉扯。一方是专制国家为了自身利益而意图操控教育，以将民众改造为恭顺臣民；另一方则是儒家知识分子努力摆脱这种操控，贯彻自己对社会所独立怀抱的理想。从元及其以后的历史来看，儒家知识分子的这种努力可以说是完全失败了。

总起来看，元代儒学由于消除了程朱理学中“理”所蕴含的“所以然”内涵，将“理”彻底剥落成一套冷酷的伦理政治秩序，从而将宋儒那里一定程度上存在的个体意识又回嵌到伦理政治秩序之中。并且元代儒学还倒转了宋儒以“道统”规训“治统”的政治批判性路径，使儒学彻底失去了独立存在的空间，完全成为依附于权力、美化权力的工具。

第四节　儒学现代转型在元代的隐秘赓续

虽然宋代十分具有现代性特征的社会生活方式在元代遭到了极大的阻遏，但任何现代性因素一旦出现，就很难被彻底消灭。所以，元代的封闭型社会生活结构里还是留存着一些碎片性的现代性因素。这些现代性因素以一种隐秘、破碎甚至变异的方式存在着。

如元代绘画对个体性观念有十分积极的肯定①，元杂剧对世俗生活和世

① 台湾学者赖瑛瑛曾专文讨论元绘画所彰显的个体精神。她认为，元代文人画大盛，绘画的风格趋向解放、洒脱，以表露画家之主观思想、情感为绘画之根本动机。元画的精髓不在客观写实，而是一种主观的超形象艺术。元画的伟大之处也正在充分表露画家本身的情感、思想与个性。元画在绘画艺术上的杰出成就来自文人画家的学识、人格与真挚的感情。参见郭继生主编《中国艺术之特质》，黄山书社 2012 年版。

俗情感也有描述且大加高扬[1]。这些现代性因素都会折射进当时的儒学思想观念里。所以，尽管宋代儒学开创的与当时的现代性生活方式相适应的“开新”的儒学发展路线在元代遭到了极大的阻断，但在吴澄、刘因甚至许衡的思想里都或多或少表现出一种隐秘的赓续。正是这些赓续，才使得儒学现代转型的根脉并未断绝。

一、个体主体性的隐秘留存

在天理下贯于人、物而为人、物之性这一理学的基本结构方面，许衡、刘因、吴澄等几位元代重要儒者的思想并无多大差异。但刘因、吴澄跟许衡的重要差别在于他们并未像许衡那样完全消解个体主体性。这特别体现在刘因强调“无待于外”的修养工夫和吴澄关于“心为主”的论述中。

刘因是与许衡齐名的北方大儒。黄百家认为刘因是“元之所以借以立国者”[2]。许衡认为，在天理与气结合下贯而为具体的人的过程中，人所得之性有贤、愚、智、不肖的差异，而且此差异是固定的，从而形成贤能理应在上的等级结构。但刘因并不认为有此贤、愚、智、不肖的差异性层面，而是强调人皆可以为圣贤。应该说，这多少延续了程朱之学追求个体成圣而凸显个体主体性的思想因素。刘因说：

> 天地之间，理一而已。爰其厥中，散为万事。终焉而合，复为一理。天地，人也；人，天地也。圣贤，我也；我，圣贤也。……子受天地之中，禀健顺五常之气。子之性，圣之质；子之学，圣之功。子犹圣也，圣犹子也。[3]

---

① 郭万金就认为，元杂剧以自然任情为旨归，强烈的世俗精神冲破了“发乎情，止于礼义”的传统藩篱，“不拘”“无忌”的率性挥洒中，毫无掩饰地展示着世俗精神的任情主张。见《河朔贞刚——北方民族政权下的文学与文化》，商务印书馆2014年版，第248~249页。

② 黄宗羲原著，全祖望补修，陈金生等点校：《宋元学案》第四册，中华书局1986年版，第3021页。

③ 刘因著，商聚德点校：《刘因集》，人民出版社2017年版，第399页。

天理下贯于人之性即“明德”，人的修养工夫就是“明明德”。刘因说：“心有得于天而光明正大者，谓之明德。”① 既然人有内在的“明德”，那么“明明德”就是恢复人得承天理时的“初心”。他说：“君子立心之初，曰为善而不为恶，曰为君子而不为小人，如是而已。苟为善也，为君子也，则其初心遂矣。”② 在刘因看来，“遂初心”就是“明明德”。既然“明德”“初心”内在已具，那么个体的修养工夫就是一种完全内在的个体主体性工夫。他说：

天生此一世人，而一世事固能办也。盖亦足乎己而无待于外也。③

所谓“无待于外”就是纯然依赖个体的向内用功，这其实是继承了程朱一直强调的“主敬”的工夫。在刘因这里，每一个个体的“初心”“明德”都是一样的，为贤为愚只是个体在用功上的差别，所以他认为“天下之人皆可以为圣人”。在《希圣解》一篇中，刘因设计了一个寓言故事，以圣贤托梦的形式讲了一个故事。当刘因在梦中对自身成圣贤表示质疑，“问圣可希乎？可有要乎”时，圣贤为他指点了成圣的修炼途径：

曰：“一为要。”“一者何？”曰：“无欲。”“孰无欲？”曰：“天下之人，皆可无欲。”“然则天下之人皆可为圣人？”④

刘因显然比较重视个体成德的独立性与自主性。这在一定程度上彰显了个体性因素，但是其个体成德的方式是“无欲”，这又是对个体追求世俗生活的一种压制，是儒学现代转型发展的一种反向力量。

与许衡相比，吴澄在认为天理纲常拥有共识的基础上，对个体主体性的认识也表现出一定的差异。许衡说：“凡事理之际有两件，有由自己底，有不由自己底。由自己底有义在，不由自己底有命在，归于义、命而已。”⑤

---

① 刘因：《四书集义精要》卷一，文渊阁《四库全书》本。

② 刘因著，商聚德点校：《刘因集》，人民出版社2017年版，第204页。

③ 刘因著，商聚德点校：《刘因集》，人民出版社2017年版，第404页。

④ 刘因著，商聚德点校：《刘因集》，人民出版社2017年版，第399页。

⑤ 黄宗羲原著，全祖望补修，陈金生等点校：《宋元学案》第四册，中华书局1986年版，第2997页。

在许衡这里，不由自己的由无可抗拒的命来主宰，由自己的却又由义来主宰，始终没由作为个体主体的我来主宰。反观吴澄，其对“心”之主宰义的强调多少显示了个人并不是执行天意的被动性存在，而是具有一定价值担当的自主性存在。[①] 吴澄说：

夫人之一身，心为之主。[②]

心也者，形之主宰，性之郛郭也。[③]

夫道也者，天之所与我，己所固有也，不待求诸外。……道之为道，具于心，岂有外心而求道者哉！[④]

吴澄进而提出通过“博文约礼”的修习途径以成就“豪杰之士”的观念。他说：

天地之气固然，必有豪杰之士出于其间。……能一洗时俗之所好……亦可谓豪杰之士矣。[⑤]

世无文王而能师之于二千余载之下，非豪杰之士而何？[⑥]

他在给友人的信中又说：

天生豪杰之士不数也。夫所谓豪杰之士，度越一世而超出等夷也。[⑦]

所谓“一洗时俗之所好”、师文王于二千余载之后、“度越一世而超出等夷”这些对“豪杰之士”性状的描述无不彰显着个体性的精神。

---

① 郭萍：《儒学现代转型的“引桥”——宋明儒学的时代性再认识》，《哲学研究》2018 年第 7 期。

② 黄宗羲原著，全祖望补修，陈金生等点校：《宋元学案》第四册，中华书局 1986 年版，第 3042 页。

③ 黄宗羲原著，全祖望补修，陈金生等点校：《宋元学案》第四册，中华书局 1986 年版，第 3046 页。

④ 黄宗羲原著，全祖望补修，陈金生等点校：《宋元学案》第四册，中华书局 1986 年版，第 3046 页。

⑤ 吴澄：《别赵子昂序》，见《吴文正集》卷二五，文渊阁《四库全书》本。

⑥ 吴澄：《赠襄阳高凌霄鹏翼序》，见《吴文正集》卷二九，文渊阁《四库全书》本。

⑦ 吴澄：《吴文正集附录·行状》，文渊阁《四库全书》本。

吴澄之学之所以能以此微弱的方式留存着个体性的主宰地位，是因为吴澄所在的南方地区受到元政府专制控制的程度比北方稍弱，以致元代南方地区的经济社会生活相对比北方活跃，宋代兴起的具有一定现代性的社会生活方式的普及深入情况稍好于北方。

二、对世俗生活的肯定与认可

尽管元代社会的自由度、流动性都不高，但是蒙古贵族奢侈的生活引发的表面繁荣还是造成了社会风气的转变。在民众能力范围内，他们的生活追求与风格也呈现出一种奢侈之风。如当时民间嫁娶，酒席十分丰盛且饮至通宵达旦。为此，元政府曾下令禁止。《通制条格》卷二七《杂令》就记载："嫁女娶妻，不量己力，或作夜筵，肴馔三二十道，按酒三二十棹，通宵不散，其中引惹斗讼，不惟耗费，有损无益，乞行革去。"①《南村辍耕录》还记载了当时一般民户日常生活一日三餐皆用点心的情况。② 这样一些对世俗生活情趣的追求在儒学里的呈现就是许衡提出的"治生论"。许衡说：

> 学者治生，最为先务，苟生理不足，则于为学之道有所妨。彼旁求妄进，及作官谋利者，殆亦窘于生理所致。士君子当以务农为生。商贾虽逐末，果处之不失义理，或以姑济一时，亦无不可。③

> 大而君臣父子，小而盐米细事，总谓之文。以其合宜，又谓之义，以其可以日用常行，又谓之道。文也，义也，道也，只是一般。④

再蛮横的权力也很难扭转一世风气的变迁。作为官方儒学代表的许衡之学也不得不承认庶民在一定程度上追求世俗生活的合理性。只要不失义理，商贾逐末也无可厚非。许衡对世俗生活的肯定和认可让他赢得了不少

---

① 方龄贵校注：《通制条格校注》，中华书局2001年版，第634页。

② 陶宗仪：《南村辍耕录》，中华书局1997年版，第208页。

③ 黄宗羲原著，全祖望补修，陈金生等点校：《宋元学案》第四册，中华书局1986年版，第3001页。

④ 许衡著，毛瑞方等校点：《许衡集》，吉林文史出版社2010年版，第9页。

身后美名。清代钱大昕对许衡的“治生论”就有过积极的评价，他说：“许鲁斋言为学者治生最为先……与其不治生产而乞不义之财，毋宁求田问舍而却非礼之馈。”①正是因为对“治生”的关注，许衡之学对元代苛政也表现出少见的批评。许衡说：

> 今国家徒知敛财之功，不知生财之由；不惟不知生财，而敛财之酷，又害于生财也。徒欲防人之欺，不欲养人之善，所以防者为欺也，不欺则无事于防矣。欲其不欺，非衣食以厚其生，礼义以养其心，则亦不能也。②

根据雅各布·布克哈特的考察，在西方社会现代转型开端的文艺复兴时期，人们对世俗生活的追求得到广泛接受。“中世纪的家庭生活是一种民间道德的产物。”③ 跟元明清时期保守的道学家一样，西方也有道德说教者批评时人对世俗生活的追求是对德性的污染。但是“斥责和禁止它的法律是无效的……说教者的愤斥……都没有力量阻止妇女们把她们的脸涂抹成一种不自然的形状和颜色”④。元政府对民众追求世俗生活情趣的禁令以及明清时期的礼教虽然极大地遏制了中国社会现代性因素的发展与壮大，但是始终无法把已然萌生的现代性火种彻底扑灭。

任何思想观念都是与一定的生活方式相适应的。随着唐宋之际萌生的现代性生活方式在元代的倒转，儒学的现代转型也遭到中断。唯其如此，过往的哲学史、思想史、理学史著作才对元代儒学表现出极大的忽视。因此，元代儒学的整体形态或许是当前21世纪儒学复兴大潮中值得重视的一面镜子。

---

① 钱大昕：《治生》，见《十驾斋养新录》卷一八，上海书店1983年版，第437页。

② 许衡著，毛瑞方等校点：《许衡集》，吉林文史出版社2010年版，第116页。

③ 雅各布·布克哈特著，何新译，马香雪校：《意大利文艺复兴时期的文化》，商务印书馆1979年版，第436页。

④ 雅各布·布克哈特著，何新译，马香雪校：《意大利文艺复兴时期的文化》，商务印书馆1979年版，第404~405页。

第三章　明代：儒家哲学现代转型的停滞、重启与发展

吴越强

元明易代，儒家哲学的现代转型似乎重现曙光，然而理论发展的过程远比想象的更艰难。就明代儒学史的总体状况而言，儒家哲学现代转型大致经历了停滞、重启和发展三个阶段。这种阶段性特征与明王朝相应时期的政治生活方式密切相关。

首先，明代前期儒学最大的特点是对朱子学的继承和恪守。众所周知，朱子学被彻底意识形态化发生于永乐年间，这也导致儒学几乎丧失了自己全部的批判能力和活力，因此整个明代前期的儒家哲学现代转型呈停滞状态。而以曹端、薛瑄、吴与弼等为代表的儒者在恪守官方儒学的基本立场下，通过对“心”这个观念的推动和丰富，隐秘地延续了儒家哲学现代化的脉络。

其次，明英宗之后，朱元璋、朱棣父子构建的政权大厦出现了种种缝隙，儒学也打破了“一本程朱”的局面。这里主要以心学的兴起为标志，尤其以阳明心学为代表。从陈白沙到王阳明，形成了由外在的“理”作为哲学本体论向内在的“心”作为哲学本体论的转换；继而不同于原创朱子

学具有的“工夫论”现代性因素，明代中期儒学呈现出“本体论”与“工夫论”双重的现代性因素。当然，阳明心学仍然是皇权时代儒学的形态，也具有类似于原创朱子学的双重性。无论如何，以阳明心学为代表的明代中期儒学结束了儒家哲学现代转型的停滞局面，重新开启了儒家哲学现代转型的可能。

最后，晚明时期，被学界公认的、具有启蒙意味的儒家哲学出现了。这类儒家哲学以阳明后学为代表，特别是以泰州学派为代表。从王艮、何心隐直到李贽，形成了一条由肯定人欲转而肯定个体性的现代哲学路径。晚明时期还涌现出像徐光启这样颇具现代科学主义精神的儒家科学家，在公共领域则有以书院、结社等方式表现儒家立场的政治活动方式。这无疑是儒家哲学现代转型的新阶段，也是中国社会转型的新契机。这一切在整体上表现为儒家哲学现代转型的发展。

第一节　停滞：明代前期儒家哲学现代转型的困局

经历了宋元易代、元明易代两次改朝换代，宋代出现的一些具有现代性特点的生产方式基本荡然无存，取而代之是高度政治管制下的社会生产方式。明朝初年，基本继承了元代的诸色户制，在户计上继续强化。明代更是强化了元代的军户模式，特别通过“卫所”制度和“军屯”政策强化军户制。与之配套的地方基层组织模式就是里甲制。明代继承元代社制，创里甲制，即以一百十户为一里，推出丁粮多的十户为长，其余百户分为十甲。在这种紧密的社会组织中，百姓自然是“朝出暮入，作息之道互知”，由此勾勒出一个重农抑商、社会阶层凝固、高度管控的经济与社会组织形态。这会对商品经济的发展、市民社会的形成造成根本性的破坏。换句话说，儒家哲学现代转型所开始隐晦彰显的个人重新被关进了“笼子”里。

与此同时，明初的政治生态与宋代相比可以说是天壤之别。万斯同在《明史稿·刑法志》的案语中批评明太祖以重典驾驭臣下，以致形成了“士大夫朝簪绂而暮累囚”的官场生态。试想在如此政治生态环境中，儒学如何还能够“得君行道”呢？有明一代还发扬光大了一种刑罚——廷杖。实施这种刑罚的本意就是羞辱士大夫。然而正义之士倘若受仗，天下文人便以此为荣。因此后来有不少沽名钓誉之辈争相以受廷杖为万世流芳之举，使得有明一朝的君王与臣下总是争意义大于争是非。抛开争不争廷杖，这种自明太祖开始于朝廷当众仗打大臣的方式使得君臣之间微弱的尊重荡然无存。这也注定了“得君行道”这种宋代文人辅政模式的彻底破产。明初文字狱大兴，从洪武十七年到洪武二十九年，明太祖以文字狱对旧体制培养的文人进行了打击，其中被利用最广泛的竟然是“贺表”。贺表是明朝的一种制度。凡过年、皇帝生日、皇家庆典及官员向皇帝谢恩都需要上表。明初地方政要官员的文化水平普遍较低，贺表都由地方教官代笔。然而明太祖借表文发难，见诸野史笔记的受难者就达十数人①，最终使得下臣上书请求朝廷降下官方模板。这种重刑与文化专制的合力对有明一朝的儒生产生了深远影响，比如明儒吴与弼回答友人不出仕的原因仅仅是“欲保性命而已”。

如果说士大夫群体政治生态的糟糕给“得君行道”蒙上了阴影，那么明代宰相的废除则使得“得君行道”最大的政治依托完全丧失。“明代中书省沿袭元代。区别在于，明代中书省之上，无皇太子领衔的中书令，其下，又无文臣参议。”② 洪武九年废行中书省，改设三司。洪武十三年，胡惟庸案发，撤中书省，废宰相职。明代从此进入由六部直接管理国家政务并且直接向皇帝负责的时代。

如果说两宋社会所孕育的现代性因素在元代的社会生活中已经消失不

① 参见商传《明代文化史》，东方出版中心 2007 版，第 41~45 页。

② 张德信：《明史研究论稿》，社会科学文献出版社 2011 年版，第 51 页。

见了，那么明代的制度草创不仅未给现代转型提供任何积极帮助，而且高度的文化专制还使士大夫对政治理想产生了巨大动摇。

在这样的背景下，我们需要讨论的是，基于儒家哲学现代转型的基本问题，如何看待明代前期的儒家哲学。

一、朱子学的继承与异化

明代前期儒学最大的特点就是对朱子学说的继承。《明史·儒林传》载："原夫明初诸儒，皆朱子门人之支流余裔，师承有自，矩矱秩然。曹端、胡居仁笃践履，谨绳墨，守儒先之正传，无敢改错。"我们从两个角度来看待这个现象。其一，明初朱子学的最大特点是什么？其二，在此时期，诸儒又做了什么？

四书学的兴起是儒学的新特点，也是宋明理学的特质。《大学》《中庸》被重视其实从韩愈、李翱那儿就已经开始了。新的四书学经典诠释体系滥觞于隋唐王通、韩愈，兴起于宋代初年。通过王安石把四书学上升为官学、二程建立理学的四书学体系，再到朱熹完成集大成的"理一分殊"的四书学体系，四书学最终成为儒家全部经学体系的重心。①宋明理学之所以能够作为一个大的儒学阶段与汉唐经学相对，一个重要的依据即朱子四书学的兴起。

既然如此，我们有必要先看一看五经体系究竟是怎么一个系统。《礼记·经解》载：

> 孔子曰："入其国，其教可知也。其为人也：温柔敦厚，《诗》教也；疏通知远，《书》教也；广博易良，《乐》教也；洁静精微，《易》教也；恭俭庄敬，《礼》教也；属辞比事，《春秋》教也。故《诗》之失，愚；《书》之失，诬；《乐》之失，奢；《易》之失，贼；《礼》之

① 束景南、王晓华：《四书升格运动与宋代四书学的兴起——汉学向宋学转型的经典诠释历程》，《历史研究》2007 年第 5 期。

失，烦；《春秋》之失，乱。其为人也：温柔敦厚而不愚，则深于《诗》者也；疏通知远而不诬，则深于《书》者也；广博易良而不奢，则深于《乐》者也；洁静精微而不贼，则深于《易》者也；恭俭庄敬而不烦，则深于《礼》者也；属辞比事而不乱，则深于《春秋》者也。”

众所周知，五经体系是一种根本性的系统，是对整个国家运转起核心作用的工具。五经体系的确立过程包括汉儒对先秦儒家文献的经学化。而五经体系最终被唐儒以《五经正义》的方式确定下来。这也意味着，在整个皇权时代，五经体系在被确立的开始就注定是不可能被抛弃的，除非儒学遭遇巨大的根本性转折①。

和五经相比，四书其实非常奇特。相对而言，五经系统中每一经的体量至少是相差无几的。此外，《论语》在东汉曾入七经系统；南宋时期，《孟子》在最后完成超子升格后，也进入沿用至今的十三经系统。因此，四书体系在先天上是完全不能与五经体系抗衡的。但事实是，四书学最终还是实现了挺立。这其中就存在一种变化与保守的二重变调。

我们先看变化。宋代时期，最明显的变化就是《孟子》的超子升格。宋代以前的目录书都将《孟子》视作诸子书，直到“洛”“关”“数”“濂”都尊孟，才于王安石主政时期成功实现了抬“孟”入“经”。《大学》《中庸》的独立也是如此。众所周知，《大学》《中庸》实际上只是《小戴礼记》中的两个篇章，也就是说，它们原本就在五经体系之中。当然《礼记》被确立在五经系统中也是在唐代才完成的。因此，《大学》《中庸》的升格也是四书学兴起的重要体现。而这一系列变化的最终结果就是朱子序定《四书集注》，言明以《大学》定规模、以《论语》立根本、以《孟子》观发越、以《中庸》求微妙的结构层次。

---

① 清末民初时期儒学的境遇就是遭遇巨大变革，儒学经学传统也随之瓦解。具体讨论参见本书第六章。

保守则是说四书系统和五经系统的重合性，以及四书系统自身并不能脱离五经系统的性质。建构了整个四书学的朱子说："人自有合读底书，如《大学》《语》《孟》《中庸》等书，岂可不读！读此《四书》，便知人之所以不可不学底道理，与其为学之次序，然后更看《诗》《书》《礼》《乐》。"[①] 显然，朱子认为四书是更好地理解五经的阶梯。因此，四书学其实在创立伊始，就是脱胎于五经系统而又在一定程度上服务于五经系统的。

但是如果我们综合考察四书学兴起这一现象，就会发现其中存在一种不同于五经系统的学术特质。四书学兴起的背后有一个为学成仁的过程。在这里，一个士子可以由《大学》入门径，由《论语》《孟子》《中庸》完成对儒家根本——"仁"的全面理解。这其实是一场儒学内部的改革。而这种改革给后来儒学自身发生现代变化提供了可行性，所以朱子完成四书学的理论建构是有重大意义的。这就要求我们再回过头看朱子的四书学。

钱穆评价云："朱子毕生，于四书用功最勤最密，即谓四书学乃朱子全部学术之中心或其结穴，亦无不可。"[②]朱子确实是穷尽毕生的心力，直至最终完成四书学体系的建构。《四库全书总目》亦载："《论语》《孟子》，旧各为帙。《大学》《中庸》，旧《礼记》之二篇。其编为《四书》，自宋淳熙始。"这一观点代表了后世学者对朱子在确立四书学方面所起开拓意义的肯定。[③] 这样一来，朱子就不能被视为我们传统认知中旧儒学的大成者，他实则是儒学现代化的开拓者。

但是明代以国家意识形态的方式将整个理学凝固化了。

朱子学的国家意识形态化并不是从明代开始的，往前推说，这种倾向

---

① 黎靖德编，王星贤点校：《朱子语类》，中华书局1986年版，第1658页。

② 钱穆：《朱子学提纲》，生活·读书·新知三联书店2014年版，第200页。

③ 朱熹在淳熙九年合刻四书于婺州。

在宋理宗时期就已经出现了。《宋史·理宗纪》载:“朕惟孔子之道,自孟轲后不得其传,至我朝周敦颐、张载、程颢、程颐,真见实践,深探圣域,千载绝学,始有指归。中兴以来,又得朱熹精思明辨,表里混融,使《大学》《论》《孟》《中庸》之书,本末洞彻,孔子之道,益以大明于世。朕每观五臣论著,启沃良多,今视学有日,其令学官列诸从祀,以示崇奖之意。”从祀使得朱子获得理学道统的正统地位。宋元易代,在极为有限的科举渠道上,程朱理学也是唯一的选择。而朱子学的国家意识形态化的巅峰确立于明朝永乐年间,尤以三部大全的颁布为标志。

永乐十二年(1414),朱棣下诏:

> 《五经》《四书》皆圣贤精义要道,其传注之外,诸儒议论有发明余蕴者,尔等采其切当之言,增附于下。其周、程、张、朱诸君子性理之言,如《太极通书》《西铭》《正蒙》之类,皆《六经》之羽翼,然各自为书,未有统会,尔等亦别类聚成编。二书务极精备,庶几以垂后世。(《明太宗实录》卷一五八)

其后胡广等人开馆修书,于永乐十三年(1415)九月编辑完成《五经大全》《四书大全》《性理大全》三部大全。其中,《五经大全》按照不同经本采自刘瑾、胡一桂等元代朱门后学;《四书大全》基本脱胎于《四书章句集注》,主要以元儒倪士毅的《四书辑释》为蓝本;《性理大全》则是宋代理学著作与理学家言论的汇编,总共采纳了120多家宋儒的学说。可以说,三部大全将儒家学说完全统一到程朱体系下,其中《五经大全》《四书大全》更是“颁行天下,二百余年尊为取士之制者也”。

可以说,就在这个时候,整个朱子学在获得国家意识形态至高地位的同时,也几乎丧失了自身的诸多活力,同时给整个儒学的生命力带来了危机。早有研究者指出:“本来具有批评力和诊断力的思想,一旦成为流行的时尚,它常常会成为背诵和记忆的文本,读的书就是这么几本,说的话翻来覆去就是这么几句。”[①] 当然，有危机自然也有机遇，明代中期儒学的发展正是在这种不破不立的背景下实现的。

二、停滞的儒家哲学现代转型进程

如果说朱子的四书学作为一种“为己之学”，可能会把儒生从对经本的盲目崇拜中解救出来，那么在明代将其作为新的经典并推上神坛后，朱子学重新塑造了新的理论崇拜。这种理论崇拜在大的趋势上使得儒生继续变成官方儒学的拥趸，同时将儒学发展的趋势导向对官方儒学的不断精深，使儒学哲学的现代转型陷入停滞。

明初儒学在儒家哲学现代转型方面的意义无疑是消极的，这和当时整个社会的背景有直接关系，也给我们带来一个全新的问题——倘若这种儒学整体是消极的，甚至是儒家哲学现代转型的逆流，我们为什么要对其进行考察呢？

这其实要求我们对宋以来的儒学、儒者进行四种区分。第一种是彻底的现代性的儒学。这是标准的现代性诉求的产物，20 世纪现代新儒家可以说是这种儒学现代化版本的代表。[②] 第二种是具有现代性性质的儒学，如宋代的永嘉学、明代的泰州学派等。从理论根基上看，这些学说可以说是传统儒学的“异端”，实质上就是对当时社会生活方式的理论反映。这种儒学鲜明地体现了现代性特质。第三种是作为官方儒学大成的儒学形态。这里主要指狭义的朱子学和阳明学。这类儒学理论最大的特点在于具有两重性，既是“守成”的官方儒学的大成者，又为儒学现代化提供了可能。比如阳明自身的学说，尽管他本人的思想并不具有现代性的性质，而且其形下层级的伦理政治哲学仍然在致力于维护皇权时代君主专制主义的社会规范及

① 葛兆光：《中国思想史》第二卷《七世纪至十九世纪中国的知识、思想与信仰》，复旦大学出版社 2001 年版，第 281 页。

② 相关讨论参见本书第七章、第八章。

其制度，“在社会上‘破山中贼’、在精神上‘破心中贼’，即主观上仍然是君主专制的卫道士；然而，其形上层级的那种以‘心’本体取代‘性’本体、由个体之‘心’来体证‘天理’的观念，确实开启了儒学走向现代性的可能”。[①] 宋代对朱子“格物穷理”的考察及后文对阳明“心”本体的考察都是如此。第四种就是处于宋明之间的儒者，其自身的基本立场多是官方儒学，但他们又不如朱子、阳明子一样在理论上具有巨大的开拓意义。然而因为他们对朱子学、阳明学有承续，又或多或少对某种儒学的现代化可能因素进行了承续，所以儒学哲学的现代转型在他们身上得到某种隐秘赓续。这正是我们考察的目的所在。

曹端（1376—1434），字正夫，号月川，被誉为“明初理学之冠”。其思想模式是典型的程朱理学模式。一方面，他无师承，无家学，以正学倡一时之风，可以说是官方儒学精深化的代表人物。其相关思想从各类宋明儒学史中都能看到。[②] 当然，这并不是本书讨论的重点。我们所关注的是他对具有现代性因素哲学问题的赓续，即这位“今之濂溪”对“立人极”思想的发展。

曹端在述解《太极图说》中的“唯人也得其秀而最灵，则所谓人者，于是乎在矣”时云：“天地间只有生而为人，禀得阴阳五形之气之秀者，故其心为最灵，而有以不失其性之全，所以天地之性人为贵也。”他又说：“则凡所言人之极者，于此而在，盖人心即太极也。”[③] 他在述解“唯人也得其秀而最灵”时重复强调：“虽曰人物之生，莫不有太极之道焉，然阴阳五行气质交运，而人之所禀，独得其秀，故其心为最灵，而有以不失其性之

① 黄玉顺：《论阳明心学与现代价值体系——关于儒家个体主义的一点思考》，《衡水学院学报》2017 年第 3 期。

② 参见侯外庐等主编《宋明理学史》（人民出版社 1997 年版）、张学智《中国儒学史·明代卷》（北京大学出版社 2011 年版）等。

③ 曹端著，王秉伦点校：《曹端集》，中华书局 2003 年版，第 8 页。

全，所谓天地之心而人之极也。”① 这些观点都表明他一方面认同周敦颐“立人极”的思想，另一方面又强调这种人极的确立是依托心来实现的。如果说“唯人也得其秀而最灵”使立人极得以可能，那么以“心为最灵”“人心即太极”则将人极的具体体现归结到了心上，即以天道立人极，以人心表人极，使天、人、心三者得以贯通。

此外，曹端亦云：

> 人之所以可与天地参为三才者，惟在此心，非是躯壳中一块血气。
>
> 学圣之事，主于一心。
>
> 事事都于心上做工夫，是入孔门底大路。②
>
> 盖心为一身之主，即将为三军之主，一身耳目口体，惟心所令，犹大将之旗一麾，而三军坐作进退惟其所令也。③

虽然这些话特别零散，但从中可以看出未受家学师承桎梏的曹月川能够更好地汇通朱陆。这为后来心学的兴起埋下了伏笔。因此，刘宗周对曹端“反而求之吾心”④ 的评价是很准确的。

薛瑄（1389—1464），字德温，号敬轩。薛氏临殁自诩“七十六年无一事，此心惟觉性天通”。作为明朝第一个从祀孔庙的儒者，薛瑄可以说是明代官方儒学的代表人物。这样一位“一本程朱”的醇儒在哲学思想方面，也非常关注“心”这个哲学概念。

我们可以从两个方面来看。一方面，薛瑄论述了心与理的关系，明确提出“心者，气之灵而理之枢也”“道理浩浩无穷，惟心足以管之”⑤ 等观点。在他看来，“心”是能够管理“理”的概念存在。另一方面，他还以心

---

① 曹端著，王秉伦点校：《曹端集》，中华书局 2003 年版，第 16 页。
② 曹端著，王秉伦点校：《曹端集》，中华书局 2003 年版，第 239 页。
③ 曹端著，王秉伦点校：《曹端集》，中华书局 2003 年版，第 223 页。
④ 黄宗羲著，沈芝盈点校：《明儒学案》，中华书局 1985 年版，第 2 页。
⑤ 薛瑄撰，孙玄常等点校：《薛瑄全集》，山西人民出版社 1990 年版，第 1170 页。

解仁，将心的理与万物贯通视作仁的具体表现。

另外在以心作身的主宰方面，薛瑄和曹端类似，都基本继承了吴澄“身作主宰”观的内容。比如他说：

> 视其色在目，而知其色之理在心；听其声在耳，而知其声之理在心；食其味在口，而知其味之理在心；闻其香在鼻，而知其香之理在心。此心所以为一身之主宰也。①

吴与弼（1391—1469），字子傅，号康斋，与薛瑄并称南北两大儒。他前后讲学四十余载，开创了崇仁学派。黄宗羲在《明儒学案》中将《崇仁学案》列为第一。

吴氏在《浣斋记》中说：

> 夫心，虚灵之府，神明之舍，妙古今而贯穹壤，主宰一身而根柢万事，本自莹彻昭融，何垢之有？然气禀拘而耳目口鼻四肢百骸之欲为垢无穷，不假浣之之功，则神妙不测之体，几何而不化于物哉？予幼承父师之训。尝读先儒释日新之旨，每恨洗涤工夫未闻焉，又读夫子赞易洗心之章，圣人妙用未易窥测也。于是退而求诸日用之间，从事乎主一无适，及整齐严肃之规，与夫利斧之喻，而日孜孜焉，廉隅辨而器宇宁，然后知敬义夹持，实洗心之要法。②

这段话可以说是他关于心的观点的集合。首先，他同样主张心作主宰的基本观点。他的学生胡居仁也继承了这种心作主宰的观点：“愚闻人之一心，万理咸备。盖其虚灵之体，得之于天。所以主乎吾之一身，宰制天下之事者，孰有大于此者乎？”③ 这种作主宰的心往往会因为气而蒙尘，继而需要以“敬义夹持”的方式来洗心。在吴与弼这里，“敬义夹持”主要就是向内持敬和读书用力的工夫。

---

① 薛瑄撰，孙玄常等点校：《薛瑄全集》，山西人民出版社1990年版，第1212页。
② 吴与弼：《康斋集》卷一〇，文渊阁《四库全书》本。
③ 胡居仁撰，冯会明点校：《胡居仁文集》，江西人民出版社2013年版，第209页。

通过对曹端、薛瑄、吴与弼的简单考察，我们发现“心”这个观念在他们的哲学思想中都占有一定地位。当然，由此可能会产生这样一个困惑，既然他们或多或少都更为精深地推动了“心”这一概念的发展，那为什么我们能将王阳明的“心学”视作儒家哲学现代转型的重要发展，却对明初诸儒的工作“视而不见”呢？其实，根本原因在于明初诸儒仍然坚持在本体论上以外在的“理”作为理论根基。比如曹端在《太极图说述解序》中旗帜鲜明地表示：“太极，理之别名耳。天道之立，实理所为。理学之源，实天所出。”① 所以明初诸儒不过是在朱熹给出的框架下，在形而下的层面对心进行进一步挖掘罢了。但也不可否认，宋儒开启的现代性因素在他们身上确实有隐秘赓续。这就为后来心学大兴做了充足的理论铺垫。

第二节　重启：明代中期儒家哲学现代转型的变局

随着时代的发展，由明太祖草创的诸多制度开始变化、崩溃，高度管控的国家体制出现裂缝。虽然这些裂缝不足以颠覆整个明王朝，但毫无疑问，正是这些改变，在生活层面为明朝百姓提供了更多的可能。这些改变也在明代中期儒者身上得以体现——一股不可抵挡的思想洪流已经蓄势待发了。

统观明太祖对整个国家的设计，其根本目的就在于以一整套制度使天下诸民各安其事。他又以科举给予极少人实现阶层流通的可能。就本质而言，这是一个阶层极其固化的国家，国家的暴力机关为国家稳定提供武力支撑。然而，以屯田为例，根据王毓铨的统计，在弘治时，仅辽东、四川两地军屯的屯地总额就较洪武时少了一半，直至万历时才逐渐恢复（主要是万历清丈的功劳）。而军屯税粮在永乐元年曾高达二千三百四十五万石

① 曹端著，王秉伦点校：《曹端集》，中华书局2003年版，第1页。

（此时，其他皇庄民田一年的税粮总数也不过三千余万石），到正德年间已经不存二十分之一了。①

而一开始以强力进行限制的流民问题也愈演愈烈，所以到正统年间就开始推行“附籍复业”政策了。英宗的即位诏书云：

> 各处逃移人户，悉宥其罪，许于所在官司首告，回还原籍复业，勉其差徭二年。其本户亏欠税粮等项，尽行蠲免。

继而四年又下诏：

> 各处逃移人户，悉宥其罪，许于所在官司，附籍纳粮当差。

之后更将免除徭役的年限提高到三年。这一系列的诏书一方面说明了流民问题的严重，另一方面又给予流民新的合法身份。这相当于在程序上仍然否定人口外徙的合法化，却又不得不以诏书的形式承认人口迁徙的结果。

以上两点不过是明代政权诸多裂缝中的星星点点罢了，所幸这于儒学并不是坏事，这些裂缝使社会生活的同一性开始丧失，自然会造成思想世界同一性的丧失。而明代儒学也逐渐走出了“一本程朱”的理论停滞时期。

一、陈白沙

王鏊的《慈湖书屋记》载：

> 今朱子之学海内宗之，子静之学殆绝矣，世无复知者。顾其颖脱超诣，有非言之可传，而遂泯然无传焉，可不惜乎？②

1500年前后，殿阁大学士王鏊尚且说子静之学世无复知者。由此可印证两点：其一，明初诸儒虽然在“心”的观念上略有发挥，然而确实无法超脱朱子学的窠臼。其二，彼时陆氏心学可以说是式微到了极致。清儒全祖望同样认为：

> 当明之初，宗朱者盖十八，宗陆者盖十二，弓冶相传，各守其说，

---

① 参见王毓铨《明代的军屯》，中华书局2009年版。

② 王鏊著，吴建华点校：《王鏊集》，上海古籍出版社2013年版，第253页。

而门户不甚张也。……敬轩出，而有薛学；康斋出，传之敬斋，而有胡学；是许平仲以后之一盛也。白沙出，而有陈学；阳明出，而有王学；是陈静明、赵宝峰以后之一盛也。(《鲒埼亭集·陆桴亭先生传》)

由此可见，全氏认为陈白沙与王阳明都是续陆学传统之人。从这个意义上说，儒家哲学现代转型的重启正是从他们这里开始的。

陈献章（1428—1500），字公甫，别号石斋。陈献章之前的明代诸儒在儒学价值上有一个基本认识，即这世间的所有道理都已经被朱熹及之前的大儒说尽了，那么后世儒者的一切任务就是把那些被先儒说尽的道理说清楚、说透而已。如果真的如此，有明以来百年，诸儒皆宗程朱，以程朱之学教化世人百载，结果社会问题层出不穷，岂不怪哉？事实上，哪有什么把一切道理都说尽的学说？特别是以一种凝固的方式将原本具有一定生命力的程朱之学以官学的模型来展示的时候，在这种官学模式下展开的学说本身就是无根之木、无本之源，而其学说原本的理论特质也被严重破坏了。这个道理自古莫不如是。

当然在独尊程朱的模式下，诸儒确实能够很好地阐释诸多学术问题的支脉。黄宗羲总结明儒云："尝谓有明文章事功，皆不及前代，独于理学，前代之所不及也，牛毛茧丝，无不辨晰，真能发先儒之所未发。"这个论述是很到位的。这种理论铺垫在陈献章那里达到了极致。

陈献章与其他宗朱的儒者有一个共同点，即肯定理的先在性，比如他说"人有不具太极而生者乎"① 就是如此。因此理或者道仍然首先表现为一个外在的东西。他继而说：

道至大，天地亦至大，天地与道若可相侔矣。然以天地而视道，则道为天地之本；以道视天地，则天地者，太仓之一粟、沧海之一勺耳，曾足与道侔哉？天地之大不得与道侔，故至大者道而已，而君子

① 陈献章著，孙通海点校：《陈献章集》，中华书局1987年版，第29页。

得之。一身之微，其所得者，富贵、贫贱、死生、祸福，曾足以为君子所得乎？①

可以说，这种以道为本的理论架构和前儒以理为本的理论模式基本类似。这也是一切宗朱的儒者终究无法走出的理论困局，即在本体论层面上把外在的“理”作为一个基本定式来认识。所以陈氏就算高扬心的价值，也得说：“心乎，其此一元之所舍乎！”这里的一元自然就是理。

倘若陈白沙只能依着旧儒，也就不需要我们用这么多笔墨赘述了。事实上，虽然他依然顺从外在理的定式，但是他并没有像旧儒那样用大量的笔墨讨论那个外在的理，而是将问题指向了“神气人所资”② 的人，最后由人出发提出了“君子一心，万理完具”的重要论断：

天下事物，杂然前陈。事之非我所自出，物之非我所素有，卒然举而加诸我，不屑者视之，初若与我不相涉，则厌薄之心生矣。然事必有所不能已，物必有所不能无，来于吾前矣，得谓与我不相涉耶？……君子一心，万理完具。事物虽多，莫非在我。此身一到，精神具随，得吾得而得之矣，失吾得而失之耳，厌薄之心，何自而生哉？……天下之理所不能无，君子之心所不能已。使二人之心果完具，亦焉得而忽之也。③

这就和只讨论心为身之主宰而不敢指向“理”的明初儒者有了巨大的区别。人的主体性得到了很好的张扬。

另外，陈氏还说：“所谓虚明静一者为之主，徐取古人紧要文字读之，庶能有所契合，不为影响依附，以陷于徇外自欺之弊，此心学法门也。”④从工夫论意义上看，这率先开启了以“虚明静一”即心作为根本来展开工

① 陈献章著，孙通海点校：《陈献章集》，中华书局 1987 年版，第 54~55 页。
② 陈献章著，孙通海点校：《陈献章集》，中华书局 1987 年版，第 300 页。
③ 陈献章著，孙通海点校：《陈献章集》，中华书局 1987 年版，第 55 页。
④ 陈献章著，孙通海点校：《陈献章集》，中华书局 1987 年版，第 68 页。

夫的可能。实质上，这和向外的“格物致知”是相反的，其实和吴与弼的“洗心”说有点类似。这表现了程朱之学不断深化后留下的弊端，即过分强调向外求索以致向内维度缺失。这种缺失在朱子时代就已经被发现了。正因如此，陆九渊才会主张“心即理”，由“先立乎其大”转而导向天理的维度。如果说宋儒因为积极投身于政治的特点，追求向外求索与政治实践完美统一，并能够遮蔽向内维度缺失的弊端，那么明儒特别是明初儒者则迫于政治局面的影响，在政治取向上呈现出与宋儒截然相反的选择。基于这种选择，原本被遮蔽的向内维度势必越发开放在儒者面前。明儒一方面深化程朱以理为本的本体论立场，另一方面却不断丰富心论。这种吊诡现象从我们对明儒的考察伊始就昭然若揭。这种吊诡最终在王阳明身上实现了突破。

二、王阳明

王阳明（1472—1529），名守仁，字伯安，号阳明。关于王阳明的学术论述可以说是浩如烟海，对其学说的评价也是众说纷纭。而本小节论述的核心就是王阳明究竟对既有儒学做了何种突破，进而说明他做出的这些突破对儒家哲学究竟意味着什么，以此明确王阳明在儒家哲学现代转型中的地位。

阳明心学对既往儒学的突破首先表现在“心为身之主宰”的判断上。

旧有儒学大都赞成“心为身之主宰”的观点，但都以理的先在为前提。换言之，就是因为那个先在的理，心才能作为身的主宰，继而心的目的指向自然就是对那个先在的理进行向外求索。所以在这种意义上，这个心不过是一个第二性的心而已。就像朱子所说：“心固是主宰底意，然所谓主宰者，即是理也。”[①] 但王阳明指出：

“可知充天塞地中间，只有这个灵明，人只为形体自间隔了。我的

① 黎靖德编，王星贤点校：《朱子语类》，中华书局 1986 年版，第 4 页。

灵明，便是天地鬼神的主宰。天没有我的灵明，谁去仰他高？地没有我的灵明，谁去俯他深？鬼神没有我的灵明，谁去辩他吉凶灾祥？天地鬼神万物离却我的灵明，便没有天地鬼神万物了。我的灵明离却天地鬼神万物，亦没有我的灵明。如此，便是一气流通的，如何与他间隔得？”又问：“天地鬼神万物，千古见在，何没了我的灵明，便俱无了？”曰：“今看死的人，他这些精灵游散了，他的天地万物尚在何处？”①

在阳明这里，“我”的这点灵明成为根本依据，心不再扮演理的分有者的角色了。如果说这里只是虚拟表现心作主宰的意义，那么阳明下面这段话则具体表现了心作主宰的作用。

夫学贵得之心。求之于心而非也，虽其言之出于孔子，不敢以为是也，而况其未及孔子者乎？求之于心而是也，虽其言之出于庸常，不敢以为非也，而况其出于孔子者乎？②

我们可以看到，在这里，孔子不过是一个外在的“理”的化身罢了，真正以心作主宰的人是不会盲从的。应该说，这样的言论在传统中国已经多少有些“离经叛道”的意味了。按照传统儒学的基本逻辑，这个时候不应“不敢以为是也”，而应自省己之非也。

既然如此，我们就需要进一步追问，为什么阳明可以在理论上进行这样的突破呢？这就需要我们向阳明学说的本体论根据进行提问了。

前儒以心作身的主宰都基于一个不可逃避的本体论预设，就是外在理的预设。这种预设是从朱子那边继承下来的，即朱子所言“未有天地之先，毕竟是先有此理”③。阳明则在理论上对此进行一种内化，即那个天理不再是外在于我的某种东西，而是真真切切存在于我们自身的“良知”。为了支

① 王守仁撰，吴光等编校：《王阳明全集》，上海古籍出版社2011年版，第141页。
② 王守仁撰，吴光等编校：《王阳明全集》，上海古籍出版社2011年版，第85页。
③ 黎靖德编，王星贤点校：《朱子语类》，中华书局1986年版，第1页。

撑这种天理内化的理论，阳明提出了不少相关的言论：

良知在人，随你如何，不能泯灭，虽盗贼亦自知不当为盗，唤他作贼，他还忸怩。①

此便是良知，不假外求。②

良知是天理之昭明灵觉处，故良知即是天理。③

这三个论述明显表明天理在阳明这里不再是外在于我的某种存在，而是切实的、与良知统一、继而作用于我这一个体的存在。基于良知和天理的统一，阳明进一步提出了“心外无理”“心外无事”“心外无物”等论述：

夫物理不外于吾心，外吾心而求物理，无物理矣；遗物理而求吾心，吾心又何物邪？④

虚灵不昧，众理具而万事出。心外无理，心外无事。⑤

心即理也。天下又有心外之事，心外之理乎？⑥

如果说上述几个论述只是基于良知即天理转而论心的简单逻辑表现，那么关于观花的故事则生动表现了心在阳明思想中的至高地位：

先生游南镇，一友指岩中花树问曰：“天下无心外之物，如此花树，在深山中自开自落，于我心亦何相关？”先生曰：“你未看此花时，此花与汝心同归于寂。你来看此花时，则此花颜色一时明白起来。便知此花不在你的心外。”⑦

在这里，人自身的主体性真正开始拥有为外在客观性赋值的身份。所以有学者进一步评价说：“阳明心学将外在的天理摄入个人的本心，许诺普

---

① 王守仁撰，吴光等编校：《王阳明全集》，上海古籍出版社 2011 年版，第 105 页。
② 王守仁撰，吴光等编校：《王阳明全集》，上海古籍出版社 2011 年版，第 7 页。
③ 王守仁撰，吴光等编校：《王阳明全集》，上海古籍出版社 2011 年版，第 81 页。
④ 王守仁撰，吴光等编校：《王阳明全集》，上海古籍出版社 2011 年版，第 48 页。
⑤ 王守仁撰，吴光等编校：《王阳明全集》，上海古籍出版社 2011 年版，第 17 页。
⑥ 王守仁撰，吴光等编校：《王阳明全集》，上海古籍出版社 2011 年版，第 2 页。
⑦ 王守仁撰，吴光等编校：《王阳明全集》，上海古籍出版社 2011 年版，第 122 页。

通个人亦可以拥有纯粹的良知体验，从而为个体主体性的张扬提供了可能。”①

这其实带来一个新的问题，即人这种为外在客体赋值的能力究竟应该如何裁定。这个能力在朱子学那里的表现是格物致知。那么我们继续追问，拥有格物致知这种能力的人该如何区分？然而程朱理学在提出性即理的理论后，就不关注这个概念所能推出来的第一题设（即如果我们的性都源于一个天理，那么无论凡圣，在本质上都应该是相同的），而是致力于解释前儒性三品等学说的合理性，即引入“气禀之性”来强调人的差异。这个问题直到阳明才得以改善，这也是阳明对既往儒学做出的另一个巨大突破。

先生曰：“夫妇之与知与能，亦圣人之所知所能。圣人之所不知不能，亦夫妇之所不知不能。”又曰：“夫妇之所与知与能，虽至圣人之所不知不能，只是一事。”②

在这里，圣人与匹夫匹妇在认识方面的基本能力是一致的。对此，阳明还说：

圣人亦是“学知”，众人亦是“生知”。问曰：“何如？”曰：“这良知人人皆有，圣人只是保全，无些障蔽，兢兢业业，亹亹翼翼，自然不息，便也是学；只是生的分数多，所以谓之‘生知安行’。众人自孩提之童，莫不完具此知，只是障蔽多，然本体之知自难泯息，虽问学克治也只凭他；只是学的分数多，所以谓之‘学知利行’。”③

阳明进一步将圣人生而知之、众人学而知之的言论推翻，可以说是对人自身价值肯定的一大进步。当然也许有人会问，倘若真的凡圣一致，那么如何解释现实中人与人在知上的差别呢？阳明的答案是这样的：

圣人之知如青天之日，贤人如浮云天日，愚人如阴霾天日，虽有

---

① 李海超：《阳明心学与儒家现代性观念的开展》，山东大学2017年博士学位论文。
② 王守仁撰，吴光等编校：《王阳明全集》，上海古籍出版社2011年版，第1297页。
③ 王守仁撰，吴光等编校：《王阳明全集》，上海古籍出版社2011年版，第108页。

昏明不同，其能辨黑白则一。虽昏黑夜里，亦影影见得黑白，就是日之余光未尽处；困学功夫，亦只从这点明处精察去耳！①

由此可见，人与人在知上的差别也就只是在量上的差别了。这样，阳明顺理成章地使凡圣在理论上获得平等的可能。因此，儒学的理论不再是“仁者天之所以与我，而不可不为之理也。孝弟者天之所以命我，而不能不然之事也”②，而是一种可以基于我们自己的认识而后做出选择的学说了。

就像有的学者提到的：“尽管阳明所指的‘良知’实质内容与‘天理’无二，但‘天理’内化为‘良知’却意味着对‘天理’的理解可以因人而异，由此个人实际获得了诠释天理的自主权，这也就让个人与最高价值的直接沟通、甚至合而为一成为可能。”③ 当然，在这里并不能说，基于良知说，人就拥有了解释一切的能力。

总之，阳明心学不同于程朱理学，它所要完成的是将其理论基础由外在天理向内在回收。这也是心学的最大意义。阳明学最大的特点是良知二字。而良知的意义就在于创造性地宣扬了人的价值：“夫良知即是道，良知之在人心，不但圣贤，虽常人亦无不如此。”④ 阳明学就是这样将良知与人心相连接。我们可以这样说，良知说转换了原本向外求一个预设的天理范畴来指导我们，直截了当地表明我们自身就已然拥有这种指导力。在这种意义上，一个主体意义的儒学才得以更好的诠释与展开，儒学走向现代性才彻底得以可能。

如果说朱子给我们带来的是工夫论层面的现代性因素（当然，这种工夫论意义上的现代性突破仍然有着自身的两重性），那么毫无疑问，阳明带

---

① 王守仁撰，吴光等编校：《王阳明全集》，上海古籍出版社 2011 年版，第 126 页。

② 朱熹撰，黄珅校点：《四书或问》，上海古籍出版社、安徽教育出版社 2001 年版，第 109 页。

③ 郭萍：《儒学现代转型的“引桥”——宋明儒学的时代性再认识》，《哲学研究》2018 年第 7 期。

④ 王守仁撰，吴光等编校：《王阳明全集》，上海古籍出版社 2011 年版，第 78 页。

来的则是更为彻底的本体论与工夫论的现代性因素。虽然阳明基于自身的学术发展，不自觉地在理论上为现代性敞开可能，但从制度建构等方面看，他仍然致力于维护国家制度的稳定，由此呈现出一种清晰的两重性。上文对阳明理论中的现代性因素已做论述，下面我们着重从两个方面论述其保守性。

首先，我们从具体制度和价值认知上来看。阳明在寄给邹谦之的书信中是这样回应昭穆制的：

> 礼以时为大。若事死如事生，则宜以高祖南向，而曾、祖、祢东西分列，席皆稍降而弗正对，似于人心为安。曾见浦江郑氏之祭，四代考妣，皆异席。高考妣南向，曾、祖、祢考皆西向，妣皆东向，各依世次，稍退半席。其于男女之列，尊卑之等，两得其宜。今吾家亦如此行。但恐民间厅事多浅隘，而器物亦有所不备，则不能以通行耳。①

我们可以看出阳明表面上同意“礼有损益”，实质上却坚持“男尊女卑”的观念。另外，在成就自己赫赫事功的过程中，阳明力主推行“十家牌法”这一制度，来管理里甲制崩溃下的农村。“十家牌法”本质上就是商鞅的“什伍连坐法”。如果我们再纵观阳明作为一个政治家的行为，无论是对节妇的鼓励，还是对君父的高度认同，都表现了他在具体制度和价值认知上对前现代观念的认同。②

其次，我们再来看阳明在学术上最被诟病的《朱子晚年定论》。阳明于正德十年选取朱子晚年侧重于向内用力的语录三十余条，作成《朱子晚年定论》，认为朱子晚年其实已回归心学，而《四书章句集注》是朱子中年未定之说。这种试图化朱为陆的学术尝试表现出阳明自身存在的对朱子学的

① 王守仁撰，吴光等编校：《王阳明全集》，上海古籍出版社2011年版，第226~227页。

② 关于这部分讨论还可以参看李海超、黄玉顺《阳明心学的真精神：个体自由可能性的敞开》，《江淮论坛》2017年第6期。

期待。或者说，这是他基于外在社会环境做出的顺从表现。事实上，他在给罗钦顺的回信中就说：

某为《朱子晚年定论》，盖亦不得已而然。中间年岁早晚，诚有所未考，虽不必尽出于晚年，固多出于晚年者矣。然大意在委曲调停以明此学为重。①

由此可见这种行为本身的不纯粹性。这种行为最后还招致后世学者的批评，比如顾炎武就直言："凡此皆颠倒早晚，以弥缝陆学，而不顾矫诬朱子，诳误后学之深。"②

因此，我们一方面要高度肯定阳明心学在理论上敞开了个体自由之可能，另一方面要认识到其政治实践本身是滞后的，并且他在和意识形态化的儒学抗争中也表现出某种软弱性。这既是时代的限制，也是他留给后学的任务。

第三节　发展：明代后期儒家哲学现代转型的破局

如果说阳明心学只是在客观上为儒学走向现代性提供了本体论层面的可能，那么阳明后学确实是基于阳明所开启的道路提供了儒家哲学现代化的全新版本。而与这种理论发展相合的正是当时明代社会生活的转变。

例如，一条鞭法的推广是万历前十年张居正主政的重要成果。此项政策就是将原本需要按照户口和人数派分的徭役转变成按田地和人数编派的田赋，也就是化徭役为田赋，同时将一切具体税粮（除漕米外的其他实物）折算成银两，再由官府征收解运。可以说，一方面，"一条鞭法顺应了明中叶以来商品货币经济发展的趋势"③，是与之相适应的自然改变；另一方面，

---

① 王守仁撰，吴光等编校：《王阳明全集》，上海古籍出版社2011年版，第88页。

② 顾炎武著，黄汝成集释，秦克诚点校：《日知录集释》，岳麓书社1994年版，第664页。

③ 张建明、周荣：《中国财政通史（第六卷）·明代财政史》，湖南人民出版社2015年版，第476页。

赋税的货币化使得“农民获得了相对的人身自由，生业趋向多样化，有利于工商业经济的发展”[①]。当然这种解放在一定程度上顺应了农民的要求，即使那些本于农田的农民也不得不对自己的成果进行商品化处理。如果我们赞同现代化的开端即个体能够（仅仅是能够）代表自身出现在公共领域[②]，那么赋税的货币化毫无疑问是这万里长征的第一步，只有摆脱土地的前现代束缚，农民才能成为市民，继而能够代表自身。[③]

冈田武彦指出，明中叶以后，和日本的江户时代一样，庶民的经济生活水平不断提高，终于开出了绚丽的庶民文化之花。其结果是，适应官僚知识阶层的理性的精神文化衰颓，而适应平民阶层的抒情的精神文化隆盛了。[④]这个时候的社会风气（特别是江南地区的）已经发生了巨变。对商业价值的认同在民众中已经蔚然成风，甚至可以说在士大夫之间也是如此，所以归有光言：“古者四民异业，至于后世而士与农商常相混。”儒学也随之迎来前所未有的局面。

一、后王阳明时代中的泰州学派

黄宗羲在《明儒学案发凡》中提到过宗旨对为学的重要性。实际上，这是一种以后学统前学的做法。比如宋元儒者大多鲜以宗旨立身，恰恰相反，他们并不追求自身的一种口号式的总结或者说学术纲领式的总结。但正如黄宗羲所说：“讲学而无宗旨，即有嘉言，是无头绪之乱丝也。”宗旨

① 张建明、周荣：《中国财政通史（第六卷）·明代财政史》，湖南人民出版社2015年版，第476页。

② 参见本书“导论”。

③ 这里需要注意，并不是说只要是农民或者说有土地束缚就不能获得个体性了。举例而言，如现代美国的一个农场主，我们绝不会因为他是农民和拥有土地就说他是前现代。行文之所这么说，是因为封建制度下的农夫的身份是由国家决定的。其与土地的关系不是一种自主选择的关系。他们只有摆脱这种束缚，才能重新享有某种可能性。

④ 冈田武彦著，吴光等译，钱明校译：《王阳明与明末儒学》，重庆出版社2016年版，第3页。

的大兴与讲学的大兴是同一的。这方面的先河主要源自王阳明和湛若水。但是立宗旨确实成为百花齐放的后王阳明时代的理论特点。有清代学者就总结说：

> 王文成曰“致良知”，其徒罗近溪易之曰“赤子良心”，聂双江曰“归寂”，季彭山曰“主宰”，黄绾曰“艮止”，王心斋曰“百姓日用”，耿天台曰“常知”，李见罗曰“止修”，耿楚倥曰“不容已”，唐一庵曰“讨真心”，胡庐山曰“无念”，湛甘泉曰“随处体认天理”，诸家各有语录，不可胜纪。①

我们基于这样的背景接续前文对阳明哲学的讨论。如黄宗羲所说“致良知”是阳明晚年对自身学说进行总体把握后得出的宗旨，然而，还未来得及深究，阳明就病逝于江西南安舟中。“故其道术为弟子所裂，直接呈现出了整个晚明思想的裂变。”② 在这个意义上，我们可以说阳明后学其实就是基于对“致良知”这个宗旨的理解，继而开启了整个晚明百花齐放的新时代。就这个问题来说，表面的原因在于阳明没有对自身“致良知”这个宗旨给予充分的说明就病逝了，然而实际上是阳明学说自身的特质决定了这种分裂的必然。前文我们提到，阳明做出的两个突破归根结底是一种本体论与工夫论的突破，即对主体的张扬，这自然给予了后学自身立学的合法性。这与前儒重家法师法的模式是截然不同的。因阳明后学派系众多，不足以一一枚举，故本小节着重讨论在儒家哲学现代转型中步子迈得最大的一脉——泰州学派。

如果说阳明只是不自觉地在理论上敞开了主体的可能性，那么这种可能则被泰州学派不断推向了那个时代的极致。

我们首先看泰州学派创始人王艮的思想。

王艮（1483—1541），字汝止，号心斋。作为一个自学成才的商人，王

---

① 唐鉴撰辑：《清学案小识》，商务印书馆1935年版，第295页。
② 何俊：《西学与晚明思想的裂变》，上海人民出版社2013年版，第4页。

艮身上有着诸多传奇故事。因为篇幅，我们不能展开讨论①，仅就他对个体性的推动进行论述。王艮主要是从对自身肯定的方面完成对个体性的推动的。这种对自身的肯定首先体现在他的《淮南格物论》中：

> 格如格式之格，即絜矩之谓。吾身是个矩，天下国家是个方，絜矩则知方之不正，由矩之不正也。是以只去正矩，却不在方上求，矩正则方正矣，方正则成格矣，故曰物格。②

在王艮看来，格物就是以自身为尺度去把握外在。既然要以自身为尺度去把握外在，那么最重要的就是对自身的把握。这就是“修身立本也，立本安身也”③。这确实是一条完全不同于朱子“即物穷理”的格物之路。我们知道阳明以“致良知”替换了朱子“格物”这样的问题，将向外的理路转变成向内的理路，那么王艮的“安身”说其实是顺理成章地接着“致良知”往下讲的。

这自然而然引出王艮的另一个重要理论——明哲保身论：

> 明哲者，良知也。明哲保身者，良知良能也。知保身者，则必爱身；能爱身，则不敢不爱人；能爱人，则人必爱我；人爱我，则吾身保矣。……知保身而不知爱人，必至于适己自便，利己害人，人将报我，则吾身不能保矣。吾身不保，又何以保天下国家哉！能知爱人，而不知爱身，必至于烹身割股，舍生杀身，则吾身不能保矣。吾身不能保，又何以保君父哉！④

保身其实是明哲的必然结果，换言之，就是良知自我觉醒后的必然结果。因为不同于外在的某种权威型指导，以个人主体的觉醒为代表必然导向对个体价值的重视。同时代及后世有不少人批评明哲保身，乃至“明哲

---

① 对于王艮的传奇，参见龚杰《王艮评传》，南京大学出版社 2011 年版。
② 黄宗羲著，沈芝盈点校：《明儒学案》，中华书局 1985 年版，第 712 页。
③ 黄宗羲著，沈芝盈点校：《明儒学案》，中华书局 1985 年版，第 712 页。
④ 黄宗羲著，沈芝盈点校：《明儒学案》，中华书局 1985 年版，第 715~716 页。

保身”一词在现代语境中成了一个贬义词。这其实都是对个体性的误解。上述明哲保身论对个体性的张扬本身并不代表对某些恶的褒扬，更不是说杀身成仁就一定是错的，而是个体价值的张扬必然带来对个体保全的前提性认识。这个觉醒的个体能否去认同某种外在的价值呢？答案显然是肯定的，那么这种认同实则是一种内外统一。所以对明哲保身的误解其实是片面放大了个体性突显后旧有的普遍性走下神坛造成的那种缺失而已。如果我们抛开误解，再站在那个时代看王艮说“天理者，天然自有之理也；才欲安排如何，便是人欲”①，就不会觉得那么“惊世骇俗”了。

这就给我们带来了下一个问题，即如何认识这种人欲。虽然王艮也做了简要区分，但是这个问题在其后学那里得到了更多的发挥。我们先看他的弟子何心隐是怎么回答这个问题的。

何心隐（1517—1579），原名梁汝元，字柱乾，号夫山。他对欲的理解主要体现在《寡欲》和《辩无欲》中。他首先认为：“性而味，性而色，性而声，性而安佚，性也。乘乎其欲者也。……凡欲所欲而若有所发，发以中也，自不偏乎欲于欲之多也，非寡欲乎？寡欲，以尽性也。”② 在他看来，味、色、声、安佚这些欲望是与生俱来的。那么应该如何处理这些与生俱来的欲望呢？那就是寡欲。为什么说寡欲呢？这其实是他对着“无欲”这个概念提出来的。我们都知道宋明理学讲究“存天理，灭人欲”③，在这种结构中，固然有很多学者解释说这并不是完全否定人欲，但实际上欲确实是被否定的。而何心隐在《辩无欲》中批评的正是这种结构的一个理论基础，即“无欲”。他认为孔孟那里并不存在无欲。“欲鱼欲熊掌，欲也。舍鱼而取熊掌，欲之寡也。欲生欲义，欲也。舍生而取义，欲之寡也。”④ 何

---

① 黄宗羲著，沈芝盈点校：《明儒学案》，中华书局1985年版，第715页。
② 何心隐著，容肇祖整理：《何心隐集》，中华书局1960年版，第40页。
③ 即使从广义的宋明理学来看也是如此，比如阳明也强调存天理、去人欲。
④ 何心隐著，容肇祖整理：《何心隐集》，中华书局1960年版，第42页。

氏其实是以一个理论为前提的，即将一切行为的取向视作欲，这和他在《寡欲》中将由性而发的诸多事情视作欲望是一致的，转而说明孔孟在道德行为上的一些推崇只是寡欲而非无欲。既然不存在无欲，也就谈不上什么“存天理，灭人欲”了。由此看来，人欲在何心隐这里得到了根本的肯定，这和王艮是一致的。但是何心隐同时提出寡欲，来为人欲的丰富做出某种限制，表明他在人欲和天理之间添加了一种张力。这其实是一种理论发展的反复性。

而王艮的三传弟子李贽对人欲的看法又有不同。

李贽（1527—1602），原姓林，名载贽，后改姓李，名贽，字宏甫，号卓吾。与何心隐仍然主张保持一种人欲和天理的张力相比，李贽则彻底否定了天理的存在。他认为：“穿衣吃饭即是人伦物理。除却穿衣吃饭，无伦物矣。世间种种皆衣与饭类耳，故举衣与饭而世间种种自然在其中，非衣食之外更有所谓种种绝与百姓不相同者。”[①] 所以只有“穿衣吃饭”这种最基本的人欲追求才是人伦物理，而一切道理都在其中。除了肯定这种最基本的人伦之道，李贽还以夫妇代指一阴一阳，以此说明天下万物是生于二而非生于一的。[②] 可以说，李贽将人欲张扬到了极致。在这个意义上，自然是“人即道也，道即人也，人外无道，而道外亦无人”（《道古录》）。这样一种彻底的人欲立场也使李贽对阳明心学所做的突破更进一步。

我们在前文总结阳明突破身作心主宰这一观点时，提到阳明已经将孔子的是非不过视作一个外在“理”的表现，更重要的是求于心问是非。而李贽则直截了当地说，汉唐宋三代就是因为“咸以孔子之是非为是非，故未尝有是非耳”[③]，因此，不应该以孔子的是非作为一切是非的根本标准。他在回应耿定向的批评时说：

---

① 李贽著，夏剑钦校点：《焚书·续焚书》，岳麓书社 1990 年版，第 4 页。

② 参见李贽《初潭集·夫妇篇总论》，中华书局 2009 年版。

③ 张凡编注：《李贽散文选注》，北京师范学院出版社 1991 年版，第 228 页。

> 夫天生一人，自有一人之用，不待取给于孔子而后足也。若必待取足于孔子，则千古以前无孔子，终不得为人乎?①

如果只有孔子的是非才是做人的标准，那么孔子之前的人难道连人都不做了？这种批评可以说是强硬而有力的。但在道学家看来，这自然是“大逆不道”了。他甚至还借刘谐之口讽刺道学家们那句“夫不生仲尼，万古如长夜”的名言。② 他对阳明的“凡圣平等”观也有进一步的突破。阳明的“凡圣平等”观只是在理论上表现了圣人与普通人在认识能力上的平等，肯定他们之间确实还是存在量的差异。李贽则彻底将圣人从神坛上赶了下来。在他看来，“大舜无中，而以百姓之中为中；大舜无善，而以百姓之迩言为善。则大舜无智，而唯合天下、通古今以成其智”（《道古录》）。不同于百姓向圣人看齐这种传统的凡圣关系，李贽颠倒这种关系，认为圣人正是因为向百姓看齐才真正得以为圣的。这种颠倒以及上述我们对李贽有关凡圣关系言论的讨论说明李贽具有极大的勇气，他也因为这类表述而成为传统道学家眼中的“异类”。这正是高举人欲大旗的必然结果，也是个体性觉醒后针对旧有权威模式产生的冲决罗网之力的具体表现。

然而这种冲决罗网之力虽然可以彰显个体精神的解放，却给我们带来一些全新的问题。比如，这种对个体人欲的过分高扬必然会引起对人欲本身的认识问题。如果确如李贽所说，“为己便是为人，自得便能得人，非为己之外别有为人之学也”③，那么问题就变成了“如何为己”。然而在没有很好地认识到为己本质的时候，即在没有认识到人之为人的本质时，这种对己即我的高扬，必然需要在旧权威中偷偷寻找一些依傍。这种二重性的必然结果就像钱穆批评王心斋时所说，因为“天地万物与我一体”而把自身

① 李贽著，夏剑钦校点：《焚书·续焚书》，岳麓书社 1990 年版，第 16 页。

② 李贽著，夏剑钦校点：《焚书·续焚书》，岳麓书社 1990 年版，第 129 页。在这篇杂文中，李贽借刘谐之口，讽刺“夫不生仲尼，万古如长夜”曰：“怪得羲皇以上圣人尽日燃纸烛而行也!”可以说是辛辣到极致了。

③ 李贽著，夏剑钦校点：《焚书·续焚书》，岳麓书社 1990 年版，第 264 页。

看得太重，由此忽视了外物，转而因为这种对自我的抬高，配合传统儒家帝王师的理想追求，一瞬间仿佛人人都可以成为帝王师一般。① 对人欲的高扬作为一种进步，却成为帝王师这种旧有权威理性范式的帮凶，反倒带来更大的混乱。这也使得明末清初的学者甚至将明亡的原因怪罪到对人欲的高扬之上，实际上就是怪罪到个体性的觉醒即与整个内生现代性相匹配的生活方式上。这是极其遗憾的事情。②

二、晚明儒家的两个新特点

晚明的思想就像嵇文甫所评价的："你尽可以说它'杂'，却决不能说它'庸'；尽可以说它'嚣张'，却决不能说它'死板'；尽可以说它是'乱世之音'，却决不能说它是'衰世之音'。"③ 正是在这种由个体觉醒带来的百家争鸣局面中，晚明儒家孕育出两个不同于前代儒家的新特点，一个是儒家科学家的出现，一个是结社的风向。

（一）儒家的科学之声：儒家科学家的出现

李约瑟在《中国科学技术史》中提出了"李约瑟难题"，即为什么近代科学没有产生在中国。倘若我们深入考察晚明儒学发展的形态，便会发现也许我们曾经有很好的机会避开这个难题。从徐光启开始，晚明儒学出现了一个全新的特点，即在中西交流的背景下，产生了一些儒家科学家。

徐光启（1562—1633），字子先，号玄扈，天主教圣名保禄。我们必须承认徐光启是少有的中西汇流的"异类"。徐光启在死后被朝廷追封少保，谥号文定，逝去十年后又被追赠太保。然而正是这样一位被明朝政府高度

① 参见钱穆《阳明学述要》，九州出版社 2010 年版。

② 当然对于这个问题，不仅仅在于帝王师的取向，由此带来的还有各种与之相伴的取向，有的顺应现代性，有的反现代性，但基本都被后来的清初儒者一概否定了。对于与此相关的明末清初学者的一些观点及历史想象，可以参看王汎森的《晚明清初思想十论》（复旦大学出版社 2004 年版）。

③ 嵇文甫：《晚明思想史论》，东方出版社 2013 年版，第 1 页。

肯定的儒家科学家，其墓前还挺立着教会的拉丁文墓碑。

徐光启能够成为一名儒家科学家，在一定程度上得益于他与西方天主教的接触。万历二十三年，徐光启在广东教书，第一次接触到传教士，八年后受洗，彼时他还没有考中进士。而在考中进士、走上仕途后，他又为利玛窦的《二十五言》作序。他还写了《泰西水法序》，翻译了《泰西水法》及前六卷《几何原本》等。当然，如果我们将徐光启视作一个儒家科学家，就需要回应这样两个问题。其一，徐光启的科学思想究竟是纯粹复制西方还是具有自身的独创性呢？其二，徐光启作为一个受洗了的基督徒，是否还可以被称为儒家科学家呢？

对于第一个问题，我们需要一分为二地看待。首先，徐光启确实通过利玛窦等传教士引入了大量西方已有的科学成果。这也通常被认为是第一次西学东渐的重要成果。然而我们还需要认识到，这种对西方科学成果的引入只是基础。虽然如此，但这种基础工作产生的影响是深远的，比如平面几何中的点、线、面、直角、钝角、直径、对角线、相似、外切等数学专有名词，大都是徐氏在翻译《几何原本》时确定下来的。徐光启更为突出的创见在于他的《历书总目表》和“度数旁通十事”说。

在《历书总目表》中，徐氏明确提出：“以为欲求超胜，必须会通；会通之前，先须翻译。”① 从翻译直到超胜的三阶段说既体现了徐氏对天文学的态度，也体现了他对整个科学的态度。倘若要举出一个能证明其达到超胜阶段的科学观点，那这个观点正是他的“度数旁通十事”说。

其一、历象既正，除天文一家言灾祥祸福、律例所禁外，若考求七政行度情性，下合地宜，则一切晴雨水旱，可以约略豫知，修救修备，于民生财计大有利益。

其二、度数既明，可以测量水地，一切疏浚河渠、筑治堤岸、灌

① 徐光启撰，王重民辑校：《徐光启集》，中华书局1963年版，第374页。

溉田亩，动无失策，有益民事。

其三、度数与乐律相通，明于度数即能考正音律，制造器具，于修定雅乐可以相资。

其四、兵家营阵器械及筑治城台池隍等，皆须度数为用，精于其法，有裨边计。

其五、算学久废，官司计会多委任胥吏，钱谷之司关系尤大；度数既明，凡九章诸术，皆有简当捷要之法，习业甚易，理财之臣尤所亟须。

其六、营建屋宇桥梁等，明于度数者力省功倍，且经度坚固，千万年不圮不坏。

其七、精于度数者能造作机器，力小任重，及风水轮盘诸事以治水用水，凡一切器具，皆有利便之法，以前民用，以利民生。

其八、天下舆地，其南北东西纵横相距，纡直广袤，及山海原隰、高深广远，皆可用法测量，道里尺寸，悉无谬误。

其九、医药之家，宜审运气；历数既明，可以察知日月五星躔次，与病体相视乖和顺逆，因而药石针砭，不致差误，大为生民利益。

其十、造作钟漏以知时刻分秒，若日月星晷、不论公私处所、南北东西、欹斜坳突，皆可安置施用，使人人能分更分漏，以率作兴事，屡省考成。①

此说基于徐氏对度数之学即数学的充分认识，辐射历学、河工、音律、军事、税收、建筑、机械、地理、医学、计时十个方面。虽然从近代科学的角度来看，这十个方面并不完善，甚至存在缺陷，但是如果我们从中国传统科学技术的背景来理解“度数旁通十事”，其实不难发现徐光启试图以数学改造中国整个科学技术结构的传统。所以说，徐光启的科学思想具有超越时代的独创性。

① 徐光启撰，王重民辑校：《徐光启集》，中华书局1963年版，第337~338页。

那么自然进入第二个问题，如此这般的徐光启，是否还可以被称为儒家科学家呢？答案是肯定的。首先，徐光启在成长过程中，受到王学的多方面影响。他既受业于泰州后学王体仁，又深受泰州后学焦竑的影响。他注重实用之学和泰州学派注重现实社会生活也有很大的关系。其次，徐光启的主张可以总结为“补儒易佛”。他认为明末的困局在于“娓娓玄谈未终席，纷纷胡骑乱如麻”，所以他对天主教的认同本质上是要导向对儒学的补益的。有学者认为，诸如冯应京、李之藻等对天主教的认同在于“它能有助于使晚明社会惕然醒悟，返归法天务实的儒学”[①]，而徐光启则更进一步，试图将天主教和儒家思想融汇，以期塑造一种全新的理论模式，以至于无论后来的西方人还是中国人，都不认为他是一个纯粹的基督徒。[②] 然而客观来说，徐光启彼时应该确实信仰基督教，一来他将自身对实用之学的追求和传教士带来的知识很好地结合在一起，二来传教士描绘的基督教国家的美好图景成为徐氏心中对理想社会形态的图景。事实上，我们知道传教士描绘的基督教国家的美好图景是虚假的。所以在徐光启这里，基督教信仰和他的儒者身份是不冲突的。可惜对于几何学，徐光启曾私以为“习者盖寡，窃意百年之后必人人习之，即又以为习之晚也”[③]，这个判断并没有在百年之后成真。但以今观古，徐氏在几百年前的表达正是儒家的科学之声伴随儒学转型而出，余音绕梁。

（二）儒家的公共之声：从书院到结社

我们普遍认同书院最早出现在唐代，而宋代大兴的书院可以被视作儒学现代转型的重要表现。然而元代对书院的管控基本断送了宋代开启的新风。明初开始重修书院，但数量不多。这和明朝在定国之后，将教育功能

---

① 何俊：《西学与晚明思想的裂变》，上海人民出版社 2013 年版，第 111 页。

② 比如谢和耐在《中国与基督教——中西文化的首次撞击》（耿昇译，商务印书馆 2013 年版）一书中就认为，徐光启并非一个纯粹的基督徒，其学说是基督教理论和儒学的大杂烩。而中国学者通常认为徐光启是为了获得西方“象数”思想而“阳尊其教”。

③ 徐光启撰，王重民辑校：《徐光启集》，中华书局 1963 年版，第 77 页。

和政府机构紧密联系在一起有关。“科举必由学校，而学校起家可不由科举。学校有二：曰国学，曰府、州、县学。”（《明史·选举志》）各府州县卫无不有“学”，基本解决了读书人上学的诉求。直到明代中后期，书院才开始大兴。一开始，书院只是作为官学的补充而已。“自武宗朝，王新建以良知之学行江浙两广间，而罗念庵、唐荆川诸公继之，于是东南景附，书院顿盛。”（《万历野获编·书院》）

书院在明代的兴衰与儒学发展的内在逻辑是一致的。随着儒学的现代转型，书院也产生了与之类似的特点，即书院的平民化和公共化。对此，我们可以仁文书院、虞山书院为例。其模式既不同于宋代书院以硕儒、文人为中心的教育学术模式，又不同于元代化书院为官学的国家意识形态模式，而是向社会各阶层开放，追求从精英教育向平民教育转化。[①] 如果说平民化是公共导向的一个特点，那么书院原本的精英化教育也从以科考为主要目的向倡导和追求更多的政治担当上转变。比如著名的东林书院就有一句流传至今的对联：风声雨声读书声声声入耳，家事国事天下事事事关心。

儒生的政治担当还在明末兴起的结社运动中得以体现。

明末的会社运动非常蓬勃，有学者指出，明代社与会的内容极为丰富，社会各阶层人员都从自己的切身利益出发，结成各式各样的社与会。[②] 而文人集会结社更是其中突出的一项，结社其实源自集会：“集会为一时之联合，欢迎欢送之类属之。结社有永久性质，办事讨论之类属之。”当然，“社”本身从先秦以降就是一直存在的，主要是一种乡村组织形式。而我们在这里要讨论的则是顾炎武所说的“后人聚徒结会亦谓之社”[③] 的新型组织形态。

其中复社是最为突出的，影响深远。天启中期，张溥创建应社，其后，

---

① 参见邓洪波《中国书院史》，东方出版中心 2004 年版。

② 陈宝良：《明代的社与会》，《历史研究》1991 年第 5 期。

③ 顾炎武著，黄汝成集释，秦克诚点校：《日知录集释》，岳麓书社 1994 年版，第 787 页。

该社不断发展，于崇祯元年合并为复社。整个复社在崇祯年间将社事推到顶峰。虎丘大会，数千士子云集。明末清初三大儒中的顾炎武、黄宗羲都曾是复社社员。这种文人结社运动虽然主观上仍然以切磋文章、共兴举业为目的，但事实上提高了士子的政治参与程度。实际上，在明朝中后期，皇权、畸形的相权与士大夫阶层之间就已经产生了某种新形势。“娄江谓先生曰：‘近有怪事知之乎?’先生曰：‘何也?’曰：‘内阁所是，外论必以为非；内阁所非，外论必以为是。’先生曰：‘外间亦有怪事。’娄江曰：‘何也?’曰：‘外论所是，内阁必以为非；外论所非，内阁必以为是。’”① 我们从王锡爵与顾宪成的对话中，就可以看到这种冲突。随着个体性觉醒，士子政治参与的扩大是不可避免的，转而成为儒家的一种公共之声。然而顺治十七年，清廷下诏指责明后期江南所兴的结社运动，“士习不端，结社订盟，把持衙门，关说公事，相煽成风”，严禁一切结社活动。从此，以文事为发端、以政事为目标的结社运动成为古代中国儒学史的绝唱。

毫无疑问，宋明理学所处的时代是前所未有的中国历史时期。总体来说，宋明时期，农业仍然是整个国家根本性的依托，但不同于汉唐的是，这一时期的城市更多，商业更发达。这都是当时社会的重要变化，很多现象本身都蕴含着现代特质。明初，随着战乱的结束，农业经济得到了很好的恢复。伴随着海禁等政策的实施，明代的农业社会性质得到巩固。但是我们发现明中期之后，海禁结束，同时江南经济迅速发展，市镇兴起，赋税货币化程度提高，这些都是当时生活方式转变的重要经济因素。

因此，宋明理学所处的新时代是中国社会处于巨大变化中的时代。虽然这种变化与发展都因为两次少数民族入主中原而终止，但与每每需要重新恢复的政治经济发展不同，思想上的发展即使中断或者停滞，但都有着让人得以察觉的隐秘赓续，直至明末蔚为大观。

---

① 黄宗羲著，沈芝盈点校：《明儒学案》，中华书局 1985 年版，第 1377 页。

然而必须承认这个新时代是在变化之中的，既然身处其中，那么宋明理学也要被这样一个变化中的新时代桎梏。宋明理学必然首先是官方儒学的重要组成部分。从这个意义上来说，宋明理学是前现代的，是以维护国家运转为初衷的理论学说。既然如此，那些违背旧时代的学术就会被冠以各色各样的帽子。《明史·儒林传》载：

> 学术之分，则自陈献章、王守仁始。宗献章者曰江门之学，孤行独诣，其传不远。宗守仁者曰姚江之学，别立宗旨，显与朱子背驰，门徒遍天下，流传逾百年，其教大行，其弊滋甚。嘉、隆而后，笃信程、朱，不迁异说者，无复几人矣。要之，有明诸儒，衍伊、雒之绪言，探性命之奥旨，锱铢或爽，遂启歧趋，袭谬承讹，指归弥远。至专门经训授受源流，则二百七十余年间，未闻以此名家者。经学非汉、唐之精专，性理袭宋、元之糟粕，论者谓科举盛而儒术微，殆其然乎。

如果说从颜钧充军到何心隐之死直至李贽自刎不过是国家机器对这些异症进行的零星攻讦，甚至都不完全是以“杀鸡儆猴”为目的的，那么在清朝完成国家统治重建，以强权恢复小农经济，以暴力破坏新的生活方式，为了维护统治的稳定而重新确定农耕生活方式的神圣性之后，以姚江之学为开端的、与市民生活相匹配的诸多学说也就注定整体成为绝学而隐藏在历史的书册之中了。

其实，宋以来的儒学发展必然存在两种逻辑。第一种就是作为前现代的儒学形态，与其时的政治结构之关系不断紧密化。第二种就是自身发生变化的某种维度，而儒家哲学的现代维度本身是这种转变的一个重要倾向。这两者共同构成了明代儒学发展的明线与暗线。我们可以说，明代儒学发展的明线是原本作为一种工夫论给予现代性可能的儒学被固化为一种国家意识形态，即天理与国家意志的同一。向内维度的工夫论成为一条暗线，在明初儒者那里得到一种隐秘传递，即对“心”的不断丰富。这种丰富最终在阳明心学那里得到根本性的突破，颠覆了作为明线的官方程朱理学

(“天即理”)的理论基础。这不仅是儒学发展的导向，也是明代社会生活方式转变的必然。

随着官方儒学的继续神话与腐朽以及姚江之学的影响不断广泛，这两条线索成为阳明之后大部分儒者同时具有的双重儒学底色。这种双重性是大型理论转型的必然产物。

第四章 明清之际：儒家哲学现代转型的突破

李海超

“明清之际”在中国的哲学史上有着独特的地位。显而易见，在政治史中，“明清之际”是不存在的——清代入主中原就意味着皇权的更替。但在哲学领域中，多是“宋明”“明清之际”“清代”分言。明清之际的儒学理所当然地成为儒学研究的重点之一。

这种分期的分歧显然基于某个阶段儒学史的重大理论价值，而这种价值是基于当下学者的判断被认定的。这在事实上表明明清之际的儒家哲学实现了诸多前所未有的现代性突破。这些突破主要包括以下几点。(1) 明清之际的儒学延续了阳明心学、以泰州学派为代表的阳明后学张扬个体主体性的一面，且在张扬主体的情感特征之外，特别强调主体的理性特征。(2) 基于对理性的重视，明清之际的儒学能够在制度层面进行哲学的反思，提出具有现代性意义的政治哲学观念和制度建设方案。(3) 在学术方法上，明清之际的儒学反对空谈玄理，提倡求实、求是的学风，注重材料的考究、经验的证实和数理化的实用科学研究。这些突破为儒学现代转型的后续开展奠定了坚实的基础，构成了儒学现代化史上极为重要的一环。[①]

第一节　现代性主体观念的突破

一、对个体主体性的张扬

文化的核心是人，人对自身特性和需求的理解决定着文化建设的样态。如果一个社会中的绝大多数人认为人有高低贵贱之分，那么这个社会必然充斥着等级和专制文化；如果一个社会中的绝大多数人认为每个人在人格上是平等的，那么这个社会就会被平等、自由与民主的文化包围。所以，人的自我理解是社会文化的核心内容。这意味着把握某一时期社会文化的现代性特征，关键是要考察这种文化中是否包含着以及包含着怎样的“现代人”的属性，即这种文化所呈现的“人”是否具备现代人应有的特征。

现代人之为现代人的特征是什么？黑格尔探讨过这一问题，认为作为“主体”的人与“现代”有着密切的关系。哈贝马斯将黑格尔论述的主体特征概括为以下三点：

> (a) 个人（个体）主义：在现代世界中，所有独特不群的个体都自命不凡；
>
> (b) 批判的权利：现代世界的原则要求，每个人都应认可的东西，应表明它自身是合理的；
>
> (c) 行为自由：在现代，我们才愿意对自己的所作所为负责。[②]

---

① 参见李海超《阳明心学与儒家现代性观念的开展》，山东大学 2017 年博士学位论文；李海超、黄玉顺《阳明心学的真精神：个体自由可能性的敞开》，《江淮论坛》2017 年第 6 期；李海超、黄玉顺《个体主体性的虚显：儒学现代化受限的根源》，《南京社会科学》2018 年第 11 期。本章的基本观点是上述文章相关观点的具体展开。

② 于尔根·哈贝马斯著，曹卫东等译：《现代性的哲学话语》，译林出版社 2004 年版，第 20 页。

以上三点概述了现代人之为现代人的基本特征。第一点指出，个体从群体中脱离开来，认识到自身与众不同、不可替代的价值，这揭示了人的个体性存在以及个体与个体之间的平等性。第二点指出，个体以自我（个体主体的理性）为标准做出是非判断，而不再盲目地服从于外在的权威，这体现了主体的自主性。第三点指出，个体按照自己的判断自由行动，对自己的行为负责，因而行为不应受到无端干涉，这体现了主体的自由属性。归结起来看，主体的特征就是独立、平等、自由，从人的内在属性来说，这就是个体主体性。所以现代人之为现代人，就是人们认识到“我”的本性是个体主体性。于是，我的本性的实现就是要张扬个体主体性，要从群体中彰显个体的价值，要摆脱权威、自作主宰，要按照自己的意志去行事。

比较而言，明清之际的儒学在挺立个体主体性方面也是有重要贡献的。与作为当时官方意识形态的程朱理学相比，明清之际的儒学为个体平等人格的塑造及个体自主、自信的活动解除了诸多束缚。

从哲学形而上学层面来看，虽然程朱理学肯定每个个体皆拥有平等的先天本性，但又认为作为本体的此“性”比个体之“心”具有先在性，即心由性发，性是第一义的，心是第二义的。心要依赖性才能存在，常人之心要经过漫长的修养才能与性相符合。由此，程朱理学便为个体之心树立了一个绝对的主宰，心之判断的可靠性是有极大束缚的。

明清之际的儒学对此做了一定的反思，拉近了性与心的距离。如黄宗羲指出：

> 性先心后，不得不有罅隙可寻矣。恻隐、羞恶、辞让、是非，心也。仁义礼智，指此心之即性也。非先有仁义礼智之性，而后发之为恻隐、羞恶、辞让、是非之心也。……是故性者心之性。舍明觉自然、自有条理之心，而别求所谓性，亦犹舍屈伸往来之气，而别求所谓理矣。朱子虽言心统性情，毕竟以未发属之性，已发属之心，即以言心

性者言理气，故理气不能合一。[①]

虽然在黄宗羲这里，心依然应该受性的约束，但心的存在不必依赖性，相反，性的存在要依赖心，因为性不过是心的条理，是心的属性。因此，性对心的约束无非是心接受自己的约束。这就从哲学上极大地增强了个体之心之判断的可靠性，也使个体有更大的信心去自我抉择，从而重新审视权威甚至打破权威。如黄宗羲说："心本无体，工夫所至，即其本体。故穷理者，穷此心之万殊，非穷万物之万殊也。……夫先儒之语录，人人不同，只是印我之心体变动不居。若执定成局，终是受用不得。"[②] 没有外在于心的本体，自然也就没有外在于心的规范性原则，心的规范要靠心的工夫去建立。他人建立的规范终究是第二义的，是不能"执定"的，需要经过个体之心的审视和验证。这为个体自主性的发扬提供了哲学的保证。

个体之心为何能够做出独立的审视和验证呢？王夫之认为心具有"权"的能力，个体可以通过心的权衡做出自主选择，依靠这些选择，个体可以改变自己的命运。这就是王夫之"性日生而日成"的人性论。王夫之指出，"天命之谓性"，人的性即天所赋予人的命。人的命并不是一成不变的，而是日日有所授，并且后天的改变远大于出生之时。他说："……生初有天命，向后日日皆有天命，天命之谓性，则亦日日成之为性。""此有生以后之命，功埒生初，而有生以后之所造为尤倍也。"[③] 更重要的是，王夫之认为，虽然人在出生时的天命是人被动接受的，但后天之命并不是完全被动接受的，可以通过发挥自身能动性进行选择。这种能动选择的心理机制即"权"：

生之初，人未有权也，不能自取而自用也。惟天所授，则皆其纯

① 黄宗羲：《明儒学案》，见《黄宗羲全集》第八册，浙江古籍出版社 1992 年版，第 409 页。

② 黄宗羲：《明儒学案·自序》，见《黄宗羲全集》第七册，浙江古籍出版社 1992 年版，第 3 页。

③ 王夫之：《读四书大全说》，中华书局 1975 年版，第 13 页、第 286 页。

粹以精者矣。天用其化以与人，则固谓之命矣。生以后，人既有权也，能自取而自用也。自取自用，则因乎习之所贯，为其情之所歆，于是而纯疵莫择矣。[①]

“权”即主体心灵拥有的权衡能力，是个体能够发挥能动性、自主性的内在依据。有了“权”的能力，个体便可以根据自己的习惯、情感、意志做出主动的权衡，通过权衡对上天所提供的环境、机会等进行裁夺、去取，从而达到改变自身命运的目的。因此，拥有“权”的能力是个体拥有独立性、自主性的重要标志。

上述性与心的关系亦反映在道器关系上。在程朱理学中，道先于器；但在明清之际的儒学中，道寓于器。在程朱理学中，把握了道也就把握了一切器；但在明清之际的儒学中，要通过把握器才能把握道。程朱理学认为天生的圣人不必下学，而明清之际的儒学则认为圣人与常人一样，必须下学才能上达。正如如顾炎武所说：“‘形而上者谓之道，形而下者谓之器’，非器则道无所寓。说在乎孔子之学琴于师襄也，已习其数，然后可以得其志；已习其志，然后可以得其为人。是虽孔子之天纵，未尝不求之象数也。故其自言曰：‘下学而上达。’”[②] 不仅圣人需要通过下学而上达，在王夫之看来，圣人也不能穷尽下学，即不能知一切“器”。他说：“圣人之所不知不能者，器也。”[③] 这与程朱理学所谓“一旦豁然贯通焉，则众物之表里精粗无不到，而吾心之全体大用无不明”[④] 有根本不同。圣人亦需要学习，并且圣人也不能做到无所不知，这就在很大程度上缩小了圣人与常人之间的距离，甚至消除了圣人与常人之间的本质差别，从而提升了常人对自身人格的自信，在一定程度上拉近了凡圣之间的人格等差。

---

① 王夫之：《尚书引义·太甲二》，见《船山全书》第二册，岳麓书社 1988 年版，第 300～301 页。

② 顾炎武著，黄汝成集释，秦克诚点校：《日知录集释》，岳麓书社 1994 年版，第 23 页。

③ 王夫之原著，王新春、刘心明译注：《思问录》，山东友谊出版社 2001 年版，第 250 页。

④ 朱熹：《四书章句集注》，中华书局 1983 年版，第 7 页。

由此可见，通过对心性、道器、凡圣关系的重塑，明清之际的儒学提升了普通个体对自身人格、心灵运用及命运把握的自信，张扬了个体主体性。尽管这一时期的儒学没有像西方启蒙哲学那样明确、彻底地建构起自由、平等的个体主体观念，但其在突破前现代人与人之间的等级观念、鼓舞个体追求独立和发挥能动性方面的成绩是不容抹杀的。

二、对主体情欲属性的肯定

虽然现代人的基本特性主要表现在主体的独立、自由、平等方面，但这些不足以支撑起丰满的现代性主体观念。试想：主体追求自己的独立、自由与平等是为了什么呢？归根到底，是为了满足自身的基本利益或欲求。人有基本的欲求和情感是人生存的重要一面，是主体的一个重要特征。在前现代社会中，由于森严的等级制度和严苛的道德要求，普通人正常的情感欲求是受到压制的，这对现代人而言是不正常、不公平的，甚至是非人性的。宋明理学认为克尽人欲才能复尽天理，戴震称其“以理杀人”①，这是非常“现代性”的观念。人们通常称现代人是从前现代的压迫、束缚中“解放”出来的，那么现代人被“解放”的是什么呢？是尊严，也是应当被满足的欲求。其实在很大程度上，欲求被认可便是获得尊严。正因如此，现代人也是世俗化的人，因为他们将不受无端干涉地、平等地实现合理欲求视作根本的人格尊严和人身权利。所以，肯定人的基本欲求的合理性，是现代摧毁前现代的重要突破口；以私欲为人性的基本需要和合理需求，是独立、自由、平等之现代个体的重要特征。

在儒家哲学现代转型过程中，人欲同样是一个重要的突破口。在肯定人的合理欲求方面，明代中晚期的泰州学派的表现是最为激烈的。如何心隐明确提出“欲可寡而不可无”。他说：“且欲惟寡则心存，而心不能以无

① 戴震：《与某书》，见张岱年主编《戴震全书》第六册，黄山书社1995年版，第496页。

欲也。欲鱼欲熊掌，欲也。舍鱼而取熊掌，欲之寡也。欲生欲义，欲也，舍生而取义，欲之寡也。能寡之又寡，以至于无，以存心乎?"[1] 李贽也认为"虽大人不能无势利之心"，"则知势利之心，亦吾人禀赋之自然矣"。[2]"穿衣吃饭即是人伦物理。除却穿衣吃饭，无伦物矣。"[3] 泰州学派是儒家哲学现代转型过程中肯定人欲的急先锋。正是由于"急"，所以他们的主张和行事往往过于超前与激烈，故而显得离经叛道和癫狂，遭到了各方的批评。明清之际的诸大儒亦在批评者之列（下文将会详细介绍）。尽管明清之际的诸大儒对泰州学派放纵人欲的主张和行为持批评的态度，但他们对人们合理的欲求依然是持肯定态度的。就此而言，明清之际的儒学仍是进步的。

例如，在公私问题上，顾炎武提出了"合天下之私以成天下之公"的主张：

> "雨我公田，遂及我私"，先公而后私也。"言私其豵，献豣于公"，先私而后公也。自天下为家，各亲其亲，各子其子，而人之有私，固情之所不能免矣。故先王弗为之禁；非惟弗禁，且从而恤之。建国亲侯，胙土命氏，画井分田，合天下之私以成天下之公，此所以为王政也。至于当官之训则曰以公灭私，然而禄足以代其耕，田足以供其祭，使之无将母之嗟，室人之谪，又所以恤其私也。此义不明久矣。世之君子必曰：有公而无私，此后代之美言，非先王之至训也。[4]

顾炎武认为，自上古大同之世之后，人有私心、私欲是常情，王者建国立制，不仅不应该禁止，反而应该体恤、满足人的私心。所谓"公"并不是"无私"，而是使天下人之私皆得实现，这才是真正的公。所以公与私并不是决然无关的，"有公而无私"的主张并不符合先王之道。王夫之亦有类似

① 何心隐著，容肇祖整理：《何心隐集》，中华书局1960年版，第42页。
② 李贽著，张建业主编：《李贽文集》第七卷，社会科学文献出版社2000年版，第358页。
③ 李贽著，夏剑钦校点：《焚书·续焚书》，岳麓书社1990年版，第4页。
④ 顾炎武著，黄汝成集释，秦克诚点校：《日知录集释》，岳麓书社1994年版，第91~92页。

的表述。他说："孔颜之学，见于《六经》《四书》者，大要在存天理。何曾只把这人欲做蛇蝎来治，必要与他一刀两断，千死千休?"① 陈确讲得更为明确："所欲与聚，推心不穷，生生之机，全恃有此。""真无欲者，除是死人。"② 由此可见，明清之际的儒学把私与欲看作主体不可或缺的属性。

有人或许会问，明清之际的诸大儒对私、欲的肯定何以具有现代性的特征？程朱理学不是也没有彻底否定人的基本欲求吗？如朱熹曾说："饮食者，天理也；要求美味，人欲也。"③ 为什么朱熹的观点就不具有现代性的特征呢？这里，朱熹将人的饮食需求看作是天理，表面看来其思想是极开放的，其实不然。因为饮食需求不过是人的生存需要，追求美味才是正常的人性，而这一点确是朱熹所反对的。明清之际诸大儒大加肯定的正是朱熹反对的那一面。如王夫之说："甘食悦色，天地之化机也。……天之使人甘食悦色，天之仁也。"他又说："苟其食鱼，则以河鲂为美，亦恶得以弗河鲂哉？苟其娶妻，则以齐姜为正，亦恶得而弗齐姜哉?"④ 唐甄甚至认为欲是人生来就具有的本性："身欲美于服，目欲美于色，耳欲美于声，口欲美于味，鼻欲美于香。其为根为质具于有妊之初者，皆是物也。"而且欲还是人一生活动的原动力，少壮之时，"心之智识，皆为五欲之机巧；五欲之机巧，还以助心之智识。……人皆以欲为心，若更无所以为心者"。直到年老体衰，人们才会相应减少欲望，才能真正做到安贫乐道。⑤ 所以在唐甄这里，欲望是人性的基础。

程朱理学之所以是前现代的儒学，是因为它在肯定人的基本生存需求之上，并不认可其他任何欲求。于是私与欲便被排除在人性之外，由此建构的文化与规范遂成为束缚和压制人性的工具。与程朱理学不同，明清之

---

① 王夫之：《读四书大全说》，中华书局1975年版，第282页。
② 陈确：《陈确集》，中华书局2009年版，第469页。
③ 黎靖德编，王星贤点校：《朱子语类》第一册，中华书局1986年版，第224页。
④ 转引自萧萐父、许苏民《明清启蒙学术流变》，辽宁教育出版社1995年版，第345页。
⑤ 唐甄撰，《潜书》注释组注：《潜书注》，四川人民出版社1984年版，第106~108页。

际的儒学不仅认可人的生存需求，而且肯定人们对丰富、美好生活的渴望，以此为基础建构的文化必然会解除人们追求欲望的种种限制，有利于保障人们自由的活动，因而具有现代性的特征。从主体的层面来看，程朱理学塑造的主体由于剔除了私欲，必然缺乏向外求取的张力和追求独立、自主的活力；而明清之际的儒学塑造的主体由于肯定私欲的合理性、合法性，势必敢于大胆向外求取，勇于追求自身的个性和自主性，而这是现代性主体观念的主要特征。

由此亦可进一步反思现代性主体之欲求属性与独立、自由、平等属性的关系。其实，单纯的独立、自由、平等属性之所以会被现代人认可为自身的属性，归根结底是因为它们有助于主体欲求的实现。因此，主体的欲求属性是人们追求自由、平等的内在动力，人的欲求属性得到认可，独立、自由、平等才有意义，否则，这些观念就会失去存在意义。

以上论述偏于强调“欲”，事实上，儒家哲学在现代转型过程中，通常将欲归于情，更强调人的情性。情包含欲，但比欲的范围广，能够比欲更为全面地表达主体的内在感受和存在状态。我们可以说儒家文化是尚情的文化，但不能说儒家文化是尚欲的文化。所以，说儒家哲学是通过发扬主体的“情性”表现出现代性特征的，要比说其是通过发扬“欲性”具备这一特征的更确切。

泰州学派作为中国早期启蒙思潮的先驱，正是通过将阳明心学中的“良知”本心彻底下落为“情”，从而发动其思想革命的。颜山农曾讲过：“吾门人中，与罗汝芳言从性，与陈一泉言从心，余子所言，只从情耳。”① 而泰州学派所谈的性与心，大抵指的是情。罗汝芳的一个朋友曾指出，他所谈的性其实就是“情识”。罗汝芳说：“若以近溪此示为情识，而别求所为无上妙理，是舍时行物生以言天，外视听言动以求仁，非一贯之旨。”②

---

① 黄宗羲著，沈芝盈点校：《明儒学案》，中华书局1985年版，第703页。
② 黄宗羲著，沈芝盈点校：《明儒学案》，中华书局1985年版，第820页。

罗汝芳的辩解似乎是说性不离情，情在性中。但真正了解他的思想便会明白，他所说的性或良知就是人自自然然的赤子之心，他没有明确分别性与情，他认为真情即真实的人性。李贽的“童心说”就是对这个思想的继承。泰州学派的尚情哲学还影响了明代晚期的一批著名文学家，如汤显祖、冯梦龙等。他们在自己的作品中，对情感的重要性做了发挥，在当时的社会中产生了较大影响，对摆脱程朱理学的束缚、解放个体情欲起到了重要的推动作用。

与泰州学派不同，明清之际的顾炎武、黄宗羲、王夫之等儒者虽然肯定情欲的合法性，但并不认可泰州学派提出的人性即情性的思想观点，对这一观点做了深刻的批评。通过批评，他们揭示了现代性主体情性之外的理性一面。

三、对主体理性属性的推崇

同样是肯定主体的情感属性，但泰州学派的思想倾向是唯情主义。虽然他们认情为性，在个性解放方面做出了重要贡献，但他们的一些主张甚至比明清之际的思想家还要激进和超前。正是因为唯情主义的思想倾向，泰州学派的思想主张和行事风格也暴露出张狂、轻率、离经叛道等问题。以下是黄宗羲、顾炎武、王夫之的批评：

> 阳明先生之学，有泰州、龙溪而风行天下，亦因泰州、龙溪而渐失其传。泰州、龙溪时时不满其师说，益启瞿昙之秘而归之师，盖跻阳明而为禅矣。然龙溪之后，力量无过于龙溪者，又得江右为之救正，故不至十分决裂。泰州之后，其人多能以赤手搏龙蛇，传至颜山农、何心隐一派，遂复非名教之所能羁络矣。①

> 自人文向盛，士习浸漓，始而厌薄平常，稍趋纤靡；纤靡不已，渐骛新奇；新奇不已，渐趋诡僻。始犹附诸子以立帜，今且尊二氏以

① 黄宗羲著，沈芝盈点校：《明儒学案》，中华书局1985年版，第703页。

操戈。背弃孔、孟，非毁程、朱，惟《南华》、西竺之语是宗是竞。以实为空，以空为实。以名教为桎梏，以纪纲为赘疣。以放言高论为神奇，以荡轶规矩、扫灭是非廉耻为广大。取佛书言心言性略相近者窜入圣言，取圣经有空字无字者强同于禅教。语道既为踳驳，论文又不成章。世道溃于狂澜，经学几为榛莽。①

自姚江王氏者出而《大学》复乱，盖其学所从入，以释氏不立文字之宗为虚妄悟入之本……夫道之必有序，学之必有渐，古今之不能违也。特所谓先后者，初非终一事而后及其次，则经、传、章句本末相生之旨亦无往而不著，王氏之徒特未之察耳。若废实学，崇空疏，蔑规矩，恣狂荡，以无善无恶尽心意知之用，而趋入于无忌惮之域，则释氏之诞者固优为之，悉必假圣贤之经传以为盗竽乎?②

以上批评约而言之，主要有四点：一是以佛乱儒，流入狂禅；二是空疏无学，文不成章；三是行为狂荡，扰乱纲纪；四是淆乱是非，不知廉耻。以上四点批评虽然泛指阳明后学，但实际上主要指向王艮门下的泰州学派和王龙溪门下的浙中学派。大体而言，浙中学派与泰州学派的区别主要在于浙中学派偏向心灵的指点，有禅师气质；泰州学派偏向伦理反思与身体力行，多英雄情怀。③ 所以上述四点批评中，狂禅一项或许偏于指斥浙中学派，但将其他三项批评归于泰州学派则完全没有问题。对于泰州学派的弊端，其内部人士亦有所论述。如王栋说："自先师发明任师同乐之旨，直接孔孟正传，而出其门下者，往往肯以讲学自任。然又自责不厚，操养欠真，或于进退辞受察伦明物之间，不免气习用事，多不服人，而成功亦因以鲜也。"④

---

① 顾炎武著，黄汝成集释，秦克诚点校：《日知录集释》，岳麓书社 1994 年版，第 661 页。
② 王夫之：《船山全书》第四册，岳麓书社 1991 年版，第 1467～1468 页。
③ 参见季芳桐《泰州学派新论》，巴蜀书社 2005 年版，第 184～185 页。
④ 王艮撰，陈祝生等校点：《王心斋全集》，江苏教育出版社 2001 年版，第 170 页。

泰州学派出现上述问题虽与个别人物的性情有一定的关系，但主要原因仍在其学术。正如黄宗羲所言，“非其聪明，正其学术也”[①]。那么泰州学派的思想学说又何以会导致上述问题呢？其实，问题的根源就在于上文所说的唯情主义的思想倾向。泰州学派发扬的主要是主体的情感属性，以情感为主体的根本特征，强调情感自然、直接、真诚地发露，反对约束真情。他们认为真情丧失就会失却真心，而失却真心也就不再是真人。[②] 在这种思想倾向下，泰州学派自然会出现修养欠真、狂妄放纵、扰乱纲纪等弊病。

明清之际的儒者生活在稍晚于泰州学派的时代，目睹泰州学派的弊端，自然会有所批评和反省，定然不会延续唯情主义的思想倾向。于是，明清之际的儒者努力修正泰州学派的问题，在肯定主体情性的基础上，加强了对情感的约束，但又不能倒退回程朱理学以理灭欲的局面，故在理论上强调理从情出、情理互限。

在性情关系、理欲关系方面，明清之际的儒者反对程朱理学关于“性发为情”“性体情用”的主张。如黄宗羲指出：“先儒之言性情者，大略性是体，情是用；性是静，情是动；性是未发，情是已发。程子曰‘人生而静以上，不容说。才说性时，他已不是性也’，则性是一件悬空之物。”也就是说，黄宗羲认为如果性先于情，那么性就会成为一个没有载体的悬空之物，是无法存在的，所以性要存在就只能存在于情中，由情透显出来。故黄宗羲说：“离情无以见性，仁义礼智是后起之名，故曰仁义礼智根于心。若恻隐、羞恶、恭敬、是非之先，另有源头为仁义礼智，则当云心根于仁义礼智矣。”[③] 对于理欲的关系，王夫之也有类似的观点。他说：“圣人有欲，其欲即天之理。天无欲，其理即人之欲。学者有理有欲，理尽则合人之欲，欲推即合天之理。

---

① 黄宗羲著，沈芝盈点校：《明儒学案》，中华书局1985年版，第703页。
② 李贽：《童心说》，见《李贽文集》第一卷，社会科学文献出版社2000年版，第93页。
③ 黄宗羲：《孟子师说》，见《黄宗羲全集》第一册，浙江古籍出版社1985年版，第136页。

于此可见：人欲之各得，即天理之大同；天理之大同，无人欲之或异。”① 也就是说，天理与人欲并不是对立的，天理不在人欲之外，天理无非是恰当的欲望，天理的实现就是人们正当欲望的满足。

若只从欲的合理性一面分析，黄宗羲、王夫之的观点与泰州学派的观点是一致的。但事实上，两者有很大的不同。泰州学派是认情为性，认为性的实现即真情的表达。但在明清之际的儒者看来，这是对情感的放纵，虽然性不在情之先、之外，但性也不完全等同于情。他们认为性在情中，只有恰当的情才是性，才是天理。所以王夫之所说的“其欲即天之理”是圣人之欲，“欲推则合天之理”是学者之欲，而不是所有人的欲。因此，明清之际的学者所主张的欲是有限制的。正如王夫之所说：“倘以尽己之理压伏其欲，则于天下多有所不通。若只推其所欲，不尽乎理，则人己利害，势相扞格，而有不能推。”② 那么恰当的做法就是做到理不抑欲、欲不越理。这种态度有折中程朱理学与泰州学派的意味。

理欲相辅相成当然是一件好事，但关键是要把握好两者之间的界限，如果以程朱理学所说的“理”作为欲的正当性标准，那么欲依然有可能被压制；如果以泰州学派所说的“欲”作为标准，那么理就有可能丧失限制。对此，陈确提出的“两欲相参”的方法是值得借鉴的。陈确指出：

> 盖天理皆从人欲中见，人欲正当处，即是理，无欲又何理乎？……生，所欲也，义，亦所欲也，两欲相参，而后有舍生取义之理。富贵，所欲也，不去仁而成名，亦君子所欲也，两欲相参，而后有非道不处之理。推之凡事，莫不皆然。③

按照陈确的观点，以理作为人欲的正当性标准是将欲与欲相互对照、比较而后得出的，故标准本身源于欲，而不是外在的原理，这也就规避了欲被

① 王夫之：《读四书大全说》，见《船山全书》第六册，岳麓书社 1991 年版，第 639 页。
② 王夫之：《读四书大全说》，见《船山全书》第六册，岳麓书社 1991 年版，第 640 页。
③ 陈确：《陈确集》，中华书局 2009 年版，第 468 页。

外在规范压制的可能性。特别是将规范的来源归于欲与欲的对照、比较，实际上是将规范的来源完全归于主体本身，为主体打破外在权威、挺立自身的主体性提供了理论基础。相对程朱理学而言，这是一大进步。当然，陈确的理论也存在一定的缺陷。两欲应该如何相参呢？人为什么应该选择欲义之欲而不是欲生之欲，为什么应该选择欲仁之欲而不是欲富之欲呢？我们可以对此进行进一步讨论。比如，可以结合荀子的理论：若人人都选择欲生、欲富之欲，便会导致争夺、纷乱，最终大多数人应得的欲求也将难以实现；而只有选择欲义、欲仁之欲，社会才能安定，在安定有序的社会中，人们应得的生与富的欲求才能得到最大限度的满足。① 无论如何，陈确确实提供了一个可供借鉴的方法。这个方法为人们基于欲望的满足制定行为规范提供了可能。而这些规范必然会对主体的情欲有一定的约束。

"理"即认识和遵行规范需要运用理性。以理限欲的立场表明明清之际的儒学在张扬主体情欲一面的同时，也非常注重张扬主体理性的一面。这对修正泰州学派之流弊、树立健全的现代性主体观念具有重要意义。除了主体观念，明清之际的儒家哲学对理性的重视还特别体现在其政治哲学和学术方法上。下文将对此做详细论述。

第二节　现代性政治哲学的突破

泰州学派的现代性观念建构主要表现在伦理道德层面。这是主体基于本真情感对周遭生活的约束所做的批评和反叛。但若想更进一步，对社会生活背后的制度规范及其建构的原则进行哲学的反思和重新设计，就必须依靠冷静的反思和扎实的学术，而这是泰州学派唯情主义哲学的瓶颈。明

---

① "然则从人之性，顺人之情，必出于争夺，合于犯分乱理而归于暴。故必将有师法之化，礼义之道，然后出于辞让，合于文理，而归于治。"（《荀子集解》，中华书局 1988 年版，第 434～435 页。）

清之际的儒学加强了对理性的重视，使其在现代性政治哲学和制度设计上的突破成为可能。通过对专制制度进行深刻的反思，明清之际的儒学在政治哲学上取得了诸多具有现代性意义的成就。

一、现代性主权观念的萌芽

现代性主权观念与前现代主权观念的一个重要区别就是主权属于全体人民还是属于君主一家。其实，儒家哲学从一开始就是反对君主私有天下的。先秦儒家认为天子不过是百姓的代言人和领导者而已，并不是天下主权的拥有者。所以，当咸丘蒙跟孟子谈到“普天之下，莫非王土；率土之滨，莫非王臣”时，孟子说：“是诗也，非是之谓也。”孟子认为这只是诗人的夸张之言，并不是事实。特别是当万章问孟子天子之间应该如何交接权力时，孟子强调，“天子不能以天下与人”，“天子能荐人于天，不能使天与之以天下”。天子之所以不能将天下与人，是因为天子根本没有这个权力，拥有这个权力的是“天”。

但自秦代以后，这一局面发生了改变，天下逐渐沦为君主私家之物。黄宗羲对这一转变有深刻的论述：

> 后之为人君者不然，以为天下利害之权皆出于我，我以天下之利尽归于己，以天下之害尽归于人，亦无不可；使天下之人不敢自私，不敢自利，以我之大私为天下之大公。始而惭焉，久而安焉，视天下为莫大之产业，传之子孙，受享无穷。汉高帝所谓“某业所就，孰与仲多”者，其逐利之情不觉溢之于辞矣。此无他，古者以天下为主，君为客，凡君之所毕世而经营者，为天下也。今也以君为主，天下为客，凡天下之无地而得安宁者，为君也。①

君主原本是天下人的服务者，在秦汉以后却反过来，成为天下人的主

① 黄宗羲原著，李伟译注：《明夷待访录译注》，岳麓书社2008年版，第6页。

人。于是，天下人都是皇帝的奴仆，天下百姓的公共事业就是为皇帝一家牟私利，天下主权完全归皇家所有。君主私有天下，视天下为自身的产业，必然会为了维护自身一家一姓的利益而牺牲百姓的利益，甚至还会极力搜刮百姓的财物，以满足私人的需求。于是，君主便成为天下百姓利益的最大危害者。正如黄宗羲所说："然则为天下之大害者，君而已矣。向使无君，人各得自私也，人各得自利也。"①

因此，要想使百姓各得其利，必须改变君主私有天下的主权观念，重新确立"天下为主，君为客"的观念。对此，王夫之提出了"不以一人疑天下，不以天下私一人"的主张。他说："圣人坚揽定趾以救天地之祸，非大反孤秦、陋宋之为不得延，固以天下为神器，毋凝滞而尽私之。"② 值得注意的是，明清之际的儒者虽然与先前提到的孟子一样，都反对君主私有天下，但两者关于天下主权归属的观点并不一致。如上文所说，孟子认为天下的主权不属于君主，也不属于全体人民，而是属于"天"。但明清之际的儒者认为天下之主权归属天下人（"天下为主"）。虽然这里的"天下"不是现代意义上的民族国家，但它在狭义上指的就是中国，故其中包含着中国之主权在全体中国人的意思。所以我们可以说，明清之际的儒学中已经蕴含了现代人民主权观念的萌芽，尽管离成熟的现代性人民主权观念还有一定的距离。

二、现代性政体观念的萌芽

主权观念与政体之间存在对应关系。政体是政府组织和运行的基本方式，在君主私有天下的主权观念下，中国君主专制的政体一直在不断强化。直到明代废除宰相制度，中国的君主专制制度发展到新高度，其弊端得以充分暴露，这给明清之际的儒者提供了一个总结、反思的契机。

---

① 黄宗羲原著，李伟译注：《明夷待访录译注》，岳麓书社2008年版，第6~7页。

② 王夫之：《黄书》，见《船山全书》第十二册，岳麓书社1996年版，第519页、第508页。

明清之际的儒者对君主专制制度的弊端有着充分的认识。比如，在君臣关系上，由于将天下看作君主的私产，大臣们便自然被看作君主的仆役。因此官员们定然尽心竭力服务于君主，而不会将心思放在保民、安民、富民上，这不仅不利于维护百姓的利益，最终也会影响国家的发展。如顾炎武所说：

封建之失，其专在下；郡县之失，其专在上。古之圣人，以公心待天下之人，胙之土而分之国；今之君人者，尽四海之内为我郡县犹不足也，人人而疑之，事事而制之，科条文簿日多于一日，而又设之监司，设之督抚，以为如此，守令不得以残害其民矣。不知有司之官，凛凛焉救过之不给，以得代为幸，而无肯为其民兴一日之利者，民乌得而不穷，国乌得而不弱？率此不变，虽千百年，而吾知其与乱同事，日甚一日者矣。①

此外，在君主专制体制下，君主权力过大，地位太过尊贵，会导致在下位者过于卑微，因而无法制约君主，无法规谏君主的过失，使君主日益孤陋寡闻，从而有亡国之虞。唐甄对此有深刻的认识，他说：

人君之尊，如在天上，与帝同体。公卿大臣，罕得进见；变色失容，不敢仰视；跪拜应对，不得比于严家之仆隶。于斯之时，虽有善鸣者，不得闻于九天；虽有善烛者，不得照于九渊。臣日益疏，智日益蔽，伊尹、傅说不能诲，龙逢、比干不能谏，而国亡矣。②

君主专制制度将权力完全集中于君主之手，将国家责任完全放在君主肩上，但谁也无法保证每一任君主都有卓越的智慧和充足的精力，一旦君主无能，政权就有可能被窃取。正如黄宗羲所言：“一人之智力不能胜天下欲得之者之众，远者数世，近者及身，其血肉之崩溃在其子孙矣。”③ 所以，

① 顾炎武著，华忱之点校：《顾亭林诗文集》，中华书局1983年版，第12页。
② 唐甄撰，《潜书》注释组注：《潜书注》，四川人民出版社1984年版，第212~213页。
③ 黄宗羲原著，李伟译注：《明夷待访录译注》，岳麓书社2008年版，第7页。

在君主专制制度下，维持政权的长久存在是非常困难的，中国历代朝廷的更替便是最好的证明。

为了矫正上述弊端，使政府组织和运行的基本方式与“天下为主”的主权归属一致，明清之际的儒者提出了新的政体方案。新的政体设计延续了君主制的形式，但改变了君主专制的制度设计，转换了君主观念的内涵，弱化了君主的权力，具有明显的现代性特征。

首先，对于君主的身份，明清之际的儒者去除了其“天下之主”的内涵，将其降格为一个与大臣平等的爵位或职位。顾炎武指出：“为民而立之君，故班爵之意，天子与公、侯、伯、子、男一也，而非绝世之贵。代耕而赋之禄，故班禄之意，君、卿、大夫、士与庶人在官一也，而非无事之食。是故知天子一位之义，则不敢肆于民上以自尊；知禄以代耕之义，则不敢厚取于民以自奉。”① 将君主的身份降格，君臣关系也会发生相应的改变，即由主仆关系变为同僚关系，正如黄宗羲所说：“夫治天下犹曳大木然，前者唱邪，后者唱许。君与臣，共曳木之人也。”②

其次，对于君主的权力，明清之际的儒者反对君主独治，强调分天子之权。如顾炎武说：“人君之于天下，不能以独治也。”“所谓天子者，执天下之大权者也。其执大权，奈何以天下之权寄之天下之人，而权乃归之天子？自公卿大夫至于百里之宰，一命之官，莫不分天子之权，以各治其事，而天子之权乃益尊。”③ 这里所说的天子“执天下之大权”，并不是说天子独揽天下事务、一切乾纲独断，而是说天子应该扮演一个国家权力的代表和分配者的角色。天子的任务就是将自己手中的权力分配到天下人手中。只有分掌权力者将手中的权力运用好了，政府才能受到百姓的认可，政权才

---

① 顾炎武著，黄汝成集释，秦克诚点校：《日知录集释》，岳麓书社 1994 年版，第 257~258 页。

② 黄宗羲原著，李伟译注：《明夷待访录译注》，岳麓书社 2008 年版，第 14 页。

③ 顾炎武著，黄汝成集释，秦克诚点校：《日知录集释》，岳麓书社 1994 年版，第 222 页、第 327 页。

能稳固，国家权力才能受到尊重。

最后，为了落实“分天子之权”的主张，明清之际的儒者针对国家机构和政府架构，也提出了调整的建议。比如，黄宗羲提出重新设置宰相一职。他认为，天子传子，故有贤愚之分，而宰相传贤，可弥补天子不贤的缺陷。为了保证宰相能发挥相应的作用，黄宗羲主张提高宰相的权力。宰相可以直接批阅奏章，并下达六部执行，不必呈给君主审核。宰相还可以设立“政事堂”，堂内设立分管各类行政事务的部门，以处理政府事务。[①] 由此一来，宰相的权力比天子的权力更为实在，天子的权力反而有些虚化。两者的关系有些类似于今天君主立宪制国家中君主与首相的关系，虽不是完全相同，但至少有这样的倾向。此外，黄宗羲还重新构想了学校的职能。在黄宗羲的构想中，学校不仅负有培养人才的责任，还负有参政议政的责任。他说：“学校，所以养士也。然古之圣王，其意不仅此也，必使治天下之具皆出于学校，而后设学校之意始备。”[②] 那么学校如何履行参政议政的职能呢？第一，学校掌握评判天下是非的话语权，不以天子之是非为是非，不隶属于政府，从而可以对政府形成制约。第二，学官人选不由政府选拔委任，而是由名儒主持，通过公共选举而出；学官不能干涉学生议论国事，否则学生有权更换老师。第三，太学祭酒的地位相当于宰相，天子听讲，亦须执弟子礼；对于国事的缺失，祭酒可以直言不讳地对天子、宰相进行批评。黄宗羲有关学校职能的构想虽然不可与西方近代以来的议会制度相提并论，但至少“反映了其近代代议制的意识，流露出议会政治的萌芽思想”[③]。

从以上论述可见，明清之际的儒者在政体设计上做了大胆的创新，在弱化君主权力、分权、权力制衡等方面实现了诸多重要突破，对时人和后人的思想启蒙具有重要意义。

---

① 黄宗羲原著，李伟译注：《明夷待访录译注》，岳麓书社2008年版，第31~32页。

② 黄宗羲原著，李伟译注：《明夷待访录译注》，岳麓书社2008年版，第38页。

③ 黄宗羲原著，李伟译注：《明夷待访录译注》，岳麓书社2008年版，第37页。

三、现代性治理方式的萌芽

明清之际儒学“天下为主”的主权观念以及分权、制衡的制度设计理念不仅涉及政体层面，而且涉及具体的国家治理层面。对于国家治理，明清之际的儒者也提出了诸多具有现代性特征的方案。

（一）强化法治的作用

为了防止、限制权力的滥用，同时为了提供基本的社会规范，明清之际的儒者纷纷强调加强法治。当然，这里的“法”不是为了维护皇家一姓利益而设立的法，必须是为了维护天下人的利益而设立的法。前一种“法”是不能真正发挥社会治理功能的。黄宗羲对此有深刻的认识，他说：

> 后世之法，藏天下于筐箧者也：利不欲其遗于下，福必欲其敛于上；用一人焉则疑其自私，而又用一人以制其私；行一事焉而虑其可欺，而又设一事以防其欺。天下之人共知其筐箧之所在，吾亦鳃鳃然，日唯筐箧之是虞，故其法不得不密。法愈密而天下之乱即生于法之中，所谓非法之法也。①

为维护天下人的利益而设立的法就能发挥良好的社会治理功能吗？有些学者对此持怀疑态度。他们认为社会治理的关键在人，不在法，因此他们主张“有治人而无治法”。这种观点是有深厚的儒学理论基础的。儒家向来注重圣贤、王者在国家治理中的作用，强调“人治”的重要性。《中庸》云：“文武之政，布在方策。其人存，则其政举；其人亡，则其政息。……故为政在人。”这就是说，没有圣贤推行，好的政策和制度本身是无法发挥其应有的功能的。但黄宗羲认为，在“非法之法”流行的今天，即便有“治人”出现，由于各种牵绊，也没法真正施展才能。只有通过“法”的改革，将“非法之法”改良为“治法”，以此为基础，才可能有真正的“治

① 黄宗羲原著，李伟译注：《明夷待访录译注》，岳麓书社2008年版，第21页。

人”出现。即便掌权者不是有才能的人，有良法的约束，他也无法“深刻罗网，反害天下”。所以黄宗羲一反传统注重“人治”的观念，提出“有治法而后有治人”的主张。①

黄宗羲讨论的是法治对在上位者的约束作用，而王夫之则从法治对在下位者的约束方面论述了“法制”的意义。他说：“治国推教而必有恒政，故既以孝弟慈为教本，而尤必通其意于法制，以旁行于理财用人之中，而纳民于清明公正之道。……则《大学》之道，所以新其民者，实有以范围之于寡过之地，不徒恃气机之感也。此则以治其国，而推之天下亦无不可矣。”② 也就是说，在维系公民道德方面，除了道德教化，法令制度也起着重要作用，法依靠其强制性的特点，兜住了人民群众行为的底线。它未必能劝导人人都做君子，但至少可以规范人们，使人们少犯错误，这对维系社会风纪是非常重要的。

明清之际的儒者能够认识到法治的极大价值，通过法治来弥补人治的弊端，这是国家治理方式从传统向现代转型过程中的重大突破。

（二）扩大地方自治权力

落实“分天子之权”的主张除了要求加强中央机构之间的相互制约，还要求赋予地方更多的自主权，加强中央与地方之间的制约，从而改变长期以来在君主专制制度下形成的过度中央集权的问题。关于过度中央集权的弊端，顾炎武有详细的论述：

> 夫辟官、莅政、理财、治军，郡县之四权也，而今皆不得以专之，是故上下之体统虽若相维而令不一，法令虽若可守而议不一。为守令者既不得其职，将欲议其法外之意，必且玩常习故，辟嫌碍例，而皆不足以有为。……是以言莅事而事权不在于郡县，言兴利而利权不在

① 黄宗羲原著，李伟译注：《明夷待访录译注》，岳麓书社2008年版，第22页。
② 王夫之：《读四书大全说》，见《船山全书》第六册，岳麓书社1991年版，第436~437页。

于郡县，言治兵而兵权不在于郡县，尚何以复论其富国裕民之道哉！必也，复四者之权一归于郡县，则守令必称其职，国可富，民可裕，而兵、农各得其业矣。①

顾炎武认为，在中央过度集权的情况下，地方不具备应属于自己的权力。地方无权，地方长官相互掣肘，自然就会懒政、无所作为，而且会通过各种方式推卸自己的责任。这样一来，国家强盛、百姓富足就只能成为空想。为了改变这一局面，顾炎武提出，一定要将“辟官、莅政、理财、治军”之权归于地方。

在强化地方自治权力上，王夫之还提出应革除“分司”。他说：“府治其属，既不能专，其有事，旁挠于同、判、推官，而巡守兵备安坐其上以扼郡邑之呼吸，则分司之建可革也。……故革分司，重府权，尽治其郡，设推官以赞其吏治，立武监以简其兵赋，兵赋所讲，受成于府，有所征发，府受台计而遣之。刑名、钱馕、驿置、屯田、水利，奏最于两司足矣。”② 王夫之的意思是，强化地方权力应从两方面入手。一方面，地方权力不应过度分散，地方长官应总览大权，不受其他地方官员的掣肘；另一方面，要减少上级设在地方的分司机构，地方长官最多只需向两司（布政使司和都指挥使司）汇报事务即可，以避免上级机构过多、命令不一甚至相互推诿的现象。

黄宗羲同样主张扩大地方自治权力。他主张在边境地带设立方镇，赋予方镇相应的自治权力：“务令其钱粮兵马，内足自立，外足捍患；田赋商税，听其征收，以充战守之用；一切政教张弛，不从中制；属下官员亦听其自行辟召，然后名闻。”③ 他认为增强方镇自治权有极大的好处：有利于方镇统帅专司其职，有利于地方自给自足，有利于减少异地调兵引起的动

① 顾炎武著，黄汝成集释，秦克诚点校：《日知录集释》，岳麓书社 1994 年版，第 329 页。
② 王夫之：《黄书》，见《船山全书》第十二册，岳麓书社 1996 年版，第 508~509 页。
③ 黄宗羲原著，李伟译注：《明夷待访录译注》，岳麓书社 2008 年版，第 87 页。

荡，最重要的是，有利于制约中央，使中央有所忌惮，不敢肆意妄为。正如黄宗羲所说："外有强兵，中朝自然顾忌；山有虎豹，藜藿不采。"① 由此可见，加强地方自治权力的确能够达到分君主之权的目的。

（三）呼吁普通群众参政议政

既然天下是天下人的天下，那么天下人都应该拥有参政议政的权利。虽然明清之际的儒学没有设计出像西方那样"一人一票"的现代民主制度，但他们至少为普通个人参政议政发出了呼声，这在当时社会已算是不小的成就了。

在前现代的政治架构中，普通个人没有参政议政的权利，也缺乏相应的渠道。普通个人的利益诉求可以由在上位者采集，并予以关注。但在明清之际的儒学中，普通个人对天下国家的兴衰存亡也是有责任的。关于这一点，顾炎武提出的"天下兴亡，匹夫有责"最为著名。他说："有亡国，有亡天下，亡国与亡天下奚辨？曰：易姓改号谓之亡国。仁义充塞，而至于率兽食人，人将相食，谓之亡天下。……是故知保天下，然后知保其国。保国者，其君其臣，肉食者谋之；保天下者，匹夫之贱与有责焉耳矣。"②在这里，顾炎武对国事与天下事做了区分。他认为国事关涉的是一家一姓之政权的存亡问题，是士大夫之职责所在；而天下事关涉的是人类文明的存亡问题，是每一个人都应承担责任的。从表面上看，顾炎武在这里并未强调普通个人参政议政的责任，因为参政议政是国事，是士大夫的事情。其实不然，参政议政固然是国事，但也涉及天下事。也就是说，天下事是套嵌在国事中的，国事未必同时是天下事，但天下事可以同时是国事，故普通个人关心天下事，会不可避免地涉及国事。只要国家政策、国家兴亡关系到文明存亡，普通个人就有责任参与其中。比如在顾炎武等儒者看来，

① 黄宗羲原著，李伟译注：《明夷待访录译注》，岳麓书社2008年版，第88页。

② 顾炎武著，黄汝成集释，秦克诚点校：《日知录集释》，岳麓书社1994年版，第471页。

明朝的存亡不仅关系到朱家政权的存亡，同时关系到儒家文明的存亡，故保大明政权本身就是在保天下，欲保天下就应该参与到巩固大明政权的行动中。此即顾炎武所说的“保天下，然后知保其国”。

当然，参政议政本身不仅涉及保天下的问题，还关系到百姓自身的利益。因此，为了维护自身利益，普通人也应该参与到国事中来。所以顾炎武说：“张子有云：‘民吾同胞。今日之民，吾与达而在上位者之所共也。救民以事，此达而在上位者之责也；救民以言，此亦穷而在下位者之责也。’”[①] 顾炎武的意思是，“民”是国家中所有成员的统称，既包括普通人，也包括士大夫。因此所有人都有参政议政——“救民”的责任。然而对于责任的履行，普通人与士大夫有不同的分工。士大夫由于身在其位，故必须通过政治实践来尽责；普通人由于不在其位，故只能通过言论来尽责。孔子曾讲过：“天下有道，则庶民不议。”（《论语·季氏》）很多人以此来否定庶人议论朝政的权利，而王夫之则解释说：“‘天下有道，则庶人不议。’然则政教风俗苟非尽善，即许庶人之议矣。”政策不可能十全十美，这实际上是肯定了庶人议政的权利。对于普通个人议政的权利，唐甄亦有提倡。他认为鼓励“直言”是国家兴盛的重要手段：“直言者，国之良药也；直言之臣，国之良医也。除肤疡，不除症结者，其人必死；称君圣，谪百官过者，其国必亡。”[②] 唐甄还指出，直言不仅是“谏官”的职责，只要天子虚心纳谏，则普天之下的所有人皆可成为“谏官”。他说：“六卿六贰进讦陈戒，师箴，蒙诵，百工谏，士议于学，庶人谤于道，皆谏官也。天子特不纳谏尔，苟能纳谏，何患直言之不闻？”[③]

肯定庶人参政议政的责任和权利，主张普通个人通过言论参与到国事中，这是明清之际儒学“天下为主”之主权观念在国家治理上的体现，与

---

① 顾炎武著，黄汝成集释，秦克诚点校：《日知录集释》，岳麓书社 1994 年版，第 678 页。
② 唐甄撰，《潜书》注释组注：《潜书注》，四川人民出版社 1984 年版，第 213 页。
③ 唐甄撰，《潜书》注释组注：《潜书注》，四川人民出版社 1984 年版，第 387 页。

西方近代社会保障公民的言论自由等政治权利有一定的相似性。但由于明清之际的儒学对普通个人参政议政的观念只是停留在呼吁的层面，没能将其落实到政治制度的设计上，或者只是在前现代制度的范围内做了一定的强化，因此与现代民主制度相比，还有较大的差距。但无论如何，这些主张突破了君主专制制度的束缚，具有现代性的进步意义，这是毋庸置疑的。

第三节　现代性学术方法的突破

马克斯·韦伯在《新教伦理与资本主义精神》一书的“导论”中指出，西方社会之所以能够诞生现代性的科学、艺术、经济、政治文化，归根到底，是因为西方在近代彻底实现了上述学术领域的理性化。[①] 这表明现代性文化的诞生与理性化学术方法的运用有着直接关系。在中国，明清之际的儒家学者重视理性，在学术方法上反对空谈、注重实证和考辨，对理性化的经典诠释学、史学和实用科学的发展做出了重要贡献。

一、注重对经典文本与史实的考究

自宋代理学兴盛，儒家学者多用心于心性、理欲等关系的辨析，使学术日渐脱离经典文本。由于程朱理学注重“即物而穷其理”[②]，因此在理学兴盛之时，空谈心性的问题还不太严重。待到明代心学兴盛之时，一切是非的根据皆落实于主体之“心”，圣贤与经典的权威地位大幅下落。当心学传至王艮与王龙溪门下时，便出现了黄宗羲所谓“遂复非名教之所能羁络矣”[③] 的局面。从积极的一面来看，脱离经典权威的束缚有利于个体主体性

① 马克斯·韦伯著，于晓、陈维纲等译：《新教伦理与资本主义精神》，生活·读书·新知三联书店1992年版，第15页。

② 朱熹：《四书章句集注》，中华书局1983年版，第6页。

③ 黄宗羲著，沈芝盈点校：《明儒学案》，中华书局1985年版，第703页。

的张扬和思想的解放；从消极的一面来看，空疏之风的流行会使国家无真才实学之士，特别是在明王朝大厦将倾之际，国家无人可用的局面显得更为严峻。明清之际的儒者对这种不学无术、空谈妄论之学风做了尖锐的批评。如顾炎武说：

> 刘、石乱华，本于清谈之流祸，人人知之，孰知今日之清谈有甚于前代者。昔之清谈谈老、庄，今之清谈谈孔、孟，未得其精而已遗其粗，未究其本而先辞其末。不习六艺之文，不考百王之典，不综当代之务，举夫子论学、论政之大端一切不问，而曰“一贯”，曰“无言”，以明心见性之空言，代修己治人之实学。股肱惰而万事荒，爪牙亡而四国乱，神州荡覆，宗社丘墟。昔王衍妙善玄言，自比子贡，及为石勒所杀，将死，顾而言曰：“呜呼，吾曹虽不如古人，向若不祖尚浮虚，勠力以匡天下，犹可不至今日。”今之君子得不有愧乎其言？①

为了扭转空谈的学风、提倡扎实的学术，顾炎武主张加强经学研究，指出“经学即理学”。他说：“谓古今安得别有所谓理学者，经学即理学也。自有舍经学以言理学者，而邪说以起，不知舍经学则其所谓理学者，禅学也。”② 以经学的方式讲理学，也就将对心性的探讨落实到对经典文本的学习之中，使人们在探讨义理时不得不寻求文本的支持，从而约束了空谈的风气。此外，义理的探讨不仅要依托于经典文本的诠释，还应证之于历史的经验，这就需要对古今历史流变有清晰、如实的了解，加强对历史知识的学习与研究。

经典诠释和历史研究的客观性是遏制空谈的保障。对此，方以智从主体内外两个方面提出了要求。内在方面的要求是去除主观成见。他说：“经以穷理，史以征事，设身处地，自忘其心之成见而体之，乃能灼然天下之

---

① 顾炎武著，黄汝成集释，秦克诚点校：《日知录集释》，岳麓书社 1994 年版，第 240 页。

② 全祖望：《亭林先生神道表》，见朱铸禹汇校集注《全祖望集汇校集注》，上海古籍出版社 2018 年版，第 227 页。

几而见古人之心，此所谓鉴也。”① 也就是说，要排除主观的成见和自我中心，然后才能真正体会古人之用心并如实了解事物背后的法则。如果执着于内心成见，定然无法客观地描述事物。正如王夫之所说：“天下之物理无穷，已精而又有其精者，随时以变，而皆不失于正。但信诸己而即执之，云何得当？”② 外在方面的要求是加强对证据的考究。方以智说：“尚论古今，贵有古今之识。考究家或失则拘，多不能持论。论尽其变，然不考究，何以审其时势，以要其生平？……吾惟望读史之士，具卓识、观大端，若欲论断，必立旁证，考究之功，其可忽诸！”③ 这是要求学习历史知识的人从大端入手把握历史事件，不要过多计较细枝末节；在探讨历史事件之大端时，要多多收集旁证，不能从某一孤立的证据出发妄加揣测。

在立论的客观性和证据的多元性之外，明清之际的儒者也十分注重研究对象发展变化的条理性、一贯性，主张本末相参、前后印证，这也是“考究之功”的一个重要方面。这个方面所体现的能力实际上就是理性的能力或者说是思的能力。王夫之非常重视运用思。他认为思的能力对人而言是有益而无害的，只有通过思，人们才能清晰、深刻地把握事务，才能超越动物水平，获得高深的知识。所以他说：“心出思而得之，不思则不得也。岂蓦然有闻，瞥然有见，心不待思，洞洞辉辉，如萤乍曜之得为生知哉！果尔，则天下之生知，无若禽兽。”④ 他又说：“遏欲之功在辨，存理之功在思。”⑤

明清之际的儒者不仅是客观、扎实、理性学风的提倡者，而且是优秀的践行者。在经学和史学研究方面，成就最大的应属顾炎武和黄宗羲。他

---

① 方以智：《史统序》，见《浮山文集前编》，清康熙此藏轩刻本。
② 转引自梁启超撰，朱维铮导读《清代学术概论》，上海古籍出版社 2000 年版，第 19 页。
③ 方以智：《史断》，见《浮山文集前编》，清康熙此藏轩刻本。
④ 王夫之：《读四书大全说》，见《船山全书》第六册，岳麓书社 1991 年版，第 850 页。
⑤ 王夫之：《读四书大全说》，见《船山全书》第六册，岳麓书社 1991 年版，第 853 页。

们是清代经学和史学研究的先驱。梁启超曾说："大抵清代经学之祖推炎武，其史学之祖当推宗羲。"① 对于顾炎武的治经方式，《四库全书总目》"日知录提要"云："炎武学有本原，博赡而能贯通。每一事必详其始末，参以证佐，而后笔之于书，故引据浩繁，而抵牾者少。"② 可见，顾炎武立言是非常注重证据和条理的，正因如此，他的观点才比较客观，容易被他人接受。黄宗羲在治史学的过程中同样注重考证，特别强调证据种类的广泛性和真实性。其最具代表性的学术史著作是《明儒学案》。该书详细记录了明代诸多思想流派的主要观点、代表人物、传承情况、语录文摘等，是中国历史上第一部系统的学术史著作。

总之，明清之际的儒者在经学和史学研究中提倡的去成见、重考据、详本末的学术方法，与现代经典诠释学和史学理性化、客观化的研究方法是一致的。相应的学术成果在中国现代性经典诠释学和现代性史学发展中具有开拓性意义。

二、推崇数理化与实证化的质测之学

明清之际的儒者推动的学术研究的理性化不仅表现在经学和史学方面，而且表现在实用科学方面。明清之际的儒者之所以重视实用科学，是因为当时的主流学术太过空疏、不切实际，学者们整日谈心论性，对现实问题无所用心。对此，顾炎武说："今之君子则不然，聚宾客门人之学者数十百人，'譬诸草木，区以别矣'，而一皆与之言心言性，舍多学而识，以求一贯之方，置四海之困穷不言，而终日讲危微精一之说。"③ 顾炎武批评的这类学者之所以"置四海之困穷不言"，并不是因为他们毫无入世、经世之心，恰恰相反，是因为他们抱负太大，动辄以整饬宇宙、参赞天

① 梁启超撰，朱维铮导读：《清代学术概论》，上海古籍出版社 2000 年版，第 17 页。
② 转引自梁启超撰，朱维铮导读《清代学术概论》，上海古籍出版社 2000 年版，第 11 页。
③ 顾炎武著，华忱之点校：《顾亭林诗文集》，中华书局 1983 年版，第 40 页。

地之化育为己任，因而无心关注具体的现实问题。这类学者认为只要把握了天理、大道、万物之本体，具体问题的解决将是自然而然的事情。以阳明心学为例，徐爱曾向王阳明请教，在侍奉父母的问题上，是否应该学一学祛暑、避寒的知识。王阳明回答说：

> 如何不讲求？只是有个头脑，只是就此心去人欲、存天理上讲求……此心若无人欲，纯是天理，是个诚于孝亲的心，冬时自然思量父母的寒，便自要去求个温的道理；夏时自然思量父母的热，便自要去求个凊的道理。①

学者们就是因为这个“自然”，所以认为实用之学是很容易习得的，便将心思全部用在了“去人欲，存天理”之上，从而导致了实用学术的荒废。以算数为例，徐光启指出：“算数之学特废于近世数百年间尔。废之缘有二：其一为名理之儒土苴天下之实事；其一为妖妄之术谬言数有神理，能知来藏往，靡所不效。卒于神者无一效，而实者亡一存，往昔圣人所以制世利用之大法，曾不能得之士大夫间，而术业政事，尽逊于古初远矣。”②实用学术的荒废进一步加剧了学者们在物理上的无知。方以智说：

> 今日文教明备，而穷理见性之家反不能详一物者。言及古者，备物致用，物物而宜之之理，则又笑以为迂阔无益，是可笑耳。卑者自便，高者自尊，或舍物以言理，或托空以愚物。学术日裂，物习日变，弁髦礼乐，灭弃图书，其有不坏其心者，但暗与道合而已，偶得物理之一端，则委之于术数者流。安得圣人复起，非体天地之撰，类万物之情，乌能知其故哉！③

对物理的无知一方面会导致学者们内心浮夸、好高骛远，另一方面会

① 王守仁撰，吴光等编校：《王阳明全集》，上海古籍出版社 1992 年版，第 3 页。

② 徐光启：《刻同文算指序》，见朱维铮、李天纲主编《徐光启全集》第九册，上海古籍出版社 2010 年版，第 284 页。

③ 方以智录：《物理小识·总论》，商务印书馆 1937 年版，第 5~6 页。

使学者们容易流入术数和迷信，不利于正确世界观的建构。为了改变这种状况，明清之际的儒者大力倡导学习和研究实用科学。在《明夷待访录·取士下》篇中，黄宗羲主张研究“绝学”，指出政府应加强对历算、乐律、测望、占候、火器、水利之类学术的考核，收揽有真才实学者和有发明创造者。[①] 当然，除了提倡研究实用科学，明清之际的儒者还致力于从学理上谋求提升实用科学的地位及促进其发展之道。

方以智对世间学术做了归纳和分类，认为世间一切学术无外质测、宰理、通几三种：“考测天地之家，象数、律历、声音、医药之说，皆质之通者也，皆物理也。专言治教，则宰理也；专言通几，则所以为物之至理也，皆以通而通其质者也。”[②] 也就是说，质测之学是研究事物物理特性的学问。任何事物，大到天地，小至蠕虫，考察它们发展变化的原因，研究它们的属性、性情、好恶，推测它们未来的变化等，这些都是质测之学的范畴。探讨伦理道德的根据，研究国家、社会的治理方式等方面的学问，都是宰理之学的范畴。宰理之学大体包括今天的伦理学、政治学、管理学等。探讨事物与人类社会最为根本、普遍之原理的学问，是通几之学的范畴。通几之学主要指今天的哲学。中国传统社会最注重的是宰理之学和通几之学，质测之学的地位一直不是很高，特别是宋明以来，学者们对质测之学的轻视尤为严重。为了扭转这种风气，方以智特别强调了质测之学的价值。他首先指出质测之学与通几之学是密切联系、相辅相成的：“或质测，或通几，不相坏也。”[③] 其次，他强调质测之学是通几之学的基础，不研究质测之学而妄论通几之学，会导致空疏无知的流弊，使学术研究彻底丧失实用价值。他说：“质测即藏通几者也。有竟扫质测而冒举通几，以显其宥密之

---

① 黄宗羲原著，李伟译注：《明夷待访录译注》，岳麓书社 2008 年版，第 70 页。

② 方以智：《文章薪火》，清《昭代丛书》本。

③ 方以智录：《物理小识·总论》，商务印书馆 1937 年版，第 3 页。

神者，其流遗物。”[①] 他又说：“后人执离器显道之谈，而不归实用，自与帝王经世之务远矣。”[②]

方以智所谓质测之学即实用科学。明清之际的儒者不仅在学理上赋予实用科学以重要的地位，而且对实用科学发展的几个重要方面进行了深入探讨，具体体现在以下几个方面。

（一）注重知识的积累

上文讲到，王阳明将尽孝所需的知识学习看作是良知自然引发的事情。从积极的方面来说，知识学习的确需要一定的动力，而良知确实可以为知识学习提供动力支持。就此而言，阳明的说法是没有问题的。可是动力并不是知识学习的充分条件，除了有动力支持，知识学习的成功还需要其他条件。例如，社会中必须有足够的知识储备，以备人们随时取用；学习者本人必须能够理解社会中储备的知识。这两个条件都不是在人们有知识需求之时，可以一蹴而就的。社会中的知识储备是以知识创造为基础的，而知识创造需要长期、专注的研究和经验积累；个人的理解能力也需要专业的教育和学习积累。一旦这些条件不具备，知识的学习将会受阻，无论有多么强大的动力，也是不能成功的。这是阳明心学在对待知识上的消极一面。近世学者牟宗三对此消极一面有深刻的反思，并提出了著名的“良知坎陷”理论，以期赋予知识理性以一定的独立地位。这早已为当今学者所熟知，兹不赘述。

其实早在明清之际，重视实用科学的儒者们就强调过知识创造和学习的独立性。他们的着眼点在于知识创造和学习并不完全依赖个人的聪明，而是需要一个漫长的积累过程。如方以智说：“世以智相积而才日新。学以收其所积之智也。日新其故，其故愈新。”[③] 徐光启也指出：“西士之精于

① 方以智录：《物理小识·自序》，商务印书馆1937年版，第1页。

② 方以智：《论虚谈大道不讲实务之病》，见《浮山文集前编》，清康熙此藏轩刻本。

③ 方以智：《文章薪火》，清《昭代丛书》本。

历，无他谬巧也，千百为辈，传习讲求者三千年，其青于蓝而寒于水者，时时有之，以故言理弥微亦弥著，立法弥详亦弥简。”徐光启又说：“如时差等术，盖非一人一世之聪明所能揣测，必因千百年之积候，而后智者会通立法；若前无绪业，即守敬不能骤得之。”[①] 由此可见，实用科学研究与心性之学研究是不同的。心性之学研究方面或许有天生的圣人，有不需要学习外在知识而完全依赖自己顿悟的圣贤。但实用科学的发展必须要经过长期的积累和扎实的研究。所以明代中晚期流行的那种空谈心性的学术风气与实用科学的学术方法是背道而驰的。

（二）强调数理的应用

除了扎实的学术积累，实用科学的发展还必须获得更为具体明确的方法指引。这个方法就是数理。也就是说，实用科学的发展本质上就是推进不同研究对象之性质的数理化，通过“数”与“度量”来把握事物发展变化的规律。由于中国古代用数来解释宇宙万物的学术主要源于《周易》的象数之学，故明清之际的儒者多用“象数”一词来表达西学“数理”的含义。

方以智非常注重象数之学。他指出，如果研究事物之理而不证之象数，那么此理通常会虚而不实。他说：“岂有通至理而不合象数者乎？执虚理而不征之象数者，是边无而废有也。”[②] 研究象数之学的好处在于能够通过象数准确把握事物变化的规律，从而真正做到以简驭繁。方以智说：“斥相（象）明心，止能言无理之理，谓理无一定云尔；今汩胪以天地人之象数，始能于无理之理自立自破，于无一定之云尔中，定出一定之云尔。则善表虚玄、以不变易贯变易者，莫妙于象数矣，尚忌之而废之乎？”[③] 由此可见，方以智反对只通过“明心”去穷理，认为这样并不能得到任何关于事物的

① 徐光启撰，王重民辑校：《徐光启集》，上海古籍出版社 1984 年版，第 73 页、第 389 页。
② 方以智著，庞朴注释：《东西均注释》，中华书局 2001 年版，第 203 页。
③ 方以智著，庞朴注释：《东西均注释》，中华书局 2001 年版，第 208 页。

理。他认为一定要通过把握事物之“相”或“象”，再从象中抽绎出“数”，通过“数”才能真正获得事物发展变化背后的“一定”之则。虽然“象数”化的“一定”之则有点“虚玄”（抽象），但人们能够通过它来操控、预知事物的变化，达到以简驭繁、以不变应万变的目的。方以智对象数之学的提倡与现代性实用科学数理化的需求是一致的。

不过在方以智这里，象数之学依然带有很多传统易学的神秘特征，并不是彻底的近代数理之学。进一步将“象数”的含义“数理”化，使之在很大程度上摆脱神秘气息的则是徐光启。徐光启对数理的重要性有着深刻的认识。他的这种认识主要是受西学影响的结果。他指出，西学除了有天主教，还有一种特别的格物穷理之学，“凡世间世外、万事万物之理，叩之无不河悬响答，丝分理解；退而思之，穷年累月，愈见其说之必然而不可易也。格物穷理之中，又复旁出一种象数之学。象数之学，大者为历法，为律吕；至其他有形有质之物，有度有数之事，无不赖以为用，用之无不尽巧极妙者”①。徐光启所说的“象数之学”即西方的数理之学。基于对数理之重要性的认识，徐光启主张将数理引入实用科学研究领域，提出了“度数旁通十事”② 的主张，即将数理之学广泛运用到天文气象、水利、音律、军事工程、会计、建筑、机械力学、医学、计时等十个方面，推动这些领域的数理化。这对中国实用科学的近代化具有重要意义。

（三）提倡观察与实证

数理方法的运用固然会提高质测的精度和推理的深度，但脱离经验的推理也容易走向玄虚和神秘。中国传统的象数之学之所以在解释事物时往

---

① 徐光启：《泰西水法序》，见王重民辑校《徐光启集》，上海古籍出版社 1984 年版，第 66 页。

② 徐光启：《条议历法修正岁差疏》，见朱维铮、李天纲主编《徐光启全集》第九册，上海古籍出版社 2010 年版，第 163~164 页。

往带有神秘主义色彩，就是因为推理的前提并非完全来自经验，其结果亦未经过经验的验证。而西方近代科学之所以避免了神秘主义，就是因为强调实证。徐光启对此有着清醒的认识，他说西方科学“言道言理，既皆返本跖实，绝去一切虚玄幻妄之说”[①]。“返本跖实”即经验的验证，这是西方科学行之有效、言之不虚的关键，是实用科学现代化的重要标志。

明清之际的儒者非常重视实证。这不仅表现在上文所述的经学和史学研究方面，也表现在实用科学研究方面。黄宗羲在实用科学研究方面就非常注重考查“物理之自然”，主张从事物的物理、生理方面去认识事物，反对虚妄怪诞的解释。例如，对于康熙年间余姚见“麟”之事，有人以为祥，有人以为不祥，黄宗羲却说“夫穷理者必原其始，在物者必有其因”，主张从动物妊娠的自然原因解释“怪物”的生成，认为祥与不祥的见解无非是人们遵循陈言而发的意见，不是“推物理之自然”而得的结论。若从动物妊娠的自然原因去考察，便会发现，“世方以为怪，实不异马牛虎鹿之胎娠”。[②] 方以智由于倡导质测之学，因而特别强调求实。他批评宋明理学家只关心宰理之学，对于物理大半依傍前人言语，而没有实际的观察验证。他认为物理研究一定要以实际的考察为基础，“以实事征实理”[③]，不能离事物而空谈道理。他说：“因事本理，而立贯理、事者，究不能离事；因天地推混沌，而立贯混沌、天地者，竟不能离天地。则历然之天地、人事，乃真贯也；离天地、人事以言贯者，假贯也。”[④] 方以智认为，只有以实际考察为基础的理论，才是可信、可靠的。[⑤]

通过以上论述可见，明清之际的儒学在学术方法上非常注重“求实”

---

① 徐光启：《刻同文算指序》，见朱维铮、李天纲主编《徐光启全集》第九册，上海古籍出版社 2010 年版，第 284 页。

② 黄宗羲：《南雷诗文集上》，见沈善洪主编《黄宗羲全集》第十册，浙江古籍出版社 1993 年版，第 620~621 页。

③ 方以智著，庞朴注释：《东西均注释》，中华书局 2001 年版，第 29 页。

④ 方以智著，庞朴注释：《东西均注释》，中华书局 2001 年版，第 234 页。

⑤ 方以智并未彻底贯彻自己提出的原则，正因如此，他的象数之学才依然带有神秘的色彩。

“求是”，这不仅体现在经学、史学的研究中，也体现在实用科学的研究中。这种求实、求是的精神是明清之际儒学发扬主体理性精神的体现。理性精神在学术上的运用推动了当时人文社会科学、自然科学等领域的发展。尽管与西方近代科学理论、科学成就相比，明清之际的学术尚处于脱离传统学术范式的起步阶段，依然有很多保守和不足之处，但其在迈向现代性学术道路上做出的突破是不能抹杀的。

第四节　明清之际儒家哲学现代转型的启示

一、明清之际儒家哲学现代转型的“突破性”贡献

以上从人的自我认识（个体主体性的启蒙）、政治哲学、学术范式三个方面介绍了明清之际儒家哲学在儒学现代转型过程中做出的重要突破。下面简要论述这三个方面的“突破性”贡献。

在人的自我认识方面，明清之际的儒学推动了个体主体性发展。明清之际，诸大儒将宋明理学中的“性发为心”转化为“性在心中”，这为个体自信其心奠定了哲学基础，也促进了个体之间在现实上的平等。在凡圣关系上，明清之际的儒学主张道不离器，认为圣人不能尽器，在很大程度上削弱了圣贤的权威；同时主张常人有权变的能力，能够通过权变改变自己的命运，为普通个体突破外在权威起了重要的鼓舞作用。对于主体的内在属性，明清之际的儒学在情与理两个方面皆有所注重，其对主体理性一面的强调是对阳明心学特别是泰州学派的超越，在现代性个体主体性的塑造方面具有重要意义。就主体的情感属性而言，明清之际的儒学肯定了个体之私心与欲求的合理性，认为“甘食悦色”是人的本性，也是人生活的重要动力。就主体的理性一面而言，明清之际的儒学对泰州学派张扬情欲的

“唯情主义”与“激进主义”哲学做了深刻的批评，在肯定欲的合理性的同时，认为不应该放纵欲，应该以“理”约束欲。如果说泰州学派塑造的个体人格是偏于张扬、狂放和浪漫主义的，那么明清之际的儒学塑造的个体人格则是既有温情又有节制的。虽然在情感与理性的关系上，明清之际的儒学还达不到情理完全交融的境界，但其所塑造的主体在情感与理性两个方面都是健全的。相比于泰州学派，明清之际的儒学在这方面具有进步意义；相比于西方过于强调理性的启蒙哲学，也表现出一定的优越性。

基于对人的理性能力的运用，明清之际的儒学在政治哲学上以冷峻的眼光和翔实的考证，对君主专制制度做了深刻的批判，并提出了具有现代性意义的崭新制度构想。在天下主权观念上，明清之际的儒学否定了君主私有天下的观念，主张天下是全天下人的天下，“天下为主，君为客”。主权观念的颠覆为政体和治理方式的变革奠定了学理基础。在政体上，明清之际的儒学首先削弱了君主至高无上的地位，认为君与公卿大夫一样，不过是一个官职而已。这样一来，君臣之间不再是主仆关系，而是合作的关系，君与臣是“共拽木之人”。为了达到弱化君权的目的，明清之际的儒学主张“分天子之权”。在横向层面，设立宰相，提高宰相权力，使宰相参与承担国家最高决策，以不世袭的宰相解决世袭君主无能的问题；赋予学校参政议政的功能，由太学主导天下是非，从而制约政府决策。在纵向层面，赋予各级官员处理事务的实权，从而削弱君主的操控能力。在国家治理方面，明清之际的儒学对长久以来的人治政治做了反思，积极提倡法治，主张“有治法而后有治人”，试图通过法治制约官员滥用权力，并以此约束百姓的行为。为了加强地方自治能力和政权的巩固，明清之际的儒学主张扩大地方权力，削减地方主政官员的分管领导，使地方官员能够自主决定本地方的财政、行政甚至军马事务，从而以强大的地方制约中央政府。此外，明清之际的儒学还强调普通百姓的参政议政责任，主张“天下兴亡，匹夫有责”，肯定庶人议政的合法性。

明清之际的儒学对理性的重视也反映在学术方面。通过学术方法的理性化、客观化，明清之际的儒学在经典诠释学、历史学、科学与技术哲学方面也取得了诸多具有现代性意义的突破，推动了当时经学、史学和实用科学的发展。在经学和史学方面，明清之际的儒学反对空谈，注重扎实的学术，倡导理学即经学，不能脱离经典文本而妄谈义理；在史料的梳理上，一方面强调从主观上去除成见，另一方面要求加强对材料的考究；主张经过实际考证、本末相参而后立论。在实用科学方面，明清之际的儒学在学理上肯定了实用科学的独立性和重要性，提倡发展“绝学”与“实学”；对实用科学的本质和发展要件做了分析，指出实用科学的发展不是一蹴而就的，需要漫长的学术积累；通过借鉴西方科技成就，发现数理运用是实用科学发展的关键。为了防止数理的推论走向虚妄和神秘，明清之际的儒学特别强调经验观测与实证，反对脱离事物本身的言论和研究。

以上诸方面的成就鲜明地体现了明清之际的儒学在个体主体性启蒙、走出专制制度的政治哲学、“理性化”学术方法三个方面所蕴含的现代性特征。然而不可否认的是，上述三个方面在理论的彻底性、严整性方面与西方成熟的启蒙哲学之间还存在很大的差距，因此学界通常将这一时期称为中国现代性思潮的萌芽阶段，本书也只是将其称为儒学现代转型过程中的突破阶段。尽管处于突破阶段，但上述成就所展现的格局依然是宏大的，是必定会产生深远影响的。

二、明清之际儒家哲学的“折中主义”特征

明清之际的儒家哲学在儒学现代转型的道路上取得了一系列突破性成就。这些成就彰显了明清之际诸大儒总结历史、开拓创新的魄力和智慧。但与时代稍前的泰州学派相比，明清之际的儒学似乎少了一些进取的激情，少了一些掀翻旧社会的意气。有人或许会说，这并不是因为明清之际的儒学进取意气少了，相反，是因为泰州学派太过激进、太不现实。明清之际

的儒学为了矫正泰州学派“唯情主义”的问题，特别强调了理性的重要性，然而强调理性必然使其理论气质趋向扎实、稳重。明清之际的儒学没有因批评泰州学派的激进而转向彻底的保守，而是在综合吸收、批评古今中西各类学术之后有所创新，这说明其哲学的特征是“中道”的。

但笔者认为，与其说是“中道”，不如说是“折中”。因为明清之际的儒学矫正泰州学派流弊的结果不仅仅是使自身的理论气质表现为扎实、稳重，还包括自身相应的“退步”——尽管不是彻底的保守。即明清之际的儒学在将泰州学派张狂的个体主体理性化的同时，也消磨了个体主体性（对此，下文将继续讨论）。之所以如此，是因为明清之际的儒家哲学不纯粹是接着泰州学派讲的，而是折中宋代以来之理学、气学、心学的结果。折中的表现在于被折中的对象之间呈现出表面的相即关系。但实际上，这种关系是不清晰和不可操作的。例如，在道器关系上，明清之际的儒学主张“道不离器”，但道与器的关系究竟应该如何处理？是坚持道的主宰作用，还是坚持器自身的特性？理欲关系也是一样的，“理尽则合人之欲，欲推即合天之理”，到底应该以理制欲，还是推欲定理？此外，道与器、理与欲之间相互的限制应该如何把握？对此，明清之际的儒学并没有给出答案。

所以，明清之际的儒学在处理上述关系方面并没有提出清晰的、可操作性的见解，只是在批评宋明理学时强调器、欲的重要性，在批评阳明后学特别是泰州学派时强调道、理的重要性而已。道器、理欲相即不离是最不错的表达，但也为厘清上述关系留下了一片空白。它给进步留有空间，也给保守留有空间。进步的空间使其在诸多方面实现了现代性的突破，保守的空间则使其在儒学现代转型过程中出现了一定的退步，呈现出保守性的局限。

三、明清之际儒家哲学现代转型的局限与启示

明清之际儒家哲学现代转型的局限首先表现为个体主体性的弱化。当然这种弱化是相对稍前的泰州学派而言的。与程朱理学相比，明清之际的

儒学在个体主体性的彰显上是有较大进步的，但这种进步并没有泰州学派突出。正如上文所言，这里所谓没有泰州学派突出，并不是因为它限制了个体情感的放纵，而是因为它使个体主体性有所消磨。需要澄清的是，单纯对个体理性的张扬以及个体通过张扬自身理性而抑制情感的放纵并不会弱化个体主体性，反而是个体主体性增强的体现。因为个体理性的运用可以使主体进一步为自身欲求的合法性、行为的自主性、人格的平等性做论证，而且理性对情感的抑制源于主体自身，而不是任何外在的力量。可是，明清之际儒学所说的“欲推则合天之理”的“理”不仅仅是个体的“理性”或个体理性思维、认识的结果，还包含着程朱理学之“天理”的内涵。尽管明清之际的儒学在肯定欲的合理性方面有进步，但在“理欲相即”的理论模式下，理与欲的具体的、可操作性的关联是不清晰的，“理”是不离欲、不绝欲之理，不是完全在人的理性审视和批判后得出的理，于是程朱理学之“天理”观念中的诸多前现代内涵便会得到保留。所以明清之际的儒者虽然借着对“理”的重视加强了对主体理性的运用，但这并不意味着他们主张主体完全依照自身的理性（或情感与理性的相互作用）去做决断。泰州学派虽然有些纵情，但其决断的根据完全在个体现成的心。因此明清之际的儒学所能够彰显的个体主体性只能介于程朱理学与泰州学派之间，并没有超越泰州学派，没有完成情理交融的现代性个体主体的建构。就此而言，明清之际儒学中的个体主体性确实是弱化了，或者说有一定程度的退步。

其次，个体主体性的弱化也会制约现代性政治哲学的开展。在政治哲学方面，明清之际的儒学从“天下为主”的主权观念出发，重新调整了国家政体和治理方式的架构，突出了分权和权力制衡的理念。这是极具现代性意义的。但在明清之际的儒学中，与这一套制度架构和理念相对应的政治主体又是什么样的呢？是享有平等政治权利和政治自由的个体吗？不是。明清之际的儒学在政治哲学方面，更多地表现为对君主专制制度及其意识形态的反思、批判和背离，没有充分落实到自由、平等的现代性政治主体之上，所以虽然拥有天下主权的“民”包含普通民众，但他们参与政治的机会依然是微弱的。他们有“议政”的权利，有“天下兴亡，匹夫有责”的担当，但在明清之际儒学的制度构想中，这份权利与担当只有通过“谏”这样的途径才能实现。除非他们改变自身的身份，通过努力成为士大夫，而这不是人人都有机会、都能成功的。所以，明清之际儒学政治哲学的现代性萌芽主要不是立足于个体主体的觉醒出现的，而是立足于修正专制政治之恶出现的。明清之际的儒学并没有基于现代性的个体主体立言，这必然会制约其制度设计的现代性突破程度。

最后，在学术方法上，受明清之际儒学折中主义理论范式的影响，经学、史学、实用科学的理性化开展程度也受到了制约。明清之际的儒学主张“经学即理学”，这实际上是对宋明义理之学与理性化、客观化的经典诠释学、历史学的折中，因而没有厘清主观思想创造与客观学术研究之间的关系。理性化的学术方法在实用科学方面同样受到限制，明清之际的儒者虽然在一定程度上强调了实用科学的积累性、数理性、实证性，但往往又将其折中于象数之学、格物之学的理论体系中，认为数理之学即中国固有的象数之学、经验科学即中国固有的格物之学。如此一来，象数之学与格物之学不能完全摆脱传统经学理论体系中的内涵，因而也就无法彻底转化为充分理性化的现代性的数理之学、经验科学。这使得明清之际诸大儒的实用科学理论大多不可避免地带有神秘色彩，或者无法形成彻底的理性化体系。

以上所论各种局限并不是要否定明清之际儒家哲学在儒学现代转型过程中做出的贡献。也许这些局限在根本上只是时代的局限，也许明清之际的儒者已将时代留给他们的进步空间发挥到了极致，但时代的局限反映到当时的儒学理论中，则会转化为理论本身的局限。站在今天，为了儒学在当今时代的发展，我们理应对以往儒学理论的局限有清楚的认识。具体而言，本章关于明清之际儒学理论局限性的分析，至少可以为现代儒学的开展提供以下启示：

儒学的现代转型必须在理论上确定个体主体性的地位。个体主体性地位的确立要求肯定个体情感属性与理性属性在现代性观念建构中的基础地位。只有这样，儒学中的理性观念才能够从“天理”中独立出来，并成为基础性标准去反向校准天理。在此基础上，儒学中的制度规范设计才能真正落实到个体上，而不是永远停留于背离前现代社会制度规范的过程中。同样，在儒学与自然科学、社会科学的关系上，只有肯定个体情感与理性的基础地位，才能使儒学视域中的自然科学与社会科学真正突破前现代学术的藩篱，才能使儒学真正成为自然科学与社会科学发展的助力。

第五章　清代：儒家哲学现代转型的再度中断与赓续

刘　宏

在哲学领域中，对于清代学术是进步还是倒退，是纯粹的知识型学问还是蕴含着思想性的价值观念，历来颇有争议。站在儒家哲学现代转型的视角，本章试图对此问题做出回应。具体来说，如何来看待清代儒家哲学与宋明理学的关系，如何来理解清代学术中蕴含的现代性观念，如何来定位“西学东渐”之前这一段学术史的贡献及其在当代的意义，是本章所要论述的内容。[①]

关于“宋明理学”与“清代学术”的关系，就影响力及其后果而言，无外乎以下两种倾向：一是强调两者之间的断裂，二是强调两者之间的延续。这两种对立的观点其实早在民国时期就已初见端倪。前者以“西化派”（比如梁启超）为代表。梁启超在《中国近三百年学术史》中就认为明末和清代学术是对宋明的“反动”。[②] 随后，“保守派”的代表钱穆以同名书反

① 本章所说的“清代学术”，从内涵上来说，主要指清代鼎盛期的学术主流，即今人俗称的“乾嘉学术”；从外延上来说，主要指西方学术大规模涌进之前即史学上“鸦片战争”这一标志性事件发生之前的学术。

② 梁启超：《中国近三百年学术史》，东方出版社 2004 年版，第 1~11 页。

对梁氏的观点，将清代学术的源头追溯到两宋学术。[①] 自此之后，两种观点的对立一直延续下来，尤其反映在哲学领域中，比如现代新儒家的典型代表之一牟宗三声称："夫宋明儒学要是先秦儒家之嫡系，中国文化生命之纲脉。随时表而出之，是学问，亦是生命。自刘蕺山绝食而死后，此学随明亡而亦亡。"[②] 这无疑是将清代学术清理出中国哲学的门户了。与这一极端的做法相比，有些学者则将清代学术放在宋明理学的大传统中来处理。比如从蒙培元《理学的演变——从朱熹到王夫之戴震》一书的书名就可以看出，这是将宋明、明清之际、清代视为一个整体作为研究对象。[③] 当然，哲学史的论述能表露哲学家各自的哲学立场，难免带有哲学家的独特前见。然而抛开种种争论表象，其实质不过都是在力求证成中国传统学术中蕴含着可与"西方现代性"接轨的因素，只是各方选取的传统有别而已。[④]

本章的观点与传统判断不同。一方面，我们承认清代学术是儒家哲学现代转型的一次中断，另一方面，我们也要看到它同样是一种赓续。"中断"与"赓续"的双重特征构成了清代学术的独特面相。既然如此，我们首先就应解释此面相何以可能。

第一节 明清易代与康乾盛世

我们之所以说儒家哲学的现代转型在清代出现了"再度中断"，是因为儒家哲学的现代转型在此之前已经发生了中断。而上一次中断很明显发生在元

---

① 钱穆：《中国近三百年学术史》，商务印书馆 1997 年版，第 1~7 页。

② 牟宗三：《从陆象山到刘蕺山·序》，见《牟宗三先生全集 8》，台湾联经出版事业股份有限公司 2003 年版，第 5 页。

③ 蒙培元：《理学的演变——从朱熹到王夫之戴震》，方志出版社 2007 年版。

④ 如果对"西学东渐"以后的儒学发展有个总体的概括，可以表述为"现代性诉求的民族性表达"。参见黄玉顺《儒学与生活：民族性与现代性问题——作为儒学复兴的一种探索的生活儒学》，《人文杂志》2007 年第 4 期。

代。众所周知，元和清都是少数民族入主中原。从文化本位的角度来说，改朝换代之际，后代对前朝的否定是不得不为的政治措施。尤其是作为少数民族统治者的一方，限于自身的经济、文化劣势，不得不借助政治上的高压维持、巩固统治。而政治上的高压又会对经济、文化产生反向的冲击，由此难免会打断原先自发演进的历史进程。但是在做这种理想化的理论推演时，切不可忽视另一动向，即少数民族统治者为了巩固自身的统治，往往会主动调整自身的统治政策，以便通过吸收汉族的先进文化，来寻找自身政治的合法性所在。这同样是不争的历史事实。比如，元代将在两宋时期受打压的程朱理学抬上了统治的意识形态地位，而清代对程朱理学的推崇更是前明一代所不及。摘下狭隘的民族主义眼镜，应当承认的是，不论宋、明，还是元、清，都共同接续并丰富着中华文化。其实，历史本身从不曾断裂，断裂的是今人对历史所抱持的观念。这里借用黄仁宇“大历史”的观念，只有将历史放在整个延续的传统之中，才能避免对传统本身做主观的臆测宰割。我们只有将研究的视野放在宋、元、明、清整个皇权时代后期乃至当今中国现代社会转型的背景中，所谓“儒家哲学现代转型”这一命题才能成立。

但是同意“大历史”的观念并不意味着大的历史长河波澜不惊，并不意味着具体历史进程的惊心动魄可以被掩盖。相反，在我们看来，只有发现某些历史事件的转折性意义，历史的长河才能成其为大；只有挖掘历史长河中潜藏的暗流涌动，才能理解历史走到今天的导向何在。具体来说，因为儒家哲学的现代转型在清代再度中断，所以我们不能忽视“明清易代”这一政治事件的冲击；因为儒家哲学的现代转型在清代又再度赓续，所以我们不能忽视“乾嘉汉学”这一文化现象兴起的内在脉络。

一、中断：明清易代的冲击

在论述儒家哲学现代转型的再度中断时，我们将标志性事件锁定为“明清易代”。而要理解“明清易代”对儒家哲学现代转型的中断冲击，则不得不回顾此前的儒学现代化历史。很明显，如果没有已然发生的儒学现代化，又何谈儒家哲学现代转型的中断？追溯儒学现代化的历史发现，儒家哲学的现代转型早在宋代就已经发生了。[①] 然而此后儒学演进的事实告诉我们，随着程朱理学作为官方意识形态地位的确立，儒学现代化的进程在思想领域中受到了观念层面的阻碍。[②] 应该说，程朱理学作为一种学术形态，本是与君主专制博弈的产物，但其所宣扬的“存天理，灭人欲”观念在客观上契合了君主专制的统治需要，从而最终沦为政治的婢女。但不可忽视的是，宋明学术中，除了正统的程朱理学，还存在着其他诸多的学术形态，比如北宋王安石的“新学”、苏轼的“蜀学”，南宋陈亮的“永康学派”、叶适的“永嘉学派”，等等。这些学派重视“工商”，推崇“功利”等。这些观念本身就闪烁着现代性的光芒。只是从学术影响力来看，这些学派并不占据当时的社会主流，也未引发思潮式的运动。

而历史发展到明代中叶，市民社会已相当繁荣。统观整个晚明社会，各个领域都出现了典型的现代社会转型表征。这里可以做个总括：比如，在生产方式上，自给自足的小农经济开始转变为以市场为主导的商品经济；在生活方式上，以血缘为纽带的村民生活开始转变为以陌生人为主体的市民生活；在文化观念上，精英主导的士大夫文化开始转变为世俗性的市民文化；等等。当时一切的社会动向都表明中国本土已然孕育了相当繁荣的市民社会。而市民社会的繁荣在晚明的各种传奇、杂剧、戏曲、小说等市民文学样式中也都得到了淋漓尽致的体现。翻开诸如“三言二拍”等市民文学作品，描写工商业活动和男女爱情的故事片段触目皆是。其中，作为传统四民之末的各类工商业者开始作为正面人物出现，女子在追求爱情过

① 郭萍：《儒学现代转型的“引桥”——宋明儒学的时代性再认识》，《哲学研究》2018 年第 7 期。详细的讨论参见本书第一章。

② 黄玉顺指出，皇权时代后期的儒学可以分为两种走向：一是“守成”的儒学，一是“开新”的儒学。参见《论儒学的现代性》，《社会科学研究》2016 年第 6 期。

程中有违传统两性伦理的行为也开始得到同情、理解甚至赞扬，程朱理学所宣扬的“禁欲”“寡欲”等伦理观念开始被“尊情”“重欲”的市民阶层抛弃。可以说，这些市民社会的生产方式、生活方式和伦理观念皆是儒家哲学现代转型不证自明的历史背景。市民社会的到来必然逼迫着儒学在哲学层面做出现代性的观念回应。

然而明清易代，儒家哲学的现代转型再度中断。用黄宗羲的话来说，这是一次“天崩地裂”的大事件。面对这一事件，明清之际的一代大儒们所做的工作主要有二：一是在政治层面批判君主专制，二是在思想层面批判宋明理学。

一方面，明清之际的大儒们开始从根源处反思君主专制的权力合法性来源。比如，黄宗羲认为：“古者以天下为主，君为客，凡君之所毕世而经营者，为天下也。今也以君为主，天下为客，凡天下之无地而得安宁者，为君也。”① 这是要求将权力的合法性来源建立在万民公利的基础上。又如，唐甄认为：“天子之尊，非天帝大神也，皆人也。”② 在君主的神圣性被剥夺之后，力图建构的是一个“天下面前，人人平等”的理想社会。另一方面，这一时期的学者又将政治上的崩塌归罪于阳明学的空谈学风，如顾炎武说：

> 五胡乱华，本于清谈之流祸，人人知之。孰知今日之清谈，有甚于前代者。昔之清谈谈老庄，今之清谈谈孔孟，未得其精而已遗其粗，未究其本而先辞其末。不习六艺之文，不考百王之典，不综当代之务，举夫子论学论政之大端一切不问，而曰“一贯”，曰“无言”。以明心见性之空言，代修己治人之实学。股肱惰而万事荒，爪牙亡而四国乱，神州荡覆，宗社丘墟。③

---

① 黄宗羲：《明夷待访录·原君》，见沈善洪主编《黄宗羲全集》第一册，浙江古籍出版社1985年版，第2页。

② 唐甄撰，《潜书》注释组注：《潜书注》，四川人民出版社1984年版，第211~212页。

③ 顾炎武著，黄汝成集释，栾保群、吕宗力校点：《日知录集释》（全校本），上海古籍出版社2006年版，第402页。

儒者竞相批判程朱理学的空疏无用，将自己的为学宗旨定位于“经世致用”的“实学”。然而在明清易代的背景下，最大的“经世致用”莫过于直接参与国家政体的重构。对于有德无位的学者来说，更为切实的途径只能是在“经术所以经世”① 的理想下，通过考证儒家经典文献中的思想资源，为重建学统乃至政统寻找新的出路。这里尤其不能忽视顾炎武在这一时期学术探索中的贡献。他的《日知录》《天下郡国利病书》《音学五书》等“实学”著作直接导引了后来乾嘉汉学的考证方法。顾炎武从而被清学视为“开山”而接受。

随着明清易代成为既定事实，承认清朝合法性的清儒们不再可能在政治上与统治者针锋相对，但这绝不意味着此后到来的乾嘉汉学就丧失了“经世致用”的“实学”精神。只不过在专制政治的高压下，学者们的学术兴趣或是发生了转移，或者披上了经学的外衣。这里需要意识到，乾嘉汉学的兴起，相对于宋明也好，相对于明清之际也罢，都不是完全的倒退，只是学术进路有所不同而已。可以说，乾嘉汉学并没有完全脱离明清之际的问题意识，也并非与宋明理学处处抵触。在我们看来，以明清易代这一政治事件为坐标，清代以后对阳明心学乃至程朱理学的批判表面上是一种“反动”；但是抛开门户之见的“反动”与否，如果从儒家哲学现代转型的整体视角来看，不能不说这是一种批判式的接续与再造。

二、赓续：乾嘉汉学的兴起

以上所言只是摆明了我们的立场，即明清易代这一政治事件使儒家哲学的现代转型再度中断，但乾嘉汉学的兴起又是儒家哲学现代转型的再度赓续。在具体论述乾嘉汉学中的现代性观念之前，我们还必须确证乾嘉汉学兴起的现代性背景。

---

① 全祖望：《梨洲先生神道碑文》，见朱铸禹汇校集注《全祖望集汇校集注》，上海古籍出版社 2000 年版，第 219 页。

关于清代，人们往往有一种习焉不察的判断：少数民族的统治使得皇权时代晚期的社会要么是倒退，要么是停滞不前。这种判断的背后其实附着一种民族主义情绪，即用政治上的“中断”来遮蔽经济和文化上的“赓续”。诚然，明清易代这一政治事件给经济的冲击无疑是巨大的。然而经过清初战乱的平息，经济逐渐复苏，最终出现了古代中国的最后一个盛世，即今人常说的“康乾盛世”。但奇怪的是，这种盛世局面往往受到后世来自政治方面的否定。这种政治方面的否定主要源于清朝的专制高压和文字狱政策。这样的质疑其实是难以成立的。且不论在皇权时代，君主专制和文字狱政策作为帝王统治术有利于维护政权稳定，这里想问的是，何以过往的文字狱政策皆未阻止盛世的出现，反而要以清代的文字狱政策来否定“康乾盛世”呢？换一个角度来看，文字狱政策反映的不过是君主专制意识形态已经难以依靠一套有效而正当的行政体制，来维持现代社会转型期的正常秩序罢了。要言之，专制高压和文字狱政策是现代社会转型与君主专制政体之间激烈碰撞的产物。因而我们不能简单以政治上的思想压制来否定当时经济方面的工商业繁荣和文化方面的思想革新。

反观当时的经济发展，康熙、雍正、乾隆三朝已经做出了一系列推动商品经济发展的政策调整，比如“滋生人丁，永不加赋”，“地丁合一”，“火耗归公”，等等；也曾有意识地在国家层面展开关于垦政、粮政、农政、矿政、水利等领域的政策探讨。按照法国年鉴派学者布罗代尔的观点，18世纪的中国和西方出现了历史上罕见的“共时现象”：人口的持续增长与政府职权的加强。[①] 此外，被视为与西方马尔萨斯齐名的中国人口学家洪亮吉曾在《治平篇》中提出了中国人口飞速增长的问题。那么这里存在着一个简单的事实：清政府毕竟养活了当时占世界三分之一的人口。如此巨大的人口消费显然不能通过传统的土地增垦来满足，而只能依赖提高土地的利

---

① 参见高王凌《十八世纪，二十世纪的先声》，《史林》2006年第5期。

用率、追求高收益的商品交换和合理的市场化操作等现代性的生产方式来实现。西方经济学家麦迪森也曾对同期中国和欧洲的经济指标做出估算：在欧洲工业革命完成以前，中国和欧洲是世界上最大的经济体，1700年，中国和欧洲的GDP在世界总额中所占的比重分别是23.1%和23.3%，而1820年则为33.4%和26.6%。[①] 经济史领域已对当时具体的经济指标和经济政策有诸多讨论。我们只需要明确的是："康乾盛世"绝非徒有虚名。如果依然认为清代是中国社会的停滞期或倒退期，无疑是视历史事实而不见。总之，无论是把清代放在中国历史的长河还是与西方相比较的世界历史长河中，都应该将清代的"康乾盛世"视为中国现代社会转型的进一步拓展。

政治的高压不能阻碍经济的发展，经济的发展又推动着文化的革新。虽然在意识形态方面，清代始终奉行的是程朱理学，但这并没有消除人们在学术领域对程朱理学的批判。对于与程朱理学相对的乾嘉汉学，时人往往只看到其琐碎饾饤的考据表象，而忽视了考据工作背后的人文关怀。如果将视野放大到文学领域，不仅可以看到有《儒林外史》对科举制度的讽刺批判，更有曹雪芹、袁枚等文学家对晚明以来市民生活观念的进一步阐扬，就连考据学出身的李汝珍也在小说《镜花缘》中描绘了一个反叛男权的女性主导社会。有学者甚至提出，在乾嘉时期的"考据学派"之外，还存在着一个"经世学派"。[②] 当时的考据学家往往同时兼具文学家、史学家的身份，他们共处同一个文化圈且互有交流。难道钻故纸堆的乾嘉汉学与这些现代性诉求是完全背离的吗？这自然是令人难以置信的。那么就哲学思想层面而言，我们应该如何理解乾嘉汉学所蕴含的现代性观念呢？

综上所述，明清易代这一政治事件导致皇权时代后期的儒家哲学现代

---

① 参见自李伯重《江南的早期工业化（1550~1850年）》，中国人民大学出版社2000年版，第15页。

② 高王凌：《18世纪经世学派》，《史林》2007年第1期。

转型再度中断。但从经济、文化发展的视角来看，“康乾盛世”的出现表明中国社会的现代转型依然内在地进行着。这反映到学术层面，要求我们看到从明清之际掀起的理学批判思潮到清代鼎盛期的乾嘉汉学，是儒家哲学现代转型继续推进的重要一环。这反映到当今哲学研究领域，要求我们应当打破“宋明理学”的传统研究模式，主动切换到宋、元、明、清的整体儒家哲学现代转型的视野中来。

第二节　乾嘉汉学的现代性特征及方法

皇权时代后期的儒家哲学现代转型有其自身的特点，经过晚明时期市民社会的崛起和明清之际的理学批判思潮之后，清代鼎盛期的乾嘉汉学逐渐走上了经学考证的独立道路。这种考证工作常被今人诟病为缺乏思想性。如此说来，乾嘉汉学就与儒家哲学的现代转型毫无关联吗？然而通过西方的现代化进程可知，西方的现代化进程最初也是表现为西方传统文化的复兴，即“文艺复兴”。正是在对古希腊、古罗马文献的“训诂”“考据”中，西方逐渐走上了“宗教改革”“启蒙运动”的现代化道路。据此参照来看，乾嘉汉学正是儒家哲学现代转型中的一场中国式的“文艺复兴”运动。乾嘉汉学在方法论上自觉切换到与“宋学”相对的“汉学”考证方法，在哲学思想上建构起一套以戴震哲学为代表的新义理学观念。不论是乾嘉汉学的经学考证方法，还是戴震哲学的思想观念，都预示着一套与传统宋明理学有别的现代性观念的生成。我们首先来看乾嘉汉学的现代性特征及其背后的方法论基础。

一、乾嘉汉学的现代性特征

乾嘉汉学的兴起问题一直是学界关注的热点。台湾学者黄克武撰文总结了以下六种解释：

1. 考证学源于明末前后七子的复古以及杨慎、陈第、方以智等人个人的经历与博学的雅好。

2. 考证学受到耶稣会士所传西学的影响。

3. 由于清廷的高压统治与笼络，士人参加政府的学术计划或自行从事与政治无关的考证工作；并有学者由此评估考证学者精神上的沦落。

4. 考证学与社会经济变化有关，社会中的许多成员如官员、商人的奖掖、出版印书业的发达以及人口的成长都直接间接促成此运动的发展。

5. 考证学源于思想性的因素或儒学内部的发展，例如认为考证学的兴起涉及对宋明理学“空谈心性”之反动，或认为受程朱陆王的辩论、气的一元论的提出或经世思想的出现等因素影响。

6. 认为考证学的出现是内在因素与外在因素的交互影响，并强调上述第四项社会经济变化的重要性。①

正如以上第六种解释所言，一种学术风气的形成绝不是某种单一因素造成的，其根本原因在于整个社会生活方式的变动，所以乾嘉汉学兴起的根本原因即“康乾盛世”的到来。从学术层面来看，乾嘉汉学的出现无疑是儒家哲学现代转型进一步拓展的产物，诸如对此前顾炎武等人学术工作的推崇就体现了这一点。而乾嘉汉学之所以能占据学术主流，也不能忽视清朝文化政策方面“稽古右文”等因素的影响。

乾嘉汉学的兴起有个过程，早在晚明和明清之际就有一大批学者有取于两汉经学考证的治学方法。但是乾嘉汉学作为一个独立学派兴起，与乾嘉学者的自觉意识是密不可分的。我们知道，真正举起“汉学”旗帜的要数吴江惠氏一家。惠栋的再传弟子江藩曾在《国朝汉学师承记》中宣称：“至本朝，三惠之学盛于吴中，江永、戴震诸君继起于歙，从此汉学昌明，

① 转引自郑宗义《明清儒学转型探析：从刘蕺山到戴东原》(增订本)，香港中文大学出版社2000年版，第180页。

千载沉霾一朝复旦。”[①] 其言下之意是，至此“汉学”昌明之后，才真正复兴了儒家文化，才真正接续了孔孟道统。而“汉学”之所以能压倒“宋学”成为乾嘉学术的标杆，原因有二：一是“去古未远”，一是“学有家法”。如钱大昕所言：“诂训必依汉儒，以其去古未远，家法相承，七十子之大义犹有存者，异于后人之不知而作也。三代以前，文字、声音与训诂相通，汉儒犹能识之。”[②] 又如阮元认为：“两汉经学所以当尊行者，为其去圣贤最近，而二氏之说尚未起也。”[③] 可见，在乾嘉学者的心目中，汉人离圣人时代最近，因而汉儒最有可能领会孔孟之原旨。另外，“家法”的学术传承方式不仅保证了经学流衍的可持续性，而且提供了不杂于佛老异端的可靠性。从这两方面来看，儒家道统的真正接班人是“汉儒”而非“宋儒”。

那么我们应该如何来看待乾嘉学者口口声声的“汉学”呢？难不成两汉的学术也可能具有现代性的特征？

首先，需要明确的是，“乾嘉汉学”既非宋学（宋明理学），也非汉学（两汉经学），而是乾嘉时期特有的现代性学术形态。面对“汉学”一词，我们要问的是：“乾嘉汉学”是汉学（汉代之学术）吗？按照通行的说法，乾嘉汉学大致可以分为两派：以惠栋为首的“吴派”和以戴震为首的“皖派”。其实，完全标榜“汉学”旗帜的仅仅是吴派而已。而当时学界出现“有一知半解者，无不痛诋宋学”[④] 现象的一个重要原因就是汉学家们自觉意识到要与空谈义理的“宋学”彻底划清界限。也就是说，“汉学”与“宋学”之名之所以会在清代乾嘉时期出现，是因为其背后存在着重要的门户之争。所以惠栋、江藩等人的根本学术动机在于，借“汉学”之名与宋明

① 江藩辑：《国朝汉学师承记》，见《四部备要》第六二册，中华书局1989年版，第6页。

② 钱大昕撰，吕友仁校点：《潜研堂集》，上海古籍出版社2009年版，第391页。

③ 阮元：《国朝汉学师承记序》，见江藩辑《国朝汉学师承记》，《四部备要》第六二册，中华书局1989年版，第1页。

④ 江藩著，钟哲整理：《国朝汉学师承记》，中华书局1983年版，第154页。

理学争夺学术话语权。“汉学”之所以又能够用来统称乾嘉一代之学术，只是意味着汉人的治学方法得到了这一时期学者的一致认可。所以，对于“汉学”这一说法，在此需要区分的是“汉学之名”和“汉人之治学方法”。龚自珍曾针对当时的“汉学之名”提出了“十不安”。他说：

> 夫读书者实事求是，千古同之，此虽汉人语，非汉人所能专。一不安也。本朝自有学，非汉学，有汉人稍开门径，而近加邃密者，有汉人未开之门径，谓之汉学，不甚甘心。不安二也。琐碎饾饤，不可谓非学，不得为汉学。三也。汉人与汉人不同，家各一经，经各一师，孰为汉学乎？四也。若以汉与宋为对峙，尤非大方之言；汉人何尝不谈性道？五也。宋人何尝不谈名物训诂？不足概服宋儒之心。六也。近有一类人，以名物训诂为尽圣人之道，经师收之，人师摈之，不忍深论，以诬汉人，汉人不受。七也。汉人有一种风气，与经无与，而附于经，谬以禅灶、梓慎之言为经，因以汩陈五行，矫诬上帝为说经，《大易》《洪范》，身无完肤，虽刘向亦不免，以及东京内学，本朝何尝有此恶习？本朝人又不受矣。八也。本朝别有绝特之士，涵咏白文，创获于经，非汉非宋，亦惟其是而已矣，方且为门户之见者所摈。九也。国初之学，与乾隆初年以来之学不同；国初人即不专立汉学门户，大旨欠区别。十也。①

以上列举的“十不安”实则分别指出了“乾嘉汉学”与“汉人之学”（一、二、三、七）、“汉人之学内部”（四、八）、“汉人之学”与“宋人之学”（五、六）、“乾嘉汉学”与清代其他学派（九、十）之间等多方面的不同。而这些不同总归是在显示清人自有清人之学问，清人之学并非汉人之学。清人自身之学问必然是清代这一现代社会转型时期时代精神的体现。

---

① 龚自珍：《与江子屏笺》，见《龚自珍全集》，上海人民出版社 1975 年版，第 346~347 页。

在这一时代，一方面是程朱理学在政治领域中稳居官方意识形态地位，在学术上则表现为以桐城派为首的“宋学”一派；另一方面就是纯粹学术领域中的“汉学”兴盛，且在“汉宋之争”中占据着压倒性的优势。关于“汉宋之争”，今人常以惠栋的楹联——“六经尊服、郑，百行法程、朱”[①]来表明汉学并不决然反对宋学。其实，惠栋将“六经”与“百行”、“服、郑”与“程、朱”对举，恰恰表明了“学术”与“践履”、“汉学”与“宋学”的分裂。结合惠氏之学，细味此语，“汉学”压倒“宋学”已经成为不可争辩的学术定局。相应地，“宋学”只能退归到人伦教化领域（且未必成功）。再以被今人接受为“皖学”一脉的江永为例，江永在当时被尊为汉学大家，由于他著有《近思录集注》，又常被认为是程朱理学的信奉者。但从其《昏礼从宜》一书对朱熹《家礼》的某些颠覆性思想来看，江永也并非完全恪守程朱。[②] 由此可知，在学术领域，“汉学”有着自觉要求摆脱程朱理学束缚的强烈诉求。要言之，乾嘉汉学是从自身的问题意识出发来重新阐释儒学经典文献的学术形态。而他们的问题意识无疑只能源于乾嘉时代这一现代社会转型期的现代性生活方式。

其次，从“学术”与“政治”的关系来看，乾嘉汉学的现代性表征为学术开始脱离政治而独立。众所周知，宋明儒者最大的治学目标是通过“格君心之非”来达成“治国平天下”的宏愿，其学术指向在于以自身构建的“道统”来纠正现实的“政统”。因而可以说，宋明理学是“学术”与“政治”的复合体。然而在科举制的官僚体制下，以程朱理学为正统的儒学又被改造为政治统治的帮凶，“道统”反而沦落到需要附身于“政统”的地步。而在乾嘉时期，虽然统治者力图通过重新确立程朱理学的官方地位、实施文字狱等政策来进行思想控制，但这并不能阻止学术领域中的现代转

① 江藩著，钟哲整理：《国朝汉学师承记》，中华书局1983年版，第154页。

② 参见徐到稳《江永反朱思想及其对戴震的影响——基于新见文献〈昏礼从宜〉的研究》，《云南大学学报（社会科学版）》2013年第3期。

型。而且实施文字狱政策的主要目的在于打击反清言论，并未波及纯学术领域。在官方的推动下，《古今图书集成》《四库全书》《皇清经解》等一大批文献的整理和出版恰恰促成了学术领域中经学考证时代的到来。这一切都表明作为纯学术形态的乾嘉汉学已然从政治笼罩的迷雾中独立出来。除去官方的参与，惠栋、江永作为一介布衣能取得引领一代学风的学术地位，在科举鼎盛的宋明时期是难以想象的。作为乾嘉汉学领军的戴震，其学术能够得到公认也与其取得功名与否无关。① 钱大昕、段玉裁等一批汉学家虽然有出仕的经历，但一有机会就放弃仕途而投身于学术研究中。可以这样说，随着现代社会的转型，读书人的生活方式（亦商亦儒、出入幕府等）让他们有条件摆脱“学而优则仕”的科举之道。他们大可以在衣食得到保障的前提下，去做“为学术而学术”的工作。正如美国学者艾尔曼所言，乾嘉学者的身份完成了由传统型“儒者”向职业化“学者”的现代转化。

这种纯学术的工作常被当时的“宋学家”甚至今人批评为琐碎饾饤的“无用”。如桐城派的方东树就指责说：

> 汉学诸人，言言有据，字字有考，只向纸上与古人争训诂形声，传注驳杂，援据群籍证佐，数百千条。反之身己心行，推之民人家国，了无益处，徒使人狂惑失守，不得所用。②

应该说，方东树所批评的“不得所用”指的是汉学家的考据之学不具备直接运用于政治、伦理等领域的实用价值，但他大大忽视了学术本身之所用。从乾嘉汉学的独立来看，这恰恰是现代学术的基本精神。对于方东树的批评，在此可以借王国维的学术观来反驳：“学无新旧也，学无中西

① 戴震刚入都不久，就以其精深的考证学成果得到进士及第的诸学者的认可；且以其取得的学术成就，招来赐同进士出身的荣耀。

② 方东树：《汉学商兑》卷中之上，见徐洪兴编校《汉学师承记》（外二种），中西书局 2012 年版，第 251 页。

也，无有用无用也。”[1] 退一步说，乾嘉学者的纯学术态度并不意味着他们丧失了明清之际的“经世致用”精神。就汉学家的治学范围而言，他们也并非仅仅局限于文献考证层面。比如，他们对天文、地理、算学等实用知识的研究，不可谓对当时的历法、水利、商业等毫无用处。再比如，钱大昕曾指出：“自古六有不知数而为儒者。中法之绌于欧罗巴也，由于儒者之不知数也。”[2] 这其实已经超出了“汉学”甚至“经学”的范围，明确要求将儒学研究拓展到西方学术领域。我们可以将这视作中西学术交流的一个时代呼唤。

最后，从治学方法上来看，乾嘉汉学的现代性表征为在考证的基础上去阐发思想观念。众所周知，乾嘉汉学的突出成就在于以文字、音韵、训诂的小学方法来考证“六经”文本。这种朴实无华的学问貌似是一种纯粹的“文献主义”而不涉及思想的创造。然而这一论断值得我们做进一步的思考。第一，这一方法的贡献在于还原了“六经”文本的原貌，使得宋儒附加在其上的前现代观念失去了权威地位，从而为现代性的思想建构扫清了文本上的障碍。第二，即使是纯粹的文献考证，也很难说没有任何思想。因为进行考证工作首先要对文献进行选择和辨伪，此中必然存在着考证者的某些主观因素。这些主观因素是考证工作得以展开的思想前提。而这一思想前提无疑只能源于考证者所处身的现代性生活方式。第三，还需要看到的是，在经学注疏的传统之外，汉学家还刊刻了大量的私人文集。我们在这些文集中可以看到他们针对传统礼制已然做出了现代性的阐释。以两性伦理为例，如“七出”之礼，钱大昕认为“非徒以全丈夫，亦所以保匹

① 王国维：《〈国学丛刊〉序》，见文明国编《王国维自述》，安徽文艺出版社 2014 年版，第 80 页。

② 钱大昕：《赠谈阶平序》，见吕友仁校点《潜研堂集》，上海古籍出版社 2009 年版，第 377 页。

妇……去而更嫁，不谓之失节”[①]；汪中认为“女子许嫁而婿死，从而死之，与适婿之家，事其父母，为之立后而不嫁者，非礼也”[②]；等等。这都是在提倡尊重女性权利，要求改变家族传统中男尊女卑的观念。显而易见，乾嘉汉学并非纯粹的文献主义，而是在经学考证的基础上，正在向着君主专制的意识形态发起冲击。

二、乾嘉汉学的现代性方法

虽然乾嘉汉学家们各自的立场不同，研究的学术领域存在差异，但作为一个整体学派，他们必然存在着共同的标识。与今人对乾嘉汉学的定位如“朴学”“汉学”“考据学”等有争议不同，“实事求是”一语是乾嘉汉学家一致认可的治学方法。[③] 而这一学术共识正是乾嘉汉学之所以展现出现代性特征的方法论基础。

“实事求是”一语最早出自《汉书·河间献王刘德传》：

河间献王德以孝景前二年立，修学好古，实事求是。从民得善书，必为好写与之，留其真，加金帛赐以招之。繇是四方道术之人不远千里，或有先祖旧书，多奉以奏献王者，故得书多，与汉朝等。是时，淮南王安亦好书，所招致率多浮辩。献王所得书皆古文先秦旧书，《周官》《尚书》《礼》《礼记》《孟子》《老子》之属，皆经传说记，七十子之徒所论。其学举六艺，立《毛氏诗》《左氏春秋》博士。修礼乐，被服儒术，造次必于儒者。山东诸儒多从而游。[④]

众所周知，秦火之后的西汉初年，立于学官的是借助秦汉博士师弟子

---

① 钱大昕：《答问五·三礼》，见吕友仁校点《潜研堂集》，上海古籍出版社 2009 年版，第 108~109 页。

② 汪中：《女子许嫁而婿死从死及守志议》，见田汉云点校《新编汪中集》，广陵书社 2005 年版，第 375 页。

③ 刘宏：《乾嘉学术系统新论——以“实事求是”为中心》，《学术界》2014 年第 10 期。

④ 班固撰，颜师古注：《汉书》卷五三，中华书局 1962 年版，第 2410 页。

口耳相传的“今文经学”。汉武帝之时，广开献书之路，其中尤以河间献王刘德的贡献最大。河间献王所得书籍多“古文先秦旧书”，这为东汉“古文经学”的兴起奠定了良好的文献基础。从班固对其做出的“修学好古，实事求是”的评价来看，这里的“实事”正是指“先秦旧书”这样的古文献，所谓“求是”指的是要恢复这些古文献的本来面貌，所谓“修学”自然是指后来东汉时期流行的“古文经学”。而在乾嘉学者对“汉学”的推崇中，“实事求是”被提升为汉学家一致认可的学术进路。不过他们所说的“实事”已经由以儒家经典为核心而衍及小学、史学、历算、地理、典制、名物、金石等学术门类。他们所说的“求是”也不再是宋儒所阐发的圣人大义，而是儒家经典本身所展现出的语言文字。如王鸣盛所言：“经以明道，而求道者不必空执义理以求之也，但当正文字，辨音读，释训诂，通传注，则义理自见而道在其中矣。”① 顺着这样的思路，通过一系列的经学考证，义理自然呈现，亦即“实事”与“是”达到了完全重合。

然而对于经学考证来说，汉学家无疑过高地估计了训诂考据的方法。因为汉语中存在一字多音和一字多义的现象，即使通过对文字、音韵的考证，在字形、发音等方面取得确解，进而“因形求义”或“因声求义”，但依然无法解释文字在文本中的意义和相同的文字在不同文本中的意义。如果依然承认“经以载道”，那么经典之原文与原义就不会完全重合，“道”也不会随着对“经”的客观认识而自然呈现，所以不能仅仅视“实事求是”为一个形而下的考证命题，应当将其转化为一个形而上的求道命题。

“实事求是”作为一个求道命题，在戴震的治学诉求上表现得尤为明显。与纯粹的汉学家相比，戴震的求道之志无疑是最为强烈的。他曾批评纯粹的汉学家义理观念淡薄：“二三好古之儒，知此学之不仅在故训，则以志乎闻道也，或庶几焉。”② 戴震作为汉学考证方法的支持者，自然不会放

① 王鸣盛著，黄曙辉点校：《十七史商榷》“序”，上海书店出版社 2005 年版，第 1 页。
② 戴震：《古经解钩沉序》，见赵玉新点校《戴震文集》，中华书局 1980 年版，第 146 页。

弃对经典文本的训诂考证。但在积极追求圣人之道的目标下，考证活动不能止步于经典文本，应当“始乎离词，中乎辨言，终乎闻道”①。由此看来，戴震已经对“实事”与“是”做了一定程度的区分。很明显，戴震更加关注的是“实事”基础上的“是”。甚至在戴震看来，所谓“实事”已经超出了经典文本的范围。通过考察戴震的义理学著作可以发现，与“事”连用的词汇随处可见，如“事物”“事情”“事为”“日用事为”“实体实事”等。② 上述这些词汇在所处的语境中具有家族相似性，因而有着意义相近的特点。很明显，戴震所说的“实事”并非仅指文献学意义上的经典文本，而是指日常生活中的一切具体事情。通过比较纯粹汉学家和戴震对“实事”的理解可知，汉学家所说的“实事”不过是以语言文字形式呈现出的对“事实”的记录而已，而戴震认为这些事实性的记录皆源于实实在在发生着的生活实践。“实事求是”发展到戴震这里，也就成了关乎乾嘉时代社会转型的现实生活问题了。所以戴震的考证工作必然要求冲破以文献证文献的汉学老路，通过自己的生活领悟来考证“六经”中的圣人之道。正是因为戴震所面对的日常生活已是一种现代性的生活方式，所以其由考证得出的义理也就不可能再是圣人之原义，而只能是现代性思想观念的再创。

第三节 戴震哲学的现代性观念

考证方法在取得学术独立之后，促进了众多领域专家之学的出现，使得汉学家诸人在有限的生命中没有更多的精力去进行理论性的思考。此外，由于汉学家对宋明理学的空谈义理始终存有忌讳，因此总体而言，他们缺

① 戴震：《沈学子文集序》，见赵玉新点校《戴震文集》，中华书局1980年版，第165页。

② 这些词汇在戴震义理学的两部代表作（《原善》和《孟子字义疏证》）中出现的频率极高，这里不一一注明。根据不同语境，戴震采用不同的词汇。

乏自觉的思想性表达。但是戴震有着强烈的求道之志，成为这一批乾嘉学者中的特异者。戴震的学术工作正是在经学考证的方法之上，建构一套思想体系去批判宋儒的前现代观念。与纯粹的汉学家相比，戴震哲学中的现代性观念无疑更为突出且自成体系。关于戴震，一种观点认为他不过是一位经学家，也就是将戴震的整个学术贡献仅仅视为一种考证学；另一种观点认为他依然是一位理学家，也就是将戴震的哲学仅仅视为宋明理学某种程度上的余绪。在我们看来，前者将戴震学术等同于一般意义上的考证学，忽视了戴震在哲学层面的建构；后者看到了戴震与宋明理学有着同样的哲学诉求，但忽视了戴震哲学本身的独立性。其实，考证学只是戴震哲学的方法或工具，而戴震本人的“理学”早已是摆脱宋明理学的另一套哲学建构。如果站在儒家哲学现代转型的视角来看，戴震哲学实是一种主动回应中国社会转型的儒家现代性哲学。

一、戴震现代性哲学的本源视域

那么戴震何以能建构出一套有别于宋明理学的现代性哲学呢？这首先取决于戴震的哲学立足于打破宋明理学理论架构之后而获得的另一种“本源”视域。面对宋明理学“形而上—形而下”的理论架构，戴震指出：

> 古贤圣之所谓道，人伦日用而已矣，于是而求其无失，则仁义礼之名因之而生。非仁义礼有加于道也，于人伦日用行之无失，如是之谓仁，如是之谓义，如是之谓礼而已矣。宋儒合仁义礼而统谓之理，视之“如有物焉，得于天而具于心”，因以此为“形而上”，为“冲漠无朕”；以人伦日用为“形而下”，为“万象纷罗”。盖由老、庄、释氏之舍人伦日用而别有所谓道，遂转之以言夫理。在天地，则以阴阳不得谓之道，在人物，则以气禀不得谓之性，以人伦日用之事不得谓之

道。六经、孔、孟之言，无与之合者也。[①]

在宋儒看来，人伦日用中所践行的“仁”“义”“礼”等伦理规范只是一些形而下的道德条目，其终极根据源于形而上的天赋之理。在戴震看来，宋儒以“形而上”与“形而下”为所谓“天理”与“人伦日用”划界，实际上等同于佛老对人伦日用的舍弃。这导致宋儒对“道”“理”“性”的解释皆成了形而上的“如有物焉”。用现代哲学术语来说，所谓“得于天而具于心”的“物”指的就是“绝对存在者”。用形而上的绝对存在者来解释形而下的相对存在者的根本谬误之处在于：遮蔽了相对存在者本身，遮蔽了存在者与存在者之间的相对差异。而要认识相对存在者之间的差异，就必须揭去加在他们之上的形上学面纱。正是因为事物存在的意义就在于事物自身，所以人的存在价值也不出于“身之所行”的“人伦日用”。

需要注意的是，对于戴震的哲学建构而言，“人伦日用”是优先于一切“形而上”与“形而下”的观念。然而就“人伦日用”本身而言，这并不是什么观念性的存在，而是实实在在的日常生活实践，即上述所说的“本源”。在获得了这样的本源视域后，戴震坚决抵制宋儒对“道”做形而上的解释，严格要求将“道”安放在人伦日用的本源层面上。如此，“道”就不再是空疏无用的价值原则，而是关乎日常生活的实事实用。很明显，戴震哲学中的“人伦日用”既有别于宋儒，也有别于孔孟，是一种现代性的生活方式。戴震所求之“道”既不可能认同宋儒，也不是什么回归孔孟之道的“复古”观念，而是面向现代性生活方式的现代性哲学原创。

二、戴震形上学的现代性建构

既然戴震取消了宋儒“天理”的形上学本体，那么戴震首先要面对的问题就是如何解释天道生成运行这样的宇宙形上学问题。我们看到，在

① 戴震：《孟子字义疏证·道》，见《戴震全书》第六册，黄山书社1995年版，第202~203页。

《原象》《迎日推策记》《九道八行说》《周髀北极璇机四游解》《续天文略》等一系列关于天文学的考证著作中，戴震所说的“天”完全是自然意义上的“天”。而所谓“道”，戴震说：“古人称名，道也，行也，路也，其义交互相通，惟路字专属途路。《诗》三百篇多以行字当道字。大致道之名义于行尤近。”[①] 戴震所说的“天道”即“天行”，即宇宙本身的运行过程。

在《法象论》一文中，戴震更是指出：

> 观象于天，观法于地，三极之道，参之者人也。天垂日月，地窍于山川，人之伦类，肇自男女夫妇。是故阴阳发见，天成其象，日月以精分；地成其形，山川以势会。日月者，成象之男女也；山川者，成形之男女也；阴阳者，气化之男女也；言阴阳于一人之身，血气之男女也……立于一曰道，成而两曰阴阳，名其合曰男女，著其分曰天地，效其能曰鬼神。[②]

在戴震看来，在天的日月之象、在地的山川之形与人道中的男女夫妇皆表现为阴阳相对的两种形式。需要指出的是，这里的“阴阳”并非“阴气”与“阳气”两种具体形质，而是对一气流行的两种状态性描述，即“阴阳者，气化之男女也”。根据戴震的叙述可知，气化即道，整个宇宙从天地到万物到人，皆呈现为一个气化流行的分合图景。戴震紧接着说：“生生者，化之原；生生而条理者，化之流。”[③] 也就是说，天体永无休止地运行，造就了万物生长的生生不息；而天体运行的内在规律性又带来了万物生长的条理性。由气化到生生，由生生到条理，整个宇宙运行的最终根据和内在价值皆源于宇宙本身。高悬在天道运行之上的“天理”本体由此被取消了。

---

① 戴震：《孟子私淑录》卷上，见《戴震全书》第六册，黄山书社 1995 年版，第 37 页。
② 戴震：《法象论》，见《戴震全书》第六册，黄山书社 1995 年版，第 475~476 页。
③ 戴震：《法象论》，见《戴震全书》第六册，黄山书社 1995 年版，第 477 页。

三、戴震人性论的现代性建构

在气化流行的天道论基础上，戴震在论述人性论问题时，开始抛弃宋明理学“天地之性”与“气质之性”二分的论性模式，紧紧抓住人的生命存在来论述人性。他说：

> 阴阳五行，道之实体也；血气心知，性之实体也。有实体，故可分；惟分也，故不齐。古人言性惟本于天道如是。①

人性本源于天道，这是包括宋明理学在内的传统儒家哲学的共识。然而戴震认为“天道”无非是阴阳五行的气化流行，那么“人”也只是气化生生的产物。戴震从而将人性的实际内容规定为“血气心知”。这一概念出自《礼记·乐记》：“夫民有血气心知之性，而无哀乐喜怒之常；应感起物而动，然后心术形焉。”戴震吸取并改造了这一概念，使之成为自己人性论的核心范畴。

对于“血气心知”这一概念，戴震在文本中时而将“血气”与“心知”连用，时而又分用之。两者之所以能连用，是因为气化是人性的唯一实体，气化在给出“血气”的同时，也给出了“心知”。也就是说，人性无外乎是“血气”与“心知”的统一体，而“血气”“心知”皆一本于气化。这种人性一本论很明显是针对宋儒的人性二分论而发的。两者之所以可以分用，是因为当气化流行至一定阶段时，人的身体即“血气”得以生成。气化在人的身体中继续流行，推动了身体感官的知觉运动。当其与“心”这一思维感官相结合时，就产生了“心知”。再进一步，戴震将两者分用，意在指出：“味也，声也，色也在物，而接于我之血气；理义在事，而接于我之心知。血气心知，有自具之能：口能辨味，耳能辨声，目能辨色，心能辨夫理义。味与声色，在物不在我，接于我之血气，能辨之而悦之；其

---

① 戴震：《孟子字义疏证·天道》，见《戴震全书》第六册，黄山书社1995年版，第175页。

悦者，必其尤美者也；理义在事情之条分缕析，接于我之心知，能辨之而悦之；其悦者，必其至是者也。”① 也就是说，“血气”承担的是感官性功能，“心知”承担的是认知性功能。正是因为“心知”的存在，所以才能打破“血气”感官与外物的间隔，才能分辨出外在事物本身的“理义”。

在“血气心知”的基础上，戴震进一步分析了人性的整体结构。他说：

> 人生而后有欲，有情，有知，三者，血气心知之自然也。给于欲者，声色臭味也，而因有爱畏；发乎情者，喜怒哀乐也，而因有惨舒；辨于知者，美丑是非也，而因有好恶。声色臭味之欲，资以养其生；喜怒哀乐之情，感而接于物；美丑是非之知，极而通于天地鬼神。声色臭味之爱畏以分，五行生克为之也；喜怒哀乐之惨舒以分，时遇顺逆为之也；美丑是非之好恶以分，志虑从违为之也；是皆成性然也。有是身，故有声色臭味之欲；有是身，而君臣、父子、夫妇、昆弟、朋友之伦具，故有喜怒哀乐之情。惟有欲有情而又有知，然后欲得遂也，情得达也。天下之事，使欲之得遂，情之得达，斯已矣。②

在这段话中，戴震明确指出人性的完整结构应当包括“欲”“情”“知”，三者都是人性中自然而然的部分。在此，可以将三者分别称为“欲性”“情性”“知性”。

关于“欲性”，戴震认为其首要功能就在于对“声色臭味”的摄取，如此才能维持人的生命体的存在。此外，戴震还指出：“天下必无舍生养之道而得存者，凡事为皆有于欲，无欲则无为矣；有欲而后有为，有为而归于至当不可易之谓理，无欲无为又焉有理!”③ 也就是说，在戴震这里，“欲”之为性具有两个指向：第一，指向个体内在的生理机能；第二，指向个体

---

① 戴震：《孟子字义疏证·理》，见《戴震全书》第六册，黄山书社 1995 年版，第 155~156 页。

② 戴震：《孟子字义疏证·才》，见《戴震全书》第六册，黄山书社 1995 年版，第 197 页。

③ 戴震：《孟子字义疏证·权》，见《戴震全书》第六册，黄山书社 1995 年版，第 216 页。

外在的生活实践。其中，对“声色臭味”的生理欲求是个体存在的生命象征，对“日用事为”的生活欲求是人类整体生活实践的原初动力。如此，“欲性”不仅关乎着个体生命的存在价值，而且关乎着人类整体的生存问题。应该说，这实际上是一种“人道主义”精神的体现。由此可见，戴震对“欲性”的阐发既不同于宋儒将“欲性”排除在人性之外的形上学主张，也不同于先秦儒学代表人物孟子、荀子等人对“欲性”所做的消极评价。① 其贡献在于，对“欲性”的价值做出了正面评价并将“欲性”收摄到人性之中，可谓在儒学史上首次完成了对“欲性”的正名工作。

关于“情性”，戴震有这样的说法：“情，犹素也，实也。”② 戴震当然知道“情”有“人情”的含义，但是在这样的文字训诂背后，戴震的意思是：“人情”不仅是人性的一部分，而且是人性中最朴素、最真实的事情。与“欲性”的功能在于维持“生养之道”不同，“情性”的功能在于“感通之道，存乎情者也”③。也就是说，“情性”的功能主要体现为维持日常生活中的人际沟通。在戴震看来，“君臣”“父子”“夫妇”“昆弟”“朋友”等种种人伦关系的展开，皆建立在人与人之间的情感互通之上。在日常的应事接物中，内在的“人情”将表现出“喜怒哀乐”等情感体验。由于遭遇事情的顺逆不同，这些情感又可以区分为痛苦（“惨”）和舒畅（“舒”）两种基本形态。戴震在这里又将宋儒排除在“性体”之外的“人情”重新收摄到人性内部。

关于“知性”，戴震受到了荀子的启发。荀子说：“凡以知，人之性也；可以知，物之理也。”（《荀子·解蔽》）这种“人性—物理”的结构是知识论最基本的结构。戴震曾评价荀子道：“首之以《劝学篇》，有曰：‘诵数以

---

① 有学者指出，先秦时期，不仅儒家对“欲望”采取消极评价，而且其他各家如道、墨、法家等皆持此论。参见郭永玉《先秦情欲论》，《心理学报》2001 年第 1 期。

② 戴震：《孟子字义疏证·才》，见《戴震全书》第六册，黄山书社 1995 年版，第 197 页。

③ 戴震：《原善》卷上，见《戴震全书》第六册，黄山书社 1995 年版，第 10 页。

贯之，思索以通之，为其人以处之，除其害者以持养之。’又曰：‘积善成德，神明自得，圣心循焉。’荀子之善言学如是。且所谓通于神明，参于天地者，又知礼义之极致，圣人与天地合其德在是，圣人复起，岂能易其言哉！”[①] 由此可见，在对经验知识的学习方面，戴震与荀子保持着高度一致。然而戴震对“知性”的阐发又不仅限于荀子的知识论。戴震说：“辨于知者，美丑是非也，而因有好恶。”这里，“美丑”是就具体存在物而言，“是非”是就人的行事活动而言。因此，“知性”的功能不仅在于对具体存在物做出事实判断（“美丑”），而且包括对人的行事活动做出价值判断（“是非”），由前者导出为知识论奠基的“知识之知”，由后者导出为伦理学奠基的“道德之知”。可见，在戴震看来，“知识”与“道德”皆是“知性”的对象，通过对两者的认知，将两者共同内化于人性之中。而且随着认知活动的展开，主体根据志向与思虑的顺当与否，将呈现出“好”与“恶”两种情感体验。戴震的“知性”概念由此又为形而下的知识论和伦理学奠定了理论基础。

四、戴震形下学的现代性建构

形下学包括两大领域，一是处理人与物之间认知问题的知识论，一是处理人与人之间道德问题的伦理学。在中国传统哲学中，这两者又往往缺乏严格的分界。儒家哲学很明显偏重于伦理学。到了宋明时期，知识论问题才在程朱理学的系统中得到足够的重视。然而，一旦离开天理本体的形上预设，形下的认知活动就失去了可能性，甚至整个知识论体系也将崩溃。必须承认的是，在本体论的笼罩下，程朱理学的知识论并未获得独立的地位，而且经验知识的学习不过是为了验证先天的德性本体。针对这种先验论的治学进路，戴震批评道：

---

① 戴震：《孟子字义疏证·性》，见《戴震全书》第六册，黄山书社 1995 年版，第 187 页。

试以人之形体与人之德性比而论之，形体始乎幼小，终乎长大；德性始乎蒙昧，终乎圣智。其形体之长大也，资于饮食之养，乃长日加益，非“复其初”；德性资于学问，进而圣智，非“复其初”明矣。人物以类区分，而人所禀受，其气清明，异于禽兽之不可开通。然人与人较，其材质等差凡几？古贤圣知人之材质有等差，是以重问学，贵扩充。①

在程朱理学那里，道德属于形而上的层面，形体属于形而下的层面，形体的长大无关乎道德的本来完满。而在戴震看来，道德与知识同样属于形而下的层面，两者的关系就如同形体与饮食的关系。摄取饮食有利于形体的长大，学习知识有利于充实自身的道德。既然道德不是作为形而上的本体而存在，那么道德就不可能是完全自足的。如果没有后天的经验知识积累，那么道德就将始终处于蒙昧的状态。反之，要想改变原初的蒙昧状态，就要“重问学”“贵扩充”。蒙昧的状态之所以能改变，是因为主体能够面向外界事物而不断地获取知识。随着知识的增进，自身的道德也将完善起来。总而言之，这是一个有待扩充的知识问学过程，而不是一个溯源复初的道德体认过程。这里需要注意，在戴震所说的“知识”概念下，不仅对事物之理的认知是一种知识，对道德的认知也是一种知识。

那么戴震建构的知识论又是怎样的呢？我们知道，知识论得以成立的前提在于“主客二分”的思维模式。首先，就认知对象与认知主体的关系而言，戴震是一位坚定的可知论者。他曾用“火光”打比喻：“心之神明，于事物咸足以知其不易之则，譬有光皆能照，而中理者，乃其光盛，其照不谬也。”② 这是说，通过认知主体发出的心知之光，必然能够揭示深藏在对象事物深处的知识。要言之，知识是完全可能被主体认知的。

其次，就认知对象而言，戴震认为“理”不可能是独立于事物而存在的“天理”，只能是来自事物内在的法则。戴震在这里使用了“物则”“分

---

① 戴震：《孟子字义疏证·理》，见《戴震全书》第六册，黄山书社1995年版，第167页。
② 戴震：《孟子字义疏证·理》，见《戴震全书》第六册，黄山书社1995年版，第158页。

理”“条理”“理义”等一系列概念。关于物则，戴震说：“是故就事物言，非事物之外别有理义也；‘有物必有则’，以其则正其物，如是而已矣。”① 戴震所要强调的是：“理”非“物”，而是“则”；有“物”的存在即有“则”的存在；而且所谓“则”只能是事物内在的“物之则”。实际上，“则”字本身就带有一种必然性的意味。这是说，离开形而下的事物，就无所谓“理”，“理”只能是形而下的物理。关于“分理”“条理”，戴震说：“理者，察之而几微必区以别之名也，是故谓之分理；在物之质，曰肌理，曰腠理，曰文理；（原注：亦曰文缕。理、缕，语之转耳。）得其分则有条而不紊，谓之条理。”② 所谓“分理”指的是事物内部和事物之间互相区别的存在根据。所谓“条理”指的是事物外在呈现出来的秩序性和规律性的存在状态。而事物之所以呈现出有条不紊的存在状态，是因为事物本身内在的存在根据就是相互别异的。关于“理义”，戴震说：“心之所同然始谓之理，谓之义；则未至于同然，存乎其人之意见，非理也，非义也。凡一人以为然，天下万世皆曰‘是不可易也’，此之谓同然。举理，以见心能区分；举义，以见心能裁断。分之，各有其不易之则，名曰理；如斯而宜，名曰义。是故明理者，明其区分也；精义者，精其裁断也。”③ 戴震在这段话中首先指明，作为认知对象的“理义”并不先验存在于人心之中，因为那是人的主观“意见”。然而“理义”又并非对象事物刺激认知主体的直接产物，而是只有经过认知主体的主动参与之后，才能呈现出来的。具体来说，需要经过对事物之理的精确性认知（“不易之则”），才能明辨事实（“心能区分”）；需要经过对事物之理的适当性认知（“如斯而宜”），才能判断是非（“心能裁断”）；从而才能保证“理义”的普遍真理性（“心之所同然”）。

---

① 戴震：《孟子字义疏证·理》，见《戴震全书》第六册，黄山书社 1995 年版，第 158 页。
② 戴震：《孟子字义疏证·理》，见《戴震全书》第六册，黄山书社 1995 年版，第 151 页。
③ 戴震：《孟子字义疏证·理》，见《戴震全书》第六册，黄山书社 1995 年版，第 153 页。

最后，就认知主体而言，存在着一个从“精爽”到“神明”的认知能力扩展过程。戴震说：“凡血气之属皆有精爽，而人之精爽可进于神明。”①又说：“盖耳之能听，目之能视，鼻之能臭，口之知味，魄之为也，所谓灵也，阴主受者也；心之精爽，有思辄通，魂之为也，所谓神也，阳主施者也。主施者断，主受者听，故孟子曰：‘耳目之官不思，心之官则思。’是思者，心之能也。精爽有蔽隔而不能通之时，及其无蔽隔，无弗通，乃以神明称之。”② 这里，“精爽”相当于源于血气感官的感性认知，“神明”相当于源于心知感官的理性认知。血气感官处于被动接受的地位，有可能被外在事物遮蔽；而心知感官处于主动的地位，不仅能够打通感官之间的蔽隔，而且能够对接收到的外在信息进行再加工处理，并做出价值性判断。

戴震从而建构了一套完整的知识论系统。在这套系统中，戴震强调了认知主体与认知对象之间“能知”与“所知”的必然关系，从而保证了知识论得以建立的可知论前提；强调了认知对象的客观性，从而为知识的形成奠定了基础；强调了认知主体的能力提升和扩展，从而将认知这一能力归属于人本身。这套知识论系统不仅为当时乾嘉汉学的知识考证工作提供了理论说明，即使放在今天依然是深刻的。

在伦理学问题上，戴震哲学中最为引人注目的话语莫过于“以理杀人”。“以理杀人”意味着意识形态化的“理学”已经沦为专制统治的残杀工具，已经无法在社会转型时期发挥其治世教民的作用了。可以说，随着社会转型的加剧，程朱理学宣扬的“存天理，灭人欲”的伦理观念恰恰变成了社会转型的障碍。戴震要建构有别于程朱理学的伦理学，面临的首要理论任务就是在理论的源头重新校正“情”“欲”与“理”的正当关系。关于“情”“理”的关系，戴震说：“理也者，情之不爽失也，未有情不得

① 戴震：《孟子字义疏证·性》，见《戴震全书》第六册，黄山书社1995年版，第185页。
② 戴震：《孟子字义疏证·理》，见《戴震全书》第六册，黄山书社1995年版，第156页。

而理得者也。”[1]这意味着“情”与“理”并不处于相互对立的悖反位置，“理”不过是“情”的一种特殊存在样态而已，当“情”表现出不偏不倚的状态时，就是“理”。关于“欲”“理”的关系，戴震说：“天下必无舍生养之道而得存者，凡事为皆有于欲，无欲则无为矣；有欲而后有为，有为而归于至当不可易之谓理，无欲无为又焉有理！”[2]这意味着“欲”首先是人类得以生存发展的原初动力，“欲”之于“理”永远保持着事实层面的首出地位，“理”永远不可能独立自存于欲望之外。一言以蔽之，所谓“理”不过是“情欲”本身的条理化。

在摆正了“情欲”与“理”的正当关系后，如何才能使“情欲”条理化呢？也就是说，道德是如何发生的呢？这里，戴震引入了“以情絜情”说：

> 凡有所施于人，反躬而静思之：“人以此施于我，能受之乎？”凡有所责于人，反躬而静思之：“人以此责于我，能尽之乎？”以我絜之人，则理明。天理云者，言乎自然之分理也；自然之分理，以我之情絜人之情，而无不得其平是也。《乐记》曰：“人生而静，天之性也；感于物而动，性之欲也。物至知知，然后好恶形焉。好恶无节于内，知诱于外，不能反躬，天理灭矣。”灭者，灭没不见也。又曰：“夫物之感人无穷，而人之好恶无节，则是物至而人化物也。人化物也者，灭天理而穷人欲者也；于是有悖逆诈伪之心，有淫佚作乱之事；是故强者胁弱，众者暴寡，知者诈愚，勇者苦怯，疾病不养，老幼孤独不得其所。此大乱之道也。”诚以弱、寡、愚、怯与夫疾病、老幼、孤独，反躬而思其情，人岂异于我！盖方其静也，未感于物，其血气心知，湛然无有失，（原注：扬雄《方言》曰：“湛，安也。”郭璞注云：

---

① 戴震：《孟子字义疏证·理》，见《戴震全书》第六册，黄山书社1995年版，第152页。
② 戴震：《孟子字义疏证·权》，见《戴震全书》第六册，黄山书社1995年版，第216页。

> “湛然，安貌。”）故曰“天之性”；及其感而动，则欲出于性。一人之欲，天下人之所同欲也，故曰“性之欲”。好恶既形，遂己之好恶，忘人之好恶，往往贼人以逞欲。反躬者，以人之逞其欲，思身受之之情也。情得其平，是为好恶之节，是为依乎天理。①

要理解“以情絜情”说的内涵，首先要理解“絜”的含义。《说文解字》曰：“絜，麻一耑也。”段玉裁注曰：“一耑犹一束也。耑，头也。束之必齐其首，故曰耑。《人部》‘係’下云：絜，束也。是知絜为束也。束之必围之。故引申之围度曰絜。”② 可见，“絜”的本义为用麻绳束缚在物体的周围。借此，“絜”可测量物体的围长，又可引申出度量、权衡等动词义。当然，以测量的结果而言，也可引申出标准、规范等名词义。但是很明显，即使做名词来理解，“标准”“规范”等词义也只能是作为测量活动的结果方可成立，并不是由测量者事先加以规定的。整个短语只是对道德发生机制做一种状态性描述，没有任何道德标准之义。此外，在此短语中，前一个“情”字指“我之情”，后一个“情”字指“人之情”。与此类似的表达还有：“己之好恶”与“人之好恶”、“一人之欲”与“天下人之同欲”③。这些表达中“人”“己”并言，意味着当“我之情欲”发动时，要将“人之情欲”作为地位对等的存在事实同时收摄到主体的认知活动中，即个体之间的平等意识是道德发生的前提条件。只有当经过“以情絜情”的运作机制之后，所出现的“平”的状态才可承担道德标准的意义。也就是说，只有当自我与他人双方的情欲达到互相平衡的状态时，才会出现被双方共享的道德边界。

因此，“以情絜情”说的意义可体现为以下几点：第一，既不可将自我

---

① 戴震：《孟子字义疏证·理》，见《戴震全书》第六册，黄山书社 1995 年版，第 152 页。

② 许慎撰，段玉裁注：《说文解字注·系部》，上海古籍出版社 1981 年版，第 661 页。

③ “天下人之同欲”并不是说天下人的欲望是相同的，而是说天下人同有某种欲望这件事本身是存在的。

的情欲作为道德标准，也不可将他人的情欲作为道德标准。这排除了道德的主观任意性。第二，自我的情欲与他人的情欲对道德的发生存在着对等的积极意义。这体现了个体性的平等意识。第三，道德只能发生在对人、我情欲的辨察分析中，这使道德从自我的意识领域跨入公共的伦理领域。第四，道德的标准是指自我与他人双方情欲的平衡状态，道德发生的起点在于主体的自律反思。这强调了道德的主体自律性。应该说，这些特点不仅是对程朱伦理学的理论反叛，而且无疑具有更适应于现代性生活方式的现实意义。

通过以上分析可知，戴震作为乾嘉汉学中具有系统思想观点的哲学家，首先在思想层面上将“人伦日用”视为一切观念得以存在的本源；其次，在形上学问题上，解构了程朱理学的天理本体论，建构了气化生生、生生而条理的宇宙论；再次，在人性论问题上，批判程朱理学的人性二分论，明确指出人性的实际内容为“血气心知”，并将“情”“欲”“知”收摄到人性的整体结构中；最后，在形下学问题上，重新校正了知识、情欲与道德的正当关系，并开发出一套颇具现代性的知识论和伦理学系统。从儒家哲学现代转型的视角来看，这是主动回应中国社会转型的首次理论尝试，其所具有的学术意义和现实意义值得现代社会的人们参照和反思。

鸦片战争之后，中国固有的历史进程再次被打断。但儒学并没有消亡，像洋务派、维新派，甚至是“五四”新文化运动之后的“西化派”，皆可看作是某种广义上的儒学，而此后崛起的现代新儒学就更不用说了。近代儒学的发展显然已经摆脱了中国传统意义上的儒学模式，从话语概念的使用到思想的表达方式，无不受到了西方的影响。但儒学之为儒学，并不在于这些形式上的变化，而在于内在精神的传承。反观近代儒学到当代儒学的曲折发展历程，结合当代儒学的诸多问题意识和理论建构，我们又如何看待清代学术尤其是戴震哲学在儒学史中的地位呢？我们发现，不论是从儒学所关注的问题意识还是理论的建构层面上来说，我们都在不自觉地沿着清代学术的道路继续前进，只不过鲜有自觉的意识罢了。

清代学术对当代儒学发展的贡献至少有以下两个方面：

第一，清代学术直接面向儒学经典文献，通过训诂考据的方法，还原“六经”文本的工作，对当代儒学复兴起到了保存经典文献之功。如果失去清人辑佚辨伪的经典文献，那么儒学发展将失去最基本的文化载体。

第二，清代学术立足于儒学经典文献，表达回应时代问题的哲学思想，是当代儒学发展的基本进路。事实上，目前当代儒学在政治层面的诉求在清代学术中早已体现，比如打破宋儒的道统谱系之后，给予荀子以极大的关注；比如清代学术开始致力于“三礼”问题的研究，这表现为继戴震而起的阮元的“仁说”、凌廷堪的“复礼说”，等等。这些都是清代儒学在政治层面的成果。

总而言之，清代学术已经表现出对原始儒学的回归，是一次皇权时代晚期的儒学复兴运动。

·下编·

社会转型时期

第六章　清末民初儒家哲学的现代转型

何　晓

众所周知，鸦片战争之后，国人遭遇了“亘古未有之大变局”。儒学作为对生活情感的诚实表达，自然表现出与此前大不相同的形态。

我们有必要澄清一个问题。通常来说，学界会把现代新儒家之后的儒学形态视为“现代儒学”，那么与之相对，基于不争的历史事实，清末民初的儒学则相应地被视为“近代儒学”。但严格来讲，这种区分是存在问题的。首先面临的困难是：即便在不那么近乎苛刻地考辨字义的前提下，所谓“近代”和“现代”的区分都是异常模糊的。道理显而易见，救亡图存或广义的民族复兴始终是一以贯之的生活情境和时代主题。相比问题意识的一致性，哲学进路的差异、理论构建的方式都不过是次一级的问题而已。因此，与皇权时代后期的现代转型相比，鸦片战争以来的儒学形态具有明显不同。这是最表浅的共识。

事实上，理论的成型总会滞后于生活情境。这就意味着，尽管“救亡图存”的口号、现代民族国家意识、民主与科学的主张等现代性理论提出于 20 世纪初期、最终成型于新文化运动，但这只是对生活情境的理论化凝练而已，那么对相关问题的思考必然早已酝酿于更早的时期。

在这个意义上，就儒家哲学的现代转型问题而言，清末民初的儒学至少具备三个不容忽视的理论意义：其一，提出了此后一百多年来儒家哲学的基本问题；其二，形成了此后儒家哲学的基本框架；其三，以儒家的方式表达了国人的现代想象。

更重要的是，如果我们承认儒家哲学的现代转型早在遭遇西方的坚船利炮之前就开始了，那么清末民初就是一次最大的断裂。这是危机，也是机遇——最大的断裂背后必然潜藏着最根本的续接，也就是关于现代性的最真切领会。

第一节 变异的现代性：儒家哲学现代转型的新特点

所谓“变异的现代性”绝非虚假的现代性，而是指这样的状况：它是现代化的阶段性特征，由于其时代性而具有正当性，但与此同时，某一种绝非现代性本质特性的价值被视作现代性的核心价值与核心问题，并因此展现出现代性理论的时代样态。

质言之，即“主权”问题迫切地高过了“人权”，或换言之，“国族”问题迫切地高过了“个体性”。那么它在理论上是怎样被表达的呢？

一、传统“天下”观念的崩溃

面对西方列强的入侵，以李鸿章为代表的晚清士人感到了一种异样，提出了“变局论”：“今则东南海疆万余里，各国通商传教来往自如，麇集京师及各省腹地，阳托和好之名，阴怀吞噬之计，一国生事，诸国构煽，实为数千年来未有之变局。轮船电报之速，瞬息千里；军器机事之精，工力百倍。炮弹所到无坚不摧，水陆关隘不足限制，又为数千年来未有之强敌。”① 张之

① 李鸿章：《筹议海防折》，见《李鸿章全集》第六册，安徽教育出版社2008年版，第159~160页。

洞也指出："今日之世变，岂特春秋所未有，抑秦汉以至元明所未有也。"（《劝学篇·序》）少数民族政权在中国历史上多次出现。其他的不说，清王朝本身就是满族入主中原建立起来的王朝，但李鸿章和张之洞等人认为，现在面临的局势与以往有着"质"的不同，是一个"大变局"。虽然他们未能指出这种不同是什么，但他们的判断是准确的。

这个变局实质上是文明的冲击。在这里，我们需要区分文明与文化这两个概念。当然，"文明"与"文化"并不是舶来词，这两个词古已有之。比如"见龙在田，天下文明"（《周易·乾文言》），"凡武之兴，为不服也。文化不改，然后加诛"（《说苑·指武》）。但是，我们现在用的"文明"与"文化"的概念是在西语"civilization"和"culture"的意义上使用的。从1866年德国传教士罗存德的《英华字典》到1884年井上哲次郎增订的《增订英华字典》，"civilization"一词均被翻译为"教化者""开明者""礼文者"。1908年颜惠庆的《英华大辞典》将之翻译为"文明、开化、有教化"。这是"文明"一词在近代英华辞典中首次出现。该辞典对"civility"一词的解释更清楚：the quality of being civilized，文明，开化，都雅；from barbarism to civility，自野蛮进至文明。这是明确将"文明"与"野蛮"相对照。在《天演论》中，严复也将"civilization"译为"文明"，意指"文者言其条理也，明者异于草昧也"。他还认为在有文字之后，开始了异于"草昧"时期的"文明"阶段："大抵未有文字之先，草昧敦庞，多为游猎之世。游故散而无大群，猎则戕杀而鲜食，凡此皆无化之民也。迨文字既兴，斯为文明之世，文者言其条理也，明者异于草昧也。出草昧，入条理，非有化者不能，然化有久暂之分，而治亦有偏赅之异。"① 可见，"文明"主要指社会的发展程度，与"野蛮"相对。"culture"一词的翻译过程亦颇为类似。从1866年罗存德的《英华字典》到1884年井上哲次郎增订的《增

① 托马斯·赫胥黎著，严复译：《天演论》，译林出版社2014年版，第67页。

订英华字典》，“culture”一词都被翻译为“修文者”。1908 年颜惠庆的《英华大辞典》则将之释为：intellectual or moral discipline and training，智德，文化，礼文，教育；a man of culture，文化之人；the culture of the Romans，罗马人之文化。梁漱溟认为文化是民族生活之样法，“所谓一家文化不过是一个民族生活的种种方面”①。我们可以说，文明总是显现为一种文化，文化是文明的民族性表达。这是文明与文化的联系。关于两者的区别，一言以蔽之，就是“文明是一元的，文化是多元的”②。“所谓‘文明’，是指人类借助科学、技术等手段来改造客观世界，通过法律、道德等制度来协调群体关系，借助宗教、艺术等形式来调节自身情感，从而最大限度地满足基本需要、实现全面发展所达到的程度。……所谓‘文化’，是指人在改造客观世界、在协调群体关系、在调节自身情感的过程中所表现出来的时代特征、地域风格和民族样式。”③

基于以上区分，我们可以说，这个“数千年来未有之变局”实质上就是文明的冲击。有的学者认为，“西方的威胁……是一种文化对另一种文化的冲击，是一种文明对另一种文明的挑战”④。这个判断是正确的，但是文化的冲击不是“变局”的根本，只有文明的冲击才是。因为中国历史上曾经遇到过文化的冲击，比如说佛教文化。但是，传入中国的印度佛教文化与当时中国的儒家文化都是东方文化，可以将其看作是一种文化融合。除此之外，中国还多次遇到过落后文明的冲击，比如凭借武力入主中原的元和清，就是建立在游牧文明上面的游牧文化（包括蒙古族的游牧文化和满族的游牧文化）对建立在农耕文明上面的儒家文化的冲击，其结果是元和清在不同程度上都接受了儒家文化。也就是说，在西方列强入侵中国之前，

① 梁漱溟：《东西文化及其哲学》，商务印书馆 1999 年版，第 19 页。
② 陈炎：《“文明”与“文化”》，《学术月刊》2002 年第 2 期。
③ 陈炎：《“文明”与“文化”》，《学术月刊》2002 年第 2 期。
④ 郑家栋：《现代新儒学概论》“导论”，广西人民出版社 1990 年版，第 3 页。

中国从未遇到过一种更加先进文明的冲击。而西方列强的入侵就是一种先进文明对落后文明的冲击。正如雷海宗所指出的那样："汉末以下侵入中国的武力与文化是分开的，武力属于五胡，文化属于印度。最近一百年来侵入中国的武力与文化属于同一的西洋民族，并且武力与组织远胜于五胡，文化也远较佛教为积极。两种强力并于一身而向中国进攻。"① 这种文明的冲击才是"变局"的本质。这种冲击的结果则是中国传统天下观念的崩溃。

为什么这么说？因为中国传统天下观的核心是"夷夏之辨"，也就是所谓"华夏中心主义"。这里的华夏并不是指的民族，而是指的文明。"中国有礼仪之大，故称夏；有服章之美，谓之华。"（《春秋左传正义·定公十年》）"华"是"服章之美"，"夏"是"礼仪之大"，两者都是"文明"的代名词，所以中国传统的天下观是一种"文明中心论"，中国是天下文明的中心。古代中国的"华夷"观念至少在战国时代已经形成，那个时代，也许更早些时候，中国人就在自己的经验与想象中建构了一个"天下"，他们想象自己所在的地方是世界的中心，也是文明的中心。② 与此相应的，在这种想象中，天下由三个同心圆组成：第一个是内圈，是皇帝通过郡县制直接统治的中心区域；第二个是中圈，是通过册封、羁縻和土司制度间接加以控制的疆域；第三个是因朝贡制度形成的万邦来朝的国际等级秩序。从中心到边缘、从化内到化外，中国古代的天下观是一个以华夏为中心、蛮夷臣服于中央的三个同心圆世界。而这种同心圆的区分标准就是文明程度。文明的华夏族群居于中原，即居于文明中心，而拥有落后文明的夷狄群居于周边。

这种观念一直持续到清王朝之前，甚至是清末之前。比如明朝末年的时候，意大利传教士利玛窦在中国见到的世界地图就是以明朝的十五省为主的，其他国家则散落在四周大海里，其总面积加在一起也比不上中国最小的省份。这就形象地再现出前近代中国人所理解的"天下"。鸦片战争以

① 雷海宗：《中国文化与中国的兵》，商务印书馆 2001 年版，第 125 页。

② 葛兆光：《宅兹中国：重建有关"中国"的历史论述》，中华书局 2011 年版，第 44 页。

后，随着对世界地理和国际格局有所了解，中国的士大夫们便逐渐了解了“华夏中心主义”的荒诞性，于是以“夷夏之辨”为核心的天下观念开始解体。这一点可以从对西方诸国称呼的改变上看出来。在《南京条约》签订之前，外国人被称作“夷人”，涉及与外国打交道的事务被称作“夷务”。《南京条约》签订时，英方的代表即提出异议，认为“夷不美，嗣后望勿使用”。随后的洋务运动则将“夷”改为“洋，用“洋人”代替“夷人”，用“洋务”代替“夷务”。

所以说，近代中国所面临的问题是天下观的崩塌。正如列文森所指出的那样，近代中国思想史的大部分时期，是一个使“天下”成为“国家”的过程。① 这种天下观的崩溃是中国近代“变局”的结果。

二、现代性诉求的转变：由人权转变为主权

以鸦片战争为界，如果说从唐宋之际到清末之前，儒学现代转型的驱动力是对人权（个体权利）的诉求，那么从清末开始，这种现代性转型的驱动力则转变为对主权（国家权利）优先的诉求。而这种现代性诉求的转变造成了我们通常所谓“内生现代性”（endogenous modernity）与“外源现代性”（exogenous modernity）之争的问题话语。这并不说是鸦片战争前后的儒学现代转型的特征是一样的，而是说“内生现代性”和“外源现代性”之争只是现代性诉求转变的显现，这种转变是西方的压力造成的，但是现代性诉求其实没有发生改变，因为不论是对人权的诉求，还是对主权的诉求，实质上都是个体性诉求。对人权的诉求是共同体内部个体性诉求的显现，对主权的诉求则是共同体之间个体性诉求的显现。

现代性的实质是个体性。儒家哲学的现代化进程就是个体性诉求不断显现的过程。从秦汉到明清，中国都是以家族生活方式为主，作为社会主

① 列文森著，郑大华、任菁译：《儒教中国及其现代命运》，中国社会科学出版社 2000 年版。

体的人代表的是自己的家族，并没有个体性诉求，因此儒学也就显现为以“三纲五常”为核心的前现代儒学。随着生活方式的演变，市民生活方式开始兴起，作为社会主体的人开始脱离家族，个体性诉求逐渐出现，因此儒学也逐渐显现出对个体性的肯定。比如阳明后学就是一种极具现代性的儒家哲学。至此为止，虽然儒学的现代转型因少数民族入主中原中断了两次，但是这种人权诉求型的转型模式还是一贯的。到了清末，西方列强凭借坚船利炮，打开了清王朝的国门。清王朝紧接着签订了一系列不平等条约，不断地割地赔款，使国家主权逐步丧失，因此保国、保种、保教的“救亡图存”成了当务之急。在这种情况下，对人权的诉求退居二线，如何在世界国家之林中存活下来成了最重要的事情，套用李泽厚的一句话，“救亡压倒了启蒙”。因此，如何夺回主权成为最紧迫的任务，对主权的诉求随之显现。

主权（sovereignty）是现代性的价值观念。主权诉求的逻辑前提是主权观念的形成。如前文所说，传统中国的国家形态是建立在文化认同上的共同体，并没有现代意义上的国家的观念，当然也没有主权的观念。但随着西方的入侵和民族危机的加深，传统的天下观念解体，清王朝认识到自己只是世界诸多国家中的一员，民族国家的观念逐渐取代传统的天下观念。可以看出，中国的民族国家的观念是在主权不断丧失的过程中形成的。清政府签订的不平等条约导致中国领土的不断丧失，而领土是一个民族国家重要的组成要素。所以，中国的仁人志士达成了一个共识，要收回主权，就要自强，要自强，就要向西方学习，所以“师夷长技以制夷”成为“救亡图存”背景下的主流思想。而作为中国主流意识形态的儒家思想也是在这种背景下发生转型的。所以说，“中国接受西方的思想和价值观念，主要是以中国的民族主义为基础的”①。“民族主义，这实在是理解中国近代、现

① 林毓生著，穆善培译：《中国意识的危机：“五四”时期激烈的反传统主义》，贵州人民出版社 1986 年版，第 14 页。

代、当代历史的一把钥匙。……一部现代世界史，可以说是一部民族国家竞争史，这里，一切政治意识形态都只不过扮演了一种‘工具理性’的角色。”①

三、师夷长技以制夷：对“现代性”把握的不断演进

不论是洋务运动，还是维新运动，其背后的理念都是“师夷长技以制夷”，即学习西方的“长技”来实现清王朝的“自强”。那么“夷”的“长技”是什么？两个运动对此有着不同的认识。梁启超在《五十年中国进化概论》中做过总结：“近五十年来，中国人渐渐知道自己的不足了。这点子觉悟，一面算是学问进步的原因，一面也算是学问进步的结果。第一期，先从器物上感觉不足。这种感觉，从鸦片战争后渐渐发动，到同治年间借了外国兵来平内乱，于是曾国藩、李鸿章一班人，很觉得外国的船坚炮利，确是我们所不及，对于这方面的事项，觉得有舍己从人的必要，于是福建船政学堂、上海制造局等等渐次设立起来。……第二期，是从制度上感觉不足。自从和日本打了一个败仗下来，国内有心人，真象睡梦中着一个霹雳。因想道堂堂中国为什么衰败到这田地，都为的是政制不良，所以拿‘变法维新’做一面大旗，在社会上开始运动，那急先锋就是康有为、梁启超一班人。……第三期，便是从文化根本上感觉不足……革命成功将近十年，所希望的件件都落空，渐渐有点废然思返。觉得社会文化是整套的，要拿旧心理运用新制度，决然不可能，渐渐要求全人格的觉悟。”② 梁启超的三阶段说概括了清末民初以来中国知识分子向西方学习的三个不同时期。三个阶段的划分也展现了中国知识分子对“夷之长技”认识的不断演进：一开始是“器物上感觉不足”，而后是“制度上感觉不足”，最后是“文化

① 黄玉顺：《“自由”的歧路——“五四”自由主义的两大脱离》，《学术界》2001年第3期。

② 梁启超：《五十年中国进化概论》，见《梁启超全集》第七册，北京出版社1999年版，第4030~4031页。

根本上感觉不足”。如果仅从表面上来看，似乎只有到了第三期，“文化”成为中国知识分子眼中的“长技”之后，儒学才有了转型的可能，实则不然。以“民主”和“科学”为口号的新文化运动确实为现代新儒学的出现提供了契机，促使儒家哲学发生了深刻的转型。但在此之前的洋务运动和维新运动中，在主权观念的驱动下，儒学也在试图进行转型。

上面的论述还存在着一个需要澄清的问题。既然三阶段说是针对学习西方（器物、制度、文化）来说的，那么由此造成的儒学转型为什么不是儒学的西化，反而是儒学的现代化呢？清末民初时期儒家哲学的转型一般被理解为儒学的西化，但这种理解是不准确的。这种观点最典型的表述叫作“西学东渐”。何谓“西学东渐”？即“以西方之学术，灌输于中国，使中国日趋于文明富强之境”①。然而这种把握方式没有认识到事情的实质。“西学东渐”的思维模式至少面临着两个困境。第一个是理论困境，即“西化”何以可能的问题，来自两种不同传统的文化是如何“嫁接”在一起的？“西学东渐”的思维模式已经预设了这么一种情境：有一个“西学”，有一个“中学”，然后“以西方之学术，灌输于中国”。然而这种对象化的把握方式在区分了“西学”与“中学”之后，也将其固定化了。对象化的实质就是存在者化，把“西学”和“中学”看作是两个不同的“物”。这样的把握方式使中西的会通成为问题。因为某“物”何以为某“物”（比如“儒学”之为“儒学”）必然包含着某种规定性，所以试图用其中一个去“嫁接”另外一个，会对其规定性产生挑战，就会产生类似特修斯之船的理论困境。正是因为不承认这种“嫁接”的合法性，所以对中国文化该往何处去的问题，学界出现了两个极端阵营，一个是主张全盘西化的西化派，一个是排斥西方文化的原教旨主义者。这两种截然相反的观点实质上有一个共同前提，即认为儒学不能够西化。可见，将儒学的现代转型视为儒学

① 容闳原著，徐凤石等原译，张叔方补译，杨坚等校点：《西学东渐记》，湖南人民出版社1981年版，第23页。

的西化是有问题的。第二个是事实困境。如果认为儒学的现代转型就是儒学的西化，那么就无法解释在1840年之前，即西方文明冲击中国传统社会之前，儒学思想中已经出现了现代性因素的事实。比如作为阳明后学的泰州学派对天理人欲的颠覆，李贽说："穿衣吃饭，即是人伦物理；除却穿衣吃饭，无伦物矣。"（《焚书·答邓石阳》）又比如黄宗羲对君主专制的批判："古者以天下为主，君为客，凡君之所毕世而经营者，为天下也。"（《明夷待访录·原君》）……所以，称向西方学习而导致的儒学转型为儒学的西化是不妥当的。

之所以会出现这种问题，究其实质，是因为这种把握方式陷入了一种中西对立的思想视域。当然这并不是说这种把握方式是错误的，而是说这种把握方式是不透彻的，是一种应当解构的形而上学的思维模式。这种把握方式的基点在于将"中国"和"西方"对象化、存在者化，从而形成了一种"中—西"对立的二元结构。因此，"西学东渐"这一述说方式的困境完全是建基于"中—西"对立的预设。然而我们需要追问的是，这种"中—西"二元结构是何以可能的？也就是这种存在者化的思维模式是何以可能的？我们由此需要进入一个更透彻的视域，来面向"西学东渐"这个事情本身。这种视域转化的关键在于，要认识到一切存在者（不论是形而上存在者还是形而下存在者）都是当下的生活存在给出的。而这种当下生活（the immediate existing）意味着"同时发生"或者"同时在场"。就其实情来说，不论是中国文化，还是西方文化，都渊源于当下生活，或者说是当下生活的某种显现样式。在这种生活渊源中，两者同时发生、同时在场。所以说，并不是西方文明创造了现代性的生活方式，而是现代性的生活方式给出了西方文明。只有认识到这一点，我们才能跳出"西学东渐"的思维窠臼，真正认识儒学现代转型的实质。换言之，儒学并不是一个现成的"物"，而是作为本源的"生活"的一种显现方式，只是我们在试图把握的时候，它才会具有"存在者"的形态。但是需要指出的是，清末民初儒学的转型的确不同于以前。这是因为在清末民初之际，中国社会面临着一个新的局面，这个新的局面就是西方的入侵。西方文化是裹挟着现代文明而来的，西方世界率先完成现代转型（当然，现代性的显现不一定有西方这一种样式），所以作为后发国家的中国，其现代性转型就容易被把握为一种“外源现代性”。儒学的现代转型就被我们把握为“西化”。我们知道，西方之所以强大，是因为现代文明强大。如冯友兰先生所指出的那样：“所谓西洋文化之所以是优越底，并不是因为它是西洋底，而是因为它是近代或现代底。……有人说西洋文化是汽车文化，中国文化是洋车文化。但汽车亦并不是西洋本有底。有汽车与无汽车，乃古今之分，非中西之异也。一般人心目所有之中西之分，大部分都是古今之异。”① 清末民初的中西之分实际上就是中西之异，而对西方“长技”认识的不断加深也就是对“现代性”把握的不断演进。

第二节　洋务运动中儒学的现代转型

面对危局，儒家学者一开始想到的不是通过学习西方来实现自强，而是试图从儒学内部寻求解决之道，这就体现为儒学经世思潮的兴起。一般而言，社会生活平稳，文化专制强有力，经世观念往往作为一种“潜质”藏在士人古色古香的学术外壳下，隐而不彰；到了社会危机四伏的关口，国家民族面对纷至沓来的内部或外部挑战，文化专制有所松动，世人的忧患意识便会大觉醒，其学术也在现实生活的碰撞、磨砺下，沿着经世方向发展。② 清末民初之时，作为主流意识形态的程朱理学面对危局已经无力应对，于是“理学”开始向具有经世特征的“礼学”转变。比如，曾国藩提

① 冯友兰：《新事论》，见《三松堂全集》第四卷，河南人民出版社 2001 年版，第 205 页。
② 冯天瑜、黄长义：《晚清经世实学》，上海社会科学院出版社 2002 年版。

出“以礼代理”，认为经世之学就是“礼学”：“古之学者，无所谓经世之术也，学礼焉而已。”① 不仅如此，他还认为“礼”能够将道德和政事统摄起来：“自内焉者言之，舍礼无所谓道德；而外焉者言之，舍礼无所谓政事。”② 基于此，他在与太平天国的斗争中，坚持以礼治军。但是在镇压太平天国的过程中，曾国藩见识到了西方武器的优势，领教了“西洋落地开花炮”的厉害，再加上对外战争的屡屡失利，面对社会危机和民族危机加深的内忧外患，他产生了向西方学习的想法：“目前资夷力以助剿济运，得以纾一时之忧；将来师夷智以造炮制船，尤可期永远之利。”其以儒学经世的策略开始向用西学经世的方案转变。

一、洋务运动的现代性诉求

因为清政府既要镇压王朝内部的太平天国，又要抵御西方的入侵，所以当务之急就是组建一支战斗力十足的军队。奕䜣一再强调，“自强以练兵为要”，而“练兵又以制器为先”③。洋务运动的现代性诉求主要表现为对以“坚船利炮”为代表的近代军事技术的诉求。林则徐曾将清朝在鸦片战争中的失利总结为“器不良”“技不熟”，认为“剿夷而不谋船炮水军，是自取败也”④，所以要想战胜西方列强，就需要“器良技熟，胆壮心齐”。李鸿章也坚定地认为：“中国但有开花大炮、轮船两样，西人即可夺魄。”⑤ 因此，魏源在《海国图志》中将可以学习的“夷之长技”分为三种：一是战舰，二是火器，三是养兵练兵之法。对于这种认识，当时的英国专栏作家干德利曾这样评论：“也许因为中国是被迫开放与外国通商的缘故，所以它最初

① 曾国藩：《曾国藩全集》（修订版）第十四册，岳麓出版社 2011 年版，第 256 页。
② 曾国藩：《曾国藩全集》（修订版）第十四册，岳麓出版社 2011 年版，第 358 页。
③ 文庆等纂辑：《筹办夷务始末》（同治朝）卷二五，清咸丰间内府抄本。
④ 杨国桢编：《林则徐书简》，福建人民出版社 1981 年版，第 197 页。
⑤ 李鸿章：《上曾中堂》，见顾廷龙等主编《李鸿章全集 29 信函一》，安徽教育出版社 2008 年版，第 220 页。

表示采用的西洋方式很自然是在武器方面。它认为它的战败是由于外国武器和舰艇的优越性，所以它自然地愿意在这方面和这些近代的敌人并驾齐驱。因为它对西洋武器的价值做这样的估价，所以便建设造船厂和兵工厂。”① “自强”有两项内容，一是制器，二是练兵。所以，19 世纪 60 年代中后期，洋务派相继创办了江南制造总局、金陵机器局、福州船政局、天津机器局等数家军事工厂。他们认为中国要想求强，必须从创办军事工业和编练新式军队开始。

基于制器练兵的基本需求，洋务运动又朝着“求富”的方向发展。这是因为洋务派建立的军事工业都是官办的，其经费都来自国库，但是晚清时期，清政府面临着内忧外患，对内要镇压起义，对外要割地赔款，国家财政困难，在经济上无法供应军事工业的开支，于是“求富”成为洋务运动的第二个口号。1890 年，一直跟随李鸿章从事洋务活动的马建忠指出：“治国以富强为本，而求强以致富为先。”他还提出了三条致富的办法：一是扩大出口，“精求中国固有之货，令其畅销”；二是减少进口，“仿造外洋之货，敌其销路”；三是自开矿山，使财常聚而不虞其或散。洋务运动中最先开办的是煤矿业和金属的开采、冶炼业。因为在开办军事工业的同时，铁与煤的重要性显现了出来。洋务派认识到：“船炮机器之用，非铁不成，非煤不济，英国所以雄强于西土者，惟借此二端耳。”② 如果可以自己开采煤等原料，那么就可以减少甚至摆脱掉对进口原料的依赖，又有利可图，因此兴办了新的工矿企业。

洋务派还十分重视商业。“夫欲自强必先裕饷，欲浚饷源莫如振兴商务。”③ 中国历来有重农抑商的传统，因此要想发展商业，就必须提高“商”

---

① 转引自周建波《洋务运动与中国早期现代化思想》，山东人民出版社 2001 年版，第 30 页。

② 李鸿章著，顾廷龙等主编：《李鸿章全集 5　奏议五》，安徽教育出版社 2008 年版，第 109 页。

③ 李鸿章著，顾廷龙等主编：《李鸿章全集 9　奏议九》，安徽教育出版社 2008 年版，第 260 页。

的地位。对此，郑观应指出："不知商贾虽为四民之殿，实握四民之纲。士有商则行其所学，而学益精；农有商则通其所植，而植益盛；工有商则售其所作，而作益勤。商足以富国，岂可视为末务!"按照传统的观念，商为中国四民之殿，但实际上"握四民之纲者，商也"，故"西人则恃商为创国、造家、开物、成务之命脉"。曾国藩也认为中国是以农立国，西方是以商立国。1863 年，曾国藩在给恭亲王的信中写道："国藩于洋务素未谙究，然体察情形，参之众论，大抵如卫鞅治秦，以耕战二字为国；泰西诸洋，以商战二字为国。"(《复恭亲王》)保守派认为中国的自强之道与西洋诸国的自强之道不同，中国的自强之道在爱民，而西洋的自强之道在经商。对此，洋务派提出反驳，认为"经商"和"爱民"是一致的，二者没有任何矛盾；中国只有发展商务，才能化弱为强、化贫为富。"言者又谓外洋以商务为国本，自强在经商；中国以民生为国本，自强在爱民。不知商即民也，商务即民业也，经商即爱民之实政也。……中国生齿日繁，有田可耕者无几，谋生乏术，缓急堪虞。故欲自强必先致富，欲致富必先经商。"① 商务以逐利为本，而传统儒学主张"贵义轻利"。从先秦儒学开始，孔子就讲："君子喻于义，小人喻于利。"(《论语·里仁》)孟子也讲："王何必曰利？亦有仁义而已。"(《孟子·梁惠王上》)到了董仲舒，更是发展为"正其谊不谋其利，明其道不计其功"(《汉书·董仲舒传》)的极端重视义的观点。所以，要想发展商业，就必须改变"贵义贱利"的思想，为商人的"逐利"行为辩护。当然，这种辩护在当时是有其社会基础的。

薛福成指出："今夫市廛之内，商旅非无折阅（亏本），而挟资而往者踵相接，何也？以人人欲济其私也。惟人人欲济其私，则无损公家之帑项，而终为公家之大利。"(《筹洋刍议》)薛福成的话指出了义利之辨的实质即公私之辨。如果说将孔孟的义利之辨理解为公私之辨还有待商榷（因为有

① 中国史学会主编：《洋务运动》(六)，见《中国近代史资料丛刊》，上海人民出版社 1961 年版，第 249 页。

些学者认为在孔孟的义利观下，道德与功利是相冲突的），那么到了宋明理学家那里，这种歧义就不复存在了。比如程颐说："义与利，只是个公与私也。"（《二程遗集》卷十七）张载则直接指出："义，公天下之利也。"（《正蒙·大易篇》）心学家陆九渊也认为："某尝以义利二字判儒释，又曰公私，其实即义利也。"（《象山先生全集·与王顺伯》）我们知道，程朱理学是儒学在以家族为主体的生活方式中的一种显现，所以重视公利而反对私利。他们将公私之辨包装为义利之辨，进而转化为理欲之辨："仁义根于人心之固有，天理之公也，利心生于物我之相形，人欲之私也。"这样，公私之辨所展现的群体与个人的关系变成了天理与人欲的关系。作为公共利益的"义"是天理，作为私人欲望的"利"则是人欲。宋儒之所以要给义利以天理与人欲的地位，是因为在当时的家族社会中，社会的主体是家族，家族的利益大于个人的利益，所以义大于利。当然，随着市民社会的兴起，个体性诉求显现，这种利益观发生了动摇。这种动摇首先体现在阳明心学上。作为儒学异端的李贽进一步肯定了"私"的价值："夫私者人之心也，人必有私而后其心乃见，若无私则无心矣。"① 到了清末民初，这种倾向也被继承了下来。龚自珍以人与禽的区别来比喻"私"与"大公无私"。他说："禽之相交，径直何私？孰疏孰亲，一视无差。尚不知父子，何有朋友？若人则必有孰薄孰厚之气谊，因有过从宴游，相援相引，款曲燕私之事矣。今曰大公无私，则人耶，则禽耶？"② 龚自珍认为人的本性并不是"大公无私"，"大公无私"是禽兽的事，"私"是人的本性。这与当时商品经济繁荣、市民意识的诉求是相适应的。至此，"私"的价值已经被完全肯定，而公私关系也发生了转变。沟口雄三曾指出：清末至民国时代关于"私"之主张，有人发挥了中国人的所谓"私之一念"，乃"由天赋而非人

---

① 李贽：《藏书》，见张建业主编《李贽文集》（第二卷），社会科学文献出版社2000年版，第626页。

② 龚自珍：《论私》，见《龚自珍全集》，上海人民出版社1975年版，第92页。

为者”，视中国为“我之中国”，以谋求国民之独立于国权之伸张。针对君主一人独私其国，主张由全体国民私其国，倡导全体国民的政治主体，即国民权。这里的“私”，即“夫私之云者，公之母也，私之至焉，公之至也”。按此而言，作者所主张的是私权，即市民个人的权利，而国民权、公权、全体权是从“私”（个人）的集体而来。反过来说，通过这种“私”的主张，形成了一种新的公的概念，即视由私权集积而成的国民权为公的概念。“私”成为“公”的基础，不再作为公的对立面出现。这样，“私”的合法性就得到了完全保障。

通过上面的分析可以看出，在西方列强入侵中国之前，中国社会已经开始了现代转型，个体性诉求不断显现，公私观念得以转变。而在西方列强入侵之后，“救亡图存”压倒了一切，清王朝在主权诉求下，开展了“自强”和“求富”运动，又进一步推动中国社会从前现代的农耕生活向工商生活转变。

二、“技”与“道”之争：传统儒学的困境

梁启超对洋务运动的内容做过如下总结：“不出二端，一曰军事，如购船、购械、造船、造械、筑炮台、缮船坞等是也；二曰商务，如铁路、招商局、织布局、电报局、开平煤矿、漠河金矿等是也。”(《李鸿章传》)在他看来，不管是军事领域的改革，还是经济领域的改革，都没有触及儒学。所以他说“这一时期内，思想界受的影响很少”，但是“其中最可纪念的，是制造局里头译出几部科学书”①。恰恰是这几部“科学书”促进了洋务运动中儒学的现代转型。

虽然洋务派创办的兵工厂能够制造轮船枪炮，但都是按照国外的样式装配仿造，原材料和机器也都是从国外进口的。这种以购买和仿造为核心

① 梁启超：《五十年中国进化概论》，见《梁启超全集》第七册，北京出版社1999年版，第4030页。

的军事工业模式生产出来的枪炮的质量在很大程度上取决于进口原料和设备的质量。此外，制造的技师也是外国人，中国人根本没有真正的技术，因此，洋务派在实践中发现，不懂得科学道理，就无法掌握技术。“中国欲自强，则莫如学习外国利器；欲学习外国利器，则莫如觅制器之器。”坚船利炮都是近代机器工业发生与发展的产物，都依赖于西方先进的科学，因此要想通过学习西方来实现自强，就必须学习西方的近代科学。而学习科学又需要读外国书籍，所以翻译一事变得尤为重要。曾国藩说：“翻译一事系制造之根本，洋人制器出于算学，其中奥妙皆有图说可寻；特以彼此文义扞格不通，故虽日习其器，究不明用器与制器之所以然。”不仅要知其然，还要知其所以然，因此洋务派开设了翻译馆，来翻译西方的书籍。这就是梁启超说的唯一在思想界产生影响的地方。

翻译书籍是为了学习科学技术，而学习科学技术是为了服务于军事，因为“西洋制造之精，实源本于测算、格致之学”①。然而这种向西方学习科学技术的行为触动了传统的儒学观念，引发了一场关于“道”与“技”的争论。

关于“道”与“技”的争论，保守派与洋务派一共有三次大的交锋。第一次是关于设立天文算学馆。奕䜣意识到：“洋人制造机器、火器等件，以及行船、行军，无一不自天文算学中来，现在上海、浙江等处讲求轮船各项，若不从根本上用著实功夫，即习学皮毛，仍无裨于实用。”于是他主张在京师同文馆内添设“天文算学馆”，专门教习天文、算术等自然科学知识。这种行为引起了保守派的不满。山东道监察御史张盛藻率先发难，上奏指责奕䜣是“习为机巧之事”，又“借升途、银两以诱之”，是“重名利而轻气节”，请求朝廷予以严厉斥责。接着保守派的首领倭仁亲自出马，上奏提出“立国之道，尚礼义不尚权谋；根本之图，在人心不在技艺”。第二次是关于筹议海防。洋务派认为唯有学习西方先进的科学技术，改变中国

① 中国史学会主编：《洋务运动》（五），见《中国近代史资料丛刊》，上海人民出版社 1961 年版，第 187 页。

的落后情况，才能加强国防实力、抵御侵略。保守派则认为应该坚持传统的纲常名教，大力倡导忠义之气，认为这才是自强的根本，坚持反对学习洋人的科技。他们认为“洋人之所长在机器，中国之所贵在人心”①，应该以一技之长制敌，而不是大搞机器生产、讲洋学、制洋器。第三次是关于修筑铁路。淮军将领刘铭传向清政府提出修建铁路的意见：“自强之道，练兵造器固宜次第举行，然其机括则在于急造铁路。铁路之利于漕务、赈务、商务、矿务、厘捐、行旅者不可殚述，而于用兵一道尤为急不可缓之图。”②保守派的御史屠仁守则认为：“自强之策，不务修道德、明政刑，而专恃铁路，固已急其末而忘其本。”③

我们通过这三次争论可以看出洋务派与保守派的分歧在于如何“自强”上。如前面所说，洋务派认为自强之道就是学习西方富强之本的科学技术，保守派则认为自强之道在“礼义”，在“人心”，而不在“权谋”，不在“技艺”。这是儒学在政治上的一贯主张。孟子早就提出：“王如施仁政于民，省刑罚，薄税敛，深耕易耨；壮者以暇日修其孝悌忠信，入以事其父兄，出以事其长上，可使制梃以挞秦楚之坚甲利兵矣。”(《孟子·梁惠王上》)只要实行仁政，即使用木棒，也能战胜秦、楚的坚甲利兵。“儒家不断灌输这样一种理念：权力的合法性不能依赖武力和严峻的法律，而是要以更符合国人习俗的‘礼’来确立社会秩序。”④不能依靠武力和严酷的法律来保持统治的合法性，这是儒家的历史经验，也是儒家的一贯主张。儒家认为要依靠“礼”来维持秩序，而不是武力。后来的理学家们之所以提出“理”，是为“礼”的合理性做一个形而上的解释。因为“礼”的内容就是

① 中国史学会主编：《洋务运动》(一)，见《中国近代史资料丛刊》，上海人民出版社1961年版，第121页。

② 中国史学会主编：《洋务运动》(六)，见《中国近代史资料丛刊》，上海人民出版社1961年版，第138页。

③ 中国史学会主编：《洋务运动》(六)，见《中国近代史资料丛刊》，上海人民出版社1961年版，第208页。

④ 干春松：《制度儒学》，上海人民出版社2006年版，第54页。

三纲五常，三纲五常是天理。然而这种观念对治理国家来说，也许会奏效，但对应对他国的侵略来说，往往会失效。以明亡为例，明清之际，儒家学者面对明朝灭亡的惨痛教训，便将矛头指向了理学家。理学家被指责为“无事袖手谈心性，临危一死报君王”。批评者们认为理学家们脱离现实，高谈性理，满足于心灵修养的所谓境界，结果一遇到危难，便束手无策，只能以“一死”的牺牲来表现平日的修养。颜元曾深为感慨地说：“吾读甲申殉难录至愧无半策匡时难，惟余一死报君恩，未尝不凄然泣下也，至览和靖祭伊川不背其师有之，有益于世则未二语，又不觉废卷浩叹，为生民怆惶久之。”(《存学编》)顾炎武也感叹道：“刘、石乱华，本于清谈之流祸，人人知之，孰知今日之清谈，有甚于前代者？昔之清谈谈老庄，今之清谈谈孔孟。未得其精而已遗其粗，未究其本而先辞其末。不习六艺之文，不考百王之典，不综当代之务，举夫子论学论政之大端一切不问，而曰一贯，曰无言。以明心见性之空言，代修己治人之实学。股肱惰而万事荒，爪牙亡而四国乱，神州荡覆，宗社丘墟。”(《日知录》)面对西方的入侵，洋务派有同样的疑问。奕䜣曾指责倭仁所主张的理论为误国空言：“该大学士既以此举为窒碍，自必别有良图，如果实有妙策，可以制外国而不为外国所制，臣等自当追随该大学士之后……悉心商办……如别无良策，仅以忠信为甲胄，礼义为干橹等词……臣等实未敢信。”[①] 面对奕䜣的指责，倭仁等保守派并没有好的回应方式。

其实，传统儒家所提倡的“礼”是有效的，但这仅仅是对于国家内部而言。国家内部是理性法则，所以应该依靠“礼”来治理，在这个层面上，治国应该用“道”而非“技”。但是，清末民初的中国面临的是一个天崩地裂的“大变局”时代，儒学要面对的不再是或者说不仅仅是国家内部的问题，而是国家之间的问题。清王朝面临的领土丢失、主权丧失的局面是国

① 文庆等纂辑：《筹办夷务始末》(同治朝)卷四八，清咸丰间内府抄本。

家之间的从林法则导致的。所以在这个层面上，“技”胜于“道”。

从“道”和“技”之争的角度来看，保守派没有意识到“大变局”的发生。在他们的观念中，“天下”还是一个以“夷夏之辨”为核心的“天下”。中国向外国学习近代科技，学会了就是“以夷变夏”。他们“无事则嗤外国之利器为奇技淫巧，以为不必学；有事则惊外国之利器变怪神奇，以为不能学”，空占领着儒家理论的制高点而不能应变。而对于洋务派来说，他们认识到了西方器物的优越性，并且向西方学习，以应对变局；但是面对保守派的质疑，又无法从理论上给予回应，因为保守派毕竟“陈义甚高，持论甚正”。传统儒学在此大变局中遇到了困境。

三、中体西用：洋务儒学的现代转型

洋务派需要应对变局，又不能放弃儒学的根本，因此对儒家学说进行了创造性的改革，提出了“中体西用”的思想。最早表达出“中体西用”思想的是冯桂芬。他早在1861年左右便提出“以中国之伦常名教为原本，辅以诸国富强之术”。而张之洞在《劝学篇》中阐释了“中体西用”的内涵。

在《劝学篇》中，张之洞解释了为什么要提出“中体西用”的理论。他说：“吾闻欲救今日之世变者，其说有三：一曰保国家，一曰保圣教，一曰保华种。夫三事一贯而已矣。保国、保教、保种合为一心，是谓同心。保种必先保教，保教必先保国。”提出“中体西用”说到底还是为了挽救时局，为了保国、保教以至于保种。但是当时社会普遍存在着一种矛盾，即“图救时者言新学，虑害道者守旧学，莫衷于一。旧者因噎而食废，新者歧多而羊亡。旧者不知通，新者不知本。不知通，则无应敌制变之术；不知本，则有非薄名教之心”。“新学”能够应敌制变，但是对纲常名教无益，“旧学”能够卫道但是不能够通变。张之洞看到了这个矛盾，便设法解决这个矛盾。他强调中学和西学有不同的作用，所谓“中学治身心，西学应世事”。他通过划分两种不同的领域，为西学和中学划开了界限。他又强调，虽然中学和西学应用的范围不同，但是两者并不是并列的关系，而是体用的关系，所谓“旧学为体，新学为用”。旧学就是以“四书五经、中国史事、政书地图”为内容的中学，新学是以“西政、西艺、西史”为内容的西学。要注意的是，张之洞所说的“西政”并不涉及国家政体，而是指“学校、地理、度支、赋税、武备、律例、劝工、通商”等具体的规章制度，而“西艺”的内容是“算、绘、矿、医、声、光、化、电”。他认为西政优先于西艺，主张“救时之计，谋国之方，政尤急于艺”。这就把西方近代的科学技术纳入中国传统的伦理纲常之下。

“中体西用”其实是一种“二元论儒学”。正如金观涛所指出的那样：“所谓二元论儒学，是把儒家伦理和社会制度分成两个不相干的领域，其目的是使儒学退到私人生活空间，而在一切公共领域都采纳现代价值。”① 不过金观涛认为这样的分离是不可能的，因为“在19世纪末民族国家争雄的世界格局中，中国要实现内部整合与抵抗西方冲击这双重目标，必须建立具有现代动员力的国家。它可以集中广大农业社会的人力物力建立现代国防，并将农业剩余转化为工业投资。要做到这一点，国家必须打破家族组织，剥夺地主对乡村的支配，并建立一个能广泛深入基层的超级官僚机构。……从这个意义上讲，以家族为组织中心、以士大夫个人道德精英主义为基本特征的儒学，无论进行强化事功的变迁，还是实行现代转化，均不可能做到这一点”。这种观点无疑是正确的。但是在张之洞那里，这似乎并不构成一个问题，因为他说：“中学为内学，西学为外学；中学治身心，西学应世事；不必尽索之于经文，而必无悖于经义。如其心圣人之心，行圣人之行，以孝弟忠信为德，以尊主庇民为政，虽朝运汽机，夕驰铁路，无害为圣人之徒也。”（《劝学篇》）之所以会有这样的认识，是因为这不是传统儒学能否容纳现代科学的问题，而是科学技术与伦理纲常谁占主导地位的问题。立国之道在“礼义”还是在

---

① 金观涛、刘青峰：《中国现代思想的起源：超稳定结构与中国政治文化的演变》，法律出版社2011年版，第212页。

“技艺”？这个时候，儒学已经被把握为形而下层面的以“三纲五常”为核心的“礼”，想在“礼”的层面去容纳现代科学是不可能的。而“中体西用”的思想将体用关系进行错位，解决了这种矛盾。

“体用”是中国哲学中的一对重要范畴，“体”指本体，“用”指应用，“用”是“体”的具体显现。“体”与“用”揭示的是“形上—形下”的关系。自宋明以来，“用”的概念是很明确的，指的就是伦理纲常，属于伦理学领域；而“体”则是“理”或者“天理”。整个宋明理学就是“体—用”架构，也就是“形上—形下”架构，以三纲五常为核心的伦理道德是以家族为社会主体的传统的或者说前现代社会诉求的显现，而宋明理学家则致力于构建一个形上本体，以为这种以“三纲五常”为核心的伦理道德提供一个合理说明。这个形上本体就是“理”。“理”又被称为“天理”，是来自“天”的。但是近代以后，“体”的内涵已经不再是形上之“道”，而是变成了“伦理纲常”。原先的“用”上升为“体”以后，它所“空出”的位置由西学代替，西学变成了形下之“用”。而西学这个“用”本身也经历了一个“发育”“完善”的过程，即西学本身也经历了从形下到形上、从具体到抽象、从器物到制度再到思想意识这样一个逐步“上移”的过程。但西学在被采用之初，在整体上就被视为与“体”相对立的“用”。

这种“中体西用”的思想一经提出，便招来了批评。比如严复说道：“夫中国之开议学堂久矣，虽所论人殊，而总其大经，则不外中学为体，西学为用也；西政为本，而西艺为末也。主于中学，以西学辅其不足也……体用者，即一物而言之也。有牛之体，则有负重之用；有马之体，则有致远之用。未闻以牛为体，以马为用者也”。[①]

洋务派显然难以回应严复的批评，但似乎也无须回应。因为“中体西用”思想本身就不是从学理的角度提出的，而是在实用理性的影响下，为了救亡

① 胡希伟选注：《论世变之亟——严复集》，辽宁人民出版社1994年版，第169页。

图存而不得不提出的一种权宜之计。在“中体西用”的旗帜下，洋务派把科学技术纳入儒学的范围内，使儒学实现了一种粗糙的转型。虽然“中体西用”取得了一定的效果，但是这种割裂体用来应对现代化的办法只能治标，不能治本。因为随着对现代性认识的不断深入，作为“体”的儒家伦理纲常也受到了冲击。因此，在近代儒学转型的下一阶段，“中体西用”也成了洋务派与维新派论战的理论工具。张之洞提出，“三纲为中国神圣相传之至教，礼政之原本，人禽之大防”（《劝学篇·序》）。三纲乃“五伦之要，百行之原，相传数千年更无异义，圣人所以为圣人，中国所以为中国，实在于此”（《劝学篇》）。而他提出“中体西用”的目的，在与保守派论战的时候是挽救时局，而在与维新派论战的时候则变成了“尊崇正学，以立根本”，用程朱理学来回击和压制新学的传播。《劝学篇》“内篇务本，以正人心”，实质在于抨击以康梁为代表的维新派的“邪说暴行”，捍卫程朱理学的正统地位：“知君臣之纲，则民权之说不可行也；知父子之纲，则父子同罪、免丧废祀之说不可行也；知夫妇之纲，则男女平权之说不可行也。”（《劝学篇》）“民权之说一倡，愚民必喜，乱民必作，纪纲不行，大乱四起，倡此议者岂得独安独活。”（《劝学篇》）“中体西用”作为儒学转型的一种中间思想形态，也随着中国知识分子对现代性把握的不断加深而被抛弃了。

第三节　维新运动中儒学的现代转型

1894年，“甲午丧师，举国震动；年少气盛之士，疾首扼腕言‘维新变法’”①。这次的丧师辱国事件让执掌清廷内政外交大权的洋务派大员受到朝廷内外的猛烈谴责。陈耀卿在《富国当求本源论》中写道：“国家费百万之帑项，聚数千人之精力，竭数十载之经营，不得谓谋之不深，虑之不远。乃一旦与倭

① 梁启超撰，朱维铮导读：《清代学术概论》，上海古籍出版社1998年版，第97页。

人对敌，将不知兵，士不用命，师徒挠败，陵寝震惊，失地丧师，枪炮轮船全为敌有。所谓洋务出身者，或逃避伏法，或战败降倭，或潜亡内地。前功尽弃，莫可挽回，中国遂不得不力主和议。是役也，办理洋务之员实有难逃之罪责。”洋务运动是传统儒学为应对西方冲击进行的一次积极尝试。随着中国在甲午战争中的失败，历时三十余年的洋务运动走完了自己的历程。甲午战争的失败使当时的人们意识到中西之间的差距不仅体现在器物层面，坚船利炮并不是强弱的根本，失败的原因在于中西制度存在差距。同时，中日两国在近代遭遇相同，却有着不同的国运，这使得人们认识到中日在制度上的差异导致不同的结局，所以中国人把日本作为学习对象，也希望通过一场君主立宪的制度变革使中国强大起来，摆脱沉重的危机，实现自立自强。

一、维新运动的现代性诉求

维新派对现代性把握的转变，直接源于甲午战争中清政府的失利。虽然自鸦片战争以来，清政府在对外战争中屡屡受挫，但是这可以解释为面对西方列强，清王朝在器物方面不如人。而在甲午战争之后，堂堂清朝大国居然输给了“蕞尔小夷”的日本，这就不是器物上的不足所能够解释的了。于是，在考察了日本为何变得如此强大之后，康有为总结道：“日本所以能骤强之故，或以为由于练兵也，由于开矿也，由于讲商务也，由于兴工艺也，由于广学校也，由于联外交也。固也，然皆非其本也。其本维何？曰：开制度局，重修会典，大改律例而已。”相比于洋务派对现代性的认识，维新派对现代性的把握又有不同。“泰西之强，不在炮械军兵……实未知泰西之强，其在政体之善也。”“购船制械，可谓之变器，不可谓之变事。设邮便，开矿务，可谓之变事矣，未可谓之变政。改官制，变选举，可谓之变政矣，未可谓之变法。日本改定国宪，变法之全体也。”① 购买、制造

① 康有为著，姜义华、张荣华编校：《日本变政考》（外二种），中国人民大学出版社 2011 年版，第 62 页、第 24 页、第 167 页。

船炮是变器，建立工厂、开矿修路是变事，改革机构是变政，但这都不是关键，关键在于改变政体，即变法。维新派变法的具体主张有五条：第一是“下诏求言”，让所有人都能够上书言事；第二是“开门集议”，即在中央和地方州县都设置类似于议会性质的机构，如果“三占从二，立即施行”；第三是“辟馆顾问”，广泛征集天下人才；第四是“设报达聪”，鼓励多开报馆；第五是“开府辟士”，让中央及地方官吏皆得自辟属官。[①] 从求言、集议、设置顾问等措施可以看出，维新派的要求是限制君权而兴民权。

民权是维新运动的基本诉求。何为民权？“夫权者，非兵威之谓也，非官势之谓也。权者，谓所执以行天下之大经大法，所持以定天下之至正至中者耳。执持者必有其物，无以名之，名之曰权而已矣。”[②] 结合对“权”字的解释，我们可以知道，民权即人民的权利。在晚清的话语中，民权特指“民”参与国家治理，并在决定国政的过程中发挥作用。在西方政治话语中，民权和民主的西语表达都是“democracy”。在维新派那里，民主是民权的应有之义，却不完全等同，这体现在具体的政体选择上。何启、胡礼垣解释道：“民权者，其国之君仍世袭其位；民主者，其国之君由民选立，以几年为期。吾言民权者，谓欲使中国之君世代相承，践天位于勿替，非民主之国之谓也。”[③] 可见，兴民权并不是要实行民主共和制，而是实行君主立宪制，当然，君主立宪制也是民主制的一种。对于民权的重要性，梁启超说：“故民权兴则国权立，民权灭则国权亡。为君相者而务压民之权，是之谓自弃其国，为民者而不务各其伸权，是之谓自弃其身，故言爱国必自兴民权始。”兴民权的主要措施就是开设议院，让士民都能够参政议政。康有为给议院下了这样的定义：“议院者，合一国之民心，举一国之贤才而

---

① 汤志钧编：《康有为政论集》，中华书局 1981 年版，第 158~159 页。
② 郑大华点校：《新政真诠——何启　胡礼垣集》，辽宁人民出版社 1994 年版，第 397 页。
③ 郑大华点校：《新政真诠——何启　胡礼垣集》，辽宁人民出版社 1994 年版，第 406 页。

议定一国之政。”梁启超对开议院极其赞赏，他说：“即今日全世界之国，号称最为文明者，亦不闻举国士民皆可上书于其君，而惟我皇上有之，以从古最塞之国体，一变而为最进之国体。”① 他还考证指出这种开设议院的制度古已有之，写了《古议院考》，认为虽然古代没有议院之名，但是有议院之实，就是君主“谋及卿士，谋及庶人”，“致万人而询”，“君权与民权合”。

在主张兴民权、开议院的同时，维新派又认为中国民智未开，还不能马上开议会，只能“以君权雷厉风行”，“乾纲独断”。康有为以日本为例，说“日本变法二十四年，而后宪法大成，民气大和，人士知学，上下情通。而后议院立，礼乐莘莘，其君亦日益尊，其国日益安，此日本变法已成之效也”。由此可见，在实行君主立宪制之前，维新派主张以一种开明专制作为过渡。所谓开明专制本质上还是一种专制政体，既然是专制政体，就意味着统治者掌握着最高权力，没有另外一种权力来制约他。而专制政体的开明情况完全取决于统治者自身。梁启超在 1906 年于《新民丛报》上发表了《开明专制论》，提出了今日之中国“与其共和，不如君主立宪，与其君主立宪，又不如开明专制”的观点。他所说的开明专制与野蛮专制是相对立的，“凡专制者，以所专制之主体的利益为标准，谓之野蛮专制；以所专制之客体的利益为标准，谓之开明专制”。他举了两个例子，比如“法王路易第十四曰：‘朕即国家。’……此语也，有代表野蛮专制之精神者也”，而“普王腓力特列曰：‘国王者，国家公仆之首长也。’……此语也，则代表开明专制之精神者也”。梁启超也认为，在实行君主立宪制之前，要首先以开明专制作为过渡。除了开明专制，梁启超和谭嗣同在长沙办时务学堂时，都表达过另外一种意见，即现在人民的知识程度太低，还不足以参政议政，所以首先要做的是提升民众的知识水平。因此，创立新式学校是兴民权的

① 中国史学会主编，翦伯赞等编：《戊戌变法》（二），上海人民出版社 1957 年版，第 70 页。

先决条件。梁启超在论及议院与民权的关系时，也指出“强国以议院为本，议院以学校为本”。谭嗣同之所以提倡地方上的绅权，也是因为提倡绅权有助于学校的创建。

二、托古改制：维新运动的理论建构

民权是维新派认识到的现代性的本质，是维新派认识到的西方列强强大的原因。但是他们并不认为民权仅仅是西方的思想资源，而是认为中国传统的儒学思想中也蕴含着民权思想。为了给作为政治诉求的“民权”思想以理论支撑，康有为等人重新诠释了儒家经典，使“民权”思想在伦理道德层面有了充足的解释力。不仅如此，他们还试图改造传统儒学的形而上学，以为伦理道德提供基础。

（一）维新儒学的形下建构

维新儒学的形下建构指的是伦理学层面上的建构。要为民权做伦理学层面的辩护，就需要从平等、自由、民主等基本权利入手。当然，在进行形下层面的建构之前，维新派需要先构建自己的历史哲学，以证明维新变法的合法性。

维新儒学依傍的思想资源是今文经学。今文经学又被称为公羊学，自东汉以后就长期湮灭不彰，直到常州学派庄存与和刘逢禄重开今文经学之门，今文经学才异军突起。康有为治经的目的不在于研究、阐扬经学，而在于为变法提供理论依据。正如梁启超所说：“南海以其所怀抱，思以易天下，而知国人之思想束缚既久，不可以猝易，则以其所尊信之人为鹄，就其所能解者而导之。此南海说经之微意也。”（《论中国学术思想变迁之大势》）康有为把公羊“变易”思想与进化论相融合，宣传“新则鲜，旧则腐；新则活，旧则板；新则通，旧则滞”的进化观点，认为只有变革才能使人类社会不断发展、不断进步。他大声呼唤以改革求生存，以改革求发展。所以康有为“借经术以文饰其政论”，以为其变法活动提供理论依据。

康有为重新阐发了公羊三世说，构建了他的历史哲学。他认为三世就是人类社会进化的三个阶段。他说："人道进化皆有定位，自族制而为部落，而成国家，由国家而成大统。由独人而渐立酋长，由酋长而渐正君臣，由君臣而渐为立宪，由立宪而渐为共和。……盖自据乱进为升平，升平进为太平，进化有渐，因革有由；验之万国，莫不同风。"(《论语注》)也就是说，一个民族、一种文化只有不断变革发展，才能够适应时代的要求。"孔子生当据乱之世，今者大地既通，欧美大变，盖进至升平之世矣。异日，大地大小远近如一，国土既尽，种类不分，风化齐同，则如一而太平矣。孔子已预知之。"(《论语注》)现在欧美已经升至"升平之世"，而中国的旧制度还是"据乱世"时的制度，所以应该变法。在变法的过程中，康有为始终坚持两个原则：一是保持和发扬中国固有的民族文化和精神，二是反对不顾国情照抄照搬的全盘西化。他指出，由于世界各国"立国自有本末，行政自有次第"(《中华救国论》)，盲目地"举中国数千年道德教化之文明一切弃之"(《物质救国论》)而"全法欧美"的观点和行为是行不通的。显而易见，康有为在吸收西方文化时，始终以他心目中的中学为根柢。

关于平等的论述，康有为从儒家的性善论出发，认为孟子的思想中蕴含着人人平等的思想："人人性善，尧、舜亦不过性善，故尧、舜与人人平等相同。此乃孟子明人人当自立、人人皆平等，乃太平大同世之极。……人人性善，文王亦不过性善，故文王与人平等相同。""言性善者，平世之法，令人人皆有平等自立……而孟子之说远矣，待人谓厚矣，至平世之道也。"(《孟子微》)他进而指出"万物皆备于我""人皆可为尧、舜"等也蕴含有平等的意思。他认为"万物皆备于我"寓意"人人独立，人人平等，人人自主，人人不相侵犯，人人交相亲爱，此为人类之公理，而进化之至平者乎！""至谓人人可为尧、舜，乃孟子特义，令人人自立平等，乃太平大同之义，纳人人于太平世者也。"(《孟子微》)

关于自由的论述，康有为在解释子贡所说"我不欲人之加诸我也，吾亦欲无加诸人”时，写道：“子赣不欲人之加诸我，自立自由也；无加诸人，不侵犯人之自立自由也。人为天之生，人人直隶于天，人人自立自由。不能自立，为人所知，是六极之弱而无刚德，天演听之，人理则不可也。人各有界，若侵犯人之界，是压人之自立自由，悖天定之公理，尤不可也。子赣尝闻天道自立自由之学，以完人道之公理，急欲推行于天下。……近者世近升平，自由之义渐明，实子赣为之祖，而皆孔学之一支一体也。”（《论语注》）这样就把儒家传统的忠恕之道解释为自由。

关于民主的论述，康有为认为孔子是主张“民主”的，而且是君主立宪制的竭诚拥护者，是争取民权的斗士。康有为认为“孔子之道，务民义为先”，孔子之所以要“祖述尧舜”、托古改制，就是因为“尧、舜为民主，为太平世，为人道之至”（《孔子改制考》）。比如康有为说：“《尧典》曰：‘辟四门，明四目，达四聪。’《盘庚》：‘登进厥民，命众悉至于庭。’《洪范》：‘谋及卿士，谋及庶人。’《孟子》：‘左右皆曰贤，诸大夫皆曰贤，未可也；国人皆曰贤，然后用之……’黄帝曰‘合宫’，尧曰‘总章’，三代曰‘明堂’。中国古固有议院哉！”[①] 康有为认为孟子提出的“民为贵，社稷次之，君为轻”的说法蕴含有民主思想，“此孟子立民主之制，太平法也”。在康有为看来，“民为主而君为客，民为主而君为仆，故民贵而君贱易明也。众民所归，乃举为民主，如美、法之总统”这种近代西方民主体制，“孟子已早发明之”。康有为又进一步把西方资产阶级民权思想和议院制度附会到儒家思想中，他对“所谓故国者，非谓有乔木之谓也”做了夸大的发挥，说“此孟子特明升平授民权、开议院之制，盖今之立宪体，君民共主法也”；认为孟子所说的“左右者”是“行政官及元老顾问官也”，“诸大夫”是上议院，“一切政法，以下议院为与民共之”，因此“民权共政之体”是“孔子创立，而孟子述之”。

---

① 康有为：《日本书目志》卷五，见姜义华编校《康有为全集》第三集，上海古籍出版社1992年版，第748页。

通过建立自己的历史哲学，阐发传统儒家经典中的平等、自由、民主等伦理诉求，维新派为自己的民权诉求提供了形下层级的论证。

（二）维新儒学的形上建构

除了进行形下学的构建，维新派还试图从形上学层面为自由、平等、民主的伦理道德奠基。

中国传统儒家秉持道德人性论，将人的本性规定为“仁”。但这种人性论发展到近代，逐渐走向极端和僵化，成为一种束缚人性和阻碍社会发展的思想。康有为认为这种人性论已经背离了孔子本意，便以恢复、弘扬孔子儒学正道为名，引入了西方的自然人性论，来改造传统儒家的道德人性论。康有为的人性论思想在其时代具有开风气之先和思想启蒙的重要意义。康有为认为：“人禀阴阳之气而生也。”他又说：“夫性者，气质所发，犹一子也，但于气质中别名之耳，安所谓不备哉？譬如附子性热，大黄性凉，气质之为之也。”（《康子内外篇》）他把产生于人身气质的自然属性看成人的本性，这是一种自然人性论。基于这种自然人性论，康有为提出了“天欲而人理”说，对宋儒的“天理人欲”说予以反驳。他认为“人生而有欲，天之性哉!”（《大同书》）人欲出自“天性”，因此只能顺其发展，而不能加以抑制。康有为认为欲望是天生的，而理是人为的。他说：“夫有人形而后有智，有智而后有理。理者，人之所立。……故理者，人理也。……婴儿无知，已有欲焉，无与人事也。故欲者，天也。程子谓‘天理是体认出’，此不知道之言也，盖天欲而人理也。”（《康子内外篇》）他认为既然欲望是人的自然本性，就应该得到肯定和尊重，批判了以宋明理学为典型代表的儒学禁欲主义对人的束缚。

不过康有为的人性论并非始终如一。在其后期著作尤其是《大同书》中，他又试图将儒家的“仁”与自然人性论统一起来。比如，他常引用孟子的话说，人皆有“不忍人之心”，“人之所以为人者，仁也”等。他认为如果没有这种不忍人之心，人与禽兽就没什么区别，“然则人绝其不忍之爱质乎？人道将灭绝矣。灭绝者，断其文明而还于野蛮，断其野蛮而还于禽兽之原质，也夫！”（《大同书》）康有为将“仁”作为人类社会进化的根源和动力，认为“人道之仁爱，人道之文明，人道之进化，至于太平大同，皆从此出”（《孟子微》）。康有为一方面主张自然人性论，另一方面又主张性善论，这是自相矛盾的。康有为思想中的这种矛盾恰恰是对他所处的现实时代的一种反映。

为了与维新儒学的形下诉求相匹配，谭嗣同重新阐释了儒家“仁”的观念，试图从“仁”的观念中推导出自由、平等等现代性的价值观。首先，他将仁视作宇宙的本源，说：“仁为天地万物之源。”这就将“仁”提高到了本体的地位。其次，他指出：“仁以通为第一义。以太也，电也，心力也，皆指出所以通之具。”（《仁学》）而“通”有四义：第一是中外通，就是世界各国互相合作；第二是上下通，就是取消封建等级的差别；第三是男女内外通，就是取消男尊女卑的制度，实现男女平等；第四是人我通，就是取消别人和自己的界限。所以，“通”最后表现出来的是平等，“通之象为平等”（《仁学》）。谭嗣同认为，判断一个个体或国家是否符合“仁”的标准，完全取决于“通与塞”，也就是说，“通塞之本”是判断“仁”和不“仁”的唯一标准，“礼”“忠”等其他世俗所“已立之名”皆不能和“仁”相提并论，否则就“妄生分别”，混乱了儒学本来的道德准则。因此谭嗣同认为，在传统的“五伦”中，“于人生最无弊而有益”的就是朋友。他认为朋友的关系有三个特点：“一曰平等，二曰自由，三曰节宣惟意，总括其义，曰不失自主之权而已矣。”（《仁学》）虽然谭嗣同用“仁”本体论对三纲五伦之说进行激烈的攻击，但他并不责备孔子、子思、孟子，而是归罪于荀子之“法后王，尊君统”（《仁学》）。

三、儒学的宗教化

如果说用“托古改制”的方法对儒学进行改造体现了对“民权”的诉求，那么主张儒学宗教化、建立“孔教”则体现了对“主权”的诉求。

梁启超说："先生所以效力于国民者，以宗教事业为最伟；其所以得谤于天下者，亦以宗教事业为最多。"① 康有为主张设立孔教有其现实意义。19 世纪以来，基督教逐步输入中国，对中国以儒学为主的本土文化造成了冲击。西方诸国在经济、军事等领域领先中国，使得中国的知识分子不能不正视宗教的作用。人们开始审视这些西方文化，结果普遍认为正是西方宗教的入侵造成了中国文化乃至整个中华民族生存的危机。在康有为看来，近代西方列强的侵略，包括宗教文化的侵略，使中国的道德价值和文化传统面临全面沦落的危险，使传统文化受到冲击，使儒学思想式微，使中国人面临着国破家亡的困局。具有强烈民族主义情怀的康有为希望通过尊奉孔教来抵制西方的宗教侵略，以达到保国、保教、保种的目的。他指出："若国步稍移，则彼非金、元无教者比也，必将以其教易吾教耳。犹吾孔教本起中国，散入新疆、云南、贵州、高丽、安南也。以国力行其教，必将毁吾学宫而为拜堂，取吾制义而发挥《新约》，从者诱以科第，不从者绝以戮辱，此又非秦始坑儒比也。"（《答朱蓉生书》）1898 年，康有为成立保国会，提出了保教与保国一致性的主张。《保国会章程》明确指出："本会同志讲求保国、保种、保教之事，以为议论宗旨。"该章程解释道：保国即"保国家之政权、土地"，保种即"保人民种类之自立"，"保教"即"保圣教之不失"。从某种意义上讲，保教与保种、保国互为因果，因为在康有为看来，教之不存，国便不立。

既然要将儒学建立为宗教，就需要有一定的宗教形式。一般来说，宗教需要有教主、经典和宗教仪式。

首先，为了使儒学宗教化，康有为宣称"孔子神人"，是"大地教主"。"天既哀大地生人之多艰，黑帝乃降精而救民患，为神明，为圣王，为万世作师，为万民作保，为大地教主。"（《孔子改制考序》）既然孔子为"苍帝

---

① 梁启超：《梁启超全集》第一册，北京出版社 1999 年版，第 488 页。

之精”，自然就具有神的属性，可以与天相通，代天立言。他说：“孔子之创制立义，皆起自天数。盖天不能言，使孔子代发之。故孔子之言，非孔子言也，天之言也。孔子之制与义，非孔子也，天之制与义也。”（《春秋董氏学》）康有为认为孔子虽然是神，却以儒学宣教，而不以神道宣教，“臣窃考孔子实为中国之教主……夫大地教主，未有不托神道以令人尊信者，时地为之，若不假神道而能为教主者，惟有孔子，真文明世之教主，大地所无也”。他将孔子奉为教主也是有思想渊源的。我们知道，康有为是今文经学家，今文经学不同于古文经学。今文经学家认为孔子是政治家，“六经”是孔子的政治学说，偏重于发挥“六经”中的微言大义。他们认为孔子是受命而为汉代制定礼法的素王，“六经”就是孔子为了治理天下而作的。后来随着谶纬之学的兴起，今文经学家不仅把孔子视为素王，更是把孔子奉为教主。康有为的孔教思想就继承了今文经学给孔子加上的神话色彩。

其次，康有为的孔教以“六经”为经典。他认为“六经”包含了孔子的基本思想。其中，《易》讲的是孔子的天道观，其他“五经”讲的则是孔子的人道观。他引用庄子对“六经”的评述，指出：“故善言孔子者，莫如庄子。曰：古之人其备乎，配神明，醇天地，育万物，和天下，六通四辟，小大精粗，其运无乎不在。其传而在六艺者，邹鲁之士、搢绅先生能言之。《诗》以道志，《书》以道事，《礼》以道行，《乐》以道和，《易》以道阴阳，《春秋》以道名分。”（《春秋笔削大义微言考自序》）当然，康有为对孔教的经典都做了注疏，比如《礼运注》《中庸注》《论语注》《孟子微》等。经过康有为重新诠释之后的“六经”成为儒教的理论依据，也是维新运动中儒学现代转型的文本。

最后，康有为还模仿基督教，创造了一系列的宗教仪式。他认为孔教作为一种宗教组织，宗教仪式是必不可少的。许多宗教仪式是对原先儒学中礼义制度的发挥，比如释奠礼。释奠原先是古代学校中的祭祀典礼，祭祀的是先圣先师。释奠礼最早见于《礼记·文王世子》：“凡学，春官释奠于其先师，秋冬亦如之。凡始立学者，必释奠于先圣先师。”天子出征返国或天子视学，都必须举行释奠礼。释奠礼后来有所改变，但一般是在每年阴历二月、八月的第一个丁日举行，因此又被称为丁祭。为了突出孔子教主的地位，康有为对释奠礼进行了改动，改在每年孔子的诞辰举行祭祀。有仪式就需要有举行仪式的地方，基于此，康有为将孔庙和学堂改成孔教活动的场所。这类场所与基督教的教堂作用相似。此外，康有为还模仿佛教的佛历，提出使用孔子纪年的建议等。

任何宗教都有彼岸世界，孔教也不例外。孔教的彼岸世界就是康有为在《大同书》中描绘的大同世界。大同世界的构想与康有为的历史哲学有关。康有为发展了今文经学中的“三世说”。按照传统的说法，社会是一个由“据乱世”“升平世”“太平世”组成的循环往复的链条。但是康有为突破了传统儒学的历史循环论，主张一种历史进化论。在他的历史哲学中，社会的发展是由据乱世到升平世、再由升平世到太平世的不断前进的直线发展，最终进化到的太平世就是大同世界。康有为在《大同书》中对大同社会进行了比较详细的介绍。《大同书》以儒家的基本观念“仁”为出发点，根据“仁”的普遍实现这条基本线索展开。他说：“故知一切仁政，皆从不忍人之心生，为万化之海，为一切根，为一切源。一核而成参天之树，一滴而成大海之水。人道之仁爱，人道之文明，人道之进化，至于太平大同，皆从此出。”(《孟子微》)可见，“仁”是大同社会的根本。康有为认为，古往今来的世界都是苦难的世界，无一例外，而造成苦难的原因是“皆因九界而已”(《大同书》)。何为九界？即国界、级界、种界、形界、家界、产界、乱界、类界、苦界。而随着“仁”即“不忍人之心”的逐渐实现，九界逐渐破除。大同社会是去除了九界的社会，是没有阶级、国家和私有财产的社会，是一个人人平等、和睦共处的社会，是一个至公至平的极乐世界。大同社会是孔子改制的目的所指向的理想社会，也是人类从据乱世经过升平世而必然要到达的一个阶段。当然，作为孔教的彼岸世界，大同社会关注的是现实问题的解决，从理论上讲，它有到达的可能性。然而，无论是基督教的天国，还是佛教的涅槃，都不会出现在现实的人类社会中。这是作为人道教的孔教与神道教的差异。

面对日益加深的民族危机，以康有为为代表的维新派学者认识到，只学习西方的坚船利炮是没有办法实现自强的。通过对日本等有着相似遭遇国家的考察，维新派认识到，要外争主权，首先要做的是内兴民权。他们认为，只有政治现代化了，国家才会富强。此外，为了应对随之而来的宗教入侵，维新派学者打出“孔教”的旗号，以应对基督教等西方宗教。在救亡压力下的兴民权和建孔教都在客观上开出了儒学的一种现代形态。当然，不同于共同体内部个体性诉求显现而导致的儒学转型，这种现代形态可以说是一种“变异现代性”。基于此，有的学者甚至认为，“康有为立足于经学的立场，试图在坚持儒家立场的前提下消化西方的政治理念，进而建构中国国家形态，而且他所提出的孔教观念和政治儒学的方案都构成了现代儒学的基本议题，因此，康有为才是现代儒学的起点”①。

之所以以清末民初的近代哲学为儒家哲学现代转型的开端，是因为不论是洋务运动中的儒学还是维新运动中的儒学，都不是由人权问题直接驱动的，而是由主权问题驱动的。主权作为一个现代性的观念，是随着中国传统天下观念的崩溃而形成的。不同于欧洲各民族国家主权观念形成的过程，中国的主权观念的形成还伴随着主权的不断丧失（逐步被殖民）。在西方坚船利炮的威胁中，儒学要不断去面对这个从未见过的世界（民族国家），去解决从未面对过的问题，儒学的现代转型也就此开始。

但是在儒学的现代化进程中，“近代儒学”展现的现代转型不仅不同于从宋朝开始的儒学转型，似乎也不同于随之而来的现代新儒学展现的儒学转型。我们先按照历史脉络梳理一下现代新儒学的登场。在以“洋务儒学”

---

① 干春松：《康有为与现代儒学思潮的关系辨析》，《中国人民大学学报》2015 年第 5 期。

和“维新儒学”为学术形态的“近代儒学”之后，表现为“现代新儒学”的“现代儒学”登场。按照梁启超的三阶段说，在洋务运动和维新运动之后，是新文化运动。新文化运动源于认识到“文化上的不足”，其矛头指向的就是前现代儒学，尤其是前现代儒学中的三纲五常。这种对传统儒学伦理道德的抨击，正如现代新儒家贺麟所指出的，“是促进儒家思想新发展的一个大转机”①，由此引出了现代新儒家的登场。

之所以说近代儒学不同于现代新儒学，是因为不论是中体西用还是托古改制，都是在主观上以救亡图存为目的而在客观上使儒学发生了现代转型。而新文化运动的出现把儒学推到了前面，使得现代新儒家主动对儒学进行改造。另外，更深一层的原因在于，中国的知识分子通过“一战”看到了西方文化的局限性，开始思考西方文化是不是现代性的唯一样式。于是，现代新儒家进行儒学现代转型的驱动力就变成了两个。第一个与近代儒学一样，还是救亡图存的问题。第二个问题则是真正的现代性问题：现代性是什么？作为一种现代性学术形态的儒学应该是什么样子的？这大概就是现代新儒家的使命。

① 贺麟：《儒家思想的新开展》，见《文化与人生》，上海书店出版社1991年版，第2页。

第七章　现代新儒家的现代性哲学建构

杨　虎

长期以来，人们不同程度地认为现代新儒学是新文化运动的对立面，但这并非实情。可以说，现代性诉求不仅是新文化运动的宗旨，也是现代新儒家哲学的宗旨。然而现代新儒家群体诉求的“现代性”究竟是什么？对于这一问题，学界其实仍有不同的看法。事实上，这里所说的“现代性”绝不仅仅是“民主”和“科学”两大旗帜，更是对“个体性”的认同与证成。

现代新儒家第一代奠定了现代新儒学的思想进路。现代新儒家第一代重要的哲学家有梁漱溟、熊十力、张君劢、冯友兰等。就其对现代新儒学的后续开展而言，熊十力哲学和冯友兰哲学是最重要的两个思想进路，也由此开出了现代新儒学的熊十力、牟宗三一系和冯友兰、蒙培元一系。熊牟一系的哲学范式（以下简称熊牟范式）是以道德实体论为核心的主体性形而上学建构，完成于牟宗三的“道德的形上学”。冯蒙一系的哲学范式（以下简称冯蒙范式）是从冯友兰“新理学”的逻辑分析方法导出“形式化”“非实体论”的思想方向，并有所扬弃地完成于蒙培元“情感儒学”的情感存在论建构中。

从这两种哲学范式的不同以及融通的可能性来说，熊牟一系从实体论进路解决存在问题，并通过道德主体性确立形而上的实体，建构了“道德即存有”的“道德的形上学”范式，但道德实体论无法避免传统基础主义的理论困境，缺失了对主体性的先行奠基；冯蒙一系则以情感论进路解决存在问题，开启了“情感即存在”的“情感存在论”方向，蒙培元的“情感儒学”在某种程度上也是针对牟宗三哲学的问题而来，开启了一些新的可能性，一是从理性至上到情理圆融的转换，一是不再拘泥于实体论形而上学，开出了以情感存在论为主体性奠基的可能性，尽管如此，蒙培元的“情感儒学”仍然没有超出20世纪现代新儒家的哲学范式，而恰恰可以说代表了整个20世纪现代新儒家哲学范式的完成。

第一节　现代新儒家的现代性诉求

现代新儒学是对新文化运动的接续与发展，是中国哲学的现代形态之一。这是学界的公论。然而现代新儒家群体诉求的“现代性”究竟是什么？对于这一问题，学界其实仍有不同的看法。事实上，这里所说的“现代性”绝不仅仅是“民主”和“科学”两大旗帜，更是对“个体性”的认同与证成。

在经历了清帝退位、民国建立初期的“阿斗意识”（唐君毅语）阶段，新文化运动又一次将真正实现中国社会的现代转型这一课题推向思想文化的聚焦点。陈独秀在《敬告青年》中提出六点主张，第一是“自主的而非奴隶的”，第二是“进步的而非保守的”，第三是“进取的而非退隐的”，第四是“世界的而非锁国的”，第五是“实利的而非虚文的”，第六是“科学的而非想像的”。[①] 第六条是关于科学态度和批判精神的，我们前面已说过

① 陈独秀：《敬告青年》，见张岱年等主编《回读百年：20世纪中国社会人文论争》第一卷，大象出版社2009年版，第381~385页。

它与现代理性精神、启蒙精神的关联。第五条表达了近代思想的实证精神。第四条表达了世界化诉求。第三条表达了竞争主义思想。第二条表达了进化主义思想。最为重要的是第一条："等一人也，各有自主之权，绝无奴隶他人之权利，亦绝无以奴自处之义务。"[①] 人人平等、独立、自由体现了个体性的人权观念。陈独秀在《罪案书》中明确地说，别人反对的《新青年》之主张，他们是直认不讳的，即"破坏孔教，破坏礼法，破坏国粹，破坏贞节，破坏旧伦理（忠孝节），破坏旧艺术（中国戏），破坏旧宗教（鬼神），破坏旧文学，破坏旧政治（特权人治）"[②]。陈独秀并没有意识到，他所反对的传统儒家的政治哲学、伦理学观念只是儒家在某一个历史时期的形而下学观念，并不能代表整个儒家的思想传统尤其是儒家哲学的根本精神。

应当指出，解构某些传统儒家的形而下学（尤其是秦汉之后中国君主专制时代的儒家政治哲学、伦理学）是必要的，不如此则不能建构现代性的政治哲学、伦理学。但这并不必然导出"传统的断裂"，新文化运动的代表人物之一、自由主义西化派的代表胡适曾说过："如果对新文化的接受不是有组织的吸收的形式，而是采取突然替换的形式，因而引起旧文化的消亡，这确实是全人类的一个重大损失。因此，真正的问题可以这样说：我们应怎样才能以最有效的方式吸收现代文化，使它能同我们的固有文化相一致、协调和继续发展？"[③] 胡适反对历史虚无主义的立场可见一斑。他认为新文化的建构应该对传统有所承续。从整体情况来看，新文化运动尚处于"只破不立"的阶段，并且对以儒学为主体的民族文化缺乏整体性把握

---

① 陈独秀：《敬告青年》，见张岱年等主编《回读百年：20世纪中国社会人文论争》第一卷，大象出版社2009年版，第381页。

② 陈独秀：《〈新青年〉罪案之答辩书》，见张岱年等主编《回读百年：20世纪中国社会人文论争》第一卷，大象出版社2009年版，第386页。

③ 胡适：《先秦名学史》，见欧阳哲生编《胡适文集》第六册，北京大学出版社1998年版，第10页。

和历时性认知，存在着以某个时代的儒家形而下学观念（政治哲学、伦理学）来代替整个儒学传统的认知误区，这也就使新文化运动表现出在某种程度上否认儒学对于现代生活的意义。尽管如此，新文化运动的本质并非“反孔非儒”。①

我们越发看清楚的是，现代性诉求与民族性内容并不矛盾，甚至二者本来就在现代性的语境中相即不离。近代世界历史表明，现代性的建构往往伴随着民族国家的建立。我们应当注意，不能以现代性来割裂民族文化从而陷入历史虚无主义的误区，更要警惕以民族性遮蔽现代性，把古今问题置换为中西问题。对于此种谬误，常燕生早就指出过：“忽视时代的差别，强要拿过去的东方文明和现在的西方文明相比论。”② 实际上，也根本谈不上“东方文明”与“西方文明”，文明是属于人类的、世界的：

> 世界上只有古代文明和近世文明，没有东方文明和西方文明的区别。现代西洋的文明，是世界的，不是一民族的。③

梁漱溟对这一观点大为赞许。他认为现今的东西文化确是“一古一今”，“一是未进的，一是既进的”④。那么再往下转出一句，正如西方文化也有其“前现代性”的观念和历史阶段，儒学也有其“现代性”的观念和新阶段。

总之，儒学与现代性并不对立，正如中古时代的儒学开出皇权专制社会的价值观念体系，今天的儒学也应对构建现代性的价值观念体系有所担当。如果非要罔顾生活的实情和人之为人的自觉要求，把儒学与现代性对立起来（实则其所谓儒学只能局限于传统儒学中的某些形而下学观念），以非此即彼的眼光，要么站在现代性立场上反对儒学，要么站在儒学立场上

---

① 关于这一问题，参见黄玉顺《新文化运动百年祭：论儒学与人权——驳“反孔非儒”说》，《社会科学研究》2015 年第 4 期。

② 常乃悳：《东方文明与西方文明》，见张岱年等主编《回读百年：20 世纪中国社会人文论争》第一卷，大象出版社 2009 年版，第 193 页。

③ 常乃悳：《东方文明与西方文明》，见张岱年等主编《回读百年：20 世纪中国社会人文论争》第一卷，大象出版社 2009 年版，第 199 页。

④ 梁漱溟：《东西文化及其哲学》，商务印书馆 1999 年版，第 20 页。

反对现代性，那么前者势必导致历史虚无主义，后者势必导致原教旨主义。

现代新儒学不仅坚持现代性诉求，而且注重开发民族文化对现代性的可能意义与价值，以“儒学传统”为思想资源接纳现代性。我们在这里提出一个基本区分，相应于“传统”既可以表示“根本”义，也可以表示“既有”义，作为“儒学之根本”的“儒学传统”不同于作为“既有之儒学”的“传统儒学”①。简言之，传统儒学指前现代的儒学历史形态，主要包括先秦原始儒学和秦汉之后君主专制时代的儒学。儒学传统侧重于描述儒学的共时性观念结构，指儒学的基础观念及思想结构。一言以蔽之，儒学的基础观念就是“仁”。“仁”在儒学的历史形态中显现为不同的观念，如“仁体”“性体”“天理”“良知”等，故有“生生之仁”（大程子）、“天理生生”（朱子）、“良知之真诚恻怛”（阳明）等说法。儒学的思想结构主要表现为儒家形而上学为形而下学奠基的思路，例如董仲舒用一套易道阴阳论为“三纲”政治伦理学奠基：“君为阳，臣为阴；父为阳，子为阴；夫为阳，妻为阴。”② 再如周敦颐用“诚”本体论为伦理学奠基：诚是“五常之本，百行之源”③。……尽管儒学的历史形态不断变化，但这种思想结构是不离其宗的。所以儒学的理论形态发生变化并不意味着“儒学传统”的“断裂”，“现代新儒学”显然不同于“传统儒学”，但它仍然是以“儒学传统”为思想资源的一种儒学理论形态。

对于新文化运动的现代性诉求，现代新儒学是持积极肯定态度的，但是在如何接纳和建构现代性问题上，现代新儒学对新文化运动又是有所反省和推进的。众所共知，现代新儒家第二代代表牟宗三、唐君毅、徐复观等人的哲学思想在形而下学层面主要体现为现代性的伦理、价值诉求和现代科学知识诉求，最典型的表达就是他们在与现代新儒家第一代代表张君

---

① 参见杨虎《论“儒学传统”与“传统儒学”》，《宁夏社会科学》2018年第6期。

② 苏舆撰，钟哲点校：《春秋繁露义证》，中华书局1992年版，第350页。

③ 周敦颐著，陈克明点校：《周敦颐集》，中华书局1990年版，第15页。

励联名发表的《为中国文化敬告世界人士宣言》中所说的："中国需要真正的民主建国，亦需要科学与实用技术。"① 这归结起来其实就是民主与科学，代表了整个现代新儒学的立意，可以说，现代新儒学对民主与科学的诉求与新文化运动是完全一致的，这在现代新儒家第一代那里已经有充分的体现。尽管现代新儒家对新文化运动有所批评②，但在现代性诉求的问题上，他们对新文化运动是持积极肯定态度的，正如唐君毅所说："如果无新文化运动，则整个中国传统政治与文化之批判，亦不能到底。"③

不仅后来的现代新儒家第二代群体如此，现代新儒家第一代的主要思想家对新文化运动倡扬的民主和科学也是持积极肯定态度并自觉承续的。他们的态度甚至比新文化运动的代表人物乃至后来的全盘西化派有过之而无不及。连一向被视为文化保守主义主要代表人物的梁漱溟都明确提出要"全盘承受"和"通盘受用西方化"。而西方化主要是针对民主和科学精神而言的："……德谟克拉西精神、科学精神……其实这两种精神完全是对的；只能为无批评无条件的承认；即我所谓对西方化要'全盘承受'。"④ 这与胡适所说的"全盘西化"⑤ 并无二致。梁漱溟十分赞同陈独秀《新青年》的宗旨：

> 我常说中国讲维新讲西学几十年乃至于革命共和其实都是些不中不西的人，说许多不中不西的话，作许多不中不西的事。他们只有枝枝节节的

① 黄克剑、钟小霖编：《唐君毅集》，群言出版社 1993 年版，第 500 页。

② 例如唐君毅认为："胡适之的哲学、顾颉刚的史学、钱玄同的文学、陈独秀的政治，严格说，都是只表现一些自然心灵的朝气，而无正面的具体的成果的。而由自然的心灵升进为理性的心灵、道德的心灵，则必须不以消极的怀疑批判传统文化，空口言重新估量价值自足；而须积极的重建价值意识、文化意识、历史观念，以重构实际的社会文化。但是新文化运动在文化方面，只做消极的方面，尚未做到积极的方面。"（唐君毅：《中国人文精神之发展》，广西师范大学出版社 2005 年版，第 148 页。）

③ 唐君毅：《中国人文精神之发展》，广西师范大学出版社 2005 年版，第 148 页。

④ 梁漱溟：《东西文化及其哲学》，商务印书馆 1999 年版，第 209 页。

⑤ 胡适：《充分世界化与全盘西化》，见《胡适论学近著》第一集，上海书店出版社 1989 年版，第 558 页。

西方化，零零碎碎的西方东西，并没把这些东西看通窍，领会到那一贯的精神。只有近年《新青年》一班人才算主张西方化主张到家。[①]

这其实是“全盘西化”的另一种说法。事实上，梁漱溟要“全盘承受”和“通盘受用”的并非“西方”的东西，而是“世界”的、“人类世界”的、“人类生活”的东西，所谓“西方化”就是世界化、现代化：“现在西方化所谓科学（science）和‘德谟克拉西’之二物，是无论世界上哪一地方人皆不能自外的。”[②]“人皆不能自外”说的并不是出于无奈的接受而是出于人类自觉的要求，尤其是梁漱溟说的“人的个性伸展”、个体精神的崛起。但这并非西方人所独有，正如梁漱溟所说，古代西方同中国一样，并无真正意义上的“个性伸展”（个体性观念），因此它并非西方所独有，而是一种世界性、人类性的诉求，而个体性正是现代性的本质。

不唯梁漱溟，张君劢、熊十力、冯友兰、贺麟等现代新儒家第一代代表在现代性诉求的问题上，与新文化运动都是一脉相承的。我们前面引到的《为中国文化敬告世界人士宣言》体现了对民主政治的诉求。张君劢的思考更具有基础性，指出了人权即个体自由是民主政治的基础：“人权的意义，在哲学上看即是康德所谓拿人当目的，不拿人当手段、工具，也就是说人类有其独立的人格，政府应待其人民为有人格之人民，不待之如奴隶。”[③] 这可以看作是陈独秀提出的第一条主张“自主的而非奴隶的”之哲学表达。冯友兰《新事论》一书的副标题是《中国到自由之路》，更直接地表达了现代性诉求。贺麟也曾说过：“新文化运动之最大贡献，在破坏扫除儒家的僵化部分的躯壳形式末节，和束缚个性的传统腐化部分。他们并没有打倒孔孟的真精神、真意思、真学术。反而因他们的洗刷扫除的工夫，

---

① 梁漱溟：《东西文化及其哲学》，商务印书馆 1999 年版，第 30 页。

② 梁漱溟：《东西文化及其哲学》，商务印书馆 1999 年版，第 18 页。

③ 张君劢：《民主政治的哲学基础》，见程文熙编《中西印哲学文集》，台湾学生书局 1981 年版，第 247 页。

使得孔孟程朱的真面目更是显露出来。”① 贺麟所说的“个性”其实就是陈独秀所说的“人权”观念，他认同新文化运动的这一宗旨，认为新文化运动对儒学的发展起到了促进作用。

现代新儒学不同于新文化运动的地方主要有两个方面。第一个方面是不再像新文化运动那样“只破不立”并表现出某种决裂态度，而是注重开发儒学对现代性的意义，对现代性进行儒学表达。第二个方面是更加清楚地厘定儒学，认识到儒学不仅有形而下的层面，而且有形而上的层面，因此解构某些传统儒学理论（如传统的政治哲学、伦理学）并不意味着与儒学的根本传统决裂。

也就是说，新文化运动的现代性诉求是现代新儒学所肯定的，但在中国如何接纳和建构现代性问题上，现代新儒学对新文化运动是有所反省和推进的。现代新儒学选择通过“回归传统”来接纳、建构现代性，即着眼于儒学的根本传统来建构现代性儒学。因此，现代新儒学建构现代性的工作同时是对儒学进行现代重构的工作，正如唐君毅所说：“而须积极的重建价值意识、文化意识、历史观念，以重构实际的社会文化。”② 现代新儒学着眼于“儒学传统”的一般性思想结构，在形而下学层面力图建构科学知识论和现代性的伦理学、政治哲学，并重建儒家形而上学来为之奠基。

第二节　现代新儒家的现代性哲学理论

现代新儒家第一代的哲学建构奠定了整个20世纪现代新儒学的理论基础。与其同时代世界范围内的“拒斥形而上学”“反基础主义”的

① 贺麟：《儒家思想的新开展》，见《文化与人生》，上海书店出版社1991年版，第2页。
② 唐君毅：《中国人文精神之发展》，广西师范大学出版社2005年版，第148页。

思潮非但没有影响现代新儒家的热情，反倒刺激了现代新儒家建构形而上学的冲动。这一点在张君劢、熊十力等人对哲学与科学、形而上学与形而下学的区分中体现得非常明显。现代新儒家首先对形而上学和形而下学做了区分，处理了二者之间的奠基关系问题，着眼于现代性的伦理学、政治哲学和科学知识论等，走向了儒家形而上学的现代诠释和重建之路。

一、形上学与形下学的区分与奠基关系

受科玄论战的影响，现代新儒家第一代都遇到过哲学与科学区分的问题。从科玄论战开始，哲学自身才更加清晰起来，如郑家栋所说："中国现代哲学的真正逻辑起点是 1923 年的'科玄论战'。"① 这一点是有必要突出的，因为我们看到新文化运动对传统儒学的批判主要集中在传统政治哲学、伦理学层面，但新文化运动的主要代表人物都没有意识到，他们的批判其实只是集中在传统形而下学层面。而经过科玄论战，到了现代新儒家第一代，哲学与科学的区分被集中放大，狭义的哲学才逐渐被厘定为形而上学，而科学是一种形而下学，形而上学和形而下学的内在奠基关系也开始清晰起来。

就一般性的哲学与科学之区分来说，熊十力的论述极为确切："须知哲学与科学，其所穷究之对象不同，领域不同，即其为学之精神与方法等等亦不能不异。但自西洋科学思想输入中国以后，中国人皆倾向科学，一切信赖客观的方法，只知向外求理而不知吾生与天地万物所本具之理元来无外。中国哲学究极的意思，今日之中国人已完全忽视而不求了解。"② 熊十力反对唯科学主义，更加注重开显科学所不能而只有哲学才能彰显的独特价值和意义。熊十力虽然沿用了从研究对象出发区分哲学与科学的思路，

---

① 郑家栋：《现代新儒学概论》，广西人民出版社 1990 年版，第 39 页。

② 熊十力：《十力语要》，见《熊十力全集》第四卷，湖北教育出版社 2001 年版，第 202 页。

但更进一步指出了哲学的根本在于“究极”，哲学即究极之学，所以熊十力说，“哲学之为学也，自当以解决宇宙人生根本问题，为其主要任务”①；“除去本体论，亦无哲学立足地”②。可以说，无论是科学还是人生观，都是关于宇宙人生的问题，但只有本体论才是“究极”的根本问题，本体论是哲学的核心所在。这种狭义的哲学即形而上学，正如德国哲学家海德格尔所说：“哲学即形而上学。形而上学着眼于存在，着眼于存在中的存在者之共属一体，来思考存在者整体——世界、人类和上帝。”③ 从这个理解出发，哲学与科学的区分倒不在研究领域的不同，因为只有形而下学才是关乎“存在者畿域”④ 即存在者领域的思考和言说，而严格意义上的形而上学正是熊十力所说的“究极”之学，即关乎形而上存在者、存在者整体的思考和言说。

因此，从狭义的角度来说，哲学与科学的区分就是形而上学和形而下学的区分。但伦理学、政治哲学、知识论等也属于广义的哲学。冯友兰继承了新实在论哲学的理解便是如此，他认为哲学包含宇宙论、人生论、知识论三大部。⑤ 这种广义的哲学观其实是把哲学形而上学和形而下学的各个层级都囊括进去了，宇宙论及其核心本体论属于形而上学，而人生论中的政治哲学、伦理学等都属于形而下学，它们都奠基于形而上学，如冯友兰所说：“一哲学之人生论，皆根据于其宇宙论。”⑥ 知识论的核心在于范畴表的建构，范畴指的是比较高层级的“大的存在者领域”⑦，后来牟宗三称范

---

① 熊十力：《原儒》，见《熊十力全集》第六卷，湖北教育出版社 2001 年版，第 678 页。

② 熊十力：《熊十力论文书札》，见《熊十力全集》第八卷，湖北教育出版社 2001 年版，第 144 页。

③ 海德格尔：《哲学的终结和思的任务》，见陈小文、孙周兴译《面向思的事情》，商务印书馆 1999 年版，第 68 页。

④ 马丁·海德格尔著，陈嘉映、王庆节合译，熊伟校，陈嘉映修订：《存在与时间》（修订译本），生活·读书·新知三联书店 2006 年版，第 11 页。

⑤ 冯友兰：《中国哲学史》（上），生活·读书·新知三联书店 2009 年版，第 3~4 页。

⑥ 冯友兰：《中国哲学史》（上），生活·读书·新知三联书店 2009 年版，第 4 页。

⑦ 参杨虎《哲学的新生——新基础主义道路：传统基础主义与反基础主义之“后”》，《江汉论坛》2016 年第 10 期；杨虎《论易学哲学的现代转型》，《中州学刊》2017 年第 8 期。

畴学为“内在的存有论”① 是不无道理的，因为它并不是严格意义上的形而上学本体论。无论是伦理学、政治哲学还是知识论，都是关于形而下存在者领域的哲学思考和言说，都属于哲学形而下学，而哲学形而上学的核心在于本体论。从这个角度来说，哲学本体论为一切形而下学奠基，如熊十力所说：“本体论是万理之所从出，一切学术之归宿处，一切知识之根源。”②

顺便指出，熊十力对科学与哲学的区分对理解形而上学的奠基问题是至关重要的。现代新儒家在这一问题的理解上是有相通性的，但后来人容易把这种区分理解为东西方文化的不同，这与他们当时强调东方文化是“玄学”的而西方文化是“科学”的也有一定的关系。但我们知道西方文化中也有“玄学”的观念层级，东方文化中也有形而下学甚至狭义的“科学”的观念层级，因此我们在这里理解这一问题，应当从形而上学与形而下学的一般性问题出发。

二、现代新儒家的现代形下学探索

现代新儒家的形下学探索主要集中在科学知识论和政治哲学、伦理学等方面，尤其集中在政治哲学、伦理学的问题上，典型地体现了其现代性的价值立场，这是我们今天仍然要坚持的一个思考方向。

在科学知识论问题上，现代新儒家着眼于“科学如何可能”的问题。③这一问题的核心在于范畴表的建构。

---

① 牟宗三：《圆善论》，见《牟宗三先生全集22》，台湾联经出版事业公司2003年版，第327页。

② 熊十力：《摧惑显宗记》见《熊十力全集》第五卷，湖北教育出版社2001年版，第537页。

③ 因此，在哲学形而下学的语境中，并不会直接讨论具体的科学问题，而是仍然讨论科学的基础问题。顺便指出，在波普尔的反基础主义语境中，他会认为这是混淆了科学知识论和知识的基础问题，或者说以“知识的基础”之发问掩盖了真正的知识问题，“起源或谱系在任何场合都同真理没什么关系”，“真正的认识论问题不是关于源泉的问题”。参见卡尔·波普尔著，傅季重等译《猜想与反驳：科学知识的增长》，中国美术学院出版社2003年版，第35页。

哲学史上比较有代表性的知识论范畴表是亚里士多德的范畴表和康德的范畴表。由于熊十力没有写出《量论》一书，所以我们只能看到一些启发性的论述，但这些论述确实是关于“科学如何可能”这一问题的思考。程志华指出：“在‘量论’即知识论当中，科学如何可能是核心问题。在熊十力，根据科学的特征，科学之可能奠基于三个条件之上：第一个条件是知性主体的形成；第二个条件是‘客观事物’即现象界的存在；第三个条件是宇宙万物有规律可循。”① 这三个方面说的是知性主体以及实在性与因果性预设，知性主体挺立，才有“主—客”架构，认知行为才有可能，有实在性和因果性预设，才能保证知识的客观必然性。关于实在性预设，熊十力指出：

> ……必须施设现象界。否则吾人所日常生活之宇宙，即经验界，不得成立，因之，吾人知识无安足处所，即科学为不可能。②

其实，在熊十力哲学的语境中，外境事物的实在性是习心、量智的分别执取使然，因为在他看来，本心是能所俱泯的，若说其境无分别相，亦不以现象观之。熊十力进一步探讨了范畴（包括时空、因果性等）对科学认知的作用，认为范畴在主观和客观之间起到了中介作用：

> 范畴本兼属主客。在客观方面，名为范畴。在主观方面，亦名为裁制（亦之为言，意显在主观方面非不名范畴也）。所以者何？物上具有种种轨范和形式或法则，是名范畴。此其属客观方面者也。心缘物时（缘者，攀缘及思虑等义），物之轨则，顿现于心。而心即立时予以制造，是名裁制。③

---

① 程志华：《熊十力哲学研究——“新唯识论”之理论体系》，人民出版社 2013 年版，第 234~235 页。

② 熊十力：《熊十力论文书札》，见《熊十力全集》第八卷，湖北教育出版社 2001 年版，第 133~134 页。

③ 熊十力：《新唯识论（语体文本）》，见《熊十力全集》第三卷，湖北教育出版社 2001 年版，第 328 页。

熊十力的这一讲法凸显了范畴“客观性”的一面。后来牟宗三便着力阐发“知性的存有论性格”，他在与康德和海德格尔哲学的对话中，阐发了先天的知性范畴使得存在物呈现出客观性相的作用。牟宗三认为，知性范畴运用于经验当中，使得事物的客观性相得以显露：“这显露只是一往地从主体之超越的形式的活动（先由知性的提供，再由超越的想像之形成规模，最终则落实于感性底形式上）而逼显，逼显那客观的性相或体相，以使一切事象（表象）客观化，即刺出去挺立起而成为一客观的对象（对象化）。”① 在康德哲学的语境中，我们的认知对象是我们的知性范畴加之于感性所接受的表象（appearance）之上而形成的现象（phenomenon）。熊十力在这里则强调范畴在对象与认知主体间的作用，与康德的意思相近。在熊十力的思考中，科学如何可能的问题还是要回到认知主体性如何可能的问题上。在熊十力哲学的语境中，认知主体性与量智是相应的，而量智又是性智的发用、假用，所以科学知识论的建构最终奠基于关于本心、性智的形而上学本体论。

现代新儒家对现代性政治哲学、伦理学的探索和思考更加深入。

例如，冯友兰“新理学”的形而下学层面主要思考的是中国社会生活方式的现代转型问题。在冯友兰哲学中，“别共殊”是一个重要的思想方法。通俗地讲，在哲学形上学层面，最为根本义的“共殊”就是指“理世界”和“器世界”，而理世界先于器世界，把这一套观念放在方法论的语境中说，就是一般优先于特殊。针对当时全盘西化和文化本位主义这两种至少在表面上看起来对立的道路，冯友兰意图通过别共殊的思想方法找到一条“中道”。冯友兰指出，如果从特殊的角度来看待中西文化，那么全盘西化和文化本位主义都是说不通的，只有上升到“类”的层次，才能弄清楚社会转型的问题：

---

① 牟宗三：《智的直觉与中国哲学》，见《牟宗三全集》20，台湾联经出版事业公司 2003 年版，第 26~27 页。

> 若从类的观点，以看西洋文化，则我们可知所谓西洋文化之所以是优越底，并不是因为它是西洋底，而是因为它是某种文化底。于此我们所要注意者，并不是一特殊底西洋文化，而是一种文化的类型。①

由此来说，古今的转换便不再是作为两个特殊事物的中西之间的转化，而是自一类转入另一类，即从古代中国的文化这一类转入现代中国的文化这一类。因此，冯友兰说："此改变又是中国本位底。因为照此方向以改变我们的文化，我们只是将我们的文化，自一类转入另一类，并不是将我们的一个特殊底文化，改变为另一个特殊底文化。各类文化本是公共底。任何国家或民族俱可有之，而仍不失其为某国家或某民族。"②

再例如，张君劢一方面提倡"不默守陈腐之道德说，乃由新理智以达于道德"③ 的社会新道德观，一方面致力于个体自由与民主制度的政治哲学思考，并亲自起草了"四六宪法"④。张君劢首先指出："政治之本，要以承认各人之人格、各人之自由为旨归。"⑤ 张君劢认为现代社会的主体是个体，所以个体自由是现代社会政治的基本前提，但良好有序的社会政治也需要社会公道："一切政制上之社会公道与个人自由，如鸟之两翼，车之两轮，缺一不可者也。"⑥ 张君劢力图在"两种世界潮流"之间走出一条"中道"，以求"超然两者之上，自求解决之法"⑦。郭萍认为张君劢的论述中存在着国家主义与个体主义的"二重化倾

① 冯友兰：《新事论》，见《贞元六书》，中华书局2014年版，第251页。

② 冯友兰：《新事论》，见《贞元六书》，中华书局2014年版，第252页。

③ 张君劢：《张东荪著〈思想与社会〉序》，见程文熙编《中西印哲学文集》，台湾学生书局1981年版，第122页。

④ 张君劢作为1946年《中华民国宪法》的起草者，提出了以"民有、民治、民享"为核心的政治哲学理念。

⑤ 张君劢：《政治学之改造》，《东方杂志》1924年第1期。

⑥ 黄克剑、吴小龙编：《张君劢集》，群言出版社1993年版，第108页。

⑦ 黄克剑、吴小龙编：《张君劢集》，群言出版社1993年版，第81页。

向”①。尽管如此，张君劢对个体自由的强调并未因此而被遮蔽，这在形上学观念中的表现就是“新宋学”对自由意志的倡扬以及对儒家心性学的现代性阐释。

三、现代新儒家的儒家形上学重构

相应于“新外王”诉求，现代新儒家对儒家形上学的重建也体现出“新内圣”的要求，例如冯友兰的“新理学”、熊十力的“新唯识论”、梁漱溟的“生活意欲论”、唐君毅和牟宗三的“道德的形上学”等。

我们在这里以现代新儒家第一代对儒家形上学的重构为例。梁漱溟以生活意欲为先行观念，凸显了主体性的生命意志论特征。冯友兰对共相的强调可以看作是我们前面提到的建构现代性政治哲学、伦理学的形而上学基础。熊十力对“本心”“真的自己”的倡扬则是个体性观念在形上学层面的体现，他关于“性智”与“量智”的思考体现了形而上学为形而下学奠基的一般性哲学思考。

冯友兰“新理学”的四组命题主要凸显了共相的先行视域，正如冯友兰自己所说：“这些讨论所要解决的问题是一个真正的哲学问题。那就是‘共相’和‘殊相’，一般和特殊的关系的问题。后来批评和拥护程、朱理学的人，围绕着这个问题，继续进行讨论。这是当然的，因为这是一个真正的哲学问题。”② 冯友兰提出的四组命题是对传统理学的“接着讲”，渊源于传统儒家哲学尤其是程朱理学。他要在新实在论哲学语境中运用逻辑分析法来重新诠释这四组命题。

以“理”为例，冯友兰说：“新理学的形上学的第一组主要命题是：凡事物必都是什么事物。是甚么事物，必都是某种事物。某种事物是某

---

① 郭萍：《自由儒学的先声——张君劢自由观研究》，齐鲁书社 2017 年版，第 207 页。
② 冯友兰：《三松堂自序》，生活 · 读书 · 新知三联书店 2009 年版，第 278 页。

种事物，必有某种事物之所以为某种事物者。借用中国旧日哲学家的话说：‘有物必有则。’”[①] 由此推出“理”，继而可以推出两个命题：“一是：某种事物之所以为某种事物者，可以无某种事物而有。一是：某种事物之所以为某种事物者，可以先某种事物而有。”[②] 前者强调理独立于事物，后者强调理先于事物。理作为共相先于具体事物存在的殊相，共相是真际的存在，而殊相是实际存在事物的规定性，共相先于殊相，故“理世界在逻辑上先于实际底世界”[③]。冯友兰在论证“中国到自由之路”时强调的“别共殊”方法实则奠基于此。从共相的先行视域着眼，所谓“现代社会”“现代性”并不是指某个民族国家的特殊规定性，现代性既不是西方社会特有的规定性，也不是中国社会特有的规定性，每个民族国家进入现代社会都可以看作是“现代性”（“现代之为现代之理”）是“共相”的一个例证，即根据现代性而有现代社会的表现特征。从冯友兰的形上学思想基础出发，现代性或者说现代社会之“理”是一个普遍的共相，不因某个民族国家的具体社会形态而有，是先于具体社会形态的。那么，从前现代社会向现代社会的转型并不是从某种特殊规定性转化为另一种特殊规定性，例如从中国特殊性向西方特殊性的转化，是从前现代社会之“类”转换为现代社会之“类”。我们从冯友兰的形而上学思想基础来审视中国社会的现代转型，虽然有简化之嫌，但不失为一个重要的思考方向。

相比之下，熊十力的“新唯识论”更加注重对形而上学本体论奠基作用的开显。尽管其思想体系比较复杂，但如果着眼于形而上学为形而下学奠基的问题，我们可以主要围绕着“性智”与“量智”的处理模式来说。

① 冯友兰：《新知言》，见《贞元六书》，中华书局2014年版，第998页。
② 冯友兰：《新知言》，见《贞元六书》，中华书局2014年版，第999页。
③ 冯友兰：《新原道》，见《贞元六书》，中华书局2014年版，第917页。

笔者曾就此给出过一个图示[①]：

性智	→	量智
（绝对主体性）	假用	（相对主体性）
|		|
形而上者	→	形而下者
（乾元本心）	奠基	（万物）
|		|
形而上学	→	形而下学
	奠基	

熊十力开宗明义："一切物的本体，非是离自心外在境界，及非知识所行境界，唯是反求实证相应故。"[②] 熊十力认为本体不是离心之物，对本体的把握也不能靠知性分别所得，只能反求于本心。这是因为熊十力取"心性不二"的思想立场，以儒家的性体观念来统摄宇宙本体和心性本体，宇宙本体即本心，非离本心而别有本体，"《易》曰：'乾知大始。'乾谓本心，亦即本体"[③]。本心即乾道生生的宇宙本体，故而心、性、天不二："本心即是性，但随义异名耳。以其主乎身，曰心；以其为吾人所以生之理，曰性；以其为万有之大原，曰天。故'尽心则知性知天'，以三名所表，实是一事，但取义不一而名有三耳。"[④] 熊十力所说的本心本体又谓"真的自己"，这其实是个体性观念在形上学中的体现。那么如何把握本心本体呢？熊十力说只有通过"性智"才能把握本心本体，因为"性智者，即是真的自己

① 杨虎：《论易学哲学的现代转型》，《中州学刊》2017 年第 8 期。
② 熊十力：《新唯识论（语体文本）》，见《熊十力全集》第三卷，湖北教育出版社 2001 年版，第 13 页。
③ 熊十力：《新唯识论（语体文本）》，见《熊十力全集》第三卷，湖北教育出版社 2001 年版，第 19 页。
④ 熊十力：《新唯识论（语体文本）》，见《熊十力全集》第三卷，湖北教育出版社 2001 年版，第 19 页。

底觉悟”[1]。性智其实就是形而上的绝对主体性，它超越了形而下的分别、对待，是自己证知自己。但关于形而下存在者的知识、伦理、价值等是“知识所行境界”，恰恰需要一种形而下的相对主体性才有可能，这就需要发挥“量智”的作用，因为量智“追逐境物，极虚妄分别之能事”[2]。显然，从形而上学到形而下学，从形而上的本体到形而下存在者的知识、伦理、价值等，需要通过“性智”与“量智”的运行机制来说明。关于“性智”与“量智”的关系结构，熊十力指出：

> 此智，元是性智的发用，而卒别于性智者，因为性智作用，依官能而发现，即官能得假之以自用。……故量智者，虽原本性智，而终自成为一种势用，迥异其本。（量智即习心，亦说为识。宗门所谓情见或情识与知见等者，皆属量智。）[3]

按照这一说法，所谓“量智”其实不过是“性智”的一种“发用”“假用”“变式”，如果说性智属于绝对主体性，那么量智则属于相对主体性，当性智假用为量智，形而下的相对主体性挺立，才有“主—客”架构挺立，才有对一切存在物之分别境界。可以说，熊十力关于“性智”与“量智”的关系结构及其运行机制的说明深刻影响了现代新儒学的后续开展。后来牟宗三便提出“良知坎陷说”，即“良知明觉”坎陷为“识心”，才有相对主体性挺立和执态的成立，这正是为了说明民主和科学如何可能的问题。

梁漱溟吸取佛家唯识学和西方生命哲学思想建构了一套儒家的生命哲学体系。梁漱溟生命哲学的基础观念是“生活”与“意欲”。他认为生活是

---

① 熊十力：《新唯识论（语体文本）》，见《熊十力全集》第三卷，湖北教育出版社2001年版，第15页。

② 熊十力：《新唯识论（语体文本）》，见《熊十力全集》第三卷，湖北教育出版社2001年版，第16页。

③ 熊十力：《新唯识论（语体文本）》，见《熊十力全集》第三卷，湖北教育出版社2001年版，第16页。

宇宙、世界的本质：

> 尽宇宙是一生活，只是生活，初无宇宙。由生活相续，故尔宇宙似乎恒在，其实宇宙是多的相续，不似一的宛在。宇宙实成于生活之上，托乎生活而存者也。这样大的生活是生活的真象，生活的真解。①

这种意义上的生活是形而上的观念，并不是指的形而下的经验生活，其实就是指宇宙人生的生生相续，所以梁漱溟又说生活就是相续。生活的相续显现为事的相续，从事的相续反观，生活又是“没尽的意欲”。生命意欲或者说生命意志可以看作是生活相续的代名词，生活的相续就是靠生命意欲来支撑和开显，由无尽的意欲开出无尽的生活相续。在这一生命哲学的基础上，梁漱溟论述了人类生活的三方向和三阶段，由生活意欲的向前、向后和折中开出了西方文化、印度文化和中国文化，这文化的三方向又是人类文化发展的三阶段。梁漱溟由此认为中国文化是一种早熟，当前应当走西方文化的道路，以为东方文化的复兴做准备：“西洋文化的胜利，只在其适应人类目前的问题，而中国文化印度文化在今日的失败，也非其本身有什么好坏可言，不过就在不合时宜罢了。人类文化之初，都不能不走第一路，中国人自也这样，却他不待把这条路走完，便中途拐弯到第二路上来；把以后方要走到的提前走了，成为人类文化的早熟。……不料虽然在以前为不合时宜而此刻则机运到来。盖第一路走到今日，病痛百出，今世人都想抛弃他，而走这第二路……尤其是第一路走完，第二问题移进，不合时宜的中国态度遂达其真必要之会，于是照样也拣择批评的重新把中国人态度拿出来。……中国化复兴之后将继之以印度化复兴。于是古文明之希腊、中国、印度三派竟于三期间次第重现一遭。”②

梁漱溟的世界文化三期重现理论建立在意欲所决定的生活三路向之上：

---

① 梁漱溟：《东西文化及其哲学》，商务印书馆 1999 年版，第 56 页。

② 梁漱溟：《东西文化及其哲学》，商务印书馆 1999 年版，第 202~203 页。

“（一）向前面要求；（二）对于自己的意思变换、调和、持中；（三）转身向后去要求。”① 梁漱溟认为西方文化、中国文化、印度文化分别代表了这三种发展路向。按照本来的生活路向，都是意欲向前的要求，即走西方文化的道路，但东方文化发展出第二、三条路向来。根据这一理论设计，梁漱溟断言，未来世界的发展应当转向第二条路向即中国文化的发展道路上来。那么不仅“西方化”是一种历史阶段性选择，甚至“中国化”也只是一种历史阶段性选择，按照以上论述，当前需要全盘“西方化”，那么未来走第二条发展路向自然也要全盘“中国化”。问题的关键在于，全盘中国化是否就意味着要全盘恢复前现代中国社会的一切制度、观念、文化精神。答案显然是否定的，根本的着眼点在于“批评的把中国原来态度重新拿出来”②。所谓“中国原来态度”是指“意欲调和”的生活态度。那么如何批评地拿出来呢？梁漱溟说：“我意不过提倡一种奋往向前的风气，而同时排斥那向外逐物的颓流。……本来中国人从前就是走这条路，却是一向总偏阴柔坤静一边，近于老子，而不是孔子阳刚乾动的态度；若如孔子之刚的态度，便为适宜的第二路人生。”③ 当说到如何经过西方化的历史阶段后重走“孔家的路”时，梁漱溟也是语焉不详，认为还是要保持一种意欲折中的态度，这种态度不再是阴柔而是刚动的态度。

这里可以引用张君劢的一段话来总结现代新儒家的现代性哲学理论建构：“盖惟有采西方学说之长，而后吾国学说方能达于方法严谨，意义明确，分析精到，合于现代生活，亦惟有以吾国儒家哲学为本位，而后本大道并行万物并育之旨，可集合众家之说，以汇为一大洪流，兼可以发挥吾国慎思明辨而加上笃行之长。”④ 这里提到了三个要点，一是采西方学说之

① 梁漱溟：《东西文化及其哲学》，商务印书馆 1999 年版，第 61 页。

② 梁漱溟：《东西文化及其哲学》，商务印书馆 1999 年版，第 203 页。

③ 梁漱溟：《东西文化及其哲学》，商务印书馆 1999 年版，第 214~215 页。

④ 黄克剑、王涛编校：《中国现代学术经典　张君劢卷》，河北教育出版社 1996 年版，第 666~667 页。

长，二是合于现代生活，三是以儒家哲学为本位。如果说采西方学说之长侧重于方法论，那么合于现代生活和以儒家哲学为本位则可以理解为现代性诉求和民族性表达、儒学表达，这正是“现代新儒学”的题中应有之义——继承“儒学传统”（而非“传统儒学”），重建儒家形而上学基础，从而建构现代性的形而下学。

第三节 现代新儒家哲学的两种范式与走向

如果说整个20世纪现代新儒学的理论基础是现代新儒家第一代奠定的，那么现代新儒学的哲学范式则是现代新儒家第二代完成的。这其中主要有两种范式与思想进路，即熊牟范式和冯蒙范式。熊牟范式完成于牟宗三的“道德的形上学”。冯蒙范式完成于蒙培元的“情感儒学”。熊牟范式是以道德实体论为核心的主体性形而上学建构。冯蒙范式则是从冯友兰“新理学”的逻辑分析方法导出“形式化”的、“非实体论”的思想方向，并进一步完成于蒙培元“情感儒学”的情感存在论建构中。

一、熊牟范式及其走向

我们以牟宗三“道德的形上学”建构为例说明现代新儒学的熊牟范式，对其哲学理论和思想方法进行述评。

为了从理论上说明如何本中国文化之内圣开出新外王之可能性与必然性，牟宗三以儒家心性学为基础，融通中西、儒释，从对康德哲学的消融与批判入手，建构了庞大的“道德的形上学”体系。“道德的形上学”的基础观念是道德心或者说道德主体性，这种主体性是从道德意识挺立起来的，要进一步通过道德主体性确立一种形而上的实体，因此道德问题即存在问题。这就是“道德的形上学”的思想原点。以儒家心性学尤其是阳明心学为基础，这既是本中国文化内圣的体现，也是哲学基础主义进路的体现。如果说民主和科学是形而下学的事情，那么它需要形而上学的奠基，而中国的心性学正蕴涵了形而上学观念。牟宗三哲学的这种奠基意识是非常明确的：“我由康德的批判工作接上中国哲学，并开出建立‘基本存有论’之门。”①

牟宗三以道德本心论为儒家哲学的“大宗”，认为儒家是“纵贯纵讲”的实体论形而上学系统，因此“道德的形上学”也遵循这一方向，从道德主体性入手建构了“两层存有论”系统。牟宗三所说的“基本存有论”在他的“两层存有论”中对应的是“无执的存有论”，而“执的存有论”正是在“无执的存有论”基础上经由“良知坎陷”形成的。“执的存有论”对应的是形而下的相对主体性（识心）对现象的横摄，“无执的存有论”对应的是形而上的绝对主体性（知体明觉）与物自身的相即。关于“两层存有论”，笔者曾给出如下图示②：

无执的存有论： （超绝的形上学）	知体明觉 （绝对主体性）	→ 纵贯相即	物自身 （自相）
奠基↓	坎陷↓		切转|
执的存有论： （内在的形上学）	我执主体 （相对主体性）	— 横摄作用	现象 （执相）

“→”“↓”这样的箭头方向表示观念层序的奠基方向：“无执的存有论”为“执的存有论”奠基，“知体明觉”为“我执主体”奠基，“知体明觉”为“物自身”奠基。“—”或表示同一观念层级的作用，或表示同一事物之不同“观法”的“切转”。

① 牟宗三：《智的直觉与中国哲学》“序”，台湾联经出版事业公司 2003 年版，第 6 页。
② 杨虎：《论易学哲学的现代转型》，《中州学刊》2017 年第 8 期。

现象与物自身的区分是至关重要的。牟宗三由此展开对康德哲学的消融与批判，进而阐发两层存有论的思想。

牟宗三首先指出康德哲学有两个根本的预设，一是人的有限性预设，一是现象与物自身的先验区分，因为人的有限性预设，所以现象与物自身的先验区分不能证成。康德说我们的经验对象只是现象而非自在之物，为了保证现象的来源具有“经验的实在性”，必须预设“作为现象的基础”的自在之物[①]，但是“自在的事物本身虽然就其自己来说是实在的，但对我们却处于不可知的状态”[②]。自在之物虽然能够保证知识的经验来源，但并不是经验知识的对象。因此牟宗三判定康德对自在之物和现象的区分是一种先验的区分，并认为这种先验的区分不是“事实意味”的，而是“价值意味”的。

牟宗三指出：“说我们所知的自然界中的对象物与上帝、不灭的灵魂以及意志底自由，有别，这是显明的；但若说我们所知的这个自然界中的对象物只是这个对象物之现象，而不是这对象物之在其自己，进而复说这物之在其自己不能作为我们认知之对象，只现象始可作对象，这便不那么显明。”[③] 牟宗三在这里区分了超验理念和作为现象之经验来源的自在之物，这与康德的用法是一致的，上帝、自由意志、灵魂不朽这些超验的理念是属于本体界的，但自在之物并不特指形而上的本体。按照康德的说法，超验理念也是某种只能作为“自在之物”而被设想的东西，但自在之物并不特指本体观念，在其基本语境中，是指表象、显像的经验来源，即一种只能被消极设想的东西。

与康德不同，牟宗三认为康德是对自在之物做一种消极运用，而他想

① 康德著，邓晓芒译，杨祖陶校：《纯粹理性批判》，人民出版社 2004 年版，第 46 页。

② 康德著，邓晓芒译，杨祖陶校：《纯粹理性批判》“第二版序”，人民出版社 2004 年版，第 17 页。

③ 牟宗三：《现象与物自身》，吉林出版集团有限责任公司 2010 年版，第 4 页。

凸显自在之物的积极意义，所以他强调了物自身的价值意味：“如果‘物自身’之概念是一个价值意味的概念，而不是一个事实概念，则现象与物自身之分是超越的，乃始能稳定得住，而吾人之认知心（知性）之不能认知它乃始真为一超越问题，而不是一程度问题。”[①] 因为康德并无这样的说法，加之这种说法看似过于“主观”，所以这里的“价值意味”容易引起误解。笔者认为牟宗三的说法可以理解为，在对同一存在物的不同“观法”下，可以“现象”观之，也可以“物之在其自己”观之。因此，我们前面所引用的图示中“现象”与“物自身”之间的“—”标识为“切转”，即某种“观法之切转”[②]。

牟宗三指出，现象与物自身之先验区分的证成，关键在于不仅要承认人有认知之心，也要承认人有“智的直觉”即某种前认知性的绝对主体的觉照：“同一物也，对有限心而言为现象，对无限心而言为物自身，这是很有意义的一个观念，可是康德不能充分证成之。”[③] 这是由于康德哲学基于基督教观念背景下的人的有限性预设，而在牟宗三看来，“人可有限而无限”，因此人可有“智的直觉”。可以说，现象与物自身的区分在康德那里更多的是一种消极的运用，而牟宗三为了建构“两层存有论”，解决“内圣开出新外王”的理论问题，对之做出了积极运用。

为了说明智的直觉之可能，牟宗三针对康德哲学的人之有限性预设，提出“人可有限而无限”，通过无限心说智的直觉，智的直觉就是“那唯一的本体无限心之自诚起明”[④]。那么如何通达无限心呢？牟宗三认为应当从

---

① 牟宗三：《现象与物自身》，吉林出版集团有限责任公司2010年版，第8页。

② “观法之切转”，笔者用来表示存在领悟的层级性显现，即不同层级的观念显现之间的切转。这里借用来表示相应于“无分别智”的“物之自相”和相应于“分别识心”的“物之执相”。其实这并不是指两种事物，而是同一事物的不同的观念显现，这种观念显现是可以切转的。关于“观法之切转”，参见杨虎《从无生性原在到有死性此在——重读海德格尔的“存在论区分”》，《河北学刊》2015年第4期。

③ 牟宗三：《现象与物自身》，吉林出版集团有限责任公司2010年版，第15页。

④ 牟宗三：《现象与物自身》，吉林出版集团有限责任公司2010年版，第42页。

"道德意识"出发，"就我们的道德意识而体证我们的本心以为无限心"①。牟宗三从道德意识出发，给出了"两层存有论"的整体架构：

> 意即先由吾人的道德意识显露一自由的无限心，由此说智的直觉。自由的无限心既是道德的实体，由此开道德界，又是形而上的实体，由此开存在界。……我们由自由的无限心之开存在界成立一本体界的存有论，亦曰无执的存有论。②
>
> 自由无限心既朗现，我们进而即由自由无限心开"知性"。……识心之执是一执执到底的：从其知性形态之执起，直执至感性而后止。我们由此成立一"现象界的存有论"，亦曰"执的存有论"。③

"两层存有论"的根本困难不在于"良知坎陷"这一中介环节，而在于从道德意识出发证立形而上的实体是否可能以及形而上的实体如何呈现。如果说形而上的实体可以通过一种绝对主体性来证立，那么这势必要求道德意识本身就是一种绝对主体性，但这里的论证困难被视而不见。因为牟宗三从"道德意识"出发，把知体明觉规定为一种道德心，所以形而上的主体性就难以形成，而道德意识所显露的道德心、道德理性只能是一种形而下的主体性，这种道德主体性并不能充当本体、"形而上的实体"。牟宗三所说的自由无限心，在儒家可以说为心体、仁体，但是心体、仁体并不是一种道德心，正如黄玉顺所说："道德心是一个伦理学范畴，而本体是一个存在论范畴，它们并不在一个层面上。"④

姑且不论牟宗三从"人所首先关心的是自己的行为，自己的人品"这

---

① 牟宗三：《现象与物自身》，吉林出版集团有限责任公司2010年版，第89页。

② 牟宗三：《现象与物自身》"序"，吉林出版集团有限责任公司2010年版，第5页。

③ 牟宗三：《现象与物自身》"序"，吉林出版集团有限责任公司2010年版，第5页。

④ 黄玉顺：《"伦理学的本体论"如何可能？——牟宗三"道德的形上学"批判》，《西南民族大学学报（人文社科版）》2003年第7期。

一无所从来的“后天判断”出发是否“合法”，牟宗三说“吾人只应由道德意识直接来显露道德实体”，而道德意识在牟宗三看来就是一种自律的“应当”意识，牟宗三认为这种应当的决定就是一个“道德的决定”，由此而展露一道德实体。[①] 牟宗三认为儒家讲的心体、仁体就是这样的道德实体。显然，康德所说的道德律令就是牟宗三强调的这种“应当”意识，而仁心、仁体是给出“道德的决定”的本体，其实这种说法本身就表明仁心、仁体并不是道德意识，而是作为道德意识之基础的形上本体，而形上本体必然不是一种分别心。但当我们把仁心、仁体规定为一种道德心、道德理性时，就意味着它是一种直接导出“道德的决定”、参与到道德行为建构中的分别心。因为这种“道德的决定”说到底甚至连“原则”都算不上，而只是一种基于分别心的“规范”，例如康德关于道德律令的基本表述是：“要这样行动，使得你的意志的准则任何时候都能同时被看作一个普遍立法的原则。”[②] 其实心体、仁体并不会直接必然地导出这种“道德的决定”。例如我们有时说谎、不守诺言是为了保护自己或他人免受无辜的伤害，如果套用道德律令，撒谎、不守诺言这种行为显然不能作为一种普遍原则，但我们为了保护自己或他人免受伤害而撒谎、不守诺言，是出于仁心之不由己的行为。

在“两层存有论”架构下探讨科学知识论以及现代性的伦理学、价值论之可能，无疑会比现代新儒家第一代的哲学理论更加精致化。在科学知识论问题上，牟宗三用“良知坎陷”对熊十力的“性智”发用为“量智”论做出了推进；在伦理学和政治哲学问题上，同样是“良知坎陷”起到这种转换机制的作用。

毋庸置疑，牟宗三“道德的形上学”把现代新儒家熊牟范式的思想逻辑推到了极致，但与此同时，也更加显露了其思想方法上的未竟之处。如

① 牟宗三：《现象与物自身》，吉林出版集团有限责任公司 2010 年版，第 55~56 页。
② 康德著，邓晓芒译，杨祖陶校：《实践理性批判》，人民出版社 2003 年版，第 39 页。

果说作为形而上学的“哲学之事情就是主体性”①，那么从思想方法上说，主体性的建构和证立是核心问题，从思想视域上说，形而上学如何可能是核心问题。归根结底，二者说的其实是一回事，就是如何确立形而上学的主体性观念。

其一，主体性证立的思想方法。如何证立形而上的主体性应当是一件首先需要发问的事情，这一反问着眼于解释形而上的主体性之可能与发生机制。前者是指本源的“可能性”，即某种本源事情使得形而上的主体性成为可能；后者是指主体性的“现实性”，即形而上的主体性之“实际发生”“现实挺立”。然而当我们追问“如何证立形而上的主体性”时，似乎同时蕴涵着“如何证立不同于形而下的相对主体性之主体性”，于是问题将可能被理解为：有一种不同于形而下的相对主体性之主体性是什么？这便顺势进入“形而上的主体性是什么”的发问。这种发问方式其实只是对形而上的主体性之“现实”（实际发生）做出解释，而没有触及形而上的主体性之“可能”（本源可能），换句话说，它只触及“是什么”而缺失了“如何可能”的先行发问。

其二，形而上学重建的思想视域。关于形而上学本体论的建构，牟宗三强调“无执”与“执”的区分，这本来是非常有思想价值的。那么在无执层上说，一切形而下存在者虽然仍是“多”而不是本体的“一”，但因与本体的相即，故物无物相，即“物之在其自己”，故而牟宗三说：“儒者所谓体用，所谓即体即用，所谓体用不二等，并不可以康德所说的智思物（本体界者）与感触物（现象界者）以及其所说物自身与现象而视之。因为用并不是现象，而是‘在其自己’之如相。……至于说到物自身与现象，此亦不是此处所谓体用。因为物自身并不是体（知体明觉之体），而现象亦不是这里所谓用。”② 这是说无执层的体用论，体是那绝对的“一”，而用虽

---

① 海德格尔著，陈小文、孙周兴译：《哲学的终结和思的任务》，见《面向思的事情》，商务印书馆 1999 年版，第 78 页。

② 牟宗三：《现象与物自身》，吉林出版集团有限责任公司 2010 年版，第 373 页。

是“多”却是“物之在其自己”，故亦不以“多”（分别相）观之；而就“执”的一面观，则物有分别相，“物”与“无物”、“相”与“无相”便在“观法之切转”中相应成立。如此一来，单纯的类似于“上帝创生万物”那种直贯的描述便不再适用于描述本体与一切形而下存在者之间的关系，但这并不意味着仁心本体不具有终极奠基性作用。一种单纯逻辑设定的创生论并不意味着它就是“实在”的本体论，而着眼于“执”与“无执”的“切转”并不意味着它就是“虚化”的本体论。如“上帝创生万物”就是一种“实在”的本体论吗？“仁心本体创生万物”就是一种“虚化”的本体论吗？说到底，一切本体论都必然不是一种实体生成论，实体生成论（包括宇宙生成论）严格说来其实是一种形而下学，即它所探讨的是形而下的存在者领域，这是科学探讨的内容，不是形而上学本体论的思想任务。在笔者看来，牟宗三讲仁心本体、知体明觉（智的直觉）的“创造性”（终极奠基性）更具有“实在性”，仁心真实，感应无妄故。然而牟宗三最终还是归宗于实体论形而上学的思路，把仁心感通的存在论等同于道德创造的实体论，因此不得不面对在实体论语境下，“仁心本体如何创生万物”及“良知明觉如何创造物自身”等质疑。

现代新儒家熊牟一系的哲学建构虽然采取了重建形而上学来为现代性的政治哲学、伦理学等形而下学奠基的思想进路，但由于缺乏前形而上学的以及作为形而上学之源的本源生活、生活领悟的思想视域，其形而上学和形而下学观念之间仍然存在着某种不相应，有时会忽视不同的生活领悟所铸就的主体性及形而下学观念之不同。例如，熊十力试图用易学革命论来说明现代性：“大《易》之社会政治理想，依据其玄学上‘群龙无首’之宇宙观，必以辅赞各个人之自主、自治为主旨，而成立共同生活之结构。”①熊十力的这种解释方式虽然体现了他的现代性诉求，但忽视了生活方式的

① 熊十力著，萧萐父主编：《熊十力全集》第四卷，湖北教育出版社2001年版，第577页。

差异和生活领悟的不同，遮蔽了本源生活的显现对形而上学和形而下学观念建构的奠基意义，也就无法解释形而上学观念的变迁及其观念倾向之不同，以及为什么在现代性生活方式下必须重建儒家形而上学。今天之所以要重建儒家形而上学，一是因为形而上学是不可避免的，二是因为传统儒家形而上学是源于生活的其他显现样式，而非生活的现代性显现样式，现代性的生活显现铸就了与以往不同的主体性，因而需要建构新的主体性观念和形而上学观念。我们这样思考时，便突破了传统形而上学的思想视域。形而上学观念并不是亘古不易的，它是在本源的生活显现、生活领悟的基础上建构起来的。

二、冯蒙范式及其走向

现代新儒家冯蒙一系的哲学范式与熊牟一系有很大的不同。冯蒙范式是从冯友兰“新理学”的思想方法导出“形式化”的、“非实体论”的思想方向，并进一步完成于蒙培元的“情感儒学”①。

蒙培元是冯友兰的嫡传弟子，从师承上讲，蒙培元也属于现代新儒家的第二代人物。我们显然不能单纯从师承上来说，更应该从学理上来厘定。由于特殊的历史处境，我们今天谈到现代新儒家第二代，往往只涉及唐君毅、牟宗三等人。从哲学理论的直接切入点来看，蒙培元的“情感儒学”是直接针对牟宗三哲学的问题而来的。从这一点来看，蒙培元的哲学建构是具有自觉意识的。蒙培元作为现代新儒家冯友兰一系的传人，不仅对冯友兰哲学有所继承和发展，而且自觉回应熊牟一系的哲学理论。这既体现了他作为现代新儒家第二代代表人物的群体自觉意识，也体现了他对时代哲学问题的自觉意识。

首先，“情感儒学”继承和发展了冯友兰哲学的非实体论倾向。冯友兰

---

① 崔发展：《儒家形而上学的颠覆——评蒙培元的“情感儒学”》，见易小明主编《中国传统哲学与现代化》，中国文史出版社 2007 年版。

认为形而上学有两种方法，一种是通过逻辑分析，对经验做出“形式化”、逻辑化的分析，对其内容不做断定，这是“正底方法”；一种是通过“不能讲”即“烘云托月”的方式讲形上学，这是“负底方法”。可以说，这两种方法在冯友兰“新理学”的建构中是相辅相成的。冯友兰在诠释“新理学”的四组命题时，主要运用的是“正底方法”。即关于理、气、道体和大全，我们只能做出“形式化”的把握，不对其内容做出肯定。例如，理和道作为“形而上者”是不是某种意义上的实体？我们不做断定，但就经验世界而上推，对之做出形式化、逻辑化的肯定。“新理学”的境界论主要是通过“负底方法”论述的。冯友兰说：“形上学的功用，本只在于提高人的境界。”① 为了提高人的境界，就需要相应的“觉解”，冯友兰认为形上学于人的“觉解”是决定性的，人需要不断觉解，以领悟超越性的观念。因此在超越观念问题上，这两种方法达成了一致。关于超越观念的领悟、关于形而上观念的领悟既是一种形式化观念，又是一种觉解的事情。一般来说，关于形而上存在者、本体的领悟可以说是一种觉解的事情，但它并不一定被把握为某种实体，因此又可以说它相对于形而下存在者是一种形式化观念。从整体来看，在冯友兰这里，哲学形上学是本体与境界的统一，而其本体论和境界论都可以说是一种非实体论的进路。

蒙培元对冯友兰哲学的思想方法有进一步的推进，主要表现为对“非实体论”倾向的发展，以及对“形式化”的转换，即对冯友兰所谓“理智底分析”到生命情感的领悟之转换。蒙培元认为冯友兰哲学“贯穿着一条基本精神，即理性主义精神”②，所以冯友兰哲学对理性的形式化作用最为重视。在蒙培元看来，冯友兰也很关注情感问题。蒙培元由此提出了“理智的了解”与“情感的满足”之关系问题。蒙培元对冯友兰哲学的一个基

---

① 冯友兰：《新知言》，见《贞元六书》，中华书局 2014 年版，第 938 页。

② 蒙培元：《理性与情感——重读〈贞元六书〉、〈南渡集〉》，见《情感与理性》，中国人民大学出版社 2009 年版，第 345 页。

本把握就是，冯友兰哲学是“不离理性而又超越理性”，并指出：“就其终极理念而言，情感具有更加重要的意义，这就是最终实现对万物有深厚同情、与万物痛痒相关的‘万物一体’亦即‘自同于大全’的境界。”[①] 由此可见，蒙培元并不满足于冯友兰哲学的形式化方法，而是通过进一步还原到生命情感的领悟来把握形而上的本体与境界，这在其“情感儒学”的建构中得到了充分体现。

其次，蒙培元建构的“情感儒学”不仅是对冯友兰哲学的继承与发展，也是对熊牟范式的回应。在某种程度上可以说，“情感儒学”直接切入的问题意识是为了回应牟宗三哲学带出的理论问题，即道德理性的具体呈现问题，由此导出情理圆融思想，并进一步向着生命情感还原，开出了情感存在论思路。

我们知道牟宗三哲学这一问题是针对康德哲学的实践理性之实现而来的。按照康德哲学的语境，道德法则和自由意志是互证的，即道德法则出于自由意志，而自由意志又是通过道德法则实现的。但是就道德的实践来说，纯粹理性的实践运用本身只具有“调节性”“范导性”，它不是“构成性”的。用牟宗三哲学的方式说，为了说明道德理性本身是“存有”也是“呈现”，就不能排除某种意义上的“构成性”。但康德是反对“质料伦理学”的，而牟宗三出于一贯地对康德哲学的反转，即通过“积极地运用”，对康德哲学的观念做出正面的建构。这些思路都是相应的。所以牟宗三要把道德理性落实在心灵的“质料”当中，一方面要保证它的先天性，一方面又要保证它的现实呈现。

在这一问题上，牟宗三哲学意图通过道德情感（但又不是经验性的情感）来处理，这又是通过心理不二、心性不二来实现的，如此则把心上提为本心，把道德情感上提为本情。其中的关键就在于，“心可以上下其说”，

① 蒙培元：《理性与情感——重读〈贞元六书〉、〈南渡集〉》，见《情感与理性》，中国人民大学出版社2009年版，第355页。

一方面心即性、心即理而为道德的根据，一方面心又具体呈现义，那么道德法则可以落实，道德理性本身就是“实践”的。

蒙培元对牟宗三的思路提出的质疑是非常独到的：

按照牟宗三的观点，既然要回到“心”上解决问题，使康德的“设准”变成可以证成的，但又必须而且只能从超越的本心、本情才能证成，那么，“心可以上下其讲”这句话还有什么意义呢？情只能从上面讲，不能从下面讲，本心、本情就是理义，就是道德法则，也是自由意志（这被认为是“分析命题”），这同康德的区别究竟何在呢？只是将康德的“理性”变成了超越的本心、本情。①

蒙培元认为牟宗三始终预设了情感与理性的二分，由此导致本心不能在情中得到呈现，这与康德哲学对道德情感的排斥并无二致，为了解决这一问题，只有承认道德情感既是实然的呈现，又能上通普遍的理性：“只有承认道德情感既是个人的，又有共同性、共通性，既是特殊的，又有普遍性，既是经验的，又有超越性，才能走出康德哲学的限制，回到‘具体理性’的思路上，使道德问题得到解决。”② 只有超越两者之间的“鸿沟”，道德理性才能真正呈现，即道德情感的呈现就是道德理性的证立。

因此，我们需要重新审视情感与理性的关系。情感与理性不是对立的，是相即的。蒙培元由此提出了“情感理性”观念，凸显了情理圆融的思想方向。这里有两个方面需要注意：一是理性不再是基于理性与情感对立的抽象理性，而是经由情感透出的“具体理性”；一是情感并不是非理性的情感，而是包含理性的情感，这与基于情感与理性的二分从而把情感定位为非理性是不同的。

从这种情理圆融的思路进一步还原到生命情感的领悟的“情感儒学”建构，也不再是传统实体论形而上学，而是一种情感存在论进路。蒙培元

① 蒙培元：《情感与理性》，中国人民大学出版社 2009 年版，第 320 页。

② 蒙培元：《情感与理性》，中国人民大学出版社 2009 年版，第 321 页。

指出情感“才是人的最首要最基本的存在方式”①，认为以情感为基础观念的存在论是儒家哲学的核心问题：“儒家哲学有一个显著特点，就是重视人的情感……我们称儒家哲学为情感哲学。”② 据此，蒙培元又进一步对熊牟范式的实体论形而上学展开了批判。蒙培元对牟宗三哲学的思想进路有一个基本的、非常精准的判定：

> 把存在问题与实体论等同起来，认为存在就是实体，这就把儒家归之于道德实体论。③

根本的问题在于儒学的存在论是否必然是实体论形态，或者更加普遍地说，存在论是否只有实体论形态。牟宗三哲学以道德本心论为“大宗”，以实体论（substantial ontology）为宏规，对儒释道进行了细致的分判和融通，并以他所理解的儒学的道德实体论为根底，建构了“道德的形上学”。所谓实体论宏规是指肯认一形上的创造实体，而对一切存在物做出系统的根源性说明。在牟宗三看来，儒家讲的道体、性体以及基督教讲的“上帝”都是这样的创造实体：“因此儒家由天命不已、天地之道的道体所表示的创造，就叫做创造性自己、创造性本身（creativity itself）。耶教的人格神——上帝——严格讲就是创造性自己，也叫做创造性原理（principle of creativity）。创造性自己就是天地万物之本体，人格化就是上帝，不人格化就是创造性本身，亦即创造的实体（creative reality），是绝对的实体。”④ 牟宗三用“reality”来对应“实体”，但这个创造性实体同时是“本体”，这与“自因”的“实体”（substance，牟宗三用“substance”表示“本体”）并无二致。但是牟宗三在这里始终面临着这样一种两难：推到极端地说，

---

① 蒙培元：《情感与理性》，中国人民大学出版社 2009 年版，第 3 页。

② 蒙培元：《人是情感的存在——儒家哲学再阐释》，见《情感与理性》，中国人民大学出版社 2009 年版，第 366 页。

③ 蒙培元：《情感与理性》，中国人民大学出版社 2009 年版，第 3 页。

④ 牟宗三：《中国哲学十九讲》，吉林出版集团有限责任公司 2010 年版，第 103 页。

如果说哲学存在论必以实体论为宏规，那么释道两家根本无存在论；如果说释道两家仍然有其存在论形态，那么意味着哲学存在论就还有实体论形态之外的其他形态。

想要彻底解决这一理论困境，就必须超出实体论。就此而言，蒙培元对牟宗三的批评是不无道理的。蒙培元指出，存在论不一定是实体论的，例如："境界形态的哲学是非实体论的，它不承认任何实体包括最高的绝对实体，也不承认心灵是实体……境界形态的哲学虽不是实体论的，却是存在论的，它以'存在'为其前提。"① 心灵境界是非实体论的，却有其存在论前提，它着眼于人的基本存在方式。在这一思想进路中，蒙培元对情感与理性、情感与知识、情感与意志等展开了系统论述。这其中关于情感与理性关系的论述是最为精到的。在情理圆融的语境中，如蒙培元所说，"情可以上下其说"，即情感既可以呈现为形而下的具体情感，也可以是形而上的情感，例如儒学的仁体观念就是从形而上的层面来说情感。

那么以情感为基础观念是如何撑开一种存在论系统，并为科学和政治哲学、伦理学奠基的呢？既然蒙培元对牟宗三哲学做出批判，那么就不能回避两个问题：一是以情感为基础观念的存在论如何不同于实体论形而上学，一是形而下学在这一存在论系统中是如何被奠基的。

首先，蒙培元所说的存在指"人的生命存在"，而人的生命存在首先指情感的存在，所以蒙培元说情感问题是最基本的存在问题。这与实体论形而上学最大的不同在于，情感存在论是一种境界存在论。这又具体涉及蒙培元与牟宗三所理解的"境界"意味的不同。牟宗三认为境界与存在分属于"作用"与"实有"两个层面。但蒙培元认为境界就属于存在，二者并不是两回事，可以说境界是一种存在方式，而存在又显

① 蒙培元：《情感与理性》，中国人民大学出版社 2009 年版，第 2 页。

现为境界，二者交融在人的生命存在中，人的生命存在样态既是一种情感世界，又是一种心灵境界。但在实体论形而上学语境中，心灵境界不属于“实有”层面，即不属于存在层面。情感存在论则认为从生命情感所开显的心灵境界正是人的生命存在样态，由此开启了通过情感存在论为主体性奠基的可能性。

其次，既然蒙培元所说的理性是以情感为内容的“具体理性”“价值理性”，那么它就不能承担牟宗三哲学的“识心之执”的作用，为此就要另找一个同样是以情感为基础的观念来替代它。我们在情感儒学的建构中能看到的唯一的可能就是情与知的关系结构。不无遗憾的是，蒙培元的处理方法却是揭示二者的圆融，即“知与情的合一”①，忽视了本应着重揭示的二者之间的内在奠基关系。蒙培元在形而下学的奠基问题上显然没有牟宗三走得深远，或者说蒙培元的思想更加浑沦一些，缺乏陆象山所谓“十字打开”的架构性，所以其中蕴含的思想有着广阔的诠释空间。

总之，现代新儒家的熊牟范式和冯蒙范式最大的不同正如黄玉顺所说：“冯蒙一系与熊牟一系之区别的关键所在便是情感。”② 从这两种范式的融通来说，蒙培元的“情感儒学”代表着整个现代新儒家哲学范式的完成。蒙培元对道德实体论有所批判，这种批判是独到而深刻的，也确实开出了新的可能性，一是从理性至上到情理圆融的转换，一是不再拘泥于实体论形而上学，开出了情感存在论方向。但情感儒学的建构并没有超出20世纪现代新儒家的哲学范式。面对这一理论课题，蒙培元的弟子黄玉顺自觉建构了以本源的生活情感为基础观念的生活本源论，在此基础上重建儒家形而上学和现代性的政治哲学、伦理学等形而下学，这可以看作是蒙培元“情感儒学”所带来的思想效应。

---

① 蒙培元：《情感与理性》，中国人民大学出版社2009年版，第218页。

② 黄玉顺：《存在·情感·境界——对蒙培元思想的解读》，见《儒家思想与当代生活——“生活儒学”论集》，光明日报出版社2009年版，第165页。

进入21世纪以来，当代儒家的理论建构虽然在思想进路和价值立场等方面各有不同，但从总体上看，其思想范式已然不同于20世纪现代新儒家的思想范式。尽管如此，现代新儒家对中国现代性的思考这一时代课题并没有终结，它仍然是当代儒家的思想课题。为此，如何在思想视域和思想方法上对现代新儒学有所批判地继承和推进，也是当代儒学的重大课题。

第八章　境外新儒家的现代性哲学建构

张小星

宽泛意义上的境外新儒家指的是1949年之后活跃于大陆地区之外的儒家学者。不过通常来说，这一概念所指的主要是现代新儒家第三代群体，尤其以杜维明、刘述先、成中英等人为代表。

这种指代事实上已经体现出对此群体哲学工作的总体定位。如果说现代新儒家第一代是完成了儒家现代哲学的范式，第二代是纵向深化了范式[①]，那么境外新儒家则是横向拓展了儒家哲学的问题域。

境外新儒家的总体特征可概括为“新中有旧，旧中有新”。

第一个“新”指的是问题意识新。他们基于特殊的生活环境和学术背景，致力于思考普世问题，即在反思西方现代性的基础上思考“人类向何处去”的问题——由全球化引发的生态环境、女权主义、宗教对话等问题，并试图站在儒家立场上，通过援引儒学的思想资源积极参与建构全球伦理、倡导文明对话等。“第三代新儒家的学者们均致力于论述儒学伦理的普世精神，关注儒学与非儒学的沟通交流，并在理论与行动上积极参与全球伦理的推动。”[②] 这无疑是在全球范围

① 具体讨论参见本书第七章。

② 奚刘琴：《第三代新儒家与普世伦理》，《社会科学家》2009年第4期。

内扩大儒学的影响，开拓出新的研究领域。

"旧"则表现在三个方面。其一，境外新儒家表现出与现代新儒家前两代群体接力探索的态势，关注的核心问题依然是现代性问题。其二，他们的思想资源尤其是作为正面论据的思想资源与前两代大同小异，除了前两代学者的成果，仍然是儒学的传统资源。其三，他们的整体哲学范式未发生改变和突破，依然恪守形上形下的致思方式，依然基本采用体用范式（熊牟范式）或理器范式（冯氏范式）。

第二个"新"指的是境外新儒家的工作蕴藏着新的可能性。这种可能性未必是他们主动意识到的，其影响却不容忽视。"花果凋零"固然饱含远离儒学原生之地的乡愁，但未必不是新的契机。在全球化的视野下，境外新儒家参与了人类未来超国族时代的种种理论构想过程，而这些构想是20世纪中期之后整个现代性哲学的主要倾向之一，当然也是未来儒家哲学应致力的主要方向。需要特别强调的是，在人类现代化的国族时代逐渐展现出种种新趋向之时，在超国族的公共生活方式正在构建之时，作为现代性特质的"个体性"愈发凸显。

现分述如下。

第一节　全球化与境外新儒学的语境变化

将境外新儒家置于世界范围内的现代化运动中进行考察，要求我们必须对"现代性"（modernity）以及"现代化"（modernization）观念具有一种历时性的把握。

我们在此需要承认的是，现代性与现代化并非一个概念：现代化作为现代性的展开过程具有多元模式，而现代性是其一元的本质。[①] 作为

① 黄玉顺：《生活儒学与现代性问题》，四川人民出版社2019年版，第190页。

人类历史的共同趋向，“现代性”因时因地而具有不同的实现方式，呈现出不同的特征。现代意识形态以整体社会从属于代表道义、独立和主权的个人为表征。[①]

作为一种世界性的历史进程（或人类生活状态的转型），“现代”区别于传统或者前现代的最突出特征并非所谓理性，而是具有天然自足能力的个人在公共领域中所呈现出的“个体性”（individuality），因此所谓“一元现代性”在本质上正是这种个体性的存在方式。现代性的历时展开过程即“多元现代化”模式形成的过程，即此个体性观念从隐秘逐渐显现以至于被认同为习以为常的过程，作为社会主体的不再是群体而是个体——个人的基本权利得到保护和尊重，而且个人及其权利成为社会法律、政治和经济原则的根基。[②]

显然，“现代化”一词本身即意味着“现代”尚未真正实现。就共时性来看，这种“未完成”并非仅仅指向中国社会，即便是世界范围内的现代化运动依然处于正在实现的进程中，因此于尔根·哈贝马斯提出“现代性”是一项“未完成的工程”[③]。这种“未完成”指的更是一种历时性。按照詹姆斯的观点，现代性并非一个概念，而是一种“叙事类型”，不能对其进行概念化的分析，只能叙述其多种情境。[④] 在此，我们有必要对“现代性”的历时展现做出简要概述，以便明确境外新儒学的语境变化。

---

① 路易·迪蒙著，桂裕芳译：《论个体主义：人类学视野中的现代意识形态》，译林出版社2014年版。

② 汪民安：《现代性》，南京大学出版社2012年版。

③ 于尔根·哈贝马斯：《现代性——未完成的工程》，见汪民安等主编《现代性基本读本》，河南大学出版社2005年版，第107页。

④ 弗雷德里克·詹姆逊著，王逢振、王丽亚等译：《现代性、后现代性和全球化》，中国人民大学出版社2018年版。

现代化的历时展现及其相应的儒学形态

阶段	起始时间	中国（内源现代性）	儒学形态
开端阶段：现代化的序曲	文艺复兴——《威斯特伐利亚和约》：16 世纪至 18 世纪	“唐宋之变”—元明—清代晚期	宋元明清儒学（心学）：个体性观念由隐变显
成熟阶段：现代化的国族时代	现代民族国家体系的建立：19 世纪至 20 世纪早期	清末民初：清末立宪、辛亥革命、新文化运动、五四运动等	20 世纪现代新儒学：“内圣开出新外王”的探索
第三阶段：全球化时代	全球化、区域化：20 世纪至今	20 世纪至今	境外新儒学以及大陆新儒学相关论题

迄今为止，人类的现代化历程可分为两个阶段。第一阶段是个人作为社会主体开始出现于公共领域。第二个阶段则是我们当下身处其中的国族时代，其典型表现即民族国家体系的建立。在此意义上，现代个体观念具有了两层意涵：在国内表现为具有自足能力的现代公民，在国际则表现为具有独立主权的民族国家（随着地区性的民族国家的建立，诸多民族国家成为国际性意义的个体）。就中国而言，这一时期对应于清代晚期，随着西方入侵，传统的古代国家开始转向现代民族国家的建构。与此相应的现代性儒学建构由科玄论战一直持续到 20 世纪现代新儒学运动：以“内圣开出新外王”为致思架构，致力于从儒学中寻求资源以发展现代文明，即民主与科学。①

国族时代的生活方式中酝酿着现代化的第三阶段，即超国族时代。“全球化”是超国族时代的黎明。以往有关全球化的叙述多以其外在社会表现

① 《为中国文化敬告世界人士宣言——我们对中国学术研究及中国文化与世界文化前途之共同认识》，见张君劢《新儒家思想史》附，中国人民大学出版社 2006 年版。

为主，比如经济全球化、区域一体化等。究其实质而言，全球化乃现代性之特质即个体性的进一步实现，正是因为这样，其作为“现代性的后果”才得以真正成立。这一点为诸多现代性理论家所关注。

例如，在《现代性的后果》一书中，吉登斯提出了全球化的定义、全球化的维度以及全球化与现代性的关系。首先是全球化的“定义”：

> 在现代，时—空伸延的水平比任何一个前现代时期都要高得多，发生在此地和异地的社会形式和事件之间的关系都相应地“延伸开来”。不同的社会情境或不同的地域之间的连接方式，成了跨越作为整体的地表的全球性网络，就此而论，全球化本质上是指这个延伸过程。
>
> 因此，全球化可以被定义为：世界范围内的社会关系的强化，这种关系以这样一种方式将彼此相距遥远的地域连接起来，即此地所发生的事件可能是由许多英里以外的异地事件而引起，反之亦然。这是一个辩证的过程，因为有这种可能，即此地发生的桩桩事件却朝着引发它们的相距遥远的关系的相反方向发展。地域性变革与跨越时—空的社会联系的横向延伸一样，都恰好是全球化的组成部分。①

按照吉登斯的描述，全球化本质上是一种“延伸”过程。这种延伸首先是地域性变革，时—空所主导的地域关系的延伸逐渐改变了前现代长时段、长距离的隔离状态，随着交通、信息等因素的不断推广，地域之间的联系日益密切，呈现为一种网络化联结形式，而且因果连接日益明显；其次是随着地域网络化而来的社会关系的加强或延伸，其典型表现是经济往来的密切与相互依赖，与地域联系相一致而形成世界市场，这就促使世界性经济秩序的建立。随着地域关系的日益密切，世界性的社会关系逐渐强化，前现代的各自独立地域日益成为一个整体性的网络化世界。

基于全球化所表征的世界范围内社会联系的加强，吉登斯提出了全球

---

① 安东尼·吉登斯著，田禾译，黄平校：《现代性的后果》，译林出版社2000年版，第56~57页。

化的四个维度，分别是世界资本主义经济、民族国家体系、世界军事秩序、工业的发展。①

简而言之，这四个维度主要分为经济与政治两个方面。经济上的“世界资本主义经济”以及“工业的发展”即经济全球化。全球化的主体形式表现为跨国性的商业公司，其作为世界经济的“主导能动者”意味着商品—贸易市场的全球性扩张，这种扩张加强了各经济主体之间的相互联系。“工业的发展”代表的则是国际性劳动分工模式的建立，即“全球性劳动分工的扩张”。伴随着“世界市场”的逐步建立，这种劳动分工模式也逐渐在全球各地区建立起来——现代工业所要求的工作任务以及生产领域（如技术、原料、劳动力等）的专业化分工导致这种生产关系逐步建立，而随着世界大战的爆发与结束，这种劳动分工的相互依赖日益扩展。“工业主义的全球化运作的主要特性之一，是大机器技术在世界范围内的扩散。工业主义的影响，并非简单地仅仅局限于生产的范围，而且也影响到日常生活的方方面面，影响到人类与物质环境互动的一般特性。”② 工业主义本身所带来的通讯技术上的变革不断创造着“一个世界”的面貌。

下面论述政治上的“民族国家体系”与“世界军事秩序”。作为现代性政体的一种表现形式，现代民族国家区别于传统国家或王朝的特征在于其本身作为政治法律共同体的同一性（主权的确认），由此才产生现代意义上的“国家关系”。随着近代民族独立运动的浪潮，世界性的民族国家逐步建立，这使得商业公司的全球性活动有了更广阔的范围。尽管这些公司意在积极把自己建立在某个特定国家，但它们可以带动其他地方而实现区域发展。民族国家是全球政治秩序的重要“行动者”，因此民族国家体系的建立意味着对上述经济秩序的保障，实际上也就是对世界经济秩序的延伸，而

① 安东尼·吉登斯著，田禾译，黄平校：《现代性的后果》，译林出版社2000年版，第61~67页。

② 安东尼·吉登斯著，田禾译，黄平校：《现代性的后果》，译林出版社2000年版，第67页。

各民族国家之间的相互联系与相互依赖性也由此不断加强。

因此，就外在表现而言，全球化表征着一种世界性社会联系的扩张。这种扩张不仅仅表现为经济活动、政治活动的全球化与区域化，更日益表现在我们的日常生活中。在此意义上，作为新世界图景的全球化则意味着一种新生活方式的转变，而随之而来的相互依赖则表明其实质上呈现出一种新的秩序关系，即整体性。“现在首要的是愈加强烈的同一性（而非差异性）：迄今自治的民族市场和生产地带向单一地区的迅速同化，民族性生活必需品（如食品）的消失，和地球上所有国家不得不统一而成为我在前面提到的那种新的全球劳动分工。在此，开始激发我们的全球化思考的是在规模上新的无与伦比的一幅标准化图画；一幅被迫进入世界体系的统一的图画，从此，与这个世界体系‘解除关系’（萨米尔·阿明语）已经不再可能，甚至是无法想象的。”① 当然，一种新的世界文明秩序仍有待建立。

吉登斯认为现代性的根本性后果之一是全球化。它不仅仅只是西方制度向全世界的蔓延，在这种蔓延过程中，其他的文化遭到了毁灭性的破坏。全球化是一个发展不平衡的过程，它既在碎化，也在整合，它引入了世界相互依赖的新形式，在这些新形式中，“他人”又一次不存在了。它创造了风险和危险的新形式，同时使全球安全的可能性延伸到了力所能及的远方。从其全球化倾向而论，现代性是一种特别的西化之物吗？非也。它不可能是西化的，因为我们这里所谈论的，是世界相互依赖的形式和全球性意识。可是，讨论和处理这些问题将不可避免地会用到源于非西方背景的概念和策略。因为无论是现代性的激进化还是社会生活的全球化，都绝不是一个已经完成了的过程。既然世界文化的多样性是一个整体，对现代性这种制度做出多种反应就是可能的。“超越”现代性的运动已经出现在全球体系

---

① 弗雷德里克·詹姆逊著，王逢振、王丽亚等译：《论作为哲学问题的全球化》，见《现代性、后现代性和全球化》，中国人民大学出版社 2018 年版，第 389 页。

中，这个体系的特点是财富和权力的极大不平等，而且这些运动不可能不受这些不平等的影响。[①]

吉登斯以“现代性的根本性后果之一是全球化”这一命题表达了现代性与全球化的关系。

首先，全球化所带来的社会联系的加强表明，现代性本身并不是独属于西方的发展趋向，而是随着全球性意识的增强，逐渐成为一种世界范围内的“现代化运动”。

其次，作为一种新的制度建构，现代性本身展现为全球化，但世界性的相互依赖关系在得到强化的同时，也带来诸多负面问题，比如文化破坏、发展风险增加等，因此全球化本身是一个发展不平衡的过程，这实际上意味着世界各地本身现代化程度的不平衡。杜维明曾将西方学者对现代性的观点转述为：“现代性虽然地理上从西方开始，但是它散布全球，成为不同阶段的现代化。”[②]（笔者以为，在此可为佐证。）

最后，在全球化所具有的整合功能下，全球化所引起的现代化不平衡情形引发了（相应的）不同文化区对“现代性”观念的认知与反思（比如境外新儒家对“东亚现代性”的讨论），甚至出现了“超越现代性”的观点。

综上可知，作为一个整体性的社会联系体，全球化的世界在其内部呈现出多元化与多样性，即目前的全球体系是一个多元而一体的世界图景。在思想观念层面，后现代主义开始兴起。事实上，后现代主义并不是现代性的对立面，并不是对启蒙理性的反叛，而是对现代性的深化，即寻求更加彻底的个体化，真正兑现启蒙承诺，从而实现人的解放。[③]

---

① 安东尼·吉登斯著，田禾译，黄平校：《现代性的后果》，译林出版社 2000 年版，第 152~153 页。

② 杜维明：《文明对话中的儒家：21 世纪访谈》，北京大学出版社 2016 年版，第 188 页。

③ 黄玉顺：《生活儒学与现代性问题》，四川人民出版社 2019 年版，第 153 页。

然而需要注意的是，虽然现时代仍然处于民族国家时代，但随着地域联系的加强，尤其是经济技术、通讯手段的“延伸”，原先作为整合个体性力量的“民族”已经逐渐丧失这种整合能力。也就是说，随着全球化的到来，个体的流动性与差异性越来越大，个体逐渐“摆脱”民族国家的“限制”而走向超越民族国家的生存处境或状态，“超国族”的世界格局开始显现，在此意义上，所谓“全球化”即由“国族时代”走向“超国族时代”的发展过程（个体→国族→超国族）。既然如此，便需要寻求一种新的可以维持个体认同感的整合替代物。正是在此意义上，学者们展开了关于“全球伦理”“普世伦理”的争论。笔者认为值得关注的问题在于个体与建构“全球伦理”“普世伦理”之间的关系。

对于境外新儒家来说，这种多元而一体的全球化变革成为其倡导“儒学走向世界”，即援引儒学资源因应全球化，进而重建新儒学的时代背景。正如刘述先所言：

> 80年代是第四波。港、台新儒家在60、70年代发表皇皇巨著，教出下一代弟子……他们都受到西方正规学术训练，在异域谋求一枝之栖。到了80年代，学术渐渐成熟，站在中国文化的立场发言，即使儒门淡薄，在西方的多元架构中，仍然争取到一定的地位。由于处境不同，他们不再像上一代那样护教心切，所谓立足本位，扩大自己，放眼世界，展现一国际视野。①

站在世界多元文化的背景下，自觉地进行儒家传统的现代转化是境外新儒家异于其师辈的基本特征。对此，已有学者指出：“由于在心态、姿态上的不同，现代新儒家代际之间对儒学的定位不同，并在儒学的现代性问题上有着相当的分歧，而儒学的走向也表现出了差异，概而言之则是：从

---

① 刘述先著，东方朔编：《儒家哲学研究：问题、方法及未来开展》，上海古籍出版社2010年版，第259~260页。

‘判教’转为‘对话’，从‘中国’走向‘世界’。”① 境外新儒家致力于“让儒学的活水流向世界”②：在主观情感上，“儒学走向世界”是境外新儒家因时因地做出的价值选择，不仅是其有效回应西方现代性挑战的思想依托，更是其自觉进行儒学重建的出发点与落脚点；在客观事实上，现代儒学发展史已经表明，“儒学走向世界”是儒学自身现代化的必然趋向，这显然是由儒学原理所蕴含的现代性品格决定的。虽然近年来大陆新儒家内部也有学者明确提出建构“世界儒学”，并指出此儒学形态所应包含的基本内容③，但早在20世纪七八十年代境外新儒家兴起之时，这种建构“世界儒学”的工作就已经展开，尽管这种儒学形态尚在生成之中。

在此需说明的是，所谓“现代性哲学建构”指的是境外新儒家们基于现代性生活方式（即全球化）的体验而对儒家哲学做出的诠释与重建。④ 这种诠释与重建首先指向现代性或现代化所引发的社会问题，并借助儒家资源对之做出回应。值得注意的是，与其师辈们相比，境外新儒家对现代性问题的思考已不再局限于中国社会本身之现代转型，而是扩大到全球化背景下的普世性问题，尤其是对作为“典范”的“西方现代性”的反思与批判，并在此基础上积极参与关于“普世伦理”问题的讨论。在此意义上，“现代性哲学建构”本身便意味着儒家哲学自身的现代化，即一种新的“儒学现代化版本”⑤ 的诞生。

---

① 黄玉顺主编：《现代新儒学的现代性哲学——现代新儒学的产生、发展与影响研究》，中央文献出版社2008年版，第277页。

② 黄玉顺主编：《现代新儒学的现代性哲学——现代新儒学的产生、发展与影响研究》，中央文献出版社2008年版，第268页。

③ 黄玉顺：《世界儒学——世界文化新秩序建构中的儒学自我变革》，《孔学堂》2015年第4期。

④ 在《现代精神与儒家传统》一书中，杜维明提出：“我把所谓现代精神这个课题作为我们讨论儒家传统的现代命运以及发展前途的背景来了解。”（生活·读书·新知三联书店2013年版，第2页。）

⑤ 黄玉顺：《论“重写儒学史”与“儒学现代化版本”问题》，《现代哲学》2015年第2期。

第二节　境外新儒家对现代性观念的反思与重建

一、境外新儒家对西方现代性观念的反思

虽然智识化的儒学研究已经证明“儒学与现代性的关系”是一个伪问题，但生活方式的转变又让我们暂时难以摆脱这一问题的困扰。与现代新儒家前辈对此持“返本开新”的态度不同，境外新儒家在承受现代化成果的同时，对西方现代性观念展开反思。当然，这种反思源于全球化的直接触动。在此，以成中英和杜维明的相关论述为例进行说明。

在《儒学与现代性的整合：探源与重建》[①] 一文中，成中英基于对西方近代理性主义哲学开创者笛卡尔思想基本特征的分析（作为西方现代化的主导因素，笛卡尔哲学的特征决定了现代性观念的特质），提出其所理解的西方现代性观念的基本内涵[②]：方法论上的原子化约论、知识论上所追求的理性的一致性与相应性及其可以达到的普遍性与必然性、强调抽象理性的优越性并以此理解人与控制物、理性抽象思考（心物二元）所引发的主体对象化以及精神物质两极化、以理性作为道德动机与普遍必然法则的现代性伦理学（成中英认为笛卡尔哲学本身缺乏对伦理学的关注，而以“理性”

---

① 参见成中英《儒家哲学的本体重建》，中国人民大学出版社 2017 年版。该文原题为“儒家的创造转化，西方现代性探源与儒学重建现代性发轫”。

② 林安梧将西方近现代的精神起源规定为“理智主义”。他认为，“近代哲学基础性的坐标是笛卡尔的‘我思故我在’。它通过‘思维的我’确立‘我’的存在，并进一步确立世界的存在。这种确立方式代表现代性的精神，人从思维主体的确立来确立存在。……到近现代时期，启蒙运动点燃了人的理性之光，人们相信能够通过理性来掌握世界的法则，而世界的法则是上帝给出的法则，这其中有一个同一性。人们相信自己能够理解、控制世界，于是人类展开实践，开发利用世界的种种资源。知识变成非常重要的力量。……人从压抑中解放出来，用理智的能力控御这个世界，但人们误认为人是世界的中心。这是一个严重的问题。人们认为这个世界是以人类的理智为中心的。所谓‘人定胜天’，人能够控御、主宰这个世界，所以人不断地追求更大的力量以控制更广领域”。（见林安梧讲述，王冰雅等整理《儒道佛三家思想与二十一世纪人类文明》，山东人民出版社 2017 年版，第 307~308 页。）

为核心的现代伦理学则是从斯宾诺莎、莱布尼兹一直到康德才得以建立的)。他由此指出:

> 西方现代性的建立是以外向性的理性为基础,并以对世界的知识为价值的核心的。它的发展是为了自黑暗中世纪的愚昧与独断信仰的桎梏中解放出来。它所追求的是理性的自由与自主。这是个崇高的目标,但在实际的文化发展的过程中,现代性的理性却丧失了理性的自主,而堕落在非理性的权力意志与物质的贪婪的牢笼之中,成为侵占性的权利与占有性的欲念的工具。①

就此而论,成中英将“理性”作为现代性的本质规定,认为“理性”不仅是西方现代性得以建立的基础,更是现代化本身产生问题的根源(现代理性包含了太多的矛盾与太多的分化,比如精神与物质的二元分裂、精神物质化等),因为“理性”在发挥自身作用的过程中逐渐丧失自身的自主性而沦为一种工具,即成为工具理性。这意味着理性自身所存在的内在紧张(矛盾)在为现代性奠基的同时也埋下了引发现代化危机的种子(这是否意味着将“理性”作为现代性本质规定的不恰当)。尽管这引起了后现代主义的反思,但终究难以弥合工具理性造成的分裂——心灵与物质、知识与价值的对立。

> 分析了现代性,我们发现其中心的问题正是:个体主体性的抽象理性不但掩盖了个人的主体意识,更掩盖了集体或群体意识,不但未能转化(因为不能转化)主体的价值或实现主体的价值,反而助长了非理性的自我意识与权力意志的执着与发展,逐渐转化理性与知识为科技工具与技能。在实现与实践过程中暴露了种种弊病与问题。很明显的是,理性缺乏了一个转化全体个人,也是属于有关人之为人的自我修养问题。但即使就理性的认知功能来说,理性也仍有许多值得修整与完善的方面。②

---

① 成中英:《儒家哲学的本体重建》,中国人民大学出版社 2017 年版,第 36 页。

② 成中英:《儒家哲学的本体重建》,中国人民大学出版社 2017 年版,第 38 页。

> 问题在价值理性的阙如，在理性能不能等同于价值，在有没有一个整体的思考把理性与价值、目的与方法、知识与行为整合起来，使一体中具有的两项相互提升，两项对峙中形成一体，在一个开放动态的过程中逐步自我完善。这就需要一个整体的本体体系与一套发自每一个体的创造性力量来达成。①

对于这些问题的解决，儒家学者成中英认为，能够挽救西方现代性危机的“本体体系”与“个体创造力量”已经被工具化的理性压制而不复存在，因而必须引入新的思想资源对之进行改造，即引入儒学的价值理性。他认为要想化解西方现代性危机，需要解决如何提升与转化人的品质以及人认知世界的能力等问题，而这些内容恰恰就是儒学所关注的核心课题，即“人与社会的善的实现”。因此要想解决现代人的困境，必须挖掘儒家“天人相通”观念所体现出的重视生命本源与价值本源的人文精神。

在境外新儒家中，除了成中英，杜维明对西方现代性的反思同样值得注意。但后者区别于前者的地方在于，其出发点不再是直接针对现代性的特质，而是着眼于近代“启蒙心态”。这种反思②并不是对启蒙本身的否定，而是针对启蒙心态本身存在的缺失（杜维明曾言，作为近代以来规模最大的意识形态，启蒙心态对近代中国的影响也最大③）。他说道：

> 我并不反对启蒙，我是完全赞成启蒙的，但我认为启蒙运动所发

① 成中英：《儒家哲学的本体重建》，中国人民大学出版社2017年版，第36页。

② 杜维明指出：“在这个崭新的语境中的儒家有两大特色是启蒙所代表的价值无法开辟的，一是关于宗教，关于修身，与启蒙心态反宗教的凡俗人文主义大相径庭；二是关于自然的问题，掠夺自然与启蒙的人类中心主义有关。所以，我认为对西方的启蒙，一方面要有同情的了解，一方面要有批评的认识。”（《文明对话中的儒家：21世纪访谈》，北京大学出版社2016年版，第55页。）

③ 杜维明说：“我现在有个研究计划，就是反思儒家对西方发展的启蒙。一方面，西方的启蒙现在在中国还是浮面的，所以我认同五四时期向西方学习的心愿。另一方面，中国也有足够的资源对西方进行批判的认识。这个课题分三个部分。第一部分回顾中国17世纪（由中国学者做）和西方18世纪（由西方学者做）文化交流的成果，研究前现代的多元。第二部分是从五四到现代，启蒙心态（既不是启蒙运动也不是启蒙理想）对中国的影响，现代最明显的折射就是科学主义，例如如何看待中医，中医是伪科学吗？第三部分则要考虑儒学下一步的发展问题。”（《文明对话中的儒家：21世纪访谈》，北京大学出版社2016年版，第218页。）

展出来的那一套论域[①]，面对现代人类所碰到的处境，它的资源不够。不是说它的资源不好，而是不够。即使把它的资源全部充分发挥，仍然不够。为什么不够呢？因为它有几个很大的缺失。第一个大的缺失在于启蒙所代表的是狭隘的人类中心主义，没有办法处理生态环保的问题。另外由于它强势的工具理性，人类社群的和平共处就很难；同时它也是一个物质主义、科学主义、进步主义，所以它对整个轴心文明所体现的人的精神性是淡漠的，因为它本来是从反宗教中发展出来的。[②]

启蒙心态[③]存在两个很大的缺失，一是从哈贝马斯哲学里看出的，就是对宗教掉以轻心，在科学主义大盛，强调发展科学理性之期，对宗教问题照顾不到。二是自然，它成为一个由人类来宰制的对象，天人合一或人与自然万物一体的思想在这里起不到很大的作用。[④]

在杜维明看来，启蒙与启蒙心态是不同的。对于传统向现代的转型，启蒙确实是必要的，但其本身存在着内在张力，其所产生出的现代价值观念（人权、自由、民主等）不能完全应对现代人所遭遇的困境（这种“困境”伴随全球化而来，因此需要“新启蒙”）。启蒙心态作祟是此困境产生的根源。启蒙心态实质上是对理性的推崇。作为启蒙运动的主题，张扬人的理性与价值是为了挣脱中世纪宗教对人们的禁锢，但由于对科学理性的过度推崇而产生了人类中心主义、科学主义、物质主义等信念，这表明理性本身成为一种工具性存在。启蒙心态的缺失源于理性自身的内在矛盾。

---

① 杜维明曾指出：“市场经济、民主政治、市民社会，或者反市场经济、反民主、反市民社会，都是从西方启蒙主义发展出来的现代性的内容。”（《文明对话中的儒家：21世纪访谈》，北京大学出版社2016年版，第190页。）

② 杜维明：《文明对话中的儒家：21世纪访谈》，北京大学出版社2016年版，第111页。

③ 杜维明指出：“西方的启蒙主义是凡俗的人文主义（secular humanism），培根他们所讲的科学主义在某种程度上是对自然的宰制，所以一定是人类中心。”（《文明对话中的儒家：21世纪访谈》，北京大学出版社2016年版，第200页。）

④ 杜维明：《多元现代性中的儒家传统》，《文化纵横》2010年第2期。

强调人之理性是因为理性能够达到客观真实性，这就必然导致对宗教信仰的排斥，产生所谓科学与宗教的对立，进而否定宗教存在的意义，而且理性自身所具有的认知功能对外在对象物质化的要求也必然导致对自然的征服与宰制。因此，启蒙心态的缺失实质上体现的是理性本身的内在矛盾。就此而言，杜维明的落脚点与成中英是一致的，即都是对“工具理性”的反思。

此外，杜维明关于“韦伯命题”的反思也值得我们注意。因为这直接关系到其“多元现代性”观点的提出。[①] 韦伯在《新教伦理与资本主义精神》和《儒教与道教》中，对现代性在西方的发生动力进行了考察，得出“新教伦理产生现代性”和“儒教阻碍现代性”的结论。这两条结论被合称为“韦伯命题”。对此，杜维明指出：

> 韦伯对于资本主义兴起的理解，主要根据工具理性。工具理性是各种理性表现形态中的一种。这一形态有其本身的特殊性。要想了解西方文化何以动力横绝天下，工具理性是一条线索。而韦伯在对各种文化价值进行反思的过程中，主要是突显现代西欧以工具理性为主的资本主义精神的特殊性。[②]
>
> 韦伯是从发生学的角度来了解资本主义的兴起的，通过他的理性思考，他的后学，把发生学的理由变成了结构的理由。原来，发生学上的理由与结构的理由并没有必然的联系，甚至可能是相互冲突的。但是他在研究资本主义兴起时，从发生学的理由进行批判，进行理解，特别从比较文化的角度，强调各种不同的价值取向，这是十分可取的；

---

① 有学者指出：“杜维明通过对‘韦伯命题’的分析和批判，指出‘帕森斯化韦伯’诠释的时代局限和‘西方中心’的文化心态，倡导在全球化条件下多元文化并存和互相对话，而他自身以实现‘儒家传统的创造性转化’为己任，力图促成以儒家传统为主体的东亚文化积极参与多元现代性的建构。”可参见卢兴、郑飞《从东亚现代性的兴起反思“韦伯命题”》，《国外社会科学》2017年第2期。

② 杜维明：《现代精神与儒家传统》，生活·读书·新知三联书店2013年版，第67页。

同时，他又对现代化从结构上来了解，发现这种精神是不可或缺的环节，形成一种十分坚固的典范。我认为，一直到20世纪80年代，才有可能突破韦伯的典范。在此以前，没有任何经验事实可用来作为对韦伯命题的驳斥，即没有任何现象来作反证。所以，韦伯所提出的观点，如理性化的过程，乃至对新教伦理的描述，对现代人格的理解，逐渐成为现代化理论的典范。①

在一定意义上，杜维明并不否认韦伯将理性化作为现代性特征的判断，而是不赞同其后学帕森斯、哈贝马斯等人将此模式作为成熟的典范而普遍适用于其他地区。这是因为：(1) 韦伯所做的工作属于发生学的追溯而非结构论的规定，清教徒的个人伦理行为并不构成其经济结果的必然根据，二者并不具备必然的因果关系（对此，林安梧认为韦伯所论之基督教伦理与现代化精神之间是一种“历史的因果性”而非“科学的因果性”②），因而所谓“新教伦理产生现代性”的观点有其自身适用范围，并不具备普适性。(2) 从发生学的角度可以发现，现代性的兴起作为一种历史现象与其自身文化传统密切相关（文化传统的多元整合），而20世纪80年代以来“东亚现代性”（产生于儒家文化圈的“东亚四小龙”现象）的兴起就是例证，因此所谓“儒教阻碍现代性”的观点不能成立。③ 这就为突破“韦伯的典范”而重新认识“现代性”奠定了基础。

境外新儒家反思西方现代性观念并不意味着对现代性本身的否定，而是对其进行重新认识。与此相应，在全球化趋势日益明显的今天，对于境外新儒家倡导“儒学走向世界”这一问题来说，既有的西方现代性观念显

---

① 杜维明：《现代精神与儒家传统》，生活·读书·新知三联书店2013年版，第85~86页。

② 林安梧：《儒道佛三家思想与二十一世纪人类文明》，山东人民出版社2017年版，第310页。

③ 值得注意的是，基于对现代性一元解释模式的不认可，杜维明曾对日本学者内藤湖南有关中国之现代性开端问题的论述（简称“内藤命题”，是以宋朝为现代中国的起源）有所异议。具体可参见杜维明《现代精神与儒家传统》，生活·读书·新知三联书店2013年版，第113页。

然难以作为新儒学建构的参照标准，因此有必要从儒家立场出发重建现代性观念。

二、境外新儒家对现代性观念的重建

在此，笔者仍以成中英和杜维明的相关论述①为例说明境外新儒家对现代性观念的重建。

针对由笛卡尔哲学主导的以工具理性为核心规定性的现代性观念，成中英站在儒家立场上，提出了“重建现代性”的观点，即实现儒学与西方现代性的整合，将儒学所重视的价值理性引入其中，对现代性进行改造，由此建立一种新的现代性。

> 儒学与现代性的整合意味着以联合群体与个体为中心的伦理道德，与以分开个体与群体或集体为中心的法律制度的并行与相互支柱引发。这样一种现代性的出现将是一种新的现代性，但它却不是所谓的后现代性，也不是有些欧洲学者说的“先后现代性”。它是用儒家的德行伦理取代了隐蔽在理性系统思考之后的权力伦理的整合成果。在这一思考中，建筑在西方权力观念之上的功利与权利不是遭到取消，而是重新奠基于德性之上。也就是说，这一个整合的系统必须构筑在人的身心一体和谐、人与自然环境以及人与人的平等和谐交通与互动的基础之上的。②
>
> 对治现代理性的分化的正是融合主客体的“前后现代性”，在其中价值与知识的距离较为缩短而相应，而主体的内在完整一致性也要求经过一个自我的修炼的过程保持着德行的统一。这也正是传统儒家哲

① 刘述先与杜维明观点相似，在此以后者为代表进行说明。刘述先认为“现代化无疑是以西方为主导，但现代化的方式则可以受到文化因素的约制而表现参差，不可能也没有必要走一样的道路”。参见刘述先著，东方朔编《儒家哲学研究：问题、方法及未来开展》，上海古籍出版社 2010 年版，第 358 页。

② 成中英：《儒家哲学的本体重建》，中国人民大学出版社 2017 年版，第 46~47 页。

学原有的"前后现代性"的特质。在对治现代性的分化与对治后现代性的分解中，我们可以把儒学的发展看成是"后后现代性"的理性建树或创造。这一建树或创造不是反现代性的而是醇化和包含现代性的。这也就是儒学可以建立人学（如何建立完善统一的个人）、仁学（如何建立亲和协作的社群）与智学（如何明智地运用知识与反思的智慧以达到人学与仁学的目的）的作用所在。①

此即成中英"重建现代性"的尝试。这种经由整合而重建的新现代性观念可以从本体论、伦理学两个层面来理解。在本体论层面，与旧现代性观念相比，新现代性观念的本体基础不再是理性而是儒学所强调的德性观念。在伦理学层面，德性伦理对权利伦理的取代意味着新现代性观念不再以理性而是以主体内在的德性作为道德行为和道德判断的标准。这是因为儒家的德性观念本身并不是外向型的认知理性，而是一种内在的道德理性，能够在保证主体（德性主体）内在完整性的基础上实现主体（认知理性）与客体的融合以及知识与价值的统一。这就有效地克服了旧现代性观念过度强调工具理性所造成的心身二元分化、主体对象化以及精神物质化，进而有利于保证人之心身、人与自然、人与人的和谐互动。

由此而论，所谓"重建现代性"即整合儒学与现代性，固然首先是为了改造现代性，但最终目的是重建儒学，而且是在新的现代性基础上重建儒学。就"整合"来看，新的现代性观念得以重建即儒家德性观念在被引入的同时，也会得到重新诠释而获得新的意义，这无疑意味着儒学本身的重建，因此成中英说："儒学的重建意涵着现代性的改造，现代性的改造也意涵着儒学的重建。"②

与成中英从哲学思辨（理性主义）的角度对现代性观念的特质进行考察不同，杜维明更多是从经验事实（社会学、比较文化学、经验主义）即

① 成中英：《儒家哲学的本体重建》，中国人民大学出版社 2017 年版，第 34 页。
② 成中英：《儒家哲学的本体重建》，中国人民大学出版社 2017 年版，第 50 页。

全球化的趋势（尤其是东亚现代性的兴起）出发，提出了“多元现代性”的观点。其所针对的问题并不是现代性的特质，而是现代性的形式是单数还是复数。杜维明显然倾向于复数形式，即“多元现代性”。

> 我当时提出“多元现代性”有这样一个考虑，我认为西方之外，有东亚现代性，它是从日本和“四小龙”开始的，当然，今天的中国特别是沿海一带也包括在内，但它们的现代性与西方所表现的文化形式不一样，与西方的现代性不是一根而发的，也就是说，现代化的过程中有不同的文化形式。这中间涉及到另一个问题，就是现代性中的传统问题。儒家传统在东亚传统中是多元多样的，中国、日本、韩国、越南的儒家传统不同，东亚现代性中的儒家传统也是多元多样的，它们塑造了现代性，它把整个传统改造了，传统对现代性不是限定，而是一种创造。[①]
>
> 我认为现阶段的现代性本身，可拥有不同的文化形式。这里有两个预设，一是现代性中的传统问题。我编了一本书《东亚现代性中的儒家传统》……把儒家传统多元化，各种各样儒家传统存在于东亚现代性之中，东亚现代性受到了儒家传统正面或负面的影响……现在有了另一种思路，也是我的思路，就是任何现代性都不同，比如法国突出革命，英国是渐进，美国则是市民社会非常蓬勃。所以，塑造现代性跟传统文化有很大关系。东亚（日本）现代性就要受东亚传统文化的影响。传统一方面是制约，另一方面是塑造。如果你接受这个观念，那么第二个观念就是，现代化的过程中可以拥有不同的文化形式……但对第二个观念的反击是值得注意的，在现代性中确实有一些核心价值、基本制度。如果没有民主、市场、法制、人权、自由，能说是现代性吗？所以，我基本同意这个说法，这是一些核心的普世价值。即

---

① 杜维明：《多元现代性中的儒家传统》，《文化纵横》2010年第2期。

> 使说有不同的文化形式，但每一个文化形式都要满足现代性中不可消解的因素。任何文化的现代性（如儒家的现代性）若不满足现代性中不可消解的因素，就要受到质疑乃至扬弃。[①]

> 我现在提出另外一种模式：现代化的发生受到西方影响，但各地涌现出来的结构与西方并不相同。……多元现代性把现代性变成复数，表示虽然有很多内在关系，但体现的形式是不同的。……我有一个与此不同的“复杂体系”（complex system）的观念，我认为这个“根”的本身就不是一元的，有好多根。……可以这样说，从发生学讲都是受西方影响。甚至可以说所有现代性都有西方这个种子。但那是一百年前的事情。在不同的社会中，经过模仿，又有了新的种子，发展出了不同的形态，不是说都是同一个根。[②]

综上所述，可以从以下层面对“多元现代性”进行理解。（1）从学理上讲，“多元现代性”观点的逻辑前提在于承认现代性与现代化的不同：现代性可以有不同的文化表现形式，现代化的过程生成不同的现代性结构（现代性是多元的，现代化也是多元的）。（2）“多元现代性”指现代性本身呈现为多元形式而非单数的西化模式。在发生学意义上，虽然“西化”模式引发了全球范围内的现代化运动，但其作为“种子”受到不同地区文化传统的塑造，因而表现出不同的现代化样态，在此“塑造”过程中，新的现代性结构（除市场经济、民主政治、公民社会外，可能在结构上会增加新的因素）得以生成。（3）尽管现代性本身是多元的，但多元的现代性在价值观念上具有一定限度的一致性，即任何一种现代性在文化表现形式上都必须具有“现代性中不可消解的因素”，也就是那些具有普适性的核心价值观念（比如民主、市场、法制、人权、自由等）。对于儒学的现代化而言，其本身也必须接受这些现代性价值，至于“如何接受”的问题，杜维

---

① 杜维明：《文明对话中的儒家：21世纪访谈》，北京大学出版社2016年版，第191~192页。

② 杜维明：《文明对话中的儒家：21世纪访谈》，北京大学出版社2016年版，第194~207页。

明则语焉不详。(4) 所谓“多元”不仅指现代性本身的多元化，更指生成新现代性结构的地域文化传统本身是多元的（一体而多元），比如西方现代精神兼具有希腊、罗马、希伯来等文化因素，儒家文化传统兼具有道家、佛家因素等，而且对于新现代性结构来说，这种多元文化传统在一定意义上更具决定性作用，因此“多元现代性”观点更为重视“现代性中的传统问题”。

全球化的时代背景以及东亚现代性的兴起促使杜维明提出了“多元现代性”的观点。但与上述成中英整合儒学与现代性而重建现代性的观念相比，“多元现代性”的观点虽然并未对现代性本身做出本质上的规定（从上述内容可推知，在杜维明的理解中，现代性本身的多元性已经决定其难以获得一致性的本质规定）①，但其立足于自身文化传统反思现代性的多元可能，进而突破“韦伯命题”的典范认知，显然已经是一种“重建”（而且更符合全球化的趋势）。从后者注重“东亚现代性的儒家传统”来看，“多元现代性”的理论思路虽然是发生学上的追溯而非结构性的规定，当然这与韦伯（考察现代性在西方兴起的动力）的影响密切相关，但从根本上表明了儒学不仅不会阻碍现代化，反而会促进现代性的发展。

总而言之，境外新儒家对现代性的认识正如学者所总结的那样：“第三代则关注现代性中的传统问题和现代性的多元倾向，‘不谈从传统到现代，而是特别突出现代性中的传统’。”② 这表明境外新儒家重建现代性观念并不只是为了重新建立对现代性观念的认知，而是为了站在新的时代背景下寻求重新建构儒学的方式，即儒学应当如何走向世界（这是因为走向世界的“儒学”必然是经过重新诠释之后的新儒学，“走向世界”本身要求儒学必

---

① 杜维明提出，“我们不仅对现代精神要重新理解，对现代性也要重新定义”。参见《现代精神与儒家传统》“前言”，生活·读书·新知三联书店 2013 年版，第 4 页。

② 黄玉顺主编：《现代新儒家的现代性哲学——现代新儒学的产生、发展与影响研究》，中央文献出版社 2008 年版，第 292 页。

须重建，而新儒学在此“走向世界”的过程中生成，因此“走向”本身包含两层含义，一是指旧儒学走向新儒学，二是指新儒学走向世界）。在这种意义上，无论是成中英的“重建现代性”，还是杜维明的“多元现代性”，都理应构成“儒学走向世界”的理论前提，也应是重建新儒学的题中之义。

第三节　理一分殊：建构全球伦理的儒学资源

从逻辑上讲，“儒学如何走向世界”的预设前提在于承认儒学可以走向世界，即承认“儒学传统”中确实存在着某些可以普世化的观念或命题。这些观念或命题本然地构成儒学走向世界即建构“世界儒学”的内在根据。为此，笔者将主要围绕境外新儒家重点关注的“全球伦理”与“文明对话”展开。前者可被视为儒学走向世界所能提供的思想资源。后者则是儒学真正走向世界的方式，即通过“对话”的方式参与建构全球伦理。笔者在此先讨论境外新儒家对“全球伦理”问题的思考与看法。

一、建构全球伦理的必要性

20世纪八九十年代，随着全球化趋势的日益凸显，“全球伦理”（the Universal Ethics / Global Ethic）① 成为国际伦理学界讨论的核心课题。经济全球化的急剧发展将以往地理学意义上的独立区域整合成一个新的“世界共同体”（首先是区域共同体），社会联系的加强（这本身即意味着世界秩序变革）不仅实现了对空间区隔的超越，同时引发了诸多关乎人类文明未来发展的争论（比如美国学者亨廷顿提出的“文明冲突论”），因此为了新的“世界共同体”的良性发展，有必要在承认文化多元性的基础上建立新

① “the Universal Ethics”又被译为世界伦理、普适伦理、普遍伦理等。考虑到全球化本身与此话题的相关性，故笔者在此取用“全球伦理”。

的世界文明秩序，即建构一种具有普适意义的全球伦理。就实际情况来看，虽然此议题率先由宗教人士所倡导，但对于境外新儒家来说，这无疑是儒学走向世界的契机①——为建构全球伦理而贡献儒家思想资源。

对此，杜维明曾提出：

在这样一个多元化、多样化倾向越来越剧烈、各种大组合逐渐分裂、小组合又通过不同的渠道重新组合的非常复杂的过程中，如何建立人类共同的关切？许多人在宗教哲学、社会思潮乃至经济体制各方面都进行了思考，即多元化下面的共同基础是什么？这是一个十分严峻的问题。

从这个角度考虑问题，我自己的简单设想是，目前人类存在的困境，不仅仅是因为地球村的出现而要求共识，同时因核战、环境、资源的限制等显而易见的问题，必须彻底改变现代西方的文明典范，人类的生命形态才有延续的可能。所谓现代化，不仅使得人类的社群和各种不同传统的社会的距离拉大，远远超过过去几千年的发展，而近一百多年的突变，又使我们现在所生存的社群内部产生复杂化和分裂的倾向。②

此外，刘述先也持类似的看法：

现在世界似乎同时流行着两种表面上看来完全相反的潮流。一是离心的倾向：多文化主义（multi-culturalism）盛行。……另一是向心的倾向：世界已演化成为一个地球村，如果大家找不到共识，觅得互相沟通、和平相处之道，就不免有互相冲突、战争，乃至全球性毁灭的危险。我们有必要由这一新的视域来考虑中华文化在21世纪可能扮演的角色，以及可能作出怎么样的贡献的展望。……在这样的视域之

① 成中英曾将“建构现代性的儒家伦理”作为儒学与现代性整合的对接点，认为这也是重建儒学的当务之急。

② 杜维明：《现代精神与儒家传统》，生活·读书·新知三联书店2013年版，第285页。

> 下，十分清楚，儒家作为一个精神传统，只是世界上众多精神传统之一。在这一多元架构的预设之下，它并没有负担要证明自己优于其他传统，而只需要阐明自己的传统有其立足点与吸引力，便已经很足够了。①

由此不难看出，正是多元化的思想倾向刺激了境外新儒家积极寻求一种对全球问题的共同关切。在此，我们可梳理出这样两个问题。一是如何在多元化、多样化的基础上建立人类共同的关切，即在多元化中寻求共识（这属于取得共识的方法论问题，但此“共识”究竟指伦理共识还是其他）。二是对于寻求并建立这种共同的关切来说，儒学作为诸多精神传统中的一元，可以提供哪些有益的思想资源。显然，根据刘述先的意思，儒学作为诸多精神传统中的一元，将在此“贡献”过程中得到重新诠释从而被赋予新的意义，也就是重建儒学。（杜维明提出的“多元化下面的共同基础是什么”的问题也值得考察。这是外在客观条件层面的基础，还是多元化得以可能的本体论或存在论基础呢？世界范围内的现代化运动是否可以提供或作为这种基础呢？）

考察境外新儒家提出的这些问题，首先需要明确的是其所说的“共同关切”或“共识”是什么。结合实际情形来看，这种“共同关切”或“共识”指的应当是基于多元化的现实而构建的世界文明新秩序，或曰“全球伦理”（当然，“寻求共识”已经成为全球化时代的一种“共识”，也就是说“建构全球伦理”已经成为一种共识）。如果这一判断成立，那么这一“共识”不仅应当包含世界文明新秩序的基本内容，更应当包含建构世界文明新秩序的具体方式。境外新儒家在理论建构过程中集中思考的问题是建立这一共识的方法论，以及儒学对此共识的建立所能提供的思想资源。至于这一共识的具体内容，境外新儒家似乎并未提出明确的说法，只是积极

① 刘述先著，东方朔编：《儒家哲学研究：问题、方法及未来发展》，上海古籍出版社2010年版，第324~325页。

响应并援引1993年世界宗教大会通过的由孔汉思起草的《全球伦理宣言》中的相关论述。

对于“全球伦理”，《全球伦理宣言》给出了如下定义：

> 我们所说的全球伦理，并不是指一种全球的意识形态，也不是指超越一切现存宗教的一种单一的统一的宗教，更不是指用一种宗教来支配所有别的宗教。我们所说的全球伦理，指的是对一些有约束性的价值观、一些不可取消的标准和人格态度的一种基本共识。没有这样一种在伦理上的基本共识，社会或迟或早都会受到混乱或独裁的威胁，而个人或迟或早也会感到绝望。①

对“全球伦理”概念，我们不妨做出如下讨论。首先，《全球伦理宣言》所说的“全球伦理”指的是一种在伦理上（ethic）的基本共识，即具有共识性的一套伦理规范（这些规范是否能够构成新秩序的内容，值得讨论），而“共时性”本身即意味着“全球伦理”在内容上必须具备能够被所有文明接受或认可的普遍性。其次，至于这套伦理规范的具体内容，《全球伦理宣言》似乎并未做出明确规定，只是指出应当包含“一些有约束性的价值观、一些不可取消的标准和人格态度”，因而这可被视作一套“弱性”的伦理规范系统（万俊人有“弱伦理模式”的说法），按照孔汉思的解释，全球伦理应当是由所有宗教肯定的、得到信徒和非信徒支持的一种最低限度的共同的价值、标准和态度。② 刘述先也曾指出：“世界伦理，顾名思义，只能是一种‘极小式的’（minimalist）伦理，包括一些宽广的原则与指令，否则就不可能得到那么多不同传统的支持与签署。”③ 最后，《全球伦理宣

---

① 孔汉思、库舍尔编，何光沪译：《全球伦理：世界宗教议会宣言》，四川人民出版社1997年版，第12页。

② 孔汉思、库舍尔编，何光沪译：《全球伦理：世界宗教议会宣言》，四川人民出版社1997年版，第171页。

③ 刘述先著，东方朔编：《儒家哲学研究：问题、方法及未来开展》，上海古籍出版社2010年版，第19页。

言》提出的"全球伦理"概念存在着"理论上的不足"①，即并未给出这套伦理规范赖以成立的根据（伦理原则），并未触及"全球伦理本身何以可能"这一根本问题。当然，《全球伦理宣言》提出的"全球伦理"概念所存在的问题并不属于本章的讨论范围。我们在此只需明确的是，《全球伦理宣言》为境外新儒家参与讨论"全球伦理"问题提供了一定的理论依据。

既然"建构全球伦理"是由全球化的生活方式即现代性的个体化生存方式决定的，那么所应建构的"全球伦理"应当且必须符合（甚至超越）这一生活方式的基本特征，即如何基于个体性生活方式来建构全球伦理，这就意味着"全球伦理"作为新的世界秩序需要满足基础上的多元性（而非形式上的多元化）与内容上的普适性两个基本条件。然而问题在于如何才能在多元性的基础上实现内容上的普适性（如何在寻求普适性的同时保持多元性）。这就涉及建构"全球伦理"的方法论问题。

二、建构全球伦理的方法论

关于"全球伦理"或"普世伦理"问题的讨论，早已有之。万俊人通过对此问题的历史考察，总结出两种建构全球伦理的路径②：一是传统道德形而上学的人性论路径，代表是中国传统儒学与古希腊的美德伦理。二是近代理性共契路径（比如德国古典哲学家康德），这一路径源于古希腊的自然法观念以及古罗马法学的社会契约论观念。对此③，境外新儒家提出了自己的看法。

按照刘述先的理解，《全球伦理宣言》意在寻求贯通古今中外、共

① 刘述先就提到，孔汉思曾一而再再而三地说明，"世界伦理"正确的英文表达是"Global Ethic"，而不是"Global Ethics"。刘述先由此讨论人们所批评的"全球伦理"在"理论上的不足"的问题。"理论上的不足"是说"全球伦理"这种伦理的（ethic）规范缺乏伦理学（ethics）的基础。

② 万俊人：《普世伦理如何可能》，《现代哲学》2002年第1期。

③ 有关"全球伦理"问题的讨论，可参见黄玉顺《"全球伦理"何以可能？——〈全球伦理宣言〉若干问题与儒家伦理学》，《云南大学学报（社会科学版）》2012年第4期。

通于世界所有伟大精神传统的基本原理。对此，有西方学者提出“归纳”（induction）的方法，即通过归纳的方式来寻求具有坚实经验基础的“共同价值”，由此建构“全球伦理”（经验论的方法）。但刘述先指出，作为经验科学的方法，“归纳”自有其适用范围，并不适合用来处理世界伦理问题，因为致力于“取同略异”的归纳方法难以应对伦理领域中“古今中外异俗”“彼此之间不只有差异，甚至有矛盾”的状况。

刘述先因此提出，可以通过重新诠释儒学“理一分殊”的命题来实现这种目标。“在参与讨论的过程中，我就深切地感觉到，如能给予‘理一分殊’以新的诠释，的确可以对当前道德伦理的重建，做出重大的贡献。”因为在他看来，“理一分殊”可以“容许表现层面的差异与矛盾，而不会妨碍到精神层面上的契合与感通。此所以六大精神传统尽管有不同的教义，不可勉强归一，仍可以在对话沟通之中，收得交流互济之效”[①]。

刘述先的相关论述如下：

……他却指出，通贯世界各宗教与精神传统的，并不是“上帝”（God）的信仰，而是对Humanum（humanity人性、人道）的坚持。……这说明世界文明不止“分殊”，也一样指向“理一”。没有人能够独占“理一”，也没人能够给予它完美的表达。……中国传统相信，有限可以通于无限，故王阳明讲天地万物一体之仁。然而“分殊”就不能不有限定性，孔孟、程朱、陆王、唐（君毅）牟（宗三）都是“分殊”，都有其限定性。没有人可以给予“理一”以完美的表达，我们只能向往“理一”的境界。它不是实现宇宙的构成分子，故不是“构成原则”（constitutive principle），而是我们向往的目标，乃是“规则原则”（regulative principle）。[②]

就内容方面看，就以仁爱人道的原则为例，所同只能限于其作为“规

① 刘述先著，东方朔编：《儒家哲学研究：问题、方法及未来发展》，上海古籍出版社2010年版，第182页。

② 刘述先：《理一分殊与全球地域化》，北京大学出版社2015年版，第176~177页。

约原则”（regulative principle）的含义，而不能下贯到具体细节的内容。……表现层面上的变易无常必须与时推移，并不能否定规约原则的正确性有其万古常新的含义。我们对于仁爱、人道，也可以做如是观。就分殊层面来说，古今中外异俗，父子、夫妇之爱内容上决不可能完全一致，但这些表现指向——超越的“爱之理”——这即是朱子对“仁”的定义的一部分，精神上的感通决不是时空文化的差异所可以隔绝的。我们在当前，既要随着时空文化的变化而与时推移，却又要在同时体证“理一”，让它作为规约原则，在我们的生命里发挥作用，“两行”兼顾，这才可能帮助我们克服当前的困难，也就是我们重建道德伦理必须走上的方向。①

“理一分殊”本是宋明儒学的核心命题，由程伊川首先提出，后经朱子而发扬光大。刘述先在此将其作为建构全球伦理的方法论，显然是关注到其中所蕴含的“一”与“多”的现代意义。在刘述先看来，“理一分殊”本身并非构成原则，而是一种具有超越性、恒常性的（卡西尔文化哲学意义上的）规约原则。其中的“理一”意味着一种无限的精神境界或终极关怀（人虽有限，但能自觉，上体天心生生之德，向往一个与现实相反之阴阳调和、生态平衡之太和境界/精神上的感通），如果按照孔汉思的意思，这种境界或关怀就是贯通于各精神传统的人道或人性，个人或某种文明既无法独占，亦无法对之做出明确规定。所谓“分殊”则具有时空可变性，对于全球伦理来说，这种“分殊”指的是世界多元的精神文明传统尽管呈现为一种“多元”状态，但各文明传统本身都同时指向“理一”，并受到“理一”的规限，而且在此过程中，“理一”落实于各自的精神传统而衍生出不同的文明形式。

在此，“理一分殊”虽然被诠释为一个没有实际内容的“抽象”原则，但其本身所具有的规约性对世界范围内的伦理重建具有指导和规范意义，所以刘述先说，“理一分殊”实指向一超越古今中外的“常道”，不能为任

① 刘述先著，东方朔编：《儒家哲学研究：问题、方法及未来发展》，上海古籍出版社2010年版，第183页。

何传统所独占，包括儒家传统在内。而它的表现必须与时推移，与具体在地的情况结合，才能融入实际生活之中。[①]（在此需要反思的问题是“理一分殊”能否实现建构“全球伦理”的目标。）

三、建构全球伦理的儒学贡献

既然建构全球伦理已经成为全球化时代的共识，那么儒学作为诸多精神传统中的一元，可以提供哪些有益的思想资源呢？对此，境外新儒家都在不同程度上做出回应。笔者在此主要以刘述先的相关论述为例进行说明。在刘述先看来，儒家“五常”观念本身具有普遍意义（有文献佐证），因此可以通过阐发其现代意义，参与建构全球伦理。

对于“全球伦理”的基本内容，刘述先曾根据《全球伦理宣言》指出：

> 宣言有一个基本要求，即人必须以人道对人，同时指出，贯串各精神传统，有同一基本原理，即所谓“金律”，其否定式的表达为“己所不欲，勿施于人”，积极正面的表达则为“己之所欲，施之于人”，同时又做出了四条宽广的指令：
>
> （1）对于非暴力的文化与尊敬生命的承诺；
>
> （2）对于团结的文化与公正经济秩序的承诺；
>
> （3）对于宽容的文化与真实的生活的承诺；
>
> （4）对于平等权利文化与男女之间的伙伴关系的承诺。[②]

刘述先对儒家“五常”观念的解释[③]正是基于上述所列“全球伦理”的基本内容展开的。

---

① 刘述先著，东方朔编：《儒家哲学研究：问题、方法及未来发展》，上海古籍出版社2010年版，第185页。

② 刘述先著，东方朔编：《儒家哲学研究：问题、方法及未来开展》，上海古籍出版社2010年版，第181页。

③ 刘述先著，东方朔编：《儒家哲学研究：问题、方法及未来开展》，上海古籍出版社2010年版，第389~394页。

第一，“仁”观念对应于第一条，即在天人合一的情怀下尊重生命、尊重自然。他认为，从《易传》所讲之“天地之大德曰生”、孟子所言之“亲亲而仁民，仁民而爱物”一直到宋儒所阐发的“天地万物一体为仁”，“仁”观念本身所蕴含的“生生”之现代意义即肯定、认可人以及自然的尊严，并且可以借助“仁”之“生生”来对治现代产生的环保问题。

第二，“义”观念对应于第二条，即对公平秩序的追求。他认为，在中国儒学传统中，“仁”是统合原则，“义”是分殊原则，从孔子所讲之“不义而富且贵，于我如浮云”到孟子严格区分义利，“义”观念本身意味着一种公平性的经济秩序。在经济全球化时代，鉴于世界资源有限，因此在未来的发展中，需要重视中国传统的“调和共存”原理，也就是建立一种“义”的秩序。

第三，“信”观念对应于第三条，即忠于自己、宽恕待人的“诚信”。他认为，“信”是中国传统中非常重要的德性观念，从孔子之“自古皆有死，民无信不立”到朱子所解释之“尽己之谓忠，推己之谓恕”，“信”观念本身体现着儒家所强调的“忠恕之道”——无论是对待自己还是他人，都必须坚守诚信原则，因为只有这样，人才能将自身最好的可能性发挥出来，从而实现现代社会所强调的自由与责任的平衡。

第四，“礼”观念对应于第四条，即社会关系层面之平等互爱的礼节规范。从古老的祭祀仪式到后世儒学所强调的“礼法”“礼义”，“礼”本身所蕴含的规范性对当下建立平等互爱的社会关系（尤其是对消除不平等的男女关系，建立新的礼仪，以让不同种族、性别的人能够和谐相处）具有重要借鉴意义，这也是建立全球伦理规范的要求。

第五，刘述先认为，“智”观念与“全球伦理”本身所蕴含的“是非观”相对应。从孟子讲“是非之心，智之端也”到《中庸》强调“智、仁、勇”为三达德，“智”观念本身在当下已经超出传统的作为“知识”以及“理智”的意味，还意味着可以经由个人的修养实现人格的提升，体现了“体知”（personal knowledge）[①] 的观点。

第四节　文明对话与儒家人文主义精神

境外新儒家认为，“文明对话”不仅是儒学作为诸多精神传统中的一元积极参与建构全球伦理的途径，同时是儒学自身走向世界的方式（不再是寻求文化独尊的地位，而是作为思想资源参与解决全球问题——回应现代西方文明的挑战）。从杜维明[②]、刘述先到近年来林安梧[③]等诸位先生的相关论述中可以看出，“文明对话”本身已经成为建构“世界儒学”的核心议题。就现实情况来看，针对西方学者提出的一些观点（如亨廷顿提出的“文明冲突论”以及福山提出的“历史的终结”），境外新儒家积极倡导“文明对话”或“宗教对话”。

为了对治西方现代性中的“工具理性”问题，境外新儒家认为必须发扬儒家人文主义精神，积极推动“文明对话”或“宗教对话”。杜维明提出了“精神人文主义”[④]：

> 如果想对儒家人文精神有一整全的理解，我们至少应考虑到四个向度：一个是个人，一个是群体，然后是自然，还有天道。[⑤]

---

① 对于“体知”问题，杜维明在《东亚价值与多元现代性》（中国社会科学出版社 2001 年版）中亦有论述。

② 杜维明认为：“我认为儒家的人文精神含有启蒙的理性，但是没有反宗教的倾向，因此可以喝宗教对话。我认为儒家思想可以成为建构全球伦理的基础，我相信在处理全球化和本土化矛盾冲突问题上，儒家传统有丰富的精神资源和实践经验。”（《文明对话中的儒家：21 世纪访谈》，北京大学出版社 2016 年版，第 6 页。）

③ 林安梧说：“人类文明发展到目前已经展开对话，只是中国哲学还没有努力认真参与对话。……我呼吁让汉语参与哲学思考。”（林安梧讲述，王冰雅等整理：《儒道佛三家思想与二十一世纪人类文明》，山东人民出版社 2017 年版，第 26 页。）

④ 关于“精神人文主义”，杜维明早在《东亚价值与多元现代性》一书中就有所论述，彼时将之视为“儒家之道”。可参见《东亚价值与多元现代性》，中国社会科学出版社 2001 年版。

⑤ 杜维明：《东亚价值与多元现代性》，中国社会科学出版社 2001 年版，第 100 页。

> 从现在的问题意识来看，儒家以个人为中心，从个人一直发展到国家，发展到人类社群，发展到宇宙天地的人文价值绝对拥有强大的生命力。我是私，家就是公；家是私，族群就是公；族群是私，社会就是公；社会是私，国家就是公；国家是私，人类社群就是公；人类社群是私，宇宙大化才是公。这一套理念现在绝对可以提出来了。……儒家思想是一种人道主义，但并不是以人类为中心的世俗的人道主义，而是超越启蒙的精神性的人道主义。它以一种整合自我、社会、自然和天道的方式指向四个维度，即个人身心神的总和问题；人和社会的健康互动的问题；人和自然的持久和谐问题；人性和天道的相辅相成。①

在此，杜维明强调儒家人文主义对解决全球化问题的重要意义。在他看来，这种人文精神不再是欧洲启蒙运动宣扬的那种人类理性的精神，而是以作为“个体”的自我为中心展开的自我与社会、自然乃至天道的通贯和谐精神。在此意义上，儒家的人文主义是精神性的，其本身并非张扬个性的存在主义观念，而是重视精神的修行与教育，关注的是自我修身哲学。就此来看，精神人文主义对个体自我的重视正是对现代性所主张之“个体性”精神的宣扬。由此自我逐渐向外推扩，从而实现人与社会之间的有益互动、人与自然之间的和谐共处、人与天道之间的相辅相成。显然，杜维明提出精神人文主义的目的在于对治由强调工具理性、人类中心主义而引起的生态环境等问题。

此外，宗教对话本身属于文明对话的一种方式。儒学作为诸多精神传统中的一元，是否具有宗教意涵？在什么意义上，儒学可以属于宗教？从现代新儒家第一、二代②一直到杜维明、刘述先等人（尤其是刘述先），都

① 杜维明：《文明对话中的儒家：21世纪访谈》，北京大学出版社2016年版，第55页、286页。

② 唐君毅、牟宗三对此皆有论述，参见唐君毅《中国文化之精神价值》、牟宗三《生命的学问》《中国哲学的特质》等。

注重阐发儒学本身的宗教意涵，其目的在于从宗教的层面展开儒学与其他文明的对话，其中最典型的说法即“内在—超越”论。境外新儒家们对此皆有所讨论。

对此，杜维明认为：

中国哲学界有一批对中国哲学和文化深有造诣的学者，到了晚年（八九十岁）几乎都提到以“天人合一”作为中国思想的一个本质特色。……很明显，他们都想突出中国哲学中的一个特殊的超越理性，或特殊的超越性，我们可以称之为内在的超越。……而儒家的宗教性在世界各大宗教传统中不能说独一无二也是非常突出的：儒家的宗教性就是要在这个所谓凡俗的世界里面体现其神圣性，把它的限制转化成个人乃至群体超升的助源，把 conditionality 变成 resource。……中国在轴心时代的“第二序反思”的突出表现是儒家对人本身的反思。它采取了一个很有特色的方式，即把一个具体活生生的人作为一个不可消解的存在来进行反思。……儒家具有一种超越的向度。人道秉承天道这样一种理念，蕴含了儒家的现世性具有深刻的宗教性。①

儒家传统在中国文化中的一个非常重要的因素就是溯源，一种回到本源的念旧情感，然后又希望是一个殊途同归的态势。所以，它不是排斥的，而是包容的。……一个具有儒家特色的精神取向是内在的超越。……我认为儒家的精神是既在这个世界里，又不属于这个世界。……儒家的终极关切，是要在复杂的人际关系、政治网络、有着权力色彩的凡俗世界中另外创造一套精神领域，就像教堂、庙宇、西天、净土、天堂一样，来对现实世界作一全面的否定和批评。这是因为儒家认为，我们都是现实世界中的部分，因此必须设身处地地真切

① 杜维明：《东亚价值与多元现代性》，中国社会科学出版社 2001 年版，第 33~40 页、第 192 页。

> 地投入社会。……所以说儒家是既在这个世界里又不属于这个世界的轴心文明，所体现的是一种内在而超越的精神价值。①

对此，刘述先认为：

> 宗教思想现代化论文对基督教与儒家的立场作出描绘：基督教的上帝创造世界，并不是世界的一部分，故为“外在的超越”；儒家的天道为形而上，在此义下为超越，却有流行于世间，故为“内在的超越”；两种形态迥然有别，使用这两个词描绘两家不同的立场，应无争议。我把基督宗教的神观定为“纯粹超越”（pure transcendence），意思是上帝创造世界，并不是世界的一部分。上帝有这种超越在世界以外的性格，的确是基督宗教传统的信仰，可不是我可以杜撰出来的。而中国传统相信，道流行在天壤间，一方面“形而上者谓之道，形而下者谓之器”（《易·系辞上》第十二章），另一方面，“器亦道，道亦器”，道既是形而上，非一物可见，故超越；但道又必须通过器表现出来，故内在，这样便是一种“内在超越”（immanent transcendence）的型态。②

在与基督教的对话中，境外新儒家将儒学理解为一种“内在—超越”。我们在此暂时不必讨论这种说法是否准确。在他们看来，儒家所讲的“天道”作为形而上者，显然是具有超越性的，但此超越是在形而下的人间实现或体现的，形上天道落实在形下万物之中，因而是内在的，而非外在于超越世界之中，而儒学的宗教性正是在“内在—超越”中得以体现，体现出一种内在而超越的精神价值，在此过程中，天道与万物得以贯通为一。与基督教的上帝相比，儒家所谓具有超越性的价值精神世界不是悬隔于外的“他者”，而是内在于人身的“性体”，由此“人道”与“天道”的张力得以呈现。对此，郑家栋曾指出：天与人、存有与价值之间的张力是一个

① 杜维明：《现代精神与儒家传统》，生活·读书·新知三联书店2013年版，第447~448页。

② 刘述先著，东方朔编：《儒家哲学研究：问题、方法及未来开展》，上海古籍出版社2010年版，第125页。

构成当代儒学发展之瓶颈的核心问题。这一问题的本质内涵即涉及面对康德批判哲学及西方哲学后康德的发展，面对西方当代神学的挑战及东西方宗教对话的深入展开，儒家的“天人合一”理论究竟应当如何定位又如何证成？简单地沿袭和重复传统儒家的说法似乎并不能解决问题。①

对于“文明对话”的必要性或目的，杜维明认为：

> 对话的核心问题是认同。认同意愿可以导致极大的排他性，甚至出现极大的暴力。……“全球化”导致霸权，霸权加强了认同政治，而认同政治又突出了原教旨主义的排他性。虽然如此，并不能说“全球化”完全不能导致生命共同体的出现，认同政治完全不能导致“己所不欲，勿施于人”的安身立命。要使全球化不成为霸权，而促进生命共同体的建设，靠的就是对话，要使认同政治不变成排他主义、原教旨主义，而是人人都可以安身立命，也只能靠对话。……我们将真正理解，一个由不同的人和文化融合而成的绝妙的多样性整体能够丰富关于自我的认识。对话推动我们努力实现一个真正包含所有人的共同体。……文明对话的目的就是面对我们现在人类所碰到的困境，包括生态环保、暴力、核战等各方面的问题，使人的智慧从轴心文明的各种不同领域都能开展出来。②

在杜维明看来，“对话”的核心问题在于寻求“文明认同”，从而有效缓解全球化所引起的“困境”，其真正目的在于经由对话建构一种新的包含所有人的生命共同体，在此理想性的共同体内，每一个体都能实现安身立命、丰富自我认识。按照上文对现代性的历史分析，这种“生命共同体”显然已经不再是以民族作为整合力量的“民族国家”，而是对前者的超越，

---

① 郑家栋：《“超越”与“内在超越”——牟宗三与康德之间》，《中国社会科学》2001 年第 4 期。

② 杜维明：《文明对话中的儒家：21 世纪访谈》，北京大学出版社 2016 年版，第 48 页、第 116~119 页。

但其基础依然是作为社会主体的现代个体。然而需要反思的问题是这种“文明对话”的基础是什么。杜维明并未对此做出详细论证，甚至境外新儒家总体都没有对此给出正当依据。①

此外，笔者还想做如下三点补充。

首先，作为20世纪现代新儒家的传人，境外新儒家虽然身居境外，但其理论视角并非仅停留在全球化时代的普世问题上，还包含着对中国社会现代转型的某些问题的思考，其中最为典型的即台湾当代新儒家代表人物林安梧提出的“公民儒学”。简而言之，所谓“公民儒学”就是在现代公民社会发展新儒家学说，将儒学融入现代公民的日常生活中，并在此融合中展开儒学新的发展向度；其所面对的核心问题是“公民社会中的社会正义何以可能”。② 林安梧认为，随着现代性生活方式的来临，以往“君子儒学”与“帝制儒学”所依靠的社会基础即“宰制性政治连结”（血源性纵贯轴）已逐渐被“契约性社会连结”（人际性互动轴）取代，新的儒学形态应当基于由契约所形成的公民社会而推进“委托性政治连结”的建立，从而在接受与实施民主政治的基础上充分实现政治与社会的现代化。在此意义上，真正的现代性儒学并非从儒学传统中诠释出民主与科学，而是作为文明的一元去参与缔造新的公民社会，也就是在实际的现代化学习过程中，通过重新诠释儒学经典使之参与到现代化过程中并对之有所调适。这种“公民儒学”的核心内容包括“社会正义论”③，致力于从儒学中阐发出现代“责任伦理”以及“现代公民”等观念。毫无疑问，这种“公民儒学”属于儒学现代化进程中的一种典型形态，也是上文“多元现代化”模式的反映。由此，我们必须承认的是：（1）随着全球化时代的来临，“现代性”在不同

① 林安梧曾以儒家所讲的“天人合德”观予以论证，然而却语焉不详。

② 林安梧：《儒学革命：从“新儒学”到“后新儒学”》“自序”，商务印书馆2011年，第10～12页；《“内圣”、“外王”之辩：一个“后新儒学”的反思》，《天府新论》2013年第4期。

③ 参见张小星《后新儒学的“公民儒学”建构及其问题——与生活儒学的“中国正义论”比较》，《东岳论丛》，2019年第11期。

地区的实现方式会越来越多元，“现代性诉求的民族性表达”[①] 显得更为重要。（2）在当下语境中，儒学作为思想资源，其促进中国社会实现转型的作用并不与促进世界文明新秩序的建构相矛盾，而是基本处于同步状态，这就促使我们必须思考儒学如何在这种同步状态中真正实现自身的现代化。

其次，如何处理境外新儒学与新世纪大陆新儒学的关系？境外新儒家是20世纪现代新儒家的传人，因处于特殊的生活环境中，其所关注的问题主要是全球性问题（如生态环保、男女平等问题等）。但是在20世纪90年代前后，中国大陆出现了一个学术群体，他们继续从事20世纪现代新儒学重构儒学的事业，致力于儒学的复兴；到21世纪，这个学术群体已经蔚然成风，成为大陆儒学研究的中坚力量，被学人称为新世纪大陆新儒家[②]。需要注意的是，尽管新世纪大陆新儒家与境外新儒家身处不同的生活环境，但其所思考的理论问题存在着一定的重合之处（笔者以为，20世纪80年代，境外新儒家的相关活动促进了大陆儒学研究的复兴，其中即包括大陆新儒家的兴起）。这主要体现在二者对建构世界文明新秩序、人类命运共同体等问题的相关思考，比如上文提到的黄玉顺关于“世界儒学”的讨论，等等。时至今日，境外新儒学的相关思考依然在影响着大陆新儒家的某些理论建构，这值得我们关注。

最后，上文提到，境外新儒家致力于让儒学的活水流向世界，即建构一种“世界儒学”，我们在此需要反思的是其理论意图能否真正实现，即应当如何评价其哲学理论。按照大陆新儒家的代表人物黄玉顺的说法，所谓“世界儒学”应当是“世界性的儒学”：在共时性上和历时性上都不与任何民族国家的历史文化传统捆绑在一起，而是成为一种普适性的思想。唯有这样的儒学，才能在世界文化新秩序的建构中发挥其应有的作用。其基本

---

① 黄玉顺主编：《现代新儒学的现代性哲学——现代新儒学的产生、发展与影响研究》，中央文献出版社2008年版，第4页。

② 崔罡等：《新世纪大陆新儒家研究》，安徽人民出版社2012年版。

内容是“仁→义→礼→乐”的理论系统。这个理论系统作为一个整体，显然具有普遍的意义，即“仁→义→礼→乐”系统结构是一种“普世价值”“普适价值”。因此，对于世界文化新秩序的建构来说，它应当是一种非常重要的思想资源。[①] 如果以此为标准来衡量境外新儒学的相关理论，我们可以说，其所讨论的问题属于“世界儒学”应有的问题域，但是否可以称之为一种“世界儒学”形态，仍需要进一步考量。因为“世界儒学”尚在生成中，而且境外新儒学的理论效应仍有待发挥。根据上文的分析，作为全球化时代的儒学建构，其应当面对的问题是如何在全球化时代寻求一种新的能够整合个体的力量。而境外新儒家所积极参与建构的“全球伦理”“普世伦理”显然难以实现或达到这样的目标，因为其理论不仅没有明确说明现代个体观念与建构全球伦理、普世伦理之间的关系，而且没有阐明作为现代性社会主体的个体何以可能等问题。就此而言，境外新儒家对全球伦理的建构是不彻底的。因此，对于儒学的未来发展而言，其自身发展的方向依然是努力寻求新的整合个体的力量，即建构超国族时代的儒学形态，在此意义上，所谓“世界儒学”才能真正建构完成。

① 黄玉顺：《世界儒学——世界文化新秩序建构中的儒学自我变革》，《孔学堂》2015 年第 4 期。

参考文献

一、古籍

《十三经注疏·尚书正义》，中华书局1980年版。
《十三经注疏·论语注疏》，中华书局1980年版。
《十三经注疏·论语注疏》，上海古籍出版社1997年版。
郭庆藩撰，王孝鱼点校：《庄子集释》，中华书局1961年版。
王先谦撰，沈啸寰、王星贤点校：《荀子集解》，中华书局1988年版。
苏舆撰，钟哲点校：《春秋繁露义证》，中华书局1992年版。
司马迁：《史记》，中华书局1959年版。
班固撰，颜师古注：《汉书》，中华书局1962年版。
脱脱等：《宋史》，中华书局1977年版。
宋濂：《元史》，中华书局1975年版。
胡宏著，吴仁华点校：《胡宏集》，中华书局1987年版。
胡宏：《皇王大纪》，文渊阁《四库全书》本。
李觏著，王国轩校点：《李觏集》，中华书局1981年版。
周敦颐著，陈克明点校：《周敦颐集》，中华书局1990年版。
程颢、程颐著，王孝鱼点校：《二程集》，中华书局1981年版。

张载著，章锡琛点校：《张载集》，中华书局1978年版。

李纲著，王瑞明点校：《李纲全集》，岳麓书社2004年版。

王禹偁：《小畜外集》，《四部丛刊》本。

朱熹：《四书章句集注》，中华书局1983年版。

朱熹撰，郭齐、尹波点校：《朱熹集》，四川教育出版社1996年版。

朱熹撰，朱杰人等主编：《朱子全书》(修订本)，上海古籍出版社、安徽教育出版社2010年版。

黎靖德编，王星贤点校：《朱子语类》，中华书局1986年版。

陆九渊著，钟哲点校：《陆九渊集》，中华书局1980年版。

施彦执编：《北窗炙輠录》，《丛书集成初编》本，中华书局1985年版。

李焘：《续资治通鉴长编》，中华书局1995年版。

叶适：《习学记言》，中华书局1977年版。

陈亮著，邓广铭点校：《陈亮集》，中华书局1987年版。

陈傅良撰，曹叔远编：《止斋文集》，文渊阁《四库全书》本。

陶宗仪：《南村辍耕录》，中华书局1997年版。

叶子奇：《草木子》，中华书局1959年版。

佚名：《庙学典礼》，浙江古籍出版社1992年版。

许衡著，毛瑞方等校点：《许衡集》，吉林文史出版社2010年版。

刘因：《四书集义精要》，文渊阁《四库全书》本。

刘因著，商聚德点校：《刘因集》，人民出版社2017年版。

吴澄：《吴文正集》，文渊阁《四库全书》本。

四川大学古籍整理研究所编，曾枣庄、刘琳主编：《全宋文》，巴蜀书社1992年版。

洪金富校订：《元典章》，台湾“中研院”历史语言研究所，2016年。

罗汝芳：《孝经宗旨》，宝颜堂秘笈本。

方以智录：《物理小识》，商务印书馆1937年版。

方以智：《浮山文集前编》，清康熙此藏轩刻本。

方以智：《文章薪火》，清《昭代丛书》本。

方以智著，庞朴注释：《东西均注释》，中华书局 2001 年版。

陈献章著，孙通海点校：《陈献章集》，中华书局 1987 年版。

王守仁撰，吴光等编校：《王阳明全集》，上海古籍出版社 1992 年版。

王守仁撰，吴光等编校：《王阳明全集》，上海古籍出版社 2011 年版。

李贽著，夏剑钦校点：《焚书 · 续焚书》，岳麓书社 1990 年版。

张凡编注：《李贽散文选注》，北京师范学院出版社 1991 年版。

李贽著，张建业主编：《李贽文集》，社会科学文献出版社 2000 年版。

李贽：《初潭集》，中华书局 2009 年版。

王艮著，陈祝生主编：《王心斋全集》，江苏教育出版社 2001 年版。

曹端著，王秉伦点校：《曹端集》，中华书局 2003 年版。

薛瑄撰，孙玄常等点校：《薛瑄全集》，山西人民出版社 1990 年版。

吴与弼：《康斋集》，文渊阁《四库全书》本。

胡居仁撰，冯会明点校：《胡居仁文集》，江西人民出版社 2013 年版。

王鏊著，吴建华点校：《王鏊集》，上海古籍出版社 2013 年版。

何心隐著，容肇祖整理：《何心隐集》，中华书局 1960 年版。

徐光启撰，王重民辑校：《徐光启集》，上海古籍出版社 1984 年版。

徐光启著，朱维铮、李天纲主编：《徐光启全集》，上海古籍出版社 2010 年版。

徐光启撰，王重民辑校：《徐光启集》，中华书局 1963 年版。

侯外庐等编辑：《陈确哲学选集》（增订本），科学出版社 1959 年版。

全祖望著，朱铸禹汇校集注：《全祖望集汇校集注》，上海古籍出版社 2018 年版。

王夫之：《读通鉴论》，中华书局 1975 年版。

王夫之：《读四书大全说》，中华书局 1975 年版。

王夫之原著，王新春、刘心明译注：《思问录》，山东友谊出版社 2001 年版。

王夫之：《船山全书》，岳麓书社版。

余治辑：《得一录》，同治八年刻本。

戴震著，何文光整理：《孟子字义疏证》，中华书局 1961 年版。

黄宗羲：《黄宗羲全集》，浙江古籍出版社 1992 年版。

黄宗羲：《黄宗羲全集》，浙江古籍出版社 2005 年版。

黄宗羲原著，全祖望补修，陈金生等点校：《宋元学案》，中华书局 1986 年版。

黄宗羲著，沈芝盈点校：《明儒学案》，中华书局 1985 年版。

黄宗羲原著，李伟译注：《明夷待访录》，岳麓书社 2008 年版。

戴震著，赵玉新点校：《戴震文集》，中华书局 1980 年版。

戴震撰，张岱年主编：《戴震全书》，黄山书社 1994~1997 年版。

柯劭忞：《新元史》，开明书店 1935 年版。

李光地：《榕村集》，文渊阁《四库全书》本。

钱大昕：《十驾斋养新录》，上海书店 1983 年版。

钱大昕撰，吕友仁校点：《潜研堂集》，上海古籍出版社 2009 年版。

顾炎武著，华忱之点校：《顾亭林诗文集》，中华书局 1983 年版。

顾炎武著，黄汝成集释，秦克诚点校：《日知录集释》，岳麓书社 1994 年版。

顾炎武著，黄汝成集释：《日知录集释》，上海古籍出版社 2006 年版。

唐鉴撰辑：《清学案小识》，商务印书馆 1935 年版。

唐甄著，吴泽民编校：《潜书》，中华书局 1963 年版。

唐甄撰，《潜书》注释组注：《潜书注》，四川人民出版社 1984 年版。

江藩辑：《国朝汉学师承记》，中华书局 1989 年版。

许慎撰，段玉裁注：《说文解字注》，上海古籍出版社 1981 年版。

龚自珍:《龚自珍全集》, 上海人民出版社 1975 年版。

龚自珍著, 王佩诤校:《龚自珍全集》, 中华书局 1959 年版。

汪中著, 田汉云点校:《新编汪中集》, 广陵书社 2005 年版。

方东树著, 徐洪兴编校:《汉学师承记》(外二种), 中西书局 2012 年版。

李鸿章著, 顾廷龙等主编:《李鸿章全集》, 安徽教育出版社 2008 年版。

曾国藩:《曾国藩全集》, 岳麓出版社 2011 年版。

文庆等纂辑:《筹办夷务始末》(同治朝), 清咸丰间内府抄本。

杨国桢编:《林则徐书简》, 福建人民出版社 1981 年版。

康有为著, 姜义华编校:《康有为全集》, 上海古籍出版社 1992 年版。

汤志钧编:《康有为政论集》, 中华书局 1981 年版。

严复著, 王栻主编:《严复集》, 中华书局 1986 年版。

严复著, 胡希伟选注:《论世变之亟——严复集》, 辽宁人民出版社 1994 年版。

二、今著

李钊忠:《中国近百年政治史》, 商务印书馆 1947 年版。

中国史学会主编:《中国近代史资料丛刊》, 上海人民出版社 1961 年版。

北京大学哲学系中国哲学史教研室:《中国哲学史教学资料选辑》, 中华书局 1981 年版。

程文熙编:《中西印哲学文集》, 台湾学生书局 1981 年版。

刘乃和主编:《司马迁和史记》, 北京出版社 1987 年版。

胡适:《胡适论学近著》, 上海书店出版社 1989 年版。

陈独秀:《独秀文存》, 上海书店出版社 1989 年版。

蒙培元:《理学范畴系统》，人民出版社 1989 年版。

郑家栋:《现代新儒学概论》，广西人民出版社 1990 年版。

贺麟:《文化与人生》，上海书店出版社 1991 年版。

韦政通:《荀子与古代哲学》，台湾商务印书馆 1992 年版。

蒙培元:《中国哲学主体思维》，东方出版社 1993 年版。

罗荣渠:《现代化新论——世界与中国的现代化进程》，北京大学出版社 1993 年版。

黄克剑、钟小霖编:《唐君毅集》，群言出版社 1993 年版。

黄克剑、吴小龙编:《张君劢集》，群言出版社 1993 年版。

郑大华点校:《新政真诠——何启　胡礼垣集》，辽宁人民出版社 1994 年版。

吕希晨、陈莹选编:《精神自由与民族文化：张君劢新儒学论著辑要》，中国广播电视出版社 1995 年版。

黄克剑、王涛编校:《中国现代学术经典　张君劢卷》，河北教育出版社 1996 年版。

侯外庐等主编:《宋明理学史》，人民出版社 1997 年版。

钱穆:《中国近三百年学术史》，商务印书馆 1997 年版。

陈谷嘉、邓洪波主编:《中国书院史资料》，浙江教育出版社 1998 年版。

胡适:《先秦名学史》，见欧阳哲生编《胡适文集》第六册，北京大学出版社 1998 年版。

刘小枫:《现代性社会理论绪论》，上海三联书店 1998 年版。

梁启超撰，朱维铮导读:《清代学术概论》，上海古籍出版社 1998 年版。

梁漱溟:《东西文化及其哲学》，商务印书馆 1999 年版。

梁启超:《梁启超全集》，北京出版社 1999 年版。

张岱年等主编：《回读百年：20世纪中国社会人文论争》第一卷，大象出版社1999年版。

冯友兰：《三松堂全集》，河南人民出版社2000年版。

李伯重：《江南的早期工业化（1550~1850年）》，中国人民大学出版社2000年版。

郑宗义：《明清儒学转型探析：从刘蕺山到戴东原》，香港中文大学出版社2000年版。

方龄贵校注：《通制条格校注》，中华书局2001年版。

葛兆光：《中国思想史》第二卷，复旦大学出版社2001年版。

雷海宗：《中国文化与中国的兵》，商务印书馆2001年版。

周建波：《洋务运动与中国早期现代化思想》，山东人民出版社2001年版。

熊十力：《熊十力全集》，湖北教育出版社2001年版。

杜维明：《东亚价值与多元现代性》，中国社会科学出版社2001年版。

冯天瑜、黄长义：《晚清经世实学》，上海社会科学院出版社2002年版。

杨国荣：《王学通论——从王阳明到熊十力》，华东师范大学出版社2003年版。

牟宗三：《牟宗三先生全集》，台湾联经出版事业股份有限公司2003年版。

郭齐勇主编：《儒家伦理争鸣集——以“亲亲互隐”为中心》，湖北教育出版社2004年版。

梁启超：《中国近三百年学术史》，东方出版社2004年版。

左玉河：《从四部之学到七科之学——学术分科与近代中国知识系统之创建》，上海书店出版社2004年版。

张志伟：《西方哲学十五讲》，北京大学出版社2004年版。

王汎森:《晚明清初思想十论》,复旦大学出版社 2004 年版。

梁启超:《清代学术概论》,中国人民大学出版社 2004 年版。

邓洪波:《中国书院史》,东方出版中心 2004 年版。

季芳桐:《泰州学派新论》,巴蜀书社 2005 年版。

王鸣盛著,黄曙辉点校:《十七史商榷》,上海书店出版社 2005 年版。

唐君毅:《中国人文精神之发展》,广西师范大学出版社 2005 年版。

干春松:《制度儒学》,上海人民出版社 2006 年版。

张君劢:《新儒家思想史》,中国人民大学出版社 2006 年版。

牟宗三:《历史哲学》,广西师范大学出版社 2007 年版。

陈荣捷:《近思录详注集评》,华东师范大学出版社 2007 年版。

商传:《明代文化史》,东方出版中心 2007 版。

蒙培元:《理学的演变——从朱熹到王夫之戴震》,方志出版社 2007 年版。

易小明主编:《中国传统哲学与现代化》,中国文史出版社 2007 年版。

黄玉顺主编:《现代新儒学的现代性哲学——现代新儒学的产生、发展与影响研究》,中央文献出版社 2008 年版。

蒙培元:《情感与理性》,中国人民大学出版社 2009 年版。

汪学群编:《清代学问的门径》,中华书局 2009 年版。

黄天华:《中国税收制度史》(修订版),中国财政经济出版社 2009 年版。

王毓铨:《明代的军屯》,中华书局 2009 年版。

黄玉顺:《儒家思想与当代生活——“生活儒学”论集》,光明日报出版社 2009 年版。

邓晓芒:《儒家伦理新批判》,重庆大学出版社 2010 年版。

胡适:《中国哲学史大纲》,岳麓书社 2010 年版。

王瑞来:《宰相故事:士大夫政治下的权力场》,中华书局 2010 年版。

萧公权：《中国政治思想史》，新星出版社 2010 年版。

钱穆：《阳明学述要》，九州出版社 2010 年版。

牟宗三：《现象与物自身》，吉林出版集团有限责任公司 2010 年版。

牟宗三：《中国哲学十九讲》，吉林出版集团有限责任公司 2010 年版。

刘述先著，东方朔编：《儒家哲学研究：问题、方法及未来开展》，上海古籍出版社 2010 年版。

王国维著，彭华选编：《王国维儒学论集》，四川大学出版社 2010 年版。

张德信：《明史研究论稿》，社会科学文献出版社 2011 年版。

张学智：《中国儒学史 · 明代卷》，北京大学出版社 2011 年版。

龚杰：《王艮评传》，南京大学出版社 2011 年版。

葛兆光：《宅兹中国：重建有关“中国”的历史论述》，中华书局 2011 年版。

金观涛、刘青峰：《中国现代思想的起源：超稳定结构与中国政治文化的演变》，法律出版社 2011 年版。

贺麟：《文化与人生》，上海人民出版社 2011 年版。

林安梧：《儒学革命：从“新儒学”到“后新儒学”》，商务印书馆 2011 年版。

汪民安：《现代性》，南京大学出版社 2012 年版。

何一民：《中国城市史》，武汉大学出版社 2012 年版。

邓洪波：《中国书院史》（增订版），武汉大学出版社 2012 年版。

郭继生主编：《中国艺术之特质》，黄山书社 2012 年版。

崔罡等：《新世纪大陆新儒家研究》，安徽人民出版社 2012 年版。

张建明、周荣：《中国财政通史（第六卷）· 明代财政史》，湖南人民出版社 2013 年版。

何俊：《西学与晚明思想的裂变》，上海人民出版社 2013 年版。

谢和耐：《中国与基督教——中西文化的首次撞击》，商务印书馆 2013 年版。

萧萐父、许苏民：《明清启蒙学术流变》，人民出版社 2013 年版。

程志华：《熊十力哲学研究——“新唯识论”之理论体系》，人民出版社 2013 年版。

杜维明：《现代精神与儒家传统》，生活·读书·新知三联书店 2013 年版。

钱穆：《朱子学提纲》，生活·读书·新知·三联书店 2014 年版。

宋大琦：《明儒礼法学的心性论基础及其现代启示》，安徽人民出版社 2014 年版。

郭万金：《河朔贞刚——北方民族政权下的文学与文化》，商务印书馆 2014 年版。

冯友兰：《贞元六书》，中华书局 2014 年版。

冯友兰：《中国哲学史》，中华书局 2014 年版。

刘述先：《理一分殊与全球地域化》，北京大学出版社 2015 年版。

杜维明：《文明对话中的儒家：21 世纪访谈》，北京大学出版社 2016 年版。

梁庚尧：《中国社会史》，东方出版中心 2016 年版。

黄玉顺：《爱与思——生活儒学的观念》（增补本），四川人民出版社 2017 年版。

刘述先著，郑宗义编：《儒家哲学的三个大时代》，中华书局 2017 年版。

黄玉顺：《时代与思想——儒学与哲学诸问题》，山东人民出版社 2017 年版。

李弘祺：《学以为己：传统中国的教育》，华东师范大学出版社 2017 年版。

嵇文甫：《晚明思想史论》，中华书局 2017 年版。

郭萍：《自由儒学的先声——张君劢自由观研究》，齐鲁书社 2017 年版。

成中英：《儒家哲学的本体重建》，中国人民大学出版社 2017 年版。

林安梧讲述，王冰雅等整理：《儒道佛三家思想与二十一世纪人类文明》，山东人民出版社 2017 年版。

梁启超：《梁启超论儒家哲学》，商务印书馆 2018 年版。

黄玉顺：《生活儒学与现代性问题》，四川人民出版社 2019 年版。

三、论文

大桥铁太郎译：《周濂溪张横渠二子哲学论》，《东亚报》1898 年第 5 期。

王国维：《国朝汉学派戴阮二家之哲学说》，《教育世界》1904 年第 76 期。

天僇生：《论小说与改良社会之关系》，《月月小说》1907 年第 9 期。

程树德：《哲学大家荀子之政治论》，《福建法政杂志》1908 年第 1 卷第 4 期。

梁启超：《儒家哲学及其政治思想》，《晨报附刊》1922 年 12 月 12 日至 12 月 20 日。

张君劢：《政治学之改造》，《东方杂志》1924 年第 1 期。

陈宝良：《明代的社与会》，《历史研究》1991 年第 5 期。

郭永玉：《先秦情欲论》，《心理学报》2001 年第 1 期。

黄玉顺：《“自由”的歧路——“五四”自由主义的两大脱离》，《学术界》2001 年第 3 期。

郑家栋：《“超越”与“内在超越”——牟宗三与康德之间》，《中国社会科学》2001 年第 4 期。

刘晓东:《科举危机与晚明士人社会的分化》,《山东大学学报(人文社会科学版)》2002年第2期。

陈炎:《“文明”与“文化”》,《学术月刊》2002年第2期。

万俊人:《普世伦理如何可能》,《现代哲学》2002年第1期。

黄玉顺:《“伦理学的本体论”如何可能?——牟宗三“道德的形上学”批判》,《西南民族大学学报(人文社科版)》2003年第7期。

杜维明:《面对全球化的儒家人文主义》,《浙江社会科学》2003年第4期。

刁培俊、张国勇:《宋代国家权力渗透乡村的努力》,《江苏社会科学》2005年第4期。

尹保云:《对西欧现代化的“内源性”的反思》,《史学月刊》2006年第7期。

郑丽霞:《论晚明生员的弃巾之风》,《漳州师范学院学报(哲学社会科学版)》2006年第4期。

高王凌:《十八世纪:二十世纪的先声》,《史林》2006年第5期。

高王凌:《18世纪经世学派》,《史林》2007年第1期。

束景南、王晓华:《四书升格运动与宋代四书学的兴起——汉学向宋学转型的经典诠释历程》,《历史研究》2007年第5期。

黄玉顺:《儒学与生活:民族性与现代性问题——作为儒学复兴的一种探索的生活儒学》,《人文杂志》2007年第4期。

朱子彦:《论复社与晚明科举》,《社会科学》2009年第3期。

奚刘琴:《第三代新儒家与普世伦理》,《社会科学家》2009年第4期。

王伟:《唐代科举与社会阶层流动之关系及其意义——以士族为考察中心》,《中华文化论坛》2010年第4期。

杜维明:《多元现代性中的儒家传统》,《文化纵横》2010年第2期。

陈来:《20世纪儒学的学术研究及其意义》,《文史哲》2011年第1期。

李红霞:《晚明士人弃科举原因及生活方式分化探析》,《大庆师范学院学报》2011 年第 1 期。

刘光顺:《宇宙生成论的中西比较——以朱熹和托马斯 · 阿奎那为例》,《世界宗教研究》2011 年第 1 期。

李蜀人:《从私人领域到公共领域——西方政治的启示》,《四川大学学报(哲学社会科学版)》2012 年第 1 期。

何忠礼:《贫富无定势:宋代科举制度下的社会流动》,《学术月刊》2012 年第 1 期。

刘京虹:《浅析程朱理学与经院哲学之异同——以朱熹和托马斯 · 阿奎那为例》,《常州大学学报(社会科学版)》2012 年第 4 期。

黄玉顺:《"全球伦理"何以可能?——〈全球伦理宣言〉若干问题与儒家伦理学》,《云南大学学报(社会科学版)》2012 年第 4 期。

徐到稳:《江永反朱思想及其对戴震的影响——基于新见文献〈昏礼从宜〉的研究》,《云南大学学报(社会科学版)》2013 年第 3 期。

林安梧:《"内圣"、"外王"之辩:一个"后新儒学"的反思》,《天府新论》2013 年第 4 期。

刘宏:《乾嘉学术系统新论——以"实事求是"为中心》,《学术界》2014 年第 10 期。

黄玉顺:《论"重写儒学史"与"儒学现代化版本"问题》,《现代哲学》2015 年第 2 期。

章可:《超越历史分期概念:汉语"现代"概念的创出》,《史学理论研究》2015 年第 3 期。

黄玉顺:《新文化运动百年祭:论儒学与人权——驳"反孔非儒"说》,《社会科学研究》2015 年第 4 期。

杨虎:《从无生性原在到有死性此在——重读海德格尔的"存在论区分"》,《河北学刊》2015 年第 4 期。

黄玉顺：《世界儒学——世界文化新秩序建构中的儒学自我变革》，《孔学堂》2015 年第 4 期。

干春松：《康有为与现代儒学思潮的关系辨析》，《中国人民大学学报》2015 年第 5 期。

黄玉顺：《论儒学的现代性》，《社会科学研究》，2016 年第 6 期。

杨虎：《哲学的新生——新基础主义道路：传统基础主义与反基础主义之“后”》，《江汉论坛》2016 年第 10 期。

葛兆光：《异想天开：近年来大陆新儒学的政治诉求》，台湾《思想》2017 年第 33 期。

卢兴、郑飞：《从东亚现代性的兴起反思“韦伯命题”》，《国外社会科学》2017 年第 2 期。

黄玉顺：《论阳明心学与现代价值体系——关于儒家个体主义的一点思考》，《衡水学院学报》2017 年第 3 期。

李海超、黄玉顺：《阳明心学的真精神：个体自由可能性的敞开》，《江淮论坛》2017 年第 6 期。

杨虎：《论易学哲学的现代转型》，《中州学刊》2017 年第 8 期。

李海超：《阳明心学与儒家现代性观念的开展》，山东大学 2017 年博士学位论文。

郭萍：《儒学现代转型的“引桥”——宋明儒学的时代性再认识》，《哲学研究》2018 年第 7 期。

李海超、黄玉顺：《个体主体性的虚显：儒学现代化受限的根源》，《南京社会科学》2018 年第 11 期。

杨虎：《论“儒学传统”与“传统儒学”》，《宁夏社会科学》2018 年第 6 期。

四、译著

H. Arendt: *The life of the Mind*, A Harvest Book, Harcournt Inc., 1978.

G. S. Kirk & J. E. Raven: *The Presocratic Philosophers*, The Syndics of the Cambridge University Press, 1957.

汉娜·阿伦特著，孙传钊译：《马克思与西方政治思想传统》，江苏人民出版社 2007 年版。

汉娜·阿伦特著，林骧华译：《极权主义的起源》，生活·读书·新知三联书店 2008 年版。

汉娜·阿伦特著，郑辟瑞译：《论暴力》，见《共和的危机》，上海人民出版社 2013 年版。

汉娜·阿伦特著，王寅丽译：《人的境况》，上海人民出版社 2009 年版。

亚里士多德著，廖申白译注：《尼各马可伦理学》，商务印书馆 2003 年版。

S. N. 艾森斯塔得著，阎步克译：《帝国的政治体系》，贵州人民出版社 1992 年版。

安斯康姆著，谭安奎译：《现代道德哲学》，见《当代哲学经典·伦理学卷》，北京师范大学出版社 2014 年版。

卡尔·贝克尔：《什么是历史事实》，见张文杰编《历史的话语：现代西方历史哲学译文集》，广西师范大学出版社 2002 年版。

雅各布·布克哈特著，何新译，马香雪校：《意大利文艺复兴时期的文化》，商务印书馆 1979 年版。

卡尔·波普尔著，傅季重等译：《猜想与反驳：科学知识的增长》，中国美术学院出版社 2003 年版。

邦雅曼·贡斯当著，阎克文、刘满贵译：《古代人的自由与现代人的自由》，上海人民出版社 2005 年版。

路易·迪蒙著，桂裕芳译：《论个体主义》，译林出版社 2014 年版。

迈克尔·L. 弗雷泽著，胡靖译：《同情的启蒙：18 世纪与当代的正义和道德情感》，译林出版社 2016 年版。

秋风编：《市场二十讲》，天津人民出版社 2008 年版。

安东尼·吉登斯著，田禾译，黄平校：《现代性的后果》，译林出版社 2000 年版。

于尔根·哈贝马斯著，曹卫东等译：《现代性的哲学话语》，译林出版社 2004 年版。

于尔根·哈贝马斯，曹卫东译：《现代性的哲学话语》，译林出版社 2011 年版。

哈贝马斯：《现代性——未完成的工程》，见汪民安等主编《现代性基本读本》，河南大学出版社 2005 年版。

希罗多德著，王以铸译：《希罗多德历史：希腊波斯战争史》，商务印书馆 1997 年版。

埃德蒙德·胡塞尔著，张庆熊译：《欧洲科学危机和超验现象学》，上海译文出版社 2005 年版。

马丁·海德格尔著，陈小文、孙周兴译：《哲学的终结和思的任务》，见《面向思的事情》，商务印书馆 1999 年版。

马丁·海德格尔著，陈嘉映、王庆节合译，熊伟校，陈嘉映修订：《存在与时间》（修订译本），生活·读书·新知三联书店 2006 年版。

休谟著，关文运译：《人性论》，商务印书馆 2016 年版。

苏珊·詹姆斯著，管可秾译：《激情与行动：十七世纪哲学中的情感》，商务印书馆 2017 年版。

弗雷德里克·詹姆逊著，王逢振、王丽亚等译：《现代性、后现代性和全球化》，中国人民大学出版社 2018 年版。

马泰·卡林内斯库著，顾爱彬、李瑞华译：《现代性的五副面孔：现代主义、先锋派、颓废、媚俗艺术、后现代主义》，商务印书馆2002年版。

康德著，邓晓芒译，杨祖陶校：《纯粹理性批判》，人民出版 2004年版。

克罗齐著，田时纲译：《十九世纪欧洲史》，商务印书馆2017年版。

孔汉思、库舍尔编，何光沪译：《全球伦理：世界宗教议会宣言》，四川人民出版社1997年版。

哈罗德·J. 拉斯基著，林冈、郑忠义译：《欧洲自由主义的兴起》，中国人民大学出版社2012年版。

洛克著，叶启芳、瞿菊农译：《政府论》，商务印书馆1964年版。

列文森著，郑大华、任菁译：《儒教中国及其现代命运》，中国社会科学出版社2000年版。

阿拉斯戴尔·麦金太尔著，宋继杰译：《追寻美德：道德理论研究》，译林出版社2011年版。

约翰·西奥多·梅尔茨著，周昌忠译：《十九世纪欧洲思想史》，商务印书馆2016年版。

G. E. 摩尔著，陈德中译：《伦理学原理》，商务印书馆2017年版。

宫崎市定著，张学锋、马云超译：《从部曲到佃户——唐宋间社会变革的一个侧面》，上海古籍出版社2018年版。

宫崎市定著，焦堃、瞿柘如译：《宫崎市定中国史》，浙江人民出版社2015年版。

冈田武彦著，吴光等译，钱明校译：《王阳明与明末儒学》，重庆出版社2016年版。

T. 帕森斯著，张明德等译：《社会行动的结构》，译林出版社2003年版。

柏拉图著，王晓朝译：《泰阿泰德篇》，《柏拉图全集》第二卷，人民出版社2003年版。

柏拉图著，王晓朝译：《理想国》，《柏拉图全集》第二卷，人民出版社2003年版。

卡尔·瑞贝卡著，高瑾等译：《世界大舞台：十九、二十世纪之交中国的民族主义》，生活·读书·新知三联书店2008年版。

查尔斯·L.斯蒂文森著，姚新中、秦志华等译：《伦理学与语言》，中国社会科学出版社1991年版。

斯塔夫里阿诺斯著，董书慧等译：《全球通史：从史前史到21世纪》（第7版），北京大学出版社2005年版。

岛田虔次著，蒋国保译：《朱子学与阳明学》，陕西师范大学出版社1986年版。

维柯著，朱光潜译：《新科学》，商务印书馆1989年版。

雷蒙·威廉斯著，刘建基译：《关键词：文化与社会的词汇》，生活·读书·新知三联书店2016年版。

海登·怀特著，陈新译，彭刚校：《元史学：十九世纪欧洲的历史想像》，译林出版社2004年版。

马克斯·韦伯著，于晓、陈维纲等译：《新教伦理与资本主义精神》，生活·读书·新知三联书店1992年版。

卡尔·雅斯贝尔斯著，李雪涛译：《论历史的起源与目标》，华东师范大学出版社2018年版。

卡尔·雅斯贝尔斯著，李雪涛主译：《大哲学家》，社会科学文献出版社2005年版。

托马斯·赫胥黎著，严复译：《天演论》，译林出版社2014年版。

容闳原著，徐凤石等原译，张叔方补译，杨坚等校点：《西学东渐记》，湖南人民出版社1981年版。

林毓生著，穆善培译：《中国意识的危机："五四"时期激烈的反传统主义》，贵州人民出版社1986年版。

后　记

本书是教育部人文社会科学重点研究基地（山东大学易学与中国古代哲学研究中心）2016 年度重大项目“儒家哲学现代转型研究”（批准号：16JJD720010）、山东大学 2018 年度人文社会科学重大研究项目“儒学现代化史”的最终成果。在三年（2017 年至 2019 年）研究过程中，项目主持人黄玉顺负责总体指导，崔罡负责整个项目的具体实施。

本书是学界首次对儒学走向现代性的漫长历程做出全面系统的叙述，从宋代儒学一直到现代新儒学及境外新儒学，可谓一部“儒学现代化通史”。全书各章的撰写，分工如下：

自　序：黄玉顺	导　论：崔　罡
第一章：郭　萍	第二章：胡骄键
第三章：吴越强	第四章：李海超
第五章：刘　宏	第六章：何　晓
第七章：杨　虎	第八章：张小星

书稿完成后，崔罡进行了全书的统稿，黄玉顺进行了最后的审定。

本书是坊间第一本儒学现代化通史，填补了这方面的学术空白。本书突破了“明清之际启蒙思想”的传统观点，将儒学现代化的开端上推到宋代儒学，但又不同于日本学者内藤湖南提出的“唐宋变革”观点，对“近代性”或“现代性”概念提出了自己独立的界定。本书的研究方法打破了既有的史学“中国思想史”和哲学“中国哲学史”之间的学科藩篱，既注重儒家思想发展与中国社会经济政治发展之间的互动，又注意儒家思想推进的内在理路。本书在“儒学的现代性”问题上也提出了一系列新观点，尤其是关于“儒学与个体性观念”的观点。这些都是儒学史研究中的重大问题，希望能够引起学界更进一步的讨论。

值此书稿出版之际，谨向山东大学易学与中国古代哲学研究中心、山东大学人文社会科学院、本课题组全体成员致以诚挚的谢意！

黄玉顺

2021 年 2 月 18 日